1000
dromen

1000 *dromen*

Ontdek de betekenis van symbolen, geheimen en verhalen in je dromen

DAVID FONTANA

Spectrum

Uitgeverij Unieboek | Het Spectrum bv, Houten - Antwerpen

Spectrum maakt deel uit van Uitgeverij Unieboek | Het Spectrum bv.
Postbus 97
3990 DB Houten

Oorspronkelijke titel: *1000 Dreams*
Uitgegeven door: Duncan Baird Publishers

Vertaald en bewerkt door: *Ottenhof taal & media,*
Gon Hokke en Corry Lagewaard

Eerste druk 2011
Zetwerk: *Ottenhof taal & media*

ISBN 978 90 491 0795 6
NUR 770
www. unieboekspectrum.nl

'Zij die ons leven vergeleken met een droom hadden gelijk.... Al slapend waken we, al wakend slapen we.'

Michel de Montaigne, *Essays*, 1580

Inhoud

Inleiding 8

De aard van dromen *10*

Dromen in historisch perspectief
Jung over dromen
Freud over dromen
Perls en Boss over dromen
De functie van dromen
Overgangsfasen
Lucide dromen
De drie droomniveaus
Voorspellende dromen

De taal van dromen *80*

Symboliek
De grammatica van dromen
Archetypen
Droomdecors
Kinderdromen

Werken met dromen *124*

De kunst van het onthouden
Een droomboek bijhouden
Zo stimuleer je dromen
Dromen delen
Droomontmoetingen
De kunst van het interpreteren
Problemen oplossen
Omgaan met nachtmerries

Uitleg van droomsymbolen *158*

Thema's 160

Richting en identiteit
Verandering en overgang
Succes en mislukking
Angst en spanning
Optimisme en welbevinden
Gezag en verantwoordelijkheid
Relaties
Seksualiteit
Emoties
Verlies en scheiding
Religie en spiritualiteit

Het ik en anderen 206

Het lichaam en de lichaamsfuncties
Geboorte en wederopstanding
Naaktheid en kleding
Mensen
Beroepen
Sterfelijkheid

Voorwerpen 242
- Gereedschappen
- Apparaten
- Huishoudelijke artikelen
- Speelgoed en spelletjes
- Wapens
- Siervoorwerpen
- Eten en drinken

Activiteiten en gemoedstoestanden 264
- Gevangenschap en vrijheid
- Klimmen en vallen
- Reizen
- Vliegen
- Eten
- Werk en ontspanning
- Ceremonieën en rituelen
- Kunst, muziek en dans
- Sport en spel

Transacties 314
- Conflicten
- Proefwerken en examens
- Geven en ontvangen
- Brieven en pakketten
- Winkelen en geld
- Communicatie
- Regels en reglementen

Omgevingen 343
- Het huis
- Architectuur
- School
- Theater en circus
- Dorpen en steden

Natuur 382
- De elementen en de seizoenen
- Dieren
- Landschap
- Planten

Eigenschappen en mythen 416
- Cijfers en vormen
- Kleuren
- Geluiden
- Geesten en duivels
- Metamorfosen
- Mythen
- Sterren en planeten

Verder lezen 450
Droomregister 452
Zaak- en persoonsregister 458
Dankbetuiging 464

Inleiding

'En stel nu eens dat je zou slapen? En stel dat je zou dromen in je slaap? En stel dat je in je droom naar de hemel gaat en een vreemde, prachtige bloem zou plukken? En stel dat je wakker wordt en die bloem in je hand zou houden? O, stel je toch eens voor!'

Samuel Taylor Coleridge (1772–1834)

Ik kan me niet herinneren dat ik ooit niet in dromen was geïnteresseerd. In mijn kindertijd vormden ze de toegangspoort naar een magische wereld, die voor mij het bewijs was dat er meer in het leven was dan de gewone dingen in het dagelijks leven. Uit gesprekken met leeftijdgenootjes bleek dat zij dezelfde fascinatie hadden voor deze innerlijke wereld en we vertelden elkaar over onze nachtelijke avonturen (waarbij we niets achterhielden); het hele gamma kwam aan de orde: van de sprookjes waarin dieren konden praten en al onze wensen werden vervuld tot aan de bloedstollendste en engste nachtmerries. Ik had waarschijnlijk geluk dat de meeste dromen die ik had prettige dromen waren, die me steeds dieper meenamen naar wat ik jaren later herkende als de mysteries van mijn eigen onbewuste.

Mijn eigen droomleven kende zo'n rijkdom dat ik er zelfs tijdens mijn studie psychologie nooit aan heb getwijfeld dat dromen deel uitmaken van ons mentale leven, en dat ze boodschappen in zich dragen die onze verborgen wensen en angsten kunnen verklaren en ons adviezen kunnen geven waar ons bewuste, wakkere zelf nooit op zou zijn gekomen. Ik ontdekte de werken van Freud en Jung, en leerde hoe dromen een psychotherapeut kunnen helpen de problemen van een cliënt beter te begrijpen en dat ze waardevolle aanwijzingen kunnen geven om die problemen op te lossen.

Toen ik later het boeddhisme, hindoeïsme en andere oosterse tradities bestudeerde, ontdekte ik hoe belangrijk dromen in andere culturen zijn. Men gelooft zelfs dat dromen inzicht bieden in wat er na je overlijden met je bewustzijn gebeurt. Ik leerde hoe je dromen beter kunt leren beheersen, hoe je dromen tot in detail kunt onthouden, hoe je de inhoud van dromen kunt beïnvloeden en hoe je bewust kunt dromen (lucide dromen).

Sommige wetenschappers beweren dat dromen te vergelijken zijn met de overbodige data die een computer aan het eind van een werkdag wist, maar hoe meer ik me in dromen verdiepte, hoe duidelijker ik zag dat deze wetenschappers het bij het verkeerde eind hebben. Toch mogen we niet onderschatten hoe belangrijk de wetenschap is geweest om het mechanisme achter dromen te begrijpen, meer nog dan om de oorzaak en het nut van dromen te achterhalen. Zo weten we tegenwoordig dat iedereen, van zeer jonge baby's tot hoogbejaarden, elke nacht droomt, en dat mensen die beweren dat ze nooit dromen gewoon niet in staat zijn om zich hun dromen te herinneren. Recent onderzoek heeft aangetoond dat dromen belangrijk zijn voor ons psychisch welbevinden en dat geen enkele theorie kan verklaren hoe het komt dat dromen zo rijk en gevarieerd zijn.

Tijdens mijn droomworkshops en bij mijn pogingen om de psyche met behulp van dromen beter te begrijpen, werd me bovendien duidelijk dat veel mensen dromen gewoon leuk vinden. Dromen houden zich aan geen enkele wet uit het wakende leven. In dromen kunnen ouderen weer jong worden en kunnen jongeren zomaar bejaard zijn. Teleurstellingen uit het wakende leven zijn in een handomdraai verdwenen, en vliegen en tijdreizen zijn de gewoonste zaak van de wereld. Mensen en voorwerpen veranderen van vorm, en soms lijkt het alsof je in het paradijs bent aanbeland. Natuurlijk hoop ik dat je dit dromenboek leerzaam zult vinden, maar bovenal hoop ik dat je er plezier aan zult beleven en dat het je reis naar het vreemde, ongerepte land dat ons elke nacht lokt, zal verrijken.

David Fontana

DE *aard* VAN DROMEN

Mensen die gewend zijn om elke avond in een diepe, nietsomvattende slaap te vallen, een zwart gat, zullen verbaasd zijn te horen dat iedereen droomt. Hoewel velen van ons de meeste, zo niet alle dromen die we 's nachts ervaren vergeten, dromen we gedurende een vijfde van de tijd die we slapen. Van Freud, Jung en andere pioniers op het gebied van het onbewuste weten we dat de scenario's in ons droomleven niet slechts 'hersenschimmen' zijn. Ze zijn niet betekenisloos, maar vormen een innerlijke voorstelling van de zorgen die onze gedachten bezighouden op het diepste niveau van ons zijn. Dromen zijn in veel opzichten de vensters naar ons ware, ongecensureerde eigen wezen.

Dromen in historisch perspectief

Sinds jaar en dag zoeken we naar manieren om de betekenis van onze dromen te verklaren. Gefascineerd door de vreemde beelden en veelzeggende symbolen zoeken we naar inzichten in ons huidige leven en naar aanwijzingen voor onze toekomst.

In oude beschavingen geloofde men dat dromen boodschappen van de goden bevatten. Spijkerschrifttabletten uit Assyrië en Babylon, uit 4000 v.C., schetsen een maatschappij waarin priesters en koningen in hun dromen door de god Zaqar worden gewaarschuwd voor gevaar. In het eerste millennium v.C. verscheen in het Akkadisch het *Gilgamesj-epos*, een heldendicht over de Mesopotamische koning, waarin droomervaringen worden beschreven met goddelijke voortekenen van gevaar of overwinning. In een van de dromen leidt een nachtmerrieachtige figuur de held Enkidoe naar het 'Land van Stof', waar de zielen van overledenen leven in het eeuwige donker.

Een oude joodse traditie loopt vooruit op de moderne droomtheorie die stelt dat de leefomstandigheden van de dromer net zo belangrijk zijn bij het interpreteren van een droom als de inhoud van de droom zelf. De Babyloniërs bewonderden de joden om hun droominterpretaties; in de 6de eeuw v.C. vroegen ze de Israëlische profeet Daniël om een droom te verklaren van koning Nebukadnezar. Hij voorspelde de zeven jaren van gekte die de koning zouden treffen (Daniël 4: 535). Ook de Egyptenaren bewonderden de joodse traditie om dromen te verklaren. Jozef, die als slaaf door zijn broers in Egypte was verkocht, ontvluchtte zijn armoede en werd een machtig man nadat hij de droom van de farao juist had verklaard waarin de zeven jaren van overvloed en de zeven magere jaren voor het oude koninkrijk werden voorspeld (Genesis 41: 138).

De oude wereld

De oude Egyptenaren deden gedurende het Middenrijk (2040–1786 v.C.) veel aan het systematiseren van droominterpretaties, en hun methoden (zoals die zijn opgetekend in de Chester Beatty-papyri) komen ook nu nog voor in droomhandboeken. Dromen werden gezien als betekenisvolle tegenstellingen: zo voorspelden vrolijke dromen rampen, terwijl de ergste nachtmerrie erop wees dat er betere tijden in het verschiet lagen. Droomsymbolen werden ofwel geduid aan de hand van rijmende woordklanken, ofwel via de moderne methode van associatie. Men geloofde dat dromen zowel boodschappen van goede als van kwade geesten bevatten. Door kruidendrankjes te drinken of formules te declameren probeerde een dromer de goede geesten gunstig te stemmen en de kwade te bezweren. Vervolgens ging hij in de tempel slapen en na het ontwaken legde hij zijn dromen ter interpretatie aan de tempelpriester voor.

De Droomtijd

Australische Aboriginals geloven dat er een scheppingsperiode bestaat die Droomtijd heet. Heel lang geleden reisden de voorouders door Australië, vormden het landschap en vestigden gemeenschappen. De Droomtijd is een tijd van schepping, maar tegelijkertijd een alterrnatieve dimensie, die parallel verloopt met de gewone wereld.

De Droomtijd is als zodanig nog steeds toegankelijk voor Aboriginals wanneer ze door het landschap reizen en rituelen uitvoeren. Scènes uit de Droomtijd worden nagespeeld op heilige plaatsen, waarbij deelnemers kortstondig in de huid kruipen van de voorouders wier reizen ze naleven.

De oude Grieken baseerden zich grotendeels op de Egyptenaren en bouwden meer dan 300 heiligdommen om dromen te duiden. Stervelingen werden in deze heiligdommen in slaap gebracht door Hypnos, de god van de slaap, die hen met zijn vleugels toewuifde. Zodra ze in slaap waren, gaf de god Morpheus, na overleg met zijn ingewijden, hun waarschuwingen en voorspellingen door in hun dromen. Veel heiligdommen werden beroemde centra van genezing.

Zieken gingen er slapen in de hoop dat Asclepius, de god van de geneeskunde, hen van hun lichamelijke klachten af zou helpen. Soms bracht Asclepius onmiddellijk genezing, terwijl de dromer, omringd door onschuldige gele slangen, lag te slapen. Asclepius zou ook heilige slangen de opdracht hebben gegeven om de wonden te likken van zieken die bij de schrijnen lagen te slapen, waardoor ze genazen.

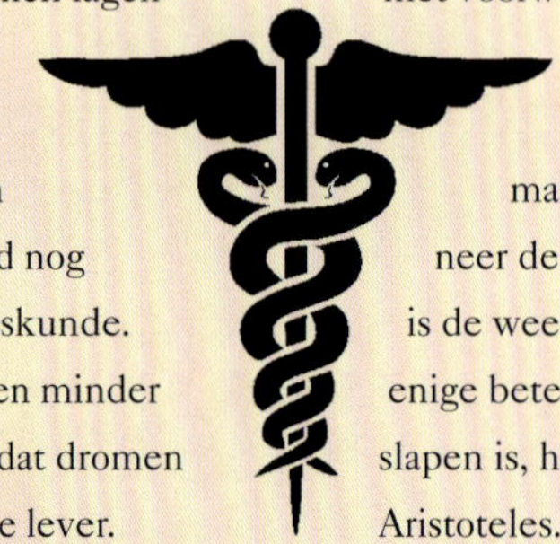

De esculaap – een figuur waarbij twee slangen rondom een staf zijn gedraaid – is in de westerse wereld nog steeds het symbool voor de geneeskunde.

Plato gaf in de 4de eeuw v.C. een minder mystieke verklaring: hij geloofde dat dromen zich afspeelden in de lever. Sommige dromen wees hij aan de goden toe, maar andere aan wat hij tijdens de Republiek 'de wetteloze aard van de wilde beesten, die tijdens de slaap naar boven komt' noemde. Hij liep hiermee 2000 jaar voor op Freud, die verklaarde dat in dromen iemands bestiale driften op hol slaan, tenzij de 'meer gedisciplineerde ziel' in staat is de lagere instincten met rede te bedwingen. Tijdens het dromen zijn wij in staat 'dichter bij de waarheid te komen dan op welk ander moment ook'. Zijn leerling Aristoteles liep echter vooruit op het wetenschappelijke rationalisme van de 20ste eeuw door te stellen dat dromen enkel zintuiglijke oorzaken hebben. Hij vergeleek de inzichten die uit dromen ontstaan met voorwerpen die in het water worden weerspiegeld: is het water kalm, dan zijn de vormen duidelijk zichtbaar, maar als het water in beweging is (wanneer de geest emotioneel in beroering is), is de weerspiegeling vertekend en zonder enige betekenis. Hoe rustiger de geest voor het slapen is, hoe meer de dromer kan leren, aldus Aristoteles. Ondanks deze nuchtere woorden bleven veel mensen geloven dat dromen werden gestuurd door goddelijke krachten. Zelfs de Romeinse geschiedenis nam hierdoor een andere wending. Zowel aan de tocht van Hannibal over de Alpen als aan de inval van Caesar in Rome gingen goddelijke dromen vooraf.

In de 2de eeuw n.C. verzamelde de sofistische filosoof Artemidorus van Daldis (die twee keer kort voorkomt in Shakespeares werk *Julius Caesar*) de wijsheid die in eerdere eeuwen over dromen was opgedaan. Veel informatie vond hij in de grote bibliotheek van de Babylonische koning Asurna in Ninevé. Hij publiceerde zijn

bevindingen in vijf belangrijke droomboeken, de *Oneirokritika* (het Griekse woord *oneiros* betekent 'droom').

Hoewel sommige interpretaties op de moderne lezer ouderwets kunnen overkomen, was Artemidorus in andere opzichten opvallend modern. Zo erkende hij dat de persoonlijkheid van de dromer een primaire factor is bij het verklaren van dromen, en bestudeerde hij de aard en frequentie van seksuele symbolen. En met zijn stelling dat een spiegel in een droom de vrouwelijke kant van een mannelijke dromer en de mannelijke kant van een vrouwelijke dromer weergeeft, liep hij zelfs vooruit op Jungs begrippen Anima en Animus (blz. 103).

Oosterse tradities

Ook oosterse droomtradities leveren belangrijke inzichten. In het algemeen wordt daarin de nadruk gelegd op de gemoedstoestand van de dromer. Chinese sagen verhalen over de verschillende niveaus van het bewustzijn, en bij het verklaren van dromen hield men niet alleen rekening met de fysieke conditie en de horoscoop van de dromer, maar ook met de tijd van het jaar. Chinezen geloofden dat het bewustzijn het lichaam tijdens de slaap verlaat en door bovenaardse sferen reist; een dromer abrupt uit zijn slaap rukken, voordat geest en lichaam zijn herenigd, kan dan ook zeer gevaarlijk zijn.

Ook de Indiase *rsis*, of profeten, geloofden dat het bewustzijn bestond uit meerdere lagen, met aparte stadia van waken, dromen, droomloos slapen en *samadhi*, de gezegende toestand die volgt op verlichting. Een fragment over droominterpretatie uit de *Atharva Veda*, een filosofische tekst uit 1500–1800 v.C., stelt dat in een reeks dromen alleen de laatste fase ertoe doet; dromen zouden dus voortschrijdend werken bij het oplossen van problemen of het openbaren van wijsheid. Ook in het hindoeïsme erkent men het belang van individuele droombeelden, die deel uitmaken van een groter symbolisch systeem, waarin symbolische kenmerken van goden en duivels samenkomen. De hindoe-overtuiging dat sommige symbolen universeel zijn en andere per dromer uniek liep vooruit op het werk van Freud en Jung.

Islamitische en christelijke tradities

In het Westen werd in de eeuwen na Artemidorus weinig vooruitgang geboekt in het bestuderen van dromen; hij had immers alles duidelijk gemaakt. De Arabieren daarentegen gingen, onder invloed van de oosterse wijsheid, verder met het onderzoeken van de droomwereld. Ze schreven droomgidsen en talloze interpretaties. Mohamed stichtte de islam nadat hij hiertoe in een voorspellende droom de opdracht had gekregen, en in de religieuze orthodoxie werden dromen van groot belang. In de Koran verschijnt de engel Gabriël in een droom aan Mohamed, en leidt hem over een zilverkleurige zee naar Jeruzalem en vervolgens naar de hemel, waar hij Christus, Adam en de vier evangelisten ontmoet, de Tuin der Lusten binnentreedt en opdrachten van God ontvangt.

Het geloof dat dromen goddelijk geïnspireerd zouden zijn, bleef overeind tijdens de eerste eeuwen van het christendom, en werd in de 4de eeuw n.C. zelfs onderwezen door kerkvaders als Johannes Chrysostomus, Augustinus en Hiëronymus. Maar in de christelijke orthodoxie verdwenen de droominterpretatie en -voorspelling. De dromen in het Nieuwe Testament werden gezien als boodschappen van God aan de discipelen en andere stichters van het christendom. Voorspelling werd overbodig, omdat de toekomst immers in Gods hand lag. Ten tijde van de middeleeuwen ontkende de Kerk zelfs dat de gewone gelovigen boodschappen van God konden ontvangen. Gods openbaringen konden alleen via en binnen de Kerk plaatsvinden. De dominicaner theoloog Thomas van Aquino gaf de positie van de orthodoxe Kerk goed weer toen hij in de 13de eeuw verklaarde dat dromen maar beter genegeerd konden worden. Martin Luther, die brak met de katholieke Kerk en de protestantse Reformatie leidde, geloofde dat dromen ons op z'n hoogst op onze zonden konden wijzen.

Droominterpretatie was echter zo sterk in het volkse bewustzijn geworteld dat die niet zonder meer terzijde kon worden geschoven. Vanaf de 15de eeuw, na de uitvinding van de boekdrukkunst, kwamen in Europa steeds meer droomgidsen beschikbaar, de meeste gebaseerd op het werk van Artemidorus. Deze werken waren misschien naïef, maar hun belang was groot, omdat ze de droominterpretatie uit de wereld van profeten en priesters haalden en bij de gewone mens legden.

Hoewel de wetenschappelijke rationalisten uit de 18de eeuw weinig belang hechtten aan dromen, en de interpretatie ervan beschouwden als een primitieve vorm van bijgeloof, groeide onder de gewone bevolking de interesse in dromen sterk. In de Romantiek werd onder leiding van visionaire geesten als William Blake en Goethe het gedachtegoed van de rationalisten verworpen. Zij benadrukten het belang van de individuele en creatieve kracht van de verbeelding, en dromen werden een steeds prominenter onderwerp in literatuur en kunst.

De 19de en 20ste eeuw

In het Europa van de 19de eeuw beschouwden filosofen als Johann Gottlieb Fichte (1762–1814) en Johann Friedrich Herbart (1776–1841) dromen voor het eerst als belangrijk genoeg voor serieus psychologisch onderzoek. Zo werd de weg vrijgemaakt voor een revolutie in de droomtheorie, die aan het eind van de eeuw begon met Sigmund Freud (1856–1939).

In 1899 publiceerde Freud, toen hij halverwege de veertig was, zijn klassieke werk *De droomduiding*. Als neuroloog zocht hij naar oorzaken van neuroses in het onbewuste, en na een lange cyclus van zelfanalyses zag hij in hoe belangrijk dromen zijn om innerlijke diepten beter te begrijpen. Voor Freud was het onbewuste, of het id, bovenal de zetel van behoeften en driften, vooral van seksuele aard, die onderdrukt werden door het bewuste denken. Hij geloofde dat de meeste dromen gewoon wensuitingen zijn of uitdrukkingen van onderdrukte ideeën die in het bewuste binnendringen op het moment dat ons ego zich ontspant tijdens de slaap. Hij beweerde dat dromen ons in slaap houden, door te voorkomen dat wensen en behoeften ons wakker maken.

De Zwitserse psycholoog Carl Jung (1875–1961) werkte van 1909 tot 1913 nauw samen met Freud, maar keerde zich steeds verder van hem af, omdat Freud te zeer de nadruk legde op de onderliggende seksuele betekenis van droomsymbolen. Jungs kijk op dromen en op de werking van de geest in het algemeen vormt een belangrijke tegenhanger (en volgens veel psychologen een verbetering) van Freuds gedachtegoed. Jung liet de niet-rationale kant van zijn aard (krachtig verwoord in zijn kinderfantasieën en dromen) steeds meer naar boven komen, en door middel van een proces van zelfontdekking ontwikkelde hij zijn zeer invloedrijke theorie van het 'collectieve onbewuste' – de overtuiging dat de geest een enorm innerlijk reservoir van symbolen bevat, gevuld

door mannen en vrouwen uit alle culturen in hun dromen en diepste fantasieën. Deze 'archetypen' (blz. 96–107), deze beelden en onderwerpen die de bron vormen voor de mythen en de religieuze en symbolische systemen op aarde, en die onze universele, betekenisvolle dromen bevolken, zijn opgeslagen in ons collectieve onbewuste.

Hoewel de theorieën van Freud en Jung tegenwoordig worden aangevuld door nieuwe technieken voor droominterpretaties, vormen de psychoanalyse en jungiaanse analyse nog altijd de kern van elk psychologisch onderzoek.

De grote doorbraak in droomonderzoek vond plaats in 1953, toen de REM (Rapid Eye Movement)-slaap werd ontdekt, de slaapfase waarin zich de meest levendige dromen voordoen (blz. 41). Dit gaf aanleiding tot vele onderzoeken. Er moet nog veel gebeuren voordat we de wetenschap van het dromen volledig in kaart hebben gebracht. Ondertussen bouwen we door middel van droomworkshops en andere manieren van analyse een uitgebreid corpus aan onderzoeken op, waarmee toekomstige droomwetenschappers aan de slag kunnen.

Je eigen tempel van Hypnos

In het oude Griekenland ging men naar de Tempel van Hypnos voor een voorspellende en geneeskrachtige droom. Jij kunt je eigen tempel maken door je slaapkamer om te toveren in een bijzondere omgeving die bevorderlijk is voor betekenisvolle dromen – niet gewoon een plek om te slapen, maar een ruimte vol mysterie en betekenis.

Zorg voor de juiste sfeer door zachte stoffen en verlichting te gebruiken. Kleed je uit bij het schijnsel van een schemerlamp en niet bij het harde licht van een plafondlamp. Verbeeld je dat de geesten van een betekenisvolle droom hun opwachting maken in de schaduwen.

Draai zachte muziek in de slaapkamer voordat je naar bed gaat en gebruik die muziek tijdens je meditatie of voor ontspannen, contemplatieve gedachten. Heb je hier moeite mee, denk dan aan een rustgevende gebeurtenis, waarbij je je gelukkig en vredig voelde.

Stel je voor, terwijl je in bed ligt, dat je als tijdreiziger door de toekomst reist. Bestudeer de volgende ochtend je dromen en ga na of ze je iets vertellen over je lot.

Jung over dromen

Niemand speelde zo'n verhelderende rol in onze pogingen om de dromende geest te verklaren als de vernieuwende psycholoog Carl Jung, wiens revolutionaire werk de verborgen diepten en de poëzie van dromen toonde en de relatie liet zien met mythen en verbeelding.

Carl Gustav Jung (1875–1961), de grondlegger van de analytische psychologie, werd bij Basel in Zwitserland geboren. Hij studeerde aan de plaatselijke universiteit af als arts en werkte het grootste deel van zijn leven in zijn privékliniek voor psychotherapie in Kusnacht aan het Meer van Zürich. Net als Freud, met wie hij van 1909 tot 1913 nauw samenwerkte, geloofde hij in de rol van het onbewuste bij neurosen en psychosen, en in de belangrijke functie die dromen speelden bij de ontdekking van oorzaken voor onbewuste problemen. Jung werd aanvankelijk sterk door Freud beïnvloed, maar zag snel in dat de gemeenschappelijke onderwerpen die in de waandenkbeelden en hallucinaties van patiënten voorkwamen niet het gevolg konden zijn van persoonlijke, onbewuste conflicten, maar uit een gemeenschappelijke bron moesten stammen. Hij onderzocht de correlaties in diverse dromen van verschillende personen, en ontdekte dat de individuele waandenkbeelden van verschillende psychotische patiënten opmerkelijke overeenkomsten vertoonden. Ze verwezen naar mythen van over de hele wereld.

Door zijn grote kennis op het gebied van vergelijkende godsdienststudies, mythologie en symboolstelsels, waaronder alchemie, wist hij dat vergelijkbare, algemene onderwerpen in allerlei culturen en tijden voorkomen, en zo ontstond zijn geloof in het collectieve onbewuste, een aangeboren mythen producerend niveau van de geest, dat bij alle mannen en vrouwen voorkomt en de bron vormt van het psychologische leven. Jung noemde deze mythologische motieven en

oerbeelden die uit het collectieve onbewuste kwamen 'archetypen'. Hij zag dat ze telkens weer symbolisch opdoken in de grote mythen en legenden van de wereld en in onze diepste en betekenisvolste dromen.

Jung wordt vaak gezien als een vroege, geestdriftige volgeling van Freud, die uiteindelijk besloot met hem te breken. In feite was Jung al bezig zijn eigen theorieën te ontwerpen voordat hij Freud in 1907 ontmoette, en hoewel hij altijd, ook na hun breuk in 1913, bewonderend over de oudere Freud sprak, bestond er vanaf het begin een duidelijk wetenschappelijk meningsverschil.

Ernest Jones, Freuds biograaf, schrijft over Jungs 'hang naar het occulte, astrologie en mystiek', maar stelt dat Jung uiteindelijk met Freud brak, omdat hij diens overtuiging verwierp dat levensenergie in wezen seksueel van aard is. Voor de droomduiding had dit verschil in inzicht verstrekkende gevolgen. Jung beschouwde de seksuele symboliek in dromen als een symbool voor een diepere, niet-seksuele betekenislaag, terwijl Freud de seksuele droominhoud letterlijk nam. Jung zag 'grand'-dromen (de dromen die uit het collectieve bewustzijn stammen) niet als gecodeerde boodschappen die wijzen op persoonlijke verlangens, maar als toegangspoorten naar een mythische wereld, 'het grote, historische magazijn van het menselijk ras'.

Jung verschilde ook van Freud in de manier waarop hij middels droomduiding het onbewuste onderzocht. Hij verwierp de freudiaanse vrije associatie en koos voor de techniek van de directe associatie. Jung was het niet eens met Freuds methode, omdat daarbij de geest de vrije hand heeft, via een keten van associaties steeds verder van het oorspronkelijke droombeeld verwijderd raakt en uiteindelijk heel ergens anders terechtkomt. Door directe associatie richten jungianen zich op de droom zelf; ze voorkomen dat de gedachtestroom van een cliënt alle kanten op gaat door die telkens opnieuw op het oorspronkelijke beeld te richten. Jung erkende dat vrije associatie waardevol psychologisch inzicht oplevert, maar dat dit losstaat van de boodschap in de droom. Je kunt evengoed een willekeurig woord uit het woordenboek als uitgangspunt nemen.

Voor Jung is psychotherapie geen zoektocht naar duistere geheimen uit ons verleden, maar een proces van ontdekking en zelfontplooiing. Jungianen geloven dat we, door contact met de mythische onderwerpen uit ons collectieve onbewuste, stap voor stap de onvergelijkbare en soms conflicterende aspecten van ons eigen wezen kunnen samenbrengen, waardoor we de diverse stadia van ons leven zo goed mogelijk doorlopen.

Objectief en subjectief

Volgens Jung zijn er twee basismethoden om dromen te analyseren: de objectieve en de subjectieve methode. De eerste methode is letterlijk. Droom je over je losbandige zus, die lui en werkloos is en profiteert van haar vrienden en familie, dan verwijst de droom waarschijnlijk naar aspecten in het gedrag van je zus waaraan je je stoort. Bij de subjectieve methode verwijst iedereen die in de droom verschijnt naar een bepaald aspect van de dromer. Bij deze benadering zou je zus kunnen verwijzen naar je eigen neiging om sociale verplichtingen te negeren. Een ander fraai voorbeeld is een droom waarbij je wordt achtervolgd door een agressief type en het eigenlijk gaat om de agressieve driften van jezelf. Jung stelde dat de subjectieve methode voor een dromer veel moeilijker te accepteren is. Een goede therapeut zal een cliënt stimuleren om de waarheden van de subjectieve interpretatie te erkennen, en wel op een manier die inzicht oplevert in en leidt tot een groter zelfbewustzijn. Later zouden gestalttherapeuten de subjectieve methode uitbreiden en ook van toepassing laten zijn op levenloze voorwerpen in een droom.

Voor Freud moesten droomduidingen voldoen aan strakke theoretische eisen, maar Jung gaf de voorkeur aan een bredere kijk op droomsymbolen, waarbij fantasievoller gekeken werd naar de diepere betekenislagen van droomsymbolen in een grotere mythische en symbolische context.

Jungs analyse toonde talloze verbanden aan tussen persoonlijke droomsymboliek en middeleeuwse alchemie. Alchemie was meer dan de mystieke voorloper van de moderne chemie; het was ook de voorloper van de moderne studie van het onbewuste en van de technieken waarmee een grondstof – het psychisch conflict – kon worden omgezet in edelmetaal: menselijke heelheid.

Jung zag alchemie als een krachtige onderstroom van de westerse religie en filosofie, vergelijkbaar met wat de droom betekent voor het bewustzijn: 'Zoals de droom dient als tegenwicht voor de conflicten van de bewuste geest, zo probeert alchemie de gaten te vullen die ontstaan door het christelijke dualisme.'

Jung trok niet alleen een parallel tussen droomsymbolen en alchemistische tegenhangers, maar zag in de alchemie ook een symbolische voorstelling van zijn jungiaanse analyse en de ontwikkeling van de menselijke psyche. Alchemisten zochten naar de krachten achter zelftransformatie en probeerden daarbij tegenstellingen als zwart en wit, zwavel en kwik, hitte en kou, zon en maan, leven en dood, mannelijk en vrouwelijk te verenigen, met als resultaat de Steen der Wijzen. Dit pure, verenigende principe diende ook als bron voor bepaalde mythen over de Heilige Graal.

Jung ontdekte in deze symbolische, alchemistische transformaties een complexe metafoor voor de vereniging van mannelijk en vrouwelijk, Anima en Animus, bewustzijn en onbewustzijn, materie en geest, die volgens hem een heelheid van de menselijke psyche tot gevolg zou hebben – een proces dat door Jung wordt omschreven als individuatie, een term ontleend aan de alchemie.

Jung legde de nadruk op het belang van huidige ervaringen (in tegenstelling tot Freuds preoccupatie met de kindertijd), en beschouwde elke levensfase van de mens als belangrijk voor de ontwikkeling; hij benadrukte dat tot op hoge leeftijd groei en zelfontplooiing mogelijk waren. Het doel van psychotherapie, en dus van droomanalyse, is een individu toegang te geven tot het persoonlijke en collectieve onbewuste – niet om de duistere geheimen van het verleden bloot te leggen, maar om elk aspect van het eigen wezen te ontdekken en te integreren in psychische heelheid. In dit integratieproces zullen mannen en vrouwen niet alleen conflicterende kanten van zichzelf met elkaar verzoenen, maar ook een vaak onderdrukte religieuze functie bevrijden. Jung ontdekte tijdens zijn werk dat deze functie minstens zo krachtig is als de freudiaanse instincten seksualiteit en agressie. De religieuze functie heeft niets te maken met gezindten en dogma's, maar is een uiting van het collectieve onbewuste dat ons inspireert tot spiritualiteit en liefde.

Complexen

Carl Jung gebruikte de term 'complex' of 'gevoelsmatig gekleurd complex van ideeën' wanneer hij sprak over een 'kernelement' in het onbewuste – een wirwar aan onbewuste emoties die kan leiden tot een psychische stoornis en zich manifesteert in onverklaarbaar gedrag. Jung vond voor het eerst aanwijzingen voor het bestaan van complexen toen hij in het begin van de 20ste eeuw aan de universiteit van Zürich woordassociatietests deed. De kern van elk complex zou bestaan uit een universeel patroon van ervaringen, of archetypen (blz. 96–107), zo kunnen we een complex hebben over onze moeder of vader, broer of zus. Een complex heeft een vitaliteit die op zich niet schadelijk is, maar wanneer complexen conflicteren of ons uit balans brengen, kunnen ze onze voornemens aan het wankelen brengen en onze herinneringen, dromen en mentale kracht in ons wakende leven verstoren. Ze kunnen onze innerlijke rust aantasten door kracht te ontnemen aan onze controlerende identiteit, ons ego.

Psychoanalytici werken vaak met cliënten aan dromen om de oorzaak van een complex te achterhalen – een praktijk waarbij samen wordt gewerkt in een geest van ontdekking.

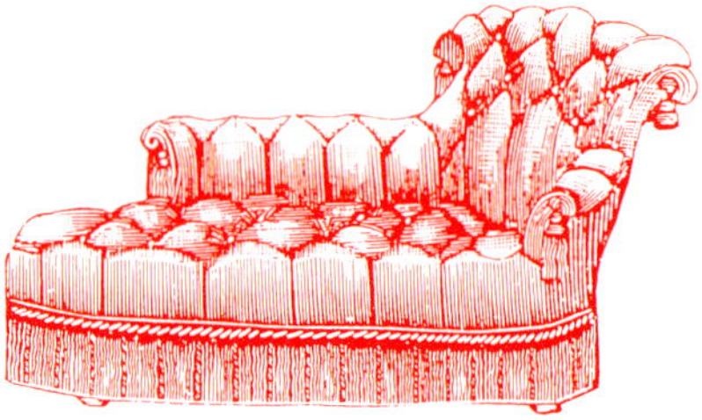

Freud over dromen

Sigmund Freud is ook nu nog een controversieel persoon. Sommige critici beschouwen zijn werk eerder als literatuur dan als wetenschap, en verbeelding speelt inderdaad een krachtige rol. Zijn kijk op de geest is onverschrokken, prikkelend en diepzinnig, en stemt tot nadenken.

Sigmund Freud (1856–1939) begon zijn klassieke werk *De droomduiding* met een voor 1899 revolutionaire stelling: 'Ik zal aantonen dat er een psychologische methode bestaat waarmee dromen kunnen worden geduid.' Deze uitspraak markeert de geboorte van de moderne droompsychologie.

Van *De droomduiding* werden in de eerste zes jaar slechts 351 exemplaren verkocht, maar uiteindelijk verschenen er talloze drukken en is dit een van de weinige boeken die ons ertoe hebben gebracht om anders naar onszelf te gaan kijken. Freud werd geboren in Freiburg, Moravië (het huidige Tsjechië), en werd in Wenen door de beroemde neuropsycholoog Ernst Brücke opgeleid tot arts. Freud nam van Brücke de deterministische overtuiging over dat al het leven op aarde gehoorzaamt aan de wet van oorzaak en gevolg. Vervolgens zag hij in dat ook dromen aan deze wet zijn onderworpen.

Toen hij later in Parijs werkte met de befaamde neuroloog en medisch hypnotiseur J.M. Charcot leerde hij dat neurosen worden veroorzaakt door psychologische en niet door fysiologische factoren. Terug in Wenen ontwikkelde hij (deels samen met psychiater Josef Breuer) de methode van de vrije associatie om erachter te komen om welke factoren het nu eigenlijk ging. De resultaten van zijn methode van vrije associatie overtuigden

Vrije associatie

Freuds beroemde methode van de vrije associatie is een eenvoudige manier om erachter te komen wat een droom kan betekenen.

Neem als uitgangspunt een droom die nog vers in je geheugen ligt. Je kunt deze oefening het best 's ochtends vroeg doen, meteen na het ontwaken. Neem een pen of potlood en een vel papier, of gebruik hiervoor je speciale droomboek.

Om elke mogelijke betekenis van de droom te ontdekken, noteer je een voor een elk voorwerp, elke persoon en situatie die een belangrijke rol speelde in de ervaring, en associeer bij elk woord vrij. Geef je fantasie de vrije teugel. Noteer alles wat er in je opkomt, waar je maar wilt op je vel papier. Voel je niet geremd en schrap niets. Maak vanuit het eerste woord een mentale verbinding van associaties die in je opkomen en laat vervolgens een woord of beeld een ander woord of beeld oproepen. Het is goed mogelijk dat je zo ver verwijderd raakt van het oorspronkelijke woord, maar je intuïtie zal aangeven wanneer je te ver afdwaalt. Ga dan terug naar het kernwoord en volg een nieuw pad.

Vrije associatie vanuit een droombeeld van een fiets zou als volgt kunnen verlopen: fiets, pedalen, schoenen, laarzen, politieagent, gezag.

Het uitgangspunt van vrije associatie is dat je ertoe wordt aangezet om onbewuste onthullingen te doen. Je hebt je schild laten zakken en omstandigheden gecreëerd waarin de kans groot is dat je onverwachte waarheden ontdekt. Misschien komt er ineens een woord of herinnering op die een lichtje doet branden.

Wees niet teleurgesteld als er deze keer geen belangrijke onthullingen zijn. Probeer het gewoon een paar keer en bekijk af en toe je aantekeningen bij je vrije associatie. Misschien heb je eerder iets over het hoofd gezien.

Freud ervan dat veel factoren op een niveau onder het bewustzijn liggen en te maken hebben met emotionele schade die is veroorzaakt in de vroege kindertijd, door onderdrukking en vervorming van levensinstincten, met name seksuele driften, als reactie op de behoefte aan sociale en ouderlijke goedkeuring. Freud zag in dat hij hiermee de essentie had aangetoond van het onbewuste. Hij onderwierp zichzelf vervolgens aan een langdurige analyse, waarna hij concludeerde dat dromen belangrijk zijn om toegang te verkrijgen tot verborgen zaken in iemands geest.

Freud beschreef dromen als 'de koninklijke weg naar het onbewuste' – een formulering die beroemd is geworden. Hij was ervan overtuigd dat hij het geheim van dromen had onthuld. Tegenwoordig is er veel kritiek op zijn conclusies, maar we zijn hem zeker dank verschuldigd; hij liet ons immers zien welke vragen we moeten stellen over de betekenis en het doel van dromen, en wat dromen ons vertellen over de inhoud van het onbewuste, maar ook over de rol die het onbewuste speelt in ons geestelijk leven.

Freuds droomduiding was gebaseerd op zijn overtuiging dat de geest materiaal op verschillende niveaus verwerkt. Door zijn eigen dromen en die van zijn patiënten te bestuderen, kon hij onderscheid maken tussen wat hij 'het primaire proces' noemde, dat in de onbewuste, dromende geest plaatsvindt, en 'het secundaire proces', dat betrekking heeft op het bewuste denken. In tegenstelling tot het tweede proces is er bij het eerste geen sprake van organisatie en coördinatie, en gaat het louter om instinctieve impulsen die eigen bevrediging nastreven. Freud geloofde dat in het primaire proces onbewuste impulsen, verlangens en angsten worden omgezet in symbolen en dat deze vervolgens aan elkaar worden geregen door associaties die volledig losstaan van zaken als tijd en ruimte, of goed en kwaad. Het onbewuste heeft immers geen weet van logica, waarden en sociale normen uit het bewuste leven.

Het tweede proces daarentegen onderwerpt gedachten wel aan de wet van de logica, net zoals taal wordt bepaald door grammaticale regels.

Freud beweerde dat onbewuste instincten zich in een soort primitieve chaos bevinden en dat elk instinct afzonderlijk streeft naar bevrediging, op een animalistische en amorele manier. Hij gebruikte de term id (letterlijk 'het') om het primaire deel van de geest te beschrijven en beweerde dat hierin alles aanwezig is 'wat geërfd is... [en] bij de geboorte aanwezig' – met andere woorden, het id bevat de oerinstincten die ons vanaf het ontstaan van het menselijk ras hebben gemotiveerd, met name instincten gericht op zelfbehoud en overleving van de soort.

In Freuds visie domineert het id het onbewuste

Freuds droom over Irma

Deze droom had Freud in 1895; het was de eerste droom die hij gedetailleerd analyseerde. De droom ging over Irma, een jonge weduwe, vriendin van de familie, die bij Freud onder behandeling was wegens 'hysterische angsten'.

De droom: Freud ontving Irma en andere gasten in een grote hal. Hij nam haar apart en verweet haar dat zij zijn 'oplossing' voor haar angstproblemen afwees: 'Als je pijn blijft houden, is dat je eigen schuld.' Ze klaagde over 'verstikkende' pijn in haar keel, maag en buik. Freud onderzocht haar keel om uit te sluiten dat hij een fysieke oorzaak over het hoofd had gezien, en ontdekte een grote witte vlek en een aantal 'opvallende krulvormige structuren' die deden denken aan 'neusbotjes'. Dr. M. onderzocht de vrouw ook en bevestigde Freuds verhaal. Volgens Freud was de ontsteking het gevolg van een injectie, waarschijnlijk met een vieze naald, die dr. Otto de vrouw had toegediend. Dr. M. verwachtte dat Irma snel dysenterie zou krijgen en dat het gif hierdoor zou worden geneutraliseerd.

De interpretatie: Na analyse van de droom en het vrij associëren van kernonderdelen concludeerde Freud dat hier sprake was van een wensdroom. In de droom geeft Freud Irma eerst zelf de schuld voor haar pijn. Zijn gevoel dat er wellicht een fysieke oorzaak is, wijst op zijn verborgen verlangen dat hem niet te verwijten valt dat de psychoanalyse niet heeft gewerkt, en op zijn angst dat hij fysieke problemen heeft aangezien voor psychosomatische. Hij concludeert 'dat niet ik verantwoordelijk ben voor de pijn van Irma, maar Otto. Otto ergerde mij met zijn opmerkingen over Irma's onvoltooide genezing, en in mijn droom kon ik wraak nemen door Otto als schuldige aan te wijzen.' In Freuds wensdroom werd Irma's 'pijn' niet veroorzaakt door zijn behandeling van haar psyche, maar door de vieze naald die Otto had gebruikt. Freuds onzekerheid over de behandeling van Irma werd gesymboliseerd door de rol van dr. M., die Freud had geconsulteerd toen hij ooit per ongeluk een patiënte verkeerd had behandeld, waarna zij overleed. De witte vlek in Irma's keel herinnerde hem aan dyfterie en de wanhoop die hij voelde toen zijn dochter aan deze ziekte leed; de 'neusbotjes' verwezen naar zorgen die hij zich maakte over cocaïnegebruik door hemzelf en door een vriend die hieraan was overleden. Dit verhaal illustreert hoe ingewikkelde betekenissen in een droom met elkaar verweven kunnen zijn.

leven en zijn dromen de fantasievorm, of de wensvervulling, van de wensen en krachten van het id. Toch komen dromen niet rechtstreeks voort uit deze poel vol chaotische instincten. Zou dit wel het geval zijn, dan zouden ze de dromer verstoren met hun verwarrende, vaak asociale en mogelijk psychologisch schadelijke inhoud. Vandaar dat ze alleen in symbolische vorm verschijnen (hierover later meer).

In het wakende leven worden de primitieve driften van het id in toom gehouden door het ego, het rationele deel van de geest dat geworteld is in de alledaagse werkelijkheid en een basis vindt in een verworven moreel besef. In de slaap daarentegen laat het ego de controle over het bewustzijn verslappen en treedt het id naar voren, dat onze geest overspoelt met schadelijke gedachten. Om te voorkomen dat het slapende ego hierdoor zodanig wordt overrompeld dat de dromer plotseling wakker wordt, treedt er een mentaal mechanisme in werking, door Freud censor genoemd, dat de inhoud van het id omzet in een minder verontrustende vorm. De functie van dromen is dus instandhouding van slaap door de droominhoud in symbolen te gieten die door de censor als ongevaarlijk worden beschouwd. Dromen functioneren dus in feite op dezelfde manier als neurotische symptomen, die het evenwicht bewaren in het ego door mogelijke ondraaglijke angsten en driften toe te laten in een vorm die voor het ego hanteerbaar is.

Veel van de huidige kritiek op Freuds ideeën betreft zijn hiërarchische kijk op de geest. Freud geloofde dat 'secundaire' functies, zoals rationaliteit, moraliteit en de rol van het ego pas ontwikkeld worden nadat de 'primaire' behoeften en instincten van het onbewuste zijn getemd en onderdrukt; alsof een kind pas iets kan leren wanneer het eerst heeft afgerekend met de duistere, primaire processen. Pas dan komt het toe aan het open, heldere, bewuste ego. Later onderzoek wijst uit dat een dergelijke strijd in de geest

tussen primaire en secundaire processen zeer onwaarschijnlijk is en dat er eerder sprake is van een vreedzaam naast elkaar leven dan van een continue competitie.

Voor Freud hebben dromen altijd een manifeste en een latente inhoud. De manifeste inhoud wijst op wat een droom lijkt te zeggen – vaak een mengelmoes van ogenschijnlijke onzin – terwijl de latente inhoud is wat het onbewuste in feite wil overbengen op het bewustzijn. De manifeste inhoud probeert op twee manieren de latente inhoud te verbloemen, om de censor te omzeilen. De eerste manier is condensatie: het samensmelten van twee of meer droombeelden in een enkel symbool. Zo interpreteerde Freud vaak beelden van oudere mannen in de dromen van een patiënt als een condensatie van enerzijds hun vader en anderzijds van Freud zelf. De manifeste inhoud versmelt deze twee beelden niet door een logisch verband, maar door associatie, om de overeen-

De droom van de Wolvenman

In 1910 werd de rijke, depressieve Russische aristocraat Sergei Pankeyev naar Freud doorverwezen. Freud behandelde de man jarenlang en ontwikkelde op basis van deze analyse zijn theorieën. Freud veronderstelde dat Pankeyevs obsessieve, masochistische neigingen het resultaat waren van een vroeg seksueel trauma. Hij baseerde dit op een jeugddroom die Pankeyev beschreef en die hem zijn hele leven bleef achtervolgen.

De droom: Het was winter. Zijn wieg stond bij een raam, dat openwaaide. Hij zag dat in een oude notenboom meerdere witte wolven zaten. Hun staarten leken op vossenstaarten en hun oren stonden omhoog, net als bij honden. Hij was doodsbang dat ze hem zouden opeten en werd schreeuwend wakker. Het kindermeisje kwam hem snel troosten. Het beeld was zo levensecht dat hij pas jaren later doorhad dat het slechts een droom was. Later vertelde hij dat hij het meest getroffen was door de roerloosheid van de wolven en hun intense blik.

De interpretatie: Volgens Freud had Pankeyev in zijn jeugd gezien hoe zijn ouders seks hadden en was hij getraumatiseerd door deze heftige gebeurtenis en door het ontbreken van mannelijke seksuele organen bij zijn moeder. Het geopende raam symboliseerde de opening van de ogen van het kind Pankeyev; de wolven symboliseerden zijn vader en hun roerloosheid vervormde de heftige intensiteit van de seksuele daad.

komst aan te geven in onze attitude tegenover beide beelden.

De tweede manier die de dromende geest gebruikt is verplaatsing. Net als condensatie werkt verplaatsing ook door middel van associatie: een droom wordt omgezet in een andere, zoals een metafoor in de taal wordt gebruikt. Toen een van Freuds patiënten in zijn droom een schip zag met volle zeilen en vooruitgestoken boegspriet, was het voor Freud meteen duidelijk dat hier sprake was van verplaatsing: het schip was de moeder van de patiënt, de zeilen waren haar borsten en de boegspriet symboliseerde de penis die de dominante moeder volgens de patiënt zeker moest hebben.

De methode die Freud ontwikkelde om condensaties en verplaatsingen van manifeste inhoud te omzeilen en de droom te duiden, was vrije associatie. Door de ketens van vrije associatie te volgen vanaf het begin van een individueel droombeeld, volgen we onze gedachtestroom tot in het oneindige, of stoppen we plotseling met associëren wanneer we een obstakel tegenkomen, dat gewoonlijk de aard van het onbewuste probleem onthult. Ongeacht het resultaat stelt dit proces ons in staat om 'de koninklijke weg' te volgen die ons naar de instincten en behoeften brengt, die in het id zijn begraven en volgens Freud de bron zijn voor onze dromen.

Een ander belangrijk aspect van Freuds interpretatieve methode is secundaire bewerking. Dit is de manier waarop we gebeurtenissen en beelden uit onze dromen veranderen wanneer we ze aan een ander vertellen of ze ons zelf proberen te herinneren. Een freudiaans analyticus probeert te verklaren hoe een patiënt zijn dromen 'bewerkt' door ze een grotere consistentie en samenhang te verlenen dan ze in feite hebben.

Freuds theorie dat alle dromen voortvloeien uit de oerchaos in het id werd hevig betwist door aanhangers van het steeds populairder wordende geloof dat dromen een voortzetting zijn van de gedachten uit het wakende leven, of reacties op gebeurtenissen die toen plaatsvonden. In de jaren twintig van de vorige eeuw kreeg Freud onenigheid met Jung en andere psychologen die zich verdiepten in de oorsprong en betekenis van dromen, waarna hij zijn visie bijstelde en een onderscheid maakte tussen wat hij dromen van 'boven' en dromen van 'beneden' noemde. Dromen van beneden stammen uit het onbewuste en 'kunnen worden beschouwd als een invasie door onderdrukte zaken in het bewustzijn', terwijl dromen van 'boven' het resultaat zijn van gebeurtenissen van die dag, 'versterkt door onderdrukte zaken die uit het ego worden geweerd' – dat wil zeggen, zaken die onacceptabel zijn voor het ego en daarom in het id worden begraven.

Freud geloofde dat een groot deel van ons bewuste gedrag wordt geleid door de behoefte onbewuste driften te bevredigen. Om te voorkomen dat we ons bewust worden van pijnlijke zaken dirigeren we tijdens het uitvoeren van alledaagse taken instinctieve energie in sociaal aanvaardbare vormen, met behulp van verdedigingsmechanismen van het ego, zoals onderdrukking, ontkenning en projectie. Het ego probeert voortdurend het id te sussen en het ervan te overtuigen dat zijn beweegredenen door het bewustzijn niet onopgemerkt zullen blijven. Als het ego er niet slaagt het id te kalmeren of zich niet kan verweren tegen de aanvallen van het id, zullen de in het onbewuste opgestapelde instincten of verborgen trauma's doorbreken in het bewustzijn en een volledige geestelijke instorting veroorzaken.

Zelfs als we hieraan ontkomen, verspillen we waarschijnlijk een groot deel van onze energie aan de strijd tussen het ego en het id, een strijd die leidt tot obsessies, depressies en angsten die een

neurose vormen en ons geluk in de weg staan.

Maar, met hulp van de psychoanalyticus, die de inhoud van het id vaardig naar het bewustzijn leidt, waar het op waarde wordt geschat, kunnen we deze strijd voorkomen en het id ontdoen van een groot deel van zijn krachten. Voor Freud was duiding van dromen hierbij essentieel.

Freud onderscheidt drie basistypen dromen. Bij het meest basale type, de wensdroom, zoals kinderen die meestal vertellen, vallen de manifeste en latente inhoud samen. De droom doet geen enkele poging om de onderliggende betekenis te verhullen: een droom over chocola of een knuffelbeest is niets anders dan een verlangen naar chocola of dat knuffelbeest, met name wanneer de vervulling van dit verlangen door een ouder wordt tegengehouden. Ook bij het tweede droomtype is de inhoud transparant – maar veel verrassender, omdat we in ons bewustzijn niet in staat zijn dit scenario te verbinden met onze dagelijkse verlangens. Zo kan het zijn dat we in een droom met een parachute landen in een oorlogsgebied – iets wat we in het echte leven nooit zouden willen.

Freuds derde type droom is het intrigerendst. Hierbij is de manifeste inhoud volkomen surreëel en onsamenhangend – zo kunnen bekende personen volstrekt irrationeel handelen in een onverwachte omgeving. Om het mysterie achter een dergelijke droom te ontrafelen, moeten we diep in onze eigen motivaties graven, in gebieden die wellicht onveilig aanvoelen.

Freud wijst ons op diverse manieren waarop wensen in dromen kunnen zijn vermomd, verstopt of onderdrukt, zodat de dromer de volgende ochtend helemaal niets begrijpt van de betekenis. Zo kan een emotionele hunkering in een volledig andere context worden geplaatst, waarin het heftige geheel verdwijnt. Het nostalgische verlangen van een volwassene naar plezier in zijn jeugd en de warmte van zijn moeder, veroorzaakt door een verlangen naar liefde die in het huidige leven ontbreekt, kan volgens Freud naar voren komen in een droom waarbij een overvloed aan gebak voorkomt, vol calorieën en suiker.

Mensen die twijfelen aan Freuds benadering van de droomwereld richten zich vaak op de in hun ogen overdreven nadruk die Freud legt op seks. Zo zijn er tegenwoordig niet veel psychologen die nog waarde hechten aan het ‘oedipuscomplex’, de theorie van Freud over de vermeende aantrekkingskracht die een zoon voelt voor zijn moeder en jaloezie tegenover zijn vader. De term stamt uit de Griekse mythologie: Oedipus werd bij zijn geboorte van zijn ouders gescheiden. Later, voordat hun identiteit bekend werd, vermoordde hij zijn vader en trouwde met zijn moeder. Het equivalent van dit syndroom voor een meisje – iets minder heftig – is het ‘elec-

tracomplex', waarbij een dochter gevoelens heeft voor de vader.

Freudiaanse analytici denken dat seksualiteit een grote rol speelt in het onbewuste. Zij gaan er bovendien van uit dat het ongemak dat mensen voelen bij Freuds benadering erop wijst dat zij hun eigen ongemakkelijke waarheden onderdrukken.

Oedipus en wijzelf

Oedipus is de beroemdste zedendelinquent in de Griekse mythologie, maar hij pleegt zijn zonden onbewust. Hij wordt in de steek gelaten als het orakel in Delfi voorspelt dat hij zijn vader zal vermoorden en met zijn moeder zal slapen. Een herder ontfermt zich over hem, waarna hij wordt geadopteerd door de koning en koningin van Korinthe. Jaren later doodt hij een vreemde die hem beledigt; dit blijkt zijn vader te zijn. Vervolgens redt hij Thebe van de sfinx, een monster dat iedereen doodt die haar raadsel niet kan oplossen. Oedipus, de redder van de stad, wordt koning en trouwt met de weduwe koningin Jocaste, zijn moeder. Onder zijn gezag wordt Thebe welvarend, totdat er een plaag uitbreekt. Als Oedipus de waarheid ontdekt, steekt hij zijn ogen uit en Jocaste verhangt zich. Het gaat hier om een duister psychisch drama dat uit het onbewuste stamt – de bron van onze dromen.

Perls en Boss over dromen

Ondanks hun verhelderende theorieën waren Freud en Jung geen van beiden in staat om alle geheimen uit de droomwereld te ontrafelen, en waarschijnlijk zal niemand dat ooit kunnen. Maar in de 20ste eeuw is er veel werk verricht waardoor ons begrip is verruimd – niet in de laatste plaats door Fritz Perls en Medard Boss.

Het werk van Fritz Perls

De Amerikaanse psychiater Fritz Perls (1893–1970) is vooral bekend als grondlegger van de gestalttherapie. Deze therapie is gericht op de wijze waarop een individu feiten, waarnemingen en gedrag coördineert die samen zijn leven bepalen, en niet op elk aspect afzonderlijk.

Net als Jung en Freud benadrukte Perls de symbolische inhoud van dromen, maar hij geloofde ook dat alle personages en voorwerpen in een droom projecties zijn van ons eigen ik en van de manier waarop wij hebben geleefd. Perls beschouwt dromen als onvoltooide emotionele zaken, of 'emotionele gaten', in de levensgeschiedenis van de dromer. De symbolische inhoud komt voort uit persoonlijke ervaringen en niet uit instinctieve of collectieve drijfveren.

Volgens Perls was het rollenspel een veel effectievere methode voor droomduiding van dromen dan vrije of directe associatie (blz. 27 en 22). Om de boodschap van droombeelden helder te krijgen vroeg hij de dromer deze beelden een voor een uit te beelden; hij liet de dromer zelfs zielloze droomobjecten een stem geven en de fysieke positie van voorwerpen in een droom innemen.

Bij een droom over een trein die door een bos dendert, kan het beeld van de rails of de bomen nadat de trein is gepasseerd meer zeggen over de emotionele toestand van de dromer dan het beeld van de trein zelf. Perls zou de dromer vragen uit

te beelden wat de bomen voelen als ze achtergelaten worden, of wat de rails ervan vinden dat de trein over ze heen rijdt.

Bij dit soort rollen ligt de interpretatie van de droom duidelijk bij de dromer. De therapeut kan suggesties aanreiken, maar de droom blijft het eigendom van de dromer: een betekenis mag nooit van buitenaf worden opgelegd.

Deze benadering van dromen is niet per se in tegenspraak met de benaderingen van Jung en Freud, ook al beweert Perls dat dit wel het geval is. Zowel Jung als Freud benadrukte dat droombeelden vaak het eigen ik van de dromer symboliseren, en dat het rollenspel als aanvulling op directe of vrije associatie nuttig kan zijn bij de duiding van dromen. Het nadeel van Perls methode is dat de dromer het risico loopt te worden meegesleept door zijn eigen toneelspel en het contact verliest met de inhoud van de droom. Hoewel Perls erop vertrouwde dat hij dit gevaar zou herkennen wanneer het zich voordeed, kan dit niet worden verwacht van andere therapeuten, die op dit vlak wellicht minder ervaren zijn. En hoe waardevol Perls' methoden ook zijn voor dromen op het eerste en tweede niveau (blz. 65–70), er blijft altijd een risico bestaan dat de collectieve betekenis van droomsymbolen onderbelicht blijft, en dan met name het belang van het collectieve onbewuste van Jung.

Het werk van Medard Boss

De Zwitserse psychiater Medard Boss ging ervan uit dat er een relatie bestond tussen dromen en het bestaan. Volgens die theorie kiest elk individu bewust of onbewust wie hij wil zijn. Voor Boss zijn dromen dus geen diepzinnige symbolische taal, maar aspecten van een existentiële keuze.

Boss' toepassing van dromen in zijn klinische praktijk laat duidelijk zien dat dromen psychologisch zinvol kunnen zijn, zonder dat ze symbolisch worden geduid. Als we voortdurend op zoek gaan naar de symbolische betekenis, ontgaat ons wellicht wat de droom eigenlijk wil zeggen. Terwijl Freud en Jung zich concentreerden op dromen van de diepere niveaus twee en drie, richtte Boss zich op het werkelijke belang van dromen van niveau één.

In plaats van associatie ontwikkelde Boss een interpretatieve methode die dromen hun eigen verhaal laat vertellen. Theorieën over het onbewuste deden hierbij minder ter zake; bij deze methode ging het om de vaardigheid 'te zien wat zich voor je neus afspeelt'.

In een van zijn experimenten hypnotiseerde Boss vijf vrouwen – drie geestelijk stabiele en twee neurotische vrouwen. Hij liet ze dromen over een naakte, seksueel opgewonden man die verliefd op hen was en seksuele toenadering zocht. Terwijl de drie geestelijk gezonde vrouwen het voorgestelde scenario nauwkeurig en met genoegen volgden, was er bij de dromen van de neurotische vrouwen sprake van angst en ontbrak de seksuele opwinding volledig. In een van die dromen veranderde de naakte man in een soldaat met een geweer, waarmee hij de vrouw bijna neerschoot. Voor Boss was er aan de dromen van de drie gezonde vrouwen niets symbolisch: het waren openlijke uitingen van bewuste verlangens van de vrouwen. Maar ook de droom over de soldaat hoefde niet symbolisch te worden geduid: hierbij ging het gewoon om de benauwde, angstige wereld van de vrouw, waarin mannen als bedreigend werden gezien.

Dit betekent niet dat deze benadering van dromen van niveau één het belang van dromen van niveau twee en drie ontkent. Bij dergelijke experimenten wordt het droomscenario in de geest van de dromer geplaatst en stamt dus niet uit zijn onbewuste. Aanhangers van Jung en Freud zullen er bovendien op wijzen dat de elementen die wél uit het onbewuste stammen (minnaar verandert in soldaat, penis in geweer) iets kunnen vertellen over de oorzaken van de neurose. Associaties die uit deze beelden voortkomen, kunnen laten zien dat de droom niet alleen wijst op onderdrukte seksualiteit, maar ook op onderdrukking van het archetype Animus (blz. 103), of dat de soldaat en het geweer de autoritaire en destructieve neigingen van de droomster weerspiegelen.

De functie van dromen

Zijn dromen een openbaring van een diepe creatieve bron in onszelf, of het verwarde restant van gedachten en beelden uit ons wakende leven? Is de dromende geest een venster op het diepste zelf van de dromer of een psychische vuilnisbak vol geestelijk afval waar we vooral geen aandacht aan moeten besteden?

Het moderne onderzoek naar de natuurwetenschappelijke patronen van dromen begon in 1953 met het werk van de Amerikaanse fysioloog Nathaniel Kleitman en zijn student Eugene Aserinsky. Zij ontdekten in hun 'slaaplaboratorium' dat slapende kinderen gedurende korte perioden hun ogen achter de gesloten oogleden snel bewogen. Nader onderzoek wees uit dat dit verschijnsel zich ook voordeed bij volwassenen, en aan de hand van EEG-grafieken, die de elektrische activiteit van de hersenen registreren, bleek dat deze oogbewegingen overeenkwamen met bepaalde ritmen in de hersenen. De ontdekking van een verband tussen oogbewegingen en meetbare hersengolven was een doorbraak in het

REM-slaap

REM (Rapid Eye Movement)-slaap wordt ook ‘paradoxale slaap’ genoemd, omdat in deze fase hersenactiviteit, adrenalineniveau, polsslag en zuurstofverbruik het meest overeenkomen met de situatie in het wakende leven, terwijl de spierspanning laag is en de slaper slechts met grote moeite gewekt kan worden. Tijdens deze REM-slaap wordt er het meest gedroomd.

In de jaren zestig van de vorige eeuw ontdekten onderzoekers dat gebrek aan REM-slaap leidt tot irritatie, vermoeidheid, geheugenverlies en een slechte concentratie. Vrijwilligers die systematisch van hun REM-slaap werden beroofd, doordat ze gewekt werden zodra ze met hun ogen gingen bewegen, haalden de verloren slaap in door in de nachten daarop een langere REM-fase door te maken. Als iemand door ziekte of andere factoren helemaal niet meer slaapt, dan kan de REM-fase zelfs in het wakende bewustzijn binnendringen. Het lijkt erop dat we niet zonder REM-slaap kunnen, en misschien komt dat wel door de psychische behoefte om te dromen.

Recent onderzoek wijst uit dat dromen die tijdens de REM-slaap plaatsvinden veel visueler zijn dan dromen in een andere slaapfase. Ook is gebleken dat de oogbewegingen in de REM-slaap synchroon kunnen lopen met gebeurtenissen in de droom, hetgeen erop wijst dat de hersenen geen onderscheid maken tussen droombeelden en beelden uit het wakende leven. Dit zou ook kunnen gelden voor de reactie van de hersenen op andere droomsensaties: bepaalde prikkels, zoals een plens water, het plotselinge geluid van een wekker, of een lichtflits kunnen in een droom worden ingebed en ‘verstandelijk’ in de inhoud ingepast.

Maar hoe reëel dergelijke zintuiglijke ervaringen ook op de hersenen overkomen, toch houdt iets ons tegen om de handelingen en emoties uit onze dromen ook werkelijk in praktijk te brengen. Tijdens de REM-slaap verslappen onze spieren, en de oogspieren zijn de enige spieren die fysiek actief zijn bij het uitvoeren van droomgebeurtenissen. Aangetoond is dat wanneer dromen het levendigst zijn er bepaalde remmende stoffen worden geproduceerd die verhinderen dat onze spieren impulsen van de hersenen ontvangen en beletten dat we reageren op de zintuiglijke prikkels die we in de droom krijgen.

Waarschijnlijk is deze effectieve verlamming de oorzaak van droomervaringen als wel willen, maar niet kunnen rennen, vergeefs proberen te schreeuwen of vastzitten in drijfzand of een waterpoel.

droomonderzoek en deze slaapfase werd REM (Rapid Eye Movement) genoemd.

Vervolgonderzoek liet zien dat er vier duidelijk te onderscheiden slaapniveaus bestaan, elk met specifieke fysiologische activiten en hersenritmen. Tijdens de eerste vijftien minuten doorloopt de slaper fase één tot en met drie, en blijft dan ongeveer één uur in fase vier, het diepste niveau, waarbij het lichaam het meest ontspannen is en de hersenritmen het traagst. Hierna gaat de terugkeer naar het eerste niveau vaak gepaard met een verandering van slaaphouding, en dit is het moment dat de eerste REM-slaap begint, een fase die ongeveer tien minuten duurt. Vervolgens wordt dit proces van afdalen en opstijgen naar verschillende niveaus nog vier- tot zevenmaal herhaald, hoewel bijna nooit meer de diepste fase vier wordt bereikt. De REM-fasen worden geleidelijk langer, net als de frequentie en de snelheid van de oogbeweging. De laatste REM-fase kan wel veertig minuten duren.

Er bestaan veel theorieën over de redenen waarom we slapen. Sommige wetenschappers wijzen op het evolutionaire voordeel van slaap als een strategie om energie te sparen en minder brandstof te verbruiken. Een ander evolutionair argument: toen onze voorouders nog kwetsbaarder waren voor geweld, vergrootten ze door te slapen wanneer het donker was hun kans op overleving. Een fysiologische theorie stelt dat slaap de gelegenheid is voor het lichaam om te ontspannen en te herstellen, en de energie te gebruiken om bepaalde hormonen af te scheiden. Zo produceren kinderen 's nachts grotere hoeveelheden groeihormonen.

Niemand twijfelt aan het feit dat slaap de hersenen letterlijk rust geeft. Tijdens de slaap wordt er minder serotonine en norepinefrine geproduceerd, stoffen die zenuwimpulsen doorgeven in de hersenen. Vrijwilligers die gedurende één of twee nachten wakker zijn gehouden, hebben last van irritatie, geheugenverlies en slechte concentratie. Ze vallen letterlijk om als hun gebrek aan slaap voortduurt. Toch zijn er ook mensen die weinig slaap nodig hebben, en er zijn zelfs spiritueel ervaren mannen en vrouwen die de nacht doorbrengen in een staat van diepe meditatie in plaats van slapend. Er zijn uitzonderlijke medische gevallen bekend van mensen die vrijwel niet slapen, bijvoorbeeld als gevolg van hoofdletsel.

Er is dus veel bekend, en verondersteld, over de manier waarop de dromende geest fysiologisch werkt. Als we echter dieper ingaan op de psychologische aspecten van het dromen, komen we terecht in troebeler water. Hoewel wetenschappers al sinds de ontdekking van de REM-slaap in 1953 bezig zijn met onderzoek naar

dromen – ze worden grondig getest en geanalyseerd met de modernste technieken –, blijft de vraag die Jung en Freud in het begin van de 20ste eeuw stelden nog grotendeels onbeantwoord: dromen we om onze slaap te behouden of slapen we opdat we kunnen dromen?

Wetenschappers zijn het erover eens dat dromen een bedoeling hebben, maar de meningen verschillen over wat die bedoeling kan zijn. Sinds de 19de eeuw onderschrijven de meeste droomduiders de visie dat dromen belangrijke aspecten aangeven in de toestand van onze onbewuste geest.

Zoals we eerder zagen, beschouwt Freud dromen als gecodeerde boodschappen uit het onbewuste, die ons moeten wijzen op de aldaar aanwezige onderdrukte verlangens en instincten. Jungianen gaan nog een stapje verder: ze gaan uit van het collectieve onbewuste, een gedeeld, creatief subniveau dat bepalend is voor ons welzijn, waarop niet alleen droombeelden ontstaan, maar ook beelden uit mythen, legenden en religieuze verhalen. Hoewel dit boek is gebaseerd op beide theorieën, is het goed om even stil te staan bij de vraag in hoeverre de theorie over 'psychisch afval' hierbij een rol speelt. Is het zo dat we dromen teneinde in onze slaap ongewenste mentale restanten weg te werken, en is het weliswaar belangrijk dat we dromen, maar doet de inhoud van onze dromen er niet toe?

Sommige wetenschappers geloven dat de hersenen selectief zijn en dat de massa details die tijdens wakende uren binnendringt nauwkeurig

Waardeloos of waardevol?

De 'afvaltheorie' over dromen komt voort uit de neiging van wetenschappers om proces van inhoud te scheiden. Dergelijke theorieën houden echter geen stand meer op het moment dat er eens goed wordt gekeken naar de inhoud van dromen.

Iedereen die gedurende een langere periode een droomboek heeft bijgehouden, weet dat dromen in feite de geheime geschiedenis van het eigen ik vertellen. Helaas is het in de ogen van 'afvaltheoretici' onwenselijk om je dromen te herinneren, en dat weerhoudt hen ervan hun eigen droominhoud goed te onderzoeken. Deden ze dit wel, dan zouden ze inzien dat hun theorieën onzin zijn.

wordt onderzocht. Relevante informatie wordt geordend en opgeslagen, overbodige gegevens worden gedumpt. Volgens deze visie vindt dit verwerken grotendeels overdag plaats en wordt veel van het ongewenste materiaal onmiddellijk geloosd. De hersenen hebben echter ook een stabilisatieperiode nodig, waarbij alle aandacht kan gaan naar het leegmaken van het hoofd, en dat gebeurt tijdens de slaap. Wetenschappers vergelijken dit wel eens met een grote computer die 's nachts offline gaat, zodat alle bestanden en programma's kunnen worden bijgewerkt. Nieuwe, relevante data worden opgeslagen en overbodige gegevens worden gewist of weggestopt. In dromen verschijnen echter fragmenten van geordend en gewist materiaal in het slapende bewustzijn in een vreemde mengelmoes en onderhevig aan talloze ongewenste associaties. Volgens de theorie van het 'psychisch afval' is deze mengelmoes van willekeurige beelden datgene wat wij dromen.

Er bestaan overtuigende bezwaren tegen deze theorie. Ten eerste is het onjuist om aan te nemen dat droominhoud betekenisloos is. Dromen hebben aantoonbaar belangrijk inzicht geleverd in zowel psychologisch als mogelijk ook fysiek welzijn, en ze kunnen bij het oplossen van problemen van groot belang zijn. Misschien lijken ze in eerste instantie verwarrend en willekeurig, maar een expert kan na nauwkeurige analyse aantonen dat ze een schat aan betekenissen inhouden (soms dubbelzinnig, maar nooit zonder betekenis), die te maken hebben met de omstandigheden van de dromer. Lucide dromen (blz. 55–64) laten zien dat de geest helemaal niet 'offline' hoeft en dat volkomen bewuste dromen soms (in principe altijd) goed mogelijk zijn. Het is nooit bewezen dat mensen die zich hun dromen goed herinneren en ermee aan de slag gaan psychologisch minder sterk zijn dan mensen die dit

niet doen – in feite geldt het omgekeerde. Ten slotte is het zo dat de betekenis van veel dromen vaag is, maar sommige maken zo'n indruk dat ze jaren later nog net zo vers in het geheugen liggen als gebeurtenissen die in het wakkere leven plaatsvonden.

Maar als dromen inderdaad belangrijke boodschappen bevatten, die uit het onbewuste naar het bewuste overgaan, waarom vergeten we er dan zoveel van? Hier bestaan meerdere theorieën over; een daarvan gaat over onze manier van wakker worden. We worden tegenwoordig niet meer plotsklaps wakker, zoals onze primitieve voorouders die alert waren op gevaren van buiten; wij komen langzaam uit de slaapfase in ons veilige bed, en het is goed mogelijk dat hierdoor onze dromen verdwijnen in het schemergebied tussen slapen en waken. Een andere theorie stelt dat we gewoon te veel slapen en dat de uren die we droomloos doorbrengen de herinneringen aan onze dromen smoren. Bij droomworkshops vertellen mensen vaak dat ze zich hun dromen beter herinneren als ze niet thuis slapen, maar in een vreemde omgeving (waarschijnlijk slapen ze dan onrustiger) of op een harder bed.

Het kan ook dat we ons onze dromen niet herinneren doordat onze geest chaotisch, afgeleid en ongedisciplineerd is. Aanhangers van het hindoeïsme, boeddhisme en bepaalde westerse mysterietradities zeggen dat ze tijdens hun slaap een ononderbroken bewustzijn ervaren, voornamelijk dankzij intensieve concentratie- en meditatietechnieken.

De klassieke verklaring voor het vergeten van dromen komt van Sigmund Freud, die geloofde dat de belangrijkste reden waarom we dromen vergeten is dat ze vaak te pijnlijk zijn om te worden herinnerd. Volgens Freud heeft het vergeten van dromen niets te maken met bepaalde aspecten van de levensstijl van dromers, maar wordt dit veroorzaakt door de censor, het verdedigingsmechanisme uit ons onderdrukte ego, dat het bewuste beschermt tegen de massa storende beelden, instincten en behoeften die zich diep

in ons onbewuste bevindt. Ter bescherming van onze geest worden dromen omgezet in een aanvaardbare taal.

Inleiding tot symbolen

Wanneer we droomervaringen en de mogelijke betekenis daarvan nader bekijken, is het goed om eerst de belangrijkste semantische eenheid van dromen te bekijken: het symbool.

Boodschappen van dromen worden overgebracht in de vorm van symbolen; ze geven een idee, concept of emotie weer die moeilijk in woorden te vatten is. Door de aanwezigheid van symbolen lijken dromen vaak mysterieus en zelfs onzinnig voor de wakkere geest, maar als we deze symbolische taal gaan ontleden, zien we dat dromen vaak diepzinnige betekenissen hebben, die ons raken op een manier die in ons wakkere leven bereikt wordt door zaken als poëzie, schilderkunst of muziek.

Dromen stammen uit het onbewuste en gebruiken symbolen – een oerkern van de taal van het onbewuste, die voorafging aan het spreken. Zoals je later in dit boek zult lezen, zijn veel van de symbolen in dromen uniek voor de betreffende dromer en zijn ze het resultaat van ervaring. Andere symbolen blijken universeler te zijn en stammen uit gedeelde niveaus van het onbewuste. Dergelijke universele symbolen betreffen vaak dieren of natuurkrachten – zo verwijzen vogels in veel culturen naar vrijheid, staat vuur voor vernietiging en zuivering, en water voor het leven zelf.

Door met dromen te werken komen we in contact met deze symbolische taal en kunnen we het onbewuste grondiger onderzoeken. We doen mee aan een spannende (soms beangstigende) zoektocht naar onszelf. Welke boodschap we onderweg ook krijgen, de betekenis hangt af van onze eigen verlangens, angsten en andere innerlijke drijfveren.

Veel van de boodschappen die we in onze dromen krijgen, hebben te maken met verlangens, zorgen en angsten uit ons dagelijks leven. Onderzoek heeft uitgewezen dat vrouwendromen vaak gaan over huiselijke aangelegenheden, terwijl mannen vaker dromen over dingen buiten huis en haard. Veel dromen stammen echter uit de diepere niveaus van de geest. Voordat je je verdiept in de duidingsmethoden die later in dit boek aan de orde komen, moet je je afvragen welke boodschap een droom zou kunnen hebben. Wat zou de betekenis kunnen zijn van een droom waarin je een vreemde tegenkomt, een winkel binnengaat of een boom omhakt?

Grof gesteld is het zo dat dromen vaak gaan over wat zou kunnen zijn en niet over wat werkelijk is. Een droom zou erop kunnen wijzen dat je je horizon wilt verbreden of nieuwe wegen wilt inslaan. Soms lijken dromen ons ergens voor te waarschuwen of worden we aangespoord ergens beter over na te denken. Eén ding staat als een paal boven water: dromen zijn te belangrijk om te worden genegeerd.

Kwaliteitsslaap

Hoewel sommige mensen beweren dat ze beter dromen wanneer ze in hun slaap worden gestoord, staan in feite betere slaappatronen garant voor een betere droomkwaliteit. Als je onderstaande stappen volgt, zul je vredig en ongestoord kunnen slapen en nog beter kunnen dromen.

- Gebruik geen alcohol of slaaptabletten; hierdoor wordt de REM-slaap onderdrukt. Neem als slaapmutsje geen koffie of thee, maar drink warme melk met honing.
- Maak voordat je naar bed gaat je hoofd leeg van al je gedachten. Laat je niet opjutten door boosheid of frustraties.
- Lees je voor je gaat slapen, neem dan een vredig en contemplatief boek; lees geen bloedstollende thriller.
- Zorg dat je slaapkamer een oase van rust is, vrij van storende factoren, maar met rustgevende verlichting.
- Ga vroeg naar bed en sta vroeg op.
- Doe voordat je echt gaat slapen ontspanningsoefeningen, span je spieren aan en ontspan ze weer.

Overgangsfasen

Dat we dromen vaak zien als losse, fragmentarische gebeurtenissen komt waarschijnlijk doordat we 's ochtends wakker worden met een vage herinnering aan een vluchtige droom. Rondom de levendige intensiteit van REM-dromen begint en eindigt onze slaap met voorbijgaande droombeelden op de grens van slapen en waken.

Frederick Myers (1843–1941), een Britse pionier op het gebied van onderzoek naar het onbewuste, bedacht de term 'hypnagogisch' voor dromen die voorafgaan aan de slaap en 'hypnopompisch' voor dromen die zich aandienen tijdens het wakker worden. Deze twee overgangsfasen zijn fragmentarisch en vluchtig, zoals een herinnering die vervaagt op het moment dat je hem oproept. In beide fasen verschijnen vluchtige, mysterieuze en soms prachtige beelden.

Op het moment dat de dromer in slaap valt, produceren de hersenen regelmatige alfaritmen, die een staat van diepe ontspanning kenmerken; de polsslag en ademhaling vertragen en de lichaamstemperatuur daalt. Vervolgens houden de alfaritmen op en gaat de slaper over naar fase één, waarin zijn geest kortstondig absurde, hallucinerende dromen ontvangt uit de hypnagogische toestand. Misschien omschrijft het woord 'visioenen' deze fase beter dan het woord 'dromen', omdat er geen sprake is van verhalende complexiteit, noch van de emotionele weerklank die zich voordoet bij

Snelle hypnagogische oefening

Probeer eens een dutje te doen terwijl je rechtop zit in plaats van ligt. Op het moment dat je indut, valt je hoofd naar voren en schiet je wakker. Zo vind je de grenzen van je slaap waarbij hypnagogische visioenen voorkomen.

dromen in een diepere slaapfase. Wanneer de Russische filosoof P.D. Ouspenski schrijft over de 'gouden stralen en sterretjes [die veranderen] in rijen koperen helmen van Romeinse soldaten die door de straat marcheren', dan beschrijft hij de magische, visionaire kracht van hypnagogische dromen.

Recent onderzoek naar hypnagogia richt zich vooral op de visionaire kracht ervan. Hypnagogische beelden staan bekend om de vormloze omtrekken, zoals golven van kleuren en patronen, vaak met een opmerkelijke symmetrie of regelmaat, en teksten die niet alleen in de moedertaal van de dromer, maar ook in een vreemde of zelfs denkbeeldige taal zijn gesteld. Archetypische gezichten komen in beeld en verdwijnen weer, alsof ze op de dromer inzoomen om hem nader te onderzoeken; mysterieuze personages verschijnen en vervagen, en sommige beelden staan ondersteboven of in spiegelbeeld.

Hypnopompische ervaringen, die ontstaan tijdens het wakker worden, hebben veel overeenkomsten met hypnagogische dromen. Sommige blijven zelfs kortstondig aanwezig na het ontwaken. René Descartes, de grote Franse denker die als grondlegger van de moderne filosofie wordt beschouwd, vertelde vaak dat hij 'flitsen in de kamer' zag op het moment dat hij wakker werd, terwijl anderen beschrijven dat ze ontwaken uit hypnopompische dromen met beelden van figuren die rondom het bed dansen of van een vreemd, surrealistisch landschap dat door het slaapkamerraam zichtbaar wordt.

Vaak is er zowel in hypnagogische als in hypnopompische toestanden sprake van hoorbare in plaats van zichtbare hallucinaties. Stemmen die waarschuwen voor gevaar of fragmenten van mysterieuze gesprekken zijn duidelijk hoorbaar, alsof ze uit de kamer komen. Ook tast- en reukervaringen komen veel voor, en soms is er zelfs sprake van een complexe gewaarwording, alsof de dromer op hetzelfde moment een visioen ziet, een bizar gesprek hoort en de zoete geur ruikt van een onzichtbare tuin. Het is niet vreemd dat men vroeger dacht dat iemand die een dergelijke ervaring had in feite goddelijk bezoek ontving.

Hypnopompia observeren

Aan het eind van de vorige eeuw beschreef droomonderzoeker George Gillespie uit New Jersey zijn eigen hypnopompische ervaringen. Af en toe zag hij op het moment dat hij ontwaakte, vlak voordat hij zijn ogen opende, een tweedimensionaal rasterpatroon. Dit beeld bleef dan gedurende een seconde of twee op zijn netvlies als hij zijn ogen eenmaal had geopend. Als hij zijn ogen dichthield, kon hij het patroon wel een minuut of tien vasthouden. Het is interessant dat zowel Gillespie als een van zijn assistenten ontdekte dat het patroon bewegingloos was. Je kon het bestuderen door met je ogen van de ene naar de andere kant te bewegen. Er valt op dit terrein nog veel te onderzoeken.

In recente onderzoeken zoekt men naar een verklaring voor de hallucinerende en soms tranceachtige aard van hypnagogische en hypnopompische toestanden, door te kijken welke rol het ego speelt op het moment dat het bewustzijn heen en weer beweegt tussen waken en slapen. Men denkt dat visionaire, hypnagogische dromen ontstaan doordat het ego probeert om de controle over denkprocessen te herstellen, na de plotselinge verandering in het bewustzijn die werd veroorzaakt door het verlies van contact met de realiteit van het wakker-zijn. Een andere suggestie is dat deze ervaringen het tegenovergestelde zijn van het ego.

Hindoeïstische en boeddhistische meesters leren hun volgelingen dat een toestand van diepe meditatie alleen kan worden bereikt door het ego op de weg naar zelfverlichting opzij te zetten. Gaat iemand over van het ene bewustzijnsniveau naar het volgende, dan ziet hij visioenen, net als bij hypnagogia, waarbij mysterieuze beelden en mandala-achtige patronen hem bij zijn zoektocht helpen. Deze beelden hebben niets te maken met wakkere herinneringen, wat erop wijst dat ze afkomstig zijn uit een diep niveau van het creatieve onbewuste. Hypnagogische visioenen waren voor surrealistische kunstenaars als Salvador Dalí en René Magritte een belangrijke inspiratiebron. Dalí wekte ze zelfs op door rechtop te gaan slapen, met een lepel en een pan in zijn hand. Zodra hij indommelde liet hij de lepel in de pan vallen, waardoor hij wakker schoot met de vreemde beelden uit de transitietoestand vers in zijn geheugen.

De Amerikaanse psycholoog Andreas Mavromatis stelde dat zowel hypnopompische als hypnagogische ervaringen functioneren als angstonderdrukkers, die de dromer wegvoeren van stressfactoren uit het wakende leven en persoonlijke groei en ontwikkeling vergroten. Door de verhalende en emotionele complexiteit van REM-dromen terzijde te schuiven en gedachten te bevrijden van beperkingen, krijgt de dromer de gelegenheid om door de inhoud van zijn dromen te bladeren, net als bij een plaatjesboek. Zo ervaart de dromer op bewust niveau de creatieve geestelijke processen die zich normaliter diep in zijn onbewuste afspelen. Door de rijkdom aan gedachten in de geest te sorteren ontstaat er een creatief inzicht dat vanuit het niets het bewustzijn binnenkomt.

Hypnagogische dromen verkennen

Hypnagogische beelden zijn van nature vluchtig en ongrijpbaar, maar het is niet moeilijk om de geest zo te trainen dat deze beelden op vrijwel elk moment kunnen worden opgeroepen.

Een goede eerste oefening, om jezelf vertrouwd te maken met deze fascinerende droomtoestand: ga ontspannen op de bank zitten met de tv of radio aan. Laat je gedachten de vrije loop en concentreer je half op het programma en half op willekeurige, andere gedachten. Dreig je in te dommelen, concentreer je dan op de tv of radio, zodanig dat je net tussen waken en slapen in zit. Je merkt hoe je dwalende geest heen en weer beweegt tussen de verschillende bewustzijnsniveaus en flarden van verwarde verhalen naar boven haalt, heldere beelden van vreemde landschappen tevoorschijn tovert en herinneringen oproept die zo oud zijn dat je dacht dat je ze allang vergeten was. Dit is een effectieve kennismaking met de wereld van hypnagogie.

Wil je de hypnagogische toestand verder onderzoeken, dan is het goed om een ontspannen waakzaamheid te ontwikkelen. Richt je bij het naar bed gaan op een innerlijke ruimte net achter je oogleden. Richt je aandacht op dit punt en keer ernaar terug op het moment dat je gedachten afdwalen. Laat de beelden verschijnen wanneer de tijd daar rijp voor is.

Heb je er moeite mee om niet in slaap te vallen tijdens deze oefening, gebruik dan een Tibetaanse meditatietechniek om alert te blijven. Stel je een ronddraaiende schijf licht voor in de ruimte achter je oogleden of in je hart en laat de beelden hierdoorheen flitsen.

Je kunt de beelden ook oproepen in plaats van af te wachten tot ze tot je komen. Op het moment dat je indommelt, stel je je beelden voor die je graag wilt zien. Of visualiseer een voor een de letters van het alfabet. Vaak veranderen deze verlangde beelden dan vanzelf in geometrische patronen, of ze lopen spontaan over in ogenschijnlijk willekeurige visioenen.

Door met hypnagogie te experimenteren leer je niets over je onbewuste angsten en verlangens; dat is het terrein van de REM-slaap. Maar je maakt zo wel kennis met de werking van het brein en je maakt bovendien potentieel aangename, hallucinerende ervaringen mee, vergelijkbaar met die van iemand die geniet van het noorderlicht.

Lucide dromen

De slapende geest aanvaardt het bizarre zonder vragen te stellen aan de realiteit, en daardoor denken we dat datgene wat we meemaken ook echt bestaat. Daarom lijken nachtmerries ook zo echt. Tijdens het zogeheten 'lucide' dromen zijn we ons er echter van bewust dat we dromen, zonder dat we erdoor wakker worden.

Veel mensen hebben wel eens een lucide droom ervaren. Stel dat je droomt dat je een oud boek vindt in iemands kelder. Je weet dat je daar niet hoort te zijn, maar als je het boek vindt, kun je de verleiding om het te openen niet weerstaan. Misschien geeft het boek wel antwoord op al je levensvragen. Ergens besef je heel goed dat je droomt, maar met dit besef eindigt je droom niet. Je besluit – en dit is een heel bewust besluit – om het boek te openen. Je leest een zin en bent verrast door de diepzinnigheid ervan. Je besluit deze woorden goed te onthouden en ze op te schrijven zodra je wakker wordt. Je hebt in de gaten dat dit een heel bijzondere en belangrijke droom is; misschien zal je leven hierna nooit meer hetzelfde zijn. Je voelt een sterke kracht en bent in staat om in je droom wakkere beslissingen te nemen. Uiteindelijk word je wakker. En als je terugkijkt besef je dat je al die tijd hebt geweten dat je droomde. Maar die ene verhelderende zin kun je je niet herinneren. Het was per slot van rekening ook maar een droom.

Lucide dromen zijn zo interessant dat we vinden dat we ze moeten stimuleren. En tot op zekere hoogte kunnen we ons bewustzijn zodanig trainen dat we toegang krijgen tot de droomtoestand en onze dromen kunnen beheersen. Dit vergt echter wel de nodige voorbereiding en oefening.

De Britse droomonderzoeker Celia Green

heeft belangrijke verschillen in kaart gebracht tussen lucide en niet-lucide dromen. Bij lucide dromen lijkt er geen sprake te zijn van onredelijkheid of verhalende inconsistentie, zoals in de gebruikelijke niet-lucide toestand. Vaak worden lucide dromen heel nauwkeurig ervaren en herinnerd – we kunnen ons niet de woorden herinneren die in het boek stonden, maar we weten nog precies hoe de kelder eruitzag en hoe de kaft van het boek was. Tijdens een lucide droom heeft de dromer de beschikking over alle herinneringen en gedachtefuncties uit het wakkere leven, en merkt misschien geen verschil tussen slapen en waken. Maar, zoals we net zagen, is de dromer zich ervan bewust dat hij droomt.

Vaak komt dit besef heel plotseling. Iets onlogisch of geks in het droomlandschap van een gewone droom kan de dromer ineens doen beseffen dat hij droomt. De spanning die dit oproept en een geheimzinnig gevoel van 'geestelijke

expansie' zorgen voor een niet mis te verstane ervaring. Kleuren krijgen een levendige helderheid en voorwerpen een verlichte omtrek. Het bijzonderst is de mogelijkheid van de dromer om droomgebeurtenissen te sturen, om te beslissen welke richting de droom op moet gaan en om te experimenteren met het droomlandschap.

Hoe intrigerend dit ook is en hoe groot de eigen kracht van de dromer ook lijkt, hij zal nooit volledige controle hebben over het verloop van een lucide droom. Zo kan een dromer bewust besluiten een tropisch eiland te bezoeken, maar bij aankomst zal het eiland hem net zo nieuw en verrassend voorkomen als wanneer hij het in het wakkere leven voor het eerst zou zien. De Nederlandse psychiater en schrijver Frederik van Eeden, die in 1913 de term 'lucide dromen' introduceerde, was zelf een enthousiast lucide dromer. Hij beschreef de droomwereld als een 'nepwereld, knap nagemaakt, maar met kleine foutjes'. Als voorbeeld vertelde hij over een lucide droom waarin hij tevergeefs probeerde een wijnglas te breken. Toen hij er even later naar keek, zag hij dat het toch gebroken was, 'als een musicus die een teken van de dirigent heeft gemist en te laat inzet'.

Sommige wereldgodsdiensten zien lucide dromen als een mystieke ervaring. In het hindoeïsme en boeddhisme worden volgelingen met meditatieve ervaring in staat geacht om hun bewustzijn tijdens het dromen of een droomloze slaap te behouden, en dus alle dromen als lucide dromen te ervaren. Volgens Tibetaanse boeddhisten zijn lucide dromen een waardevolle oefening om in het hiernamaals de controle te houden – een omgeving die in veel opzichten vergelijkbaar is met de droomwereld. Middels deze technieken kunnen we onszelf uiteindelijk losmaken van de illusoire cyclus van leven en dood. Tibetaanse boeddhisten stellen dan ook dat het belangrijkste doel van dromen is ons 's nachts in de gelegenheid te stellen deze beheersing te realiseren.

OBE

Lucide dromen worden gezien als een belangrijke oefening voor ons bewustzijn om tot een 'out-of-body-ervaring' (OBE-buiten het lichaam treden) te komen. In lucide dromen beweegt het bewustzijn zich in 'astrale werelden', die worden gevormd door gedachten en verbeelding. Bij een OBE daarentegen blijft onze geest vaak op aards niveau en is zich bewust van de fysieke realiteit, zoals de aanwezigheid van het lichaam in de kamer. De grens tussen een OBE en een lucide droom is vaak onduidelijk.

Israel Ragardie, een belangrijke vertegenwoordiger van de westerse mystiek en alchemistische tradities, schreef ooit dat je met de nodige ervaring 'de nacht niet hoeft door te brengen in vergetelheid', maar een consistent niveau van bewustzijn kunt behouden, waardoor 'alles een continue, vrije stroom aan bewustzijn wordt'. Sommige esoterische leermeesters stellen dat je, door het initiatief in dromen bij jezelf te houden, ook in het wakende leven onverklaarbare prestaties kunt leveren. Er zijn hindoemystici die beweren dat iemand dankzij de controle over zijn dromen op hetzelfde moment op verschillende plaatsen tegelijk kan zijn, waarbij hij eerst een bepaalde plaats visualiseert, om er vervolgens in een 'droomlichaam' naartoe te gaan, zichtbaar en aanwezig voor anderen.

In alle culturen wordt de kracht om een droom te beheersen, zowel bij beginners als bij gevorderden, bepaald door de mate waarin iemand zijn wakende leven beheerst. Het onbewuste voert zijn freudiaanse streken uit zonder dat het bewustzijn daar weet van heeft en spreidt zijn wijsheden achteloos tentoon. Echter, in lucide dromen werken het onbewuste en bewuste te nauw met elkaar samen. De lucide droom is een gezamenlijke creatie en door het bewuste steeds actiever te maken, bereikt de dromer diepere niveaus van zelfkennis. Door een droom bewust te beleven en te sturen, kan de dromer niet alleen dieper in zijn onbewuste geest reiken, maar ook bewust besluiten om de daarin aanwezige angsten, verlangens en energieën onder ogen te komen. In plaats van te vluchten voor een donkere, mysterieuze kracht of een akelig monster dat zich in de schaduw van de droomwereld schuilhoudt, beschikken lucide dromers over de kracht om deze demonen hun wil op te leggen. Ze kunnen de confrontatie aan omdat ze beseffen dat ze dromen en dus niet bang hoeven te zijn. Meestal verliezen demonen zo onmiddellijk hun kracht, omdat in dromen, net als in het wakende leven, geldt dat de grootste angst de angst zelf is. Door de demonen in het onbewuste tegemoet te treden kan de dromer niet alleen de schrik verminderen die deze demonen oproepen, maar ook gebruikmaken van de energie die hem eerder angst aanjoeg.

Schijnwakker

De droomervaring die bekendstaat als 'schijnwakker', is vergelijkbaar met lucide dromen, en is er misschien zelfs een compromis voor. In schijnwakkere dromen lijkt alles net zo helder als in lucide dromen, maar de dromer beseft niet dat hij droomt. Hij denkt dat hij wakker is en droomt misschien wel dat hij opstaat en zich gaat wassen, ontbijt maakt en naar zijn werk gaat – om vervolgens echt te ontwaken en zich te realiseren dat hij alles heeft gedroomd. Dan moet hij alsnog aan de slag om al deze handelingen in het echt uit te voeren.

Hoewel het voor een leek misschien net lijkt alsof bij lucide dromen onze geest een vervelend spelletje met ons speelt, zijn ze in feite heel aangenaam en heilzaam, en kunnen ze zelfs bijdragen aan een beter zelfbegrip. Met een beetje meer ervaring kunnen we lucide dromen gebruiken voor een diepgravend zelfonderzoek. Zo kunnen we bijvoorbeeld heel bewust een deur in onze droom inbouwen, waarachter we de oorzaak hopen te vinden van een bepaalde actie of netelige situatie uit het wakende leven, of op z'n minst een aanwijzing hiervoor. Doordat we de droom beheersen, kunnen we de deur openen en de antwoorden vinden die ons ontglippen wanneer we wakker zijn. Ook kunnen we een wijze raadsman bedenken die we in onze lucide droom kunnen benaderen voor oplossingen voor onze problemen. Het kan hierbij gaan om een personificatie van onze eigen onbewuste wijsheid, maar het kan ook zijn dat op dergelijke wijze informatie tot ons komt die waardevoller is dan onze bewuste geest ooit zou kunnen bedenken.

In geval van een duurzame lucipditeit kunnen we ook keuzes maken en vragen stellen als: welke weg zal ik nemen? Kan ik deze persoon overhalen om zijn wapens te laten vallen? Hoe zou het zijn om boven de daken te

vliegen? Of, bij een surrealistische droom: met welke vis zal ik dansen? Het kan heel heilzaam zijn om op deze manier de kronkelingen van onze eigen verbeelding te onderzoeken, onze reacties op bepaalde gebeurtenissen te toetsen en de controle al dan niet over te nemen.

Mensen die zeer gedisciplineerd zijn, zullen eerder lucide dromen ervaren. Je kunt jezelf hierin trainen door je mentale krachten aan te scherpen. Met technieken als meditatie en creatieve visualisatie oefen je je geest en word je steeds beter. Daarnaast kun je een aantal specifieke technieken uitproberen. Zo kun je, net als de sjamanen doen, vlak voor je gaat slapen een voorwerp nauwkeurig bestuderen. Verschijnt dit voorwerp vervolgens in je droom, dan schiet je onmiddellijk terug in je bewustzijn. Of je kunt een eenvoudige handeling, zoals wandelen of koffiezetten, zo vaak mogelijk per dag visualiseren. Komt deze handeling vervolgens in je droom voor, dan kun je hierdoor beseffen dat je droomt.

De eenvoudigste techniek wordt 'autosuggestie' genoemd. Bevestig tegenover jezelf, diverse malen per dag, dat je als je slaapt zult beseffen dat je droomt. Dit zou genoeg moeten zijn om je dromende geest alert te houden.

Vertrouwen en geloof in jezelf zijn krachtige mentale hulpmiddelen, maar er gaat niets boven

Zo word je een lucide dromer

Voor veel mensen zijn lucide dromen de Heilige Graal of de Steen der Wijzen van een bevredigend droomleven. De strategieën die hieronder staan, kunnen je helpen vertrouwd te raken met lucide dromen.

Mediteer regelmatig

Het zelfbewustzijn dat je door meditatie ontwikkelt, kan zijn vruchten afwerpen op je droomleven. Meestal word je je ervan bewust dat je droomt doordat je rare dingen droomt, bijvoorbeeld over mensen die kunnen vliegen, dieren die kunnen praten of andere dingen die strijdig zijn met het wakende leven. Creatieve visualisatie, waarbij je je doelen levendig voor de geest haalt om ze psychologisch bereikbaarder te maken, kan hierbij ook handig zijn.

Neem de tijd om te observeren

Let er overdag op dat je alert bent op vreemde dingen die je later in je dromen kunt tegenkomen. Je kunt dit oefenen door te controleren of je wakker bent. Stel jezelf bijvoorbeeld de vraag hoe je zeker kunt weten dat je op dat moment niet droomt (je mobieltje ging over en je hebt een realistisch gesprek gevoerd met je broer).

Gebruik je handen als teken

Deze techniek komt van de sjamanen. Neem je overdag voor om in de eerstvolgende droom naar je handen te kijken en dat die je het teken geven dat je droomt. Neem je dit heel stellig voor – je moet het echt willen. Met een beetje geluk neemt je onbewuste dit voornemen over en voert het tijdens je droom uit, waardoor je het afgesproken teken krijgt dat je droom lucide is. Je kunt hiervoor elk willekeurig voorwerp kiezen, ook je voordeur of de keukentafel.

Vermijd stress

Spanning kan onze kans op lucide dromen aanzienlijk verkleinen, dus het kan een goed idee zijn om, voordat je gaat slapen, het licht in de slaapkamer te dimmen en heel zachtjes rustgevende muziek te draaien. Brand je een sfeervol kaarsje, doof dit dan voordat je tussen de lakens kruipt.

Doe net alsof je een sjamaan bent

Als je in bed ligt, maar nog wakker bent, doe dan net of je een sjamaan bent die een opdracht moet uitvoeren die de hele gemeenschap ten goede komt.

geduld. Schroef het tempo niet op en raak niet gefrustreerd als de eerste pogingen niet meteen slagen. Blijf erin geloven.

Om droombeheersing te bevorderen ontwikkelden wetenschappers diverse apparaten voor experimenteel onderzoek. Dergelijke apparaten worden om de pols van de dromer gebonden en geven een schokje af op het moment dat de REM-slaap wordt herkend. De dromer wordt hierdoor niet gewekt, maar hij raakt zich wel bewust van zijn dromen. Deze apparaten zijn natuurlijk niet geschikt voor de slaapkamer, maar als je je eigen geest ertoe kunt zetten om lucide te gaan dromen, beschik je over je eigen mentale apparaat waar geen wetenschap tegenop kan.

Onderzoek naar tijdsdimensie

De vraag of droomgebeurtenissen in een normale tijdspanne plaatsvinden of dat ze de tijd comprimeren is mede beantwoord door lucide dromen. Stephen Laberge van de Stanford-universiteit in Californië leidde een onderzoek waarbij lucide dromers middels een specifieke oogbeweging aangaven hoever ze waren gevorderd in een vooraf afgesproken droomgebeurtenis. Hieruit bleek dat droomtijd aardig overeenkomt met reële tijd. De droom slaat wellicht irrelevante passages over, maar dat is de enige manier om de droom op tijd te kunnen afronden.

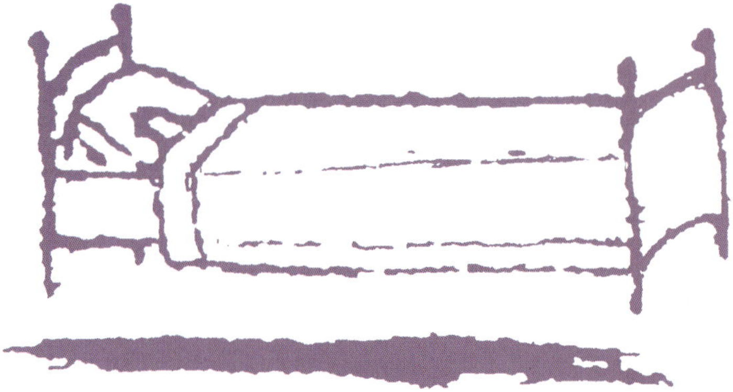

De drie droomniveaus

Freud deelde de geest in drie niveaus op, waar Jung een vierde niveau aan toevoegde: de bewuste geest, het voorbewuste, het persoonlijk onbewuste en het collectieve onbewuste. Analoog aan dit model zijn er voor dromen drie hoofdniveaus.

Om de aard van droomervaringen te kunnen begrijpen, moeten we eerst inzien dat ze afkomstig zijn van verschillende niveaus van ons onbewuste.

Mentale niveaus hebben echter geen feitelijk, fysiek karakter: het zijn etiketten die psychologen op de verschillende functies van het brein hebben geplakt. Freud was de eerste die denkprocessen op deze manier categoriseerde. Hij verdeelde de onbewuste geest in twee klassen: het voorbewuste en het persoonlijk onbewuste. Later voegde Jung er een derde, dieper niveau aan toe, dat hij het collectieve onbewuste noemde. Dromen leveren ons uit elk niveau nieuwe inzichten op en vergroten ons droombewustzijn, waarbij dit tevens een belangrijk pad vormt richting zelfbegrip.

Overige indelingen

Dromen onderverdelen in drie niveaus is niet de enige manier om met dit onderwerp om te gaan. Bij het onderzoeken van je eigen droomboek kan het heel verhelderend zijn om je dromen als volgt te groeperen. Natuurlijk kun je ook je eigen indeling maken.

- *Verleden / heden / toekomst*
- *Wensen / angsten / voornemens*
- *Zelf als dromer / zelf als droompersonage*
- *Vreemden als de wereld / vreemden als bekende personages / vreemden als emoties*
- *Actiedromen / stemmingsdromen*
- *Zeer surreëel / deels surreëel / realistisch*
- *Mild / sterk / neutraal*

Het voorbewuste is het oppervlakkigst van de drie niveaus van het onbewuste. Hier bevinden zich onbelangrijke spanningen, feitelijke kennis, ideeën, herinneringen en overduidelijke motivaties en ambities, die zowel voor ons bewustzijn als voor onze dromen vrij toegankelijk zijn. Dromen die de inhoud van de voorbewuste geest weergeven, noemen we dromen van het eerste niveau. Ze staan voor wakende preoccupaties en gebeurtenissen, en ze kunnen vaak gemakkelijk worden geïnterpreteerd. Onze geest kijkt altijd terug op gebeurtenissen die net

Een blik op de geest

Net als een ijsberg, waarvan het grootste deel onder de zeespiegel ligt, is de onbewuste geest moeilijk te onderzoeken. Hieronder schetsen we de geest in historisch perspectief en zie je hoe Freud de geest in drie delen opdeelde.

Tegenwoordig schrijven we de ontdekking van het onbewuste vaak toe aan Freud en Jung, maar dit concept bestaat al veel langer. In oude hindoeteksten, de *Veda's*, uit 2500–600 v.C., wordt al over een gelaagde geest gesproken. In Europa komt de 16de-eeuwse geneesheer Paracelsus nog dichter bij de tegenwoordige omschrijving van de geest. Hij beschrijft in een tekst over psychosomatische symptomen dat een ziekte kan worden veroorzaakt door een idee, 'gevoed door verbeelding, wat mensen treft die hier gevoelig voor zijn'.

Freud week af van zijn voorgangers door de duistere kant van de psyche te benoemen, met alle ongemakkelijke neigingen en fobieën van dien. Hij noemde de belangrijkste delen van de geest de id, het ego en het superego. Zijn ideeën veroorzaakten destijds veel ophef en men vond dat ze de kinderziel bezoedelden. Sindsdien vormen ze echter de kernbegrippen van de moderne psychiatrie.

Het id: meteen na onze geboorte zorgt het id ervoor dat onze behoeften worden bevredigd; we huilen als we honger hebben, het koud hebben of aandacht willen. Het id gaat uit van het pretprincipe en streeft slechts naar de bevrediging van de eigen behoeften. Het id is primitief, chaotisch en zich niet bewust van tijd en ruimte.

Het ego: stamt af van het id. Het ego (of 'ik') ontwikkelt zich gedurende de eerste drie jaren van iemands leven. Het is gebaseerd op rationaliteit, houdt rekening met de behoeften van anderen en beseft dat egoïsme, impulsiviteit en directe bevrediging onze belangen op de lange duur kunnen schaden. Het ego is ons bewustzijn en treedt op rationele wijze naar buiten. Het ego van baby's is zwak en ongevormd, en kan slechte herinneringen alleen volledig wissen, niet onderdrukken.

Het superego: dit ontwikkelt zich zo rond het vijfde jaar. Het is het morele deel van de psyche, dat gevoed wordt door de normen en waarden van de opvoeders. Het superego bepaalt het welzijn van een gemeenschap. Maar een te strenge morele code leidt tot schuldgevoelens en onderdrukt de instincten van het id.

hebben plaatsgevonden en dromen van het eerste niveau lijken een verlengstuk van deze retrospectieve neiging. Maar, aangezien dromen van het eerste niveau gericht zijn op routine, op dagelijkse beslommeringen, denken wij misschien ten onrechte dat ze altijd betekenisloos zijn. De waarheid is dat alle dromen betekenisvol zijn, en als de dromende geest kiest voor een alledaags onderwerp in plaats van een dieper onderwerp, dan gebeurt dit niet zonder reden. Misschien gebruikt de droom wel onopvallende gebeurtenissen om zo op een indirecte manier zaken van het tweede en derde niveau aan te boren, die te moeilijk zijn om direct aan te pakken. Als je bijvoorbeeld een verkeerd telefoonnummer hebt gekozen en je droomt hierover, dan wijst dit misschien op je angst dat je je ware zelf niet goed kunt overbrengen op anderen, in het algemeen of in een specifieke relatie. Zo kan onbelangrijk lijkend materiaal van het eerste niveau ertoe leiden dat moeilijkere boodschappen van het tweede niveau naar de oppervlakte komen. Maar dat kan alleen als je dromen bedachtzaam en met verbeelding interpreteert.

Ook het tweede niveau, het persoonlijk onbewuste, is voor ons allen uniek, maar kan niet

zomaar door het wakende geheugen worden benaderd. Freud noemde dit niveau het id – het primitieve, animalistische aspect van het zelf, dat, wanneer we wakker zijn, in het gareel wordt gehouden door het ego van bewustzijn. Het id zorgt voor behoeften, onderdrukte emoties en beweegredenen, en halfvergeten trauma's of andere ervaringen die diep zijn weggestopt in onbereikbare delen van ons geheugen.

Bij dromen van het tweede niveau gaat het om langvergeten herinneringen en diepe persoonlijke zaken. Vaak geven ze situaties en gebeurtenissen weer die ver afstaan van die in het wakende leven. Een dromer kan zichzelf in een vreemde rol of onlogische situatie tegenkomen, in bizarre gesprekken verwikkeld met vreemden of reagerend op een oneigenlijke manier. De droom kan een intrigerende sfeer oproepen en in het geheugen blijven smeulen alsof hij erom schreeuwt te worden geïnterpreteerd.

We hebben elk ons eigen repertoire aan symbolen opgeslagen in ons persoonlijk onbewuste, en deze symbolen vormen de taal van dromen van het tweede niveau. Aan de hand van metaforen worden taboe-onderwerpen op een aanvaardbare manier aangepakt en confronteren de dromen ons met onze verborgen behoeften en verlangens. Zo kunnen we ons droom-ik tegenkomen in situaties vol extreem geweld of lust die in

het wakende leven ondenkbaar zouden zijn. Dergelijke scenario's zijn belangrijke uitingen van verborgen behoeften die ons ego ons wil laten beheersen, zodat we in het dagelijks leven rust en functionele effectiviteit vinden.

Het derde, diepste niveau van de geest werd door Jung het collectieve onbewuste genoemd. Hij zag dit als 'het grote historische magazijn van het menselijke ras', waarin universele archetypen zijn opgeslagen – de symbolische taal van 'grand'-dromen of dromen van het derde niveau. Dergelijke dromen staan voor universele angsten en wensen in de vorm van mythische symbolen – ook mythen zijn immers afkomstig uit het collectieve onbewuste. De meesten van ons zullen deze 'grand'-dromen niet vaak meemaken, maar wanneer dat wel gebeurt, zullen ze een grote invloed op ons hebben. Ze betreffen diepe thema's als spiritualiteit, leven en dood, opoffering, transformatie en heldendom. De symbolen die op dit niveau werken, hebben een universele weerklank en kunnen we het best begrijpen als we ze bestuderen in het kader van mythen en legenden uit verschillende wereldculturen – een techniek die door Jung 'amplificatie' wordt genoemd (blz. 108).

'Grand'-dromen komen vaak voor tijdens perioden van belangrijke veranderingen in het leven, bijvoorbeeld tijdens de puberteit, na de geboorte van een kind, aan het begin van de menopauze of in tijden van verdriet.

Hoe vaak en in welke mate deze categorie dromen voorkomt, verschilt per persoon. Bij mensen die aan hun zelfbewustzijn werken middels meditatie, of die net in psychotherapie zijn gegaan, komen dromen van het derde niveau vaker voor. Verandering in je waak- en slaapritme kan je gebruikelijke droompatroon wijzigen, en het is de moeite waard om hiermee te experimenteren om te zien of je 'grand'-dromen kunt oproepen. Je kunt bijvoorbeeld een wekker zetten om jezelf in verschillende fasen van de nacht te wekken. Noteer zodra je wakker wordt je droomherinneringen. Misschien ontdek je wel dat je meest levendige en betekenisvolle dromen plaatsvinden aan het begin van de ochtend en dat ze meestal uit je geheugen verdwijnen.

Voorspellende dromen

Sinds de oudheid geloven mensen dat dromen ons aanwijzingen kunnen geven over het lot dat ons als individu, stam of natie is beschoren, en dit geloof is diepgeworteld. Ook de vluchtpatronen van vogels en de sporen van trekkende dieren werden geraadpleegd over de toekomst. Maar dromen vormen een poëtischer en aansprekender wegwijzer.

Kunnen dromen ons nieuws of informatie geven via kanalen die de gebruikelijke logica van het dagelijks leven te boven gaan? Veel mensen geloven intuïtief dat dit kan. Telepathische dromen, om maar eens een paranormale droomvorm te noemen, zijn zelfs klinisch aangetoond. In een beroemd experiment in het ziekenhuis Maimonides in Brooklyn, New York, concentreerden vrijwilligers zich op specifieke afbeeldingen, terwijl anderen sliepen. Wanneer ze tijdens de REM-slaap werden gewekt, gaven de slapers in veel gevallen aan dat in hun dromen de betreffende afbeeldingen voorkwamen.

Een ander bekend aspect van paranormale dromen is voorkennis, een helderziende wetenschap van gebeurtenissen in de toekomst, waarbij mensen droomden over aankomende rampen, zoals de schipbreuk van de Titanic in 1912 en de Japanse aanval op Pearl Harbor in 1941. De wetenschap heeft nooit een verklaring gevonden voor deze mogelijkheid om in de toekomst te kijken, maar er zijn veel goedgedocumenteerde zaken bekend die gestaafd worden door betrouwbare getuigen.

Vreemde voorbeelden van helderziend dromen met voorkennis zijn de dromen van mensen die geen verstand hebben van paardenraces, maar toch het winnende paard voorspellen. Een opmerkelijke voorwaarde is dat het gewonnen geld aan een goed doel moet worden geschonken. Verschillende dromers hebben verteld dat ze hun voorspellende kracht kwijtraakten op het moment dat ze het geld voor zichzelf hielden.

Dromen die rampen aankondigden

In de meeste gevallen van voorspellende dromen gaat het om helderziende aankondigingen van rampen. Niet alle aankondigende dromen lopen slecht af, maar de twee voorbeelden hieronder wel. Er zijn veel verhalen bekend van mensen die hun leven dankten aan een rare droom, waardoor ze niet op het verkeerde moment op de verkeerde plaats waren, zoals op weg naar hun werk op de dag dat er een terroristische aanslag plaatsvond.

De Titanic

In april 1912 zonk de 'onverwoestbare' Titanic, het grootste passagiersschip ter wereld, in de Atlantische Oceaan na een aanvaring met een ijsschots; 1500 mensen verloren het leven. Deze gebeurtenis was opvallend en niet in de laatste plaats vanwege het grote aantal voorspellingen hierover. Een Amerikaanse zakenman zegde zijn reis af nadat zijn vrouw in Nebraska tot in detail over de ramp had gedroomd. Diverse dochters droomden dat hun moeders in de golven verdwenen – een van hen hoorde pas later dat haar moeder deze reis had geboekt. Honderden dromen en andere vormen van voorspellingen werden opgetekend en negentien werden geauthenticeerd.

Voorspellende dromen zijn vaak zeer persoonlijk: de dromer maakt deel uit van het voorspellende scenario, waarbij de droom een soort paranormale intuïtie is die als waarschuwing opduikt in het dagelijkse bewustzijn: ga niet aan boord van dat schip of dat vliegtuig. Er zijn echter ook dromen die een ramp voorspellen waarbij de dromer niet direct betrokken is; hier is eerder sprake van een vorm van sociaal bewustzijn. Een voorbeeld hiervan is de voorspellende droom van David Booth over het ergste vliegtuigongeluk uit de Amerikaanse geschiedenis.

De tien dromen van David Booth

In 1979 droomde David Booth, 23 jaar oud en manager van een autoverhuurbedrijf in Ohio, tien afzonderlijke nachten over een vliegtuigongeluk. Hij schrok hier zo van dat hij contact opnam met de overheid, maar die deed hier natuurlijk niets mee. In zijn dromen zag hij een vliegtuig van American Airlines naar rechts overhellen, over de kop gaan en op de grond neerstorten. Zijn laatste droom vond plaats op de dag dat het gebeurde: een DC-10 van American Airlines stortte vlak bij Chicago neer; niet alleen alle inzittenden kwamen om het leven, maar ook mensen op de grond. In totaal waren er 274 doden. Booth werd vervolgens, vreemd genoeg, voor gek verklaard.

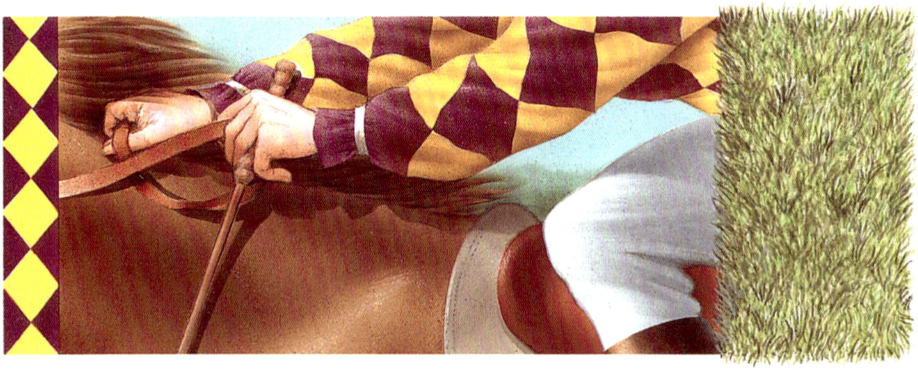

Harold Horwood, elektricien en gepensioneerd ambtenaar uit Engeland, ontwikkelde de kunst om dankzij intensieve meditatie-oefeningen consistent over het winnende paard te dromen. Bij veel paardenraces voorspelde hij de juiste uitslag. Een andere succesvolle dromer over paardenraces was de Ierse lord Kilbracken, die in korte tijd over negen winnaars droomde en later voor een Londense krant paardenraces ging verslaan.

Dr. Thelma Moss, een Amerikaanse droomonderzoeker, vermeldt in haar verzameling voorspellende dromen een opmerkelijk verhaal over een vrouw die in vier maanden tijd vier keer per week over winnende paarden droomde, en Montague Ullman, oprichter van het Dream Laboratory aan het Maimonides Medical Center, Brooklyn, New York (blz. 76–78), beschrijft het geval waarin een man in drie opeenvolgende nachten droomt wie de winnaar en wie tweede werd bij de paardenraces.

Al sinds het begin van de geschiedenis bestaat het geloof in de voorspellende kracht van dromen. In veel oude culturen werd een droom over een ophanden zijnde overstroming, invasie, pestepidemie of aflopende regeringsperiode uiterst serieus genomen. Door op tijd te waarschuwen kon een dromer een ramp voorkomen en een strijd verplaatsen, een spion aan het hof arresteren of, net als Noach, een ark bouwen om de zondvloed te overleven.

In Europa heeft de erfenis van het wetenschappelijke rationalisme bij velen van ons een diepe scepsis nagelaten, maar verhalen over voorspellende dromen komen nog steeds regelmatig voor, met name wanneer ze familie of vrienden van de dromer betreffen. Maar pas met de publicatie van John William Dunnes boek werd voor

het eerst serieus onderzocht of dromen ons een blik kunnen gunnen op gebeurtenissen in de toekomst. In 1902 droomde Dunne, een Britse luchtvaartingenieur, over de uitbarsting van de vulkaan Mount Pelée op Martinique. Door zijn droom was hij ervan overtuigd dat de vulkaan zou uitbarsten en hij waarschuwde de Franse autoriteiten voor deze ramp, waarbij 4000 slachtoffers zouden vallen. Tot zijn grote verbazing las hij later in de krant dat de vulkaan inderdaad was uitgebarsten, maar dat er geen 4000 maar 40.000 doden te betreuren waren. Dunne concludeerde dat hij niet voor de ramp was gewaarschuwd door het beeld van de vulkaan zelf, maar doordat hij droomde over het krantenartikel en daarbij de kop die het aantal doden aangaf verkeerd las.

Na een reeks voorspellende dromen raakte Dunne ervan overtuigd dat toeval geen verklaring bood voor de frequentie en de nauwkeurigheid van voorspellende dromen. Hij hield gedurende dertig jaar een droomboek bij, waarin hij zijn eigen dromen en die van vrienden noteerde om bewijs te verzamelen voor zijn steeds radicaler wordende ideeën.

Dunne geloofde dat dromen net zo gemakkelijk gebeurtenissen uit de toekomst als onderwerp kiezen als gebeurtenissen uit het verleden, waarbij ze vrijelijk voor- en achteruit door de tijd bewegen, en soms zelfs het verleden en de toekomst in een en dezelfde droom combineren. In zijn boek *An Experiment with Time*, dat in 1927 uitkwam, beschreef hij een ingewikkelde natuurkundige theorie om zijn schijnbare afwijzing van de wetenschappelijke logica te verdedigen.

In 1971 kwamen Montague Ullman en Stanley Krippner, werkzaam bij het Maimonides Dream Laboratory in New York, voor het eerst met een methode waarmee voorspellende dromen in een laboratorium konden worden onderzocht. Ze werkten hierbij samen met Malcolm Bessent, een begenadigd Brits medium met een uitgebreid arsenaal aan voorspellende dromen. Voor hij ging slapen kreeg Bessent te horen dat hij de volgende ochtend zou worden onderworpen aan een 'speciale, multisensorische wekervaring', willekeurig gekozen uit een lange lijst mogelijkheden. De onderzoekers wekten hem na elke REM-slaap om te noteren wat hij zojuist had gedroomd en onafhankelijke beoordelaars relateerden zijn dromen met de 'speciale wekervaringen' die erop volgden. Er vonden twee afzonderlijke experimenten plaats. Bij het eerste, dat acht nachten duurde, had Bessent in vijf gevallen accurate voorspellende dromen; bij het tweede experiment, dat zestien nachten duurde, maar waarbij slechts acht nachten voor het onderzoek werden gebruikt, had hij opnieuw vijf treffers.

Het enorme succes dat in deze experimenten werd bereikt, is vrij uniek in de geschiedenis van de parapsychologie. Van de twaalf projecten die het Maimonides-team tussen 1966 en 1972 uitvoerden hadden negen een positief resultaat, waarbij sommige zelfs uiterst significant waren.

In de jaren '70 en '80 vonden in het Maimonides Dream Laboratory ook onderzoeken plaats naar algemenere vormen van buitenzintuiglijke waarnemingen in dromen, zoals telepathie en helderziendheid, waarbij beroemde kunstreproducties werden ingezet. In een andere ruimte dan de proefpersoon bevond zich een 'agent', die zich op een van deze willekeurig gekozen afbeeldingen concentreerde en probeerde deze 'over te brengen' op de dromer en in zijn droom te incorporeren. Ook nu waren de resultaten indrukwekkend: de psychologen meldden een accuratesse van 83,5 procent in een reeks van twaalf experimenten, een kans van een op 250.000.

Onderzoekers verzamelden een aantal helderziende dromen die betrekking hadden op de het vergaan van de Titanic. Een oproep in de Britse kranten om vergelijkbare dromen te melden met betrekking tot de tragedie in Aberfan, een mijndorp in Wales, waar 140 mensen levend bedolven raakten onder een lawine van kolenafval, leidde tot indrukwekkende reacties, waarna in 1967 het British Premonitions Bureau en de American Central Premonitions Registry werden opgericht.

Ook dromen over het overlijden van geliefden, zogeheten 'afscheidsdromen', komen veel voor. Een van de bekendste is de droom van ontdekkingsreiziger Henry Stanley, die nadat hij bij de Slag om Shiloh in de Amerikaanse Burgeroorlog

gevangen was genomen, tot in detail droomde over het overlijden van zijn tante in Wales, ruim 4000 kilometer verderop. Abraham Lincoln droomde in 1865 over zijn eigen dood. Hij droomde dat hij door een 'uitgestorven' Witte Huis liep, op zoek naar de bron van het geluid van 'verdrietig snikken'. Elke kamer kwam hem vertrouwd en helder voor, maar hij zag er niemand. Uiteindelijk ging hij de East Room binnen, waar een lichaam opgebaard en in begrafeniskleding lag, met het gezicht bedekt. Toen hij de rouwenden vroeg wie er was overleden, werd hem verteld: 'De president, hij is vermoord.' Hij werd uit zijn droom gewekt door een schreeuw van verdriet. Slechts een paar dagen later schoot John Wilkes Booth hem bij een theaterbezoek dood.

Dromen over sportuitslagen

Een leuke manier om te oefenen met voorspellende dromen is proberen de winnaar van een sportwedstrijd te voorspellen. Je hoeft er natuurlijk geen grote geldbedragen om te verwedden. Deze oefening is gebaseerd op het eliminatiesysteem dat Harold Horwood ontwikkelde (blz. 74). Deze methode is vooral geschikt voor sporten met meerdere deelnemers, zoals een paarden- of motorrace. Deze techniek werkt niet bij sporten met uitslagen in cijfers, zoals bij een voetbal- of basketbalwedstrijd, waarbij sprake is van een winnaar en een verliezer. Maar ook bij dergelijke binaire sporten kun je deze techniek zodanig aanpassen dat je dromen voorspellen welk team kampioen wordt of wie na afloop van de competitie topscorer wordt.

1. Maak twee lijsten

Kies een race die pas over een week of twee plaatsvindt, geef elke deelnemer een nummer en noteer de deelnemers op twee lijsten, elk op een apart vel papier. Lees beide lijsten door voordat je gaat slapen en let goed op de namen en nummers. Leg één lijst links van je bed en de andere rechts.

2. Scan de eerste droom

Probeer je 's ochtends te herinneren of in je dromen een naam of een nummer voorkwam. Vraag je ook af of in een van je dromen 'links' of 'rechts' sterker aanwezig was, hetgeen aangeeft op welke lijst de winnaar voorkomt. Noteer je conclusies.

3. Herschik de lijsten

Verdeel de volgende nacht de deelnemers over twee nieuwe lijsten, maar behoud voor elke deelnemer het nummer dat hij had. Herhaal de stappen 1 en 2 en bewaar je verschillende lijsten en de notities van de dromen die je had.

4. Herhaal het proces

Herhaal deze procedure elke nacht, totdat je uiteindelijk op één winnaar uitkomt: de deelnemer die het vaakst wordt genoemd, bij naam of bij nummer, op de lijst van je keuze.

5. Gebruik je intuïtie

Wees in je droom alert op aanwijzingen. Vind je dat een naam of nummer er duidelijk uitspringt, dan hoef je niet verder te zoeken en geen nieuwe lijstjes te maken.

DE *taal* VAN DROMEN

Wanneer we 's ochtends wakker worden, denken we vaak dat onze dromen niet belangrijk zijn, omdat ze zo onwaarschijnlijk lijken. Welke invloed zou het verschijnen van die onzinnige beelden 's nachts – de gezichtsloze vreemdeling, de aap die in de kledingkast van de buren woont, de auto zonder stuur – kunnen hebben op ons bewuste leven? Dezelfde vraag zou kunnen worden gesteld over een vreemde taal. Totdat we de betekenis leren kennen, betekenen de vreemde beelden van de droom niets voor ons; maar wanneer we eenmaal dit onbekende idioom leren ontdekken, gaat er een heel nieuwe wereld voor ons open.

Symboliek

Droomsymbolen zijn visuele metaforen van voorwerpen, herinneringen, emoties, ideeën, verlangens, hoop, aspiraties, frustraties – of zelfs soms van onszelf of andere mensen. Ze kunnen bijna elke vorm aannemen die door zintuigen kan worden waargenomen: een levenloos object, een muziekfragment, een landschap, een gebeurtenis. Symbolen zijn het beginpunt van droomwerk.

Symbolen zijn de 'woorden' van de droomtaal: ze staan voor een idee, een herinnering, een gemoedstoestand, een inzicht uit het onbewuste van de dromer. Anders dan bij de woorden van een vreemde taal kan de betekenis van veel droomsymbolen van mens tot mens verschillen. Bovendien heeft een droom geen vaste grammatica – dit ook in tegenstelling tot een vreemde taal – maar worden de semantische eenheden aan elkaar gesmeed volgens persoonlijke, logische regels, die zorgvuldig moeten worden bestudeerd voordat ze ontrafeld en begrepen kunnen worden.

Dromen vormen altijd een persoonlijke taal tussen het onbewuste en het bewuste, en hoewel we de kenmerkende betekenis van de vele droomsymbolen kunnen leren, weten we nooit zeker of we ze, en het verband ertussen, hebben begrepen totdat we ze tegen het licht hebben gehouden van onze levensgeschiedenis en onze ervaringen. Hoe gek of lachwekkend sommige symbolen kunnen zijn, de droom heeft ze uitgekozen omdat juist zij de bedoelde boodschap over kunnen brengen. Het ogenschijnlijk triviale symbool kan een sluimerende herinnering oproepen of inzicht geven in ons huidige of toekomstige leven.

In ons wakende leven duiden symbolen meestal op iets specifieks – een kruis bijvoorbeeld duidt op geloof, een ooievaar op geboorte. Maar droomsymbolen zijn meestal connotatief in plaats van denotatief (dat wil zeggen dat hun betekenis eerder suggestief is dan specifiek), dus een

vertaling naar de realiteit vereist aandacht voor de inhoud, stemming en sfeer van de droom, en de omstandigheden van de dromer. Met andere woorden, iedereen heeft een eigen, uniek droomsymbolensysteem.

Over het algemeen maken dromen van het eerste niveau, afkomstig uit het voorbewuste, en dromen van het tweede niveau, afkomstig uit het onbewuste (blz. 65–69), het meest gebruik van symbolen die bij de dromer bepaalde associaties oproepen of voortkomen uit het dagelijks leven. Veel van deze dromen bevatten elementen uit het leven van alledag, maar andere hebben alleen betekenis voor de dromer zelf. Zo kan een boom voor de meesten van ons bescherming en vruchtbaarheid betekenen, maar voor iemand die als kind van een tak is gevallen kan een boom symbool staan voor gevaar, duisternis en de schuldgevoelens van een verboden escapade.

Hoewel een symbool van het eerste of tweede niveau duidelijk kan zijn, kan het in de dromen van bepaalde mensen een bijzondere emotionele

Een rondgang langs symbolen

Symbolen spelen een grote rol in onze dromen. Als je geïnteresseerd bent in droomuitleg, doe je er allereerst goed aan om je te verdiepen in de kenmerken van symbolen. Hieronder vind je een aantal oefeningen die je inzicht geven in het symbolische idioom.

Alledaagse metaforen

Luister naar de metaforen (verhulde gelijkenissen) die jij en anderen gebruiken in de spreektaal. Je 'rolt' door een examen heen of je 'botst' met een vriend. Wellicht voel je je 'kapot' na een lange zware dag. Kijk naar de letterlijke betekenis van dergelijke uitdrukkingen en visualiseer het letterlijke scenario; als je bijvoorbeeld kapot bent, bedenk dan dat je uiteenvalt in talloze kleine stukjes.

Visuele boodschappen

Kijk hoe mensen visueel boodschappen overbrengen, via hun kleding, hun interieur enzovoort. Bijvoorbeeld: een broche in de vorm van een roos symboliseert schoonheid, liefde en romantiek, met misschien het idee dat de mooiste dingen in het leven een moment van schoonheid bereiken en daarna vervagen. Omdat een roos een teken van liefde is, wordt wellicht ook bewondering gesuggereerd. Vergelijkbaar is het boeddhabeeldje op je schoorsteenmantel, dat wil uitdragen dat je rustig en bedachtzaam bent, of dat je aanhanger bent van de mysterieuze sfeer van het Oosten.

Producten en reclame

Let eens op de verpakking en reclame van producten in winkels – van auto's en camera's tot parfum en shampoo. Analyseer voor elk product de associaties die de naam en het etiket oproepen en wat de bredere context is van de reclame. Bij je speurtocht zul je bomen, bloemen, dieren, kastelen, rivieren, zonsop- en zonsondergangen, en nog veel meer ontdekken. Bedenk eens waarom deze zaken gerelateerd zijn met het product.

Films

Bestudeer de symboliek van speelfilms – het decor, de belichting en de kleuren. Iemand heeft eens de symboliek zwart-wit en licht-schaduw van de film *Casablanca* geanalyseerd. Omdat films en dromen veel gemeen hebben, zal deze manier van denken je helpen vertrouwd te raken met de droomwereld.

lading hebben. Woede, bijvoorbeeld, kan voor de een het symbool aannemen van een boze boer, omdat de dromer ooit door een boer met een geweer werd bedreigd omdat hij zich ongeoorloofd op de akker bevond. Voor een andere dromer kan woede de vorm aannemen van een ingewikkelde puzzel die hem ooit in een lange zomervakantie tot het uiterste frustreerde. Symbolen van het eerste en tweede niveau komen niet alleen voort uit de directe belevingswereld van de dromer, maar ook uit andere aspecten van het leven, zoals boeken, toneelstukken of tv-programma's (ook als deze weinig invloed leken te hebben op het bewustzijn). De droom plukt schaamteloos beelden uit het geheugen van de dromer en kiest de motieven die het best passen bij het doel. We zouden de droom kunnen beschouwen als een kunstenaar die een collage maakt, waarbij hij zich in opperste concentratie buigt over een kleurenpalet en graait in dozen vol

rommel, totdat hij stukje bij beetje het ultieme creatieve resultaat bereikt.

Symbolen van het derde niveau hebben daarentegen een universele betekenis, gebaseerd op ervaringen van alledag. Niet alleen zijn de archetypen bekend (blz. 34–38), maar we kennen ook de vorm waarin ze verschijnen. Het probleem met dromen van het derde niveau heeft vaak minder te maken met de interpretatie van hun symbolen dan met onze westerse weerstand om te onderkennen dat dromen ons kunnen helpen een ons onbekende bron van wijsheid aan te boren.

Freud en Jung verschilden sterk van mening over de betekenis van een symbool, en dit was een van de redenen waarom ze uit elkaar gingen. Volgens Freud waren symbolen uitingsvormen van seksuele en andere onderdrukte verlangens, die ervoor zorgden dat de dromer rustig bleef slapen. Hij gaf droomsymbolen ook een vaste betekenis: geweren, zwaarden, deuren en grotten symboliseerden geslachtsorganen – verwijzingen naar ons dierlijke instinct, in welke context dan ook. Jung vond echter dat Freud droombeelden zag als tekens en niet als symbo-

len. Jung zag een symbool als onbewust materiaal dat zich wil uiten, waarbij ons bewuste niet in staat is de betekenis te vatten. Een teken daarentegen is een vaste interpretatie van een droombeeld en blijft daarom beperkt tot een betekenis die we al kennen. Door een droombeeld te zien als een teken ontgaat ons niet alleen de diepere betekenis, maar wordt deze ook verdrongen, waarmee de kloof tussen het onbewuste en bewuste alleen maar groter wordt.

Voor Freud was een fallisch symbool een penis, voor Jung was het de creatieve *mana*, de kracht van genezing en vruchtbaarheid. De meeste psychologen en antropologen kiezen voor de creatievere benadering van Jung. De Amerikaanse mythekenner Joseph Campbell was ervan overtuigd dat het bewustzijn geen effectief symbool kan bedenken of zelfs voorspellen, zoals het ook geen droom kan voorspellen of beïnvloeden.

Anders dan een teken kan een symbool diverse betekenissen hebben, en hoewel ze allemaal deel uitmaken van dezelfde waarheid is het goed om ze afzonderlijk te bekijken. Als we bijvoorbeeld het geweersymbool analyseren, kan dat voor een

en dezelfde dromer symbool staan voor donder en bliksem, mannelijke voortplanting, verwoesting of het speelgoedje waarmee hij als kind zijn vriendje bedreigde. Elk van deze vier betekenissen bevat het centrale thema macht, maar laat zien dat macht kan worden gebruikt om te vernietigen, goed te doen, kwaad te berokkenen of een kinderlijke neiging om te intimideren en anderen te benadelen kracht bij te zetten.

Omdat droomsymbolen vaak bizar zijn en schijnbaar niet met elkaar verbonden, hebben we de neiging om ze als irrelevant aan de kant te schuiven. We vragen ons bijvoorbeeld af wat de betekenis kan zijn van een doolhof, een pop, een wild beest of iets decadents als een cadeau dat je eigenlijk niet wilt. Om de betekenis van symbolen te kunnen begrijpen, moeten we ijverig en geduldig proberen na te gaan hoe deze metaforen gerelateerd zijn met onze omstandigheden. Interpreteer je eigen droomsymbolen in het licht van je levensgeschiedenis en ervaringen: vuur kan vernietiging symboliseren, maar het kan ook symbool staan voor iets nieuws beginnen, zoals een nieuwe relatie. Een kasteel kan veiligheid betekenen, maar het kan ook duiden op gevoelens van isolement. Alleen door eerlijk naar je eigen reacties te kijken kom je tot een juiste interpretatie.

Houd ook rekening met de context waarin het symbool voorkomt: een bloem die gegeven wordt door een geliefde kan iets heel anders betekenen dan een bloem die aangeboden wordt door een vijand. Ook de verschijningsvorm van een droomsymbool kan van invloed zijn op de betekenis, bijvoorbeeld de kleur, samenstelling en omvang. Een roze hond zal duidelijk iets anders betekenen dan een zwarte hond; de betekenis van een lege vaas is anders dan die van een vaas vol bloemen. Tot slot: denk eens aan de verbanden tussen droomsymbolen. Een trein, een zwaard en een slang hebben allemaal fallische betekenissen; een cirkel, een ster, water en een tempel duiden op verlangen naar of behoefte aan spiritualiteit.

Uitgangspunten voor de betekenis van sommige bekende droomsymbolen zijn te vinden in het symbolenregister op blz. 84–93 van dit boek. Houd er wel rekening mee dat zo'n register alleen algemene uitleg geeft. De ware betekenis wordt veel duidelijker wanneer je de aanduidingen als uitgangspunt neemt en niet als letterlijke invullingen. Beschouw jezelf als een detective, een decoder, een ontdekker van verhulde plekken, een archeoloog van de geest die voldoende vaardigheid en verbeeldingskracht bezit om van alle fragmenten een eenheid te maken.

De werking van droomsymboliek: een voorbeeld

De droom die hier beschreven en geanalyseerd wordt laat zien hoe droomsymboliek werkt. De dromer is een mannelijke verkoopmanager die voor een grote onderneming werkt. Hij wilde altijd schrijver worden, maar spendeert het grootste deel van zijn tijd aan het schrijven van misleidende, maar zeer effectieve verkoopbrochures.

De dromer beschrijft zijn droom

'Ik zat bij de kapper te wachten op mijn beurt. De zaak was klein en donker, en ik kreeg een indruk van bruin schilderwerk en verwaarlozing. Rechts van me zaten twee mannen die nog voor mij aan de beurt waren, maar de kapper riep mij eerst. Ik was hier nogal door verrast en dacht dat hij probeerde bij mij in de gunst te komen.

Toen ik in de stoel ging zitten, merkte ik echter dat ik alleen in de kapperszaak was. De spiegel was oud en verweerd, en daardoor kon ik mijn spiegelbeeld niet scherp zien. Toen was ik buiten en bekeek een paar etalages van winkels. Ik denk dat ik een schaar zocht om zelf mijn haar te knippen, maar die kon ik niet vinden. Ik hoorde een sissend geluid en zei tegen mezelf "De ballon is geknapt."'

Een analyticus ontcijfert de symbolen

De dromer associeert haren en zijn gang naar de kapper met verwaarlozing en zinloze ijdelheid, en associeert het gedrag van de kapper met de misplaatste loftuitingen en aandacht die hij op zijn werk kreeg – een situatie die hij duidelijk associeerde met zijn werk als copywriter.

De twee zwijgzame mannen waren eigenlijk eerst, maar lieten hun beurt voorbijgaan. Kan dit betekenen dat er diepe, nog onbekende aspecten van het ik bestaan, zoals het schrijftalent, die eigenlijk voorrang verdienen, maar nog niet de kans hebben gekregen?

De dromer dacht dat de spiegel waarin hij zijn gezicht niet kon zien een indicatie was voor zijn gebrek aan zelfkennis. Hij had zich langzaam laten wegzakken in de leugen en ontgoocheling van zijn arbeidsomstandigheden.

Zijn speurtocht langs etalages symboliseert de zoektocht buiten zichzelf – hoewel hij eigenlijk in zijn hart zou moeten kijken. De jacht op een schaar symboliseert wellicht het besef dat hij zijn ijdelheid moet beheersen. Het laatste beeld van een geknapte ballon kan duiden op zowel uiteengespatte illusies als een beschadigd zelfbeeld.

De grammatica van dromen

Psychologiepioniers uit de 20ste eeuw hebben ons ervan overtuigd dat dromen geen wirwar zijn van betekenisloze gebeurtenissen en gevoelens, maar dat ze een innerlijke logica volgen, waarbij diepere gedachten die ons bezighouden worden weerspiegeld. Hoe werkt deze logica precies?

In de periode voor Freud (blz. 28–33) dachten wetenschappers dat dromen volkomen toevallig waren en geenszins logisch. Freud weigerde zich echter neer te leggen bij deze conventionele gedachten. Met een subtiele en fantasievolle vindingrijkheid ontdekte hij manieren waarop dromen hun eigen logica volgden om hun boodschap over te dragen van het onbewuste naar het wakende leven. Hij liet zien hoe dromen de regels van tijd en ruimte ombogen, gebeurtenissen in een schokkende volgorde lieten plaatsvinden, het verleden en heden met elkaar vermengden, dichtbij en veraf; en hij demonstreerde hoe er werd gespot met begrippen als materie en identiteit, zodat het een veranderde in het ander, of plotseling de kenmerken kreeg van het ander – hetgeen een iets andere observatie is.

De surrealistische wereld

Met deze eenvoudige oefening betreed je de surrealistische wereld – een essentieel onderdeel van de droomwereld.

1. Denk aan drie los van elkaar staande voorwerpen die symbool staan voor verschillende onderdelen van je leven – misschien uit je werk, je vrije tijd en je relatie.

2. Probeer te denken aan een surrealistisch verhaal dat deze drie aspecten van je leven met elkaar verbindt en voeg de drie voorwerpen toe. Stel dit verhaal voor als een vreemd stripverhaal – een dat je bedenkt in je hoofd, zoals een producer dat doet met een film.

Voordat Freud en Jung een revolutie veroorzaakten in de droomtheorie, zetten er maar weinig filosofen vraagtekens bij de bewering van de 19de-eeuwse Duitse natuurkundige Theodor Fechner dat het in dromen 'lijkt of alle psychologische activiteit vanuit de hersenen van een redelijk mens wordt overgezet naar het brein van een idioot'. Deze gedachte parafraseerde wat filosofen al sinds de Romeinse tijd hadden geschreven over droomlogica, toen staatsman en geleerde Cicero volhield dat 'er niets te absurd, te persoonlijk of te abnormaal is voor ons om erover te dromen'. Een Duitse filosoof schreef in 1875 dat de dromer bereid was de 'lachwekkende tegenstellingen in de wetten van de natuur en samenleving te accepteren'. Vier jaar later beweerde een collega dat 'het onmogelijk is vaste regels te ontdekken in deze krankzinnige activiteit... Dromen versmelten in een idiote draaikolk van caleidoscopische verwarring.'

Wat rationele filosofen stoorde was niet alleen de ogenschijnlijke 'onzin' van de dromen zelf, maar ook de duidelijke afwezigheid van rationeel denken en logisch verstand dat droombeelden aaneenschakelt. In 1877 bijvoorbeeld schreef iemand over 'een eclips van alle logische handelingen van de geest die zijn gebaseerd op relaties en verbanden', zodat dromen in geen geval worden 'beïnvloed door reflectie of gezond verstand'.

Freud zelf vergeleek een droom, waarin relaties tussen het ene beeld en het andere ontbreken, met een zin zonder voegwoorden – de woorden als 'en', 'als', 'omdat', 'wanneer' en 'of' die logische verbanden leggen tussen concepten en zorgen voor een groot deel van de samenhang in de taal.

Freud ontdekte echter dat relaties tussen voorwerpen kunnen worden aangetoond door iets anders dan woorden – zoals in de kunst gebeurt. Hij geloofde dat 'de krankzinigheid van dromen niet zonder methode hoeft te zijn, en zelfs gesimuleerd zou kunnen zijn, net als bij de Deense prins [Hamlet]'. Hoewel droomrelaties niet de rationele logica van taal en filosofie volgen, is het mogelijk dat ze gehoorzamen aan een gecamoufleerde logica om zo opzettelijk de betekenis van de droom te verbloemen.

De vaak verwarrende aard van deze logica wijst erop dat de oorsprong van de dromen buiten het strakke keurslijf van ons bewustzijn ligt. Een droom kan een reactie zijn op gebeurtenissen in de buitenwereld, of hij kan van binnenuit ontstaan, waarbij aspecten van diepgewortelde gedachten en gevoelens van de dromer tot uitdrukking komen; de droom kan een manier zijn om verlangens te bevredigen of om onverwerkte emoties uit het dagelijks leven van de dromer te belichten. De tegenstellingen en conflicten die

in deze complexe processen naar boven komen, worden – niet verrassend – weerspiegeld in de grammatica en syntaxis van dromen. De vaak raadselachtige, aarzelende en fragmentarische droomtaal speelt met de tijd en combineert historische met huidige gebeurtenissen. In de droom worden vertrouwde dingen vermengd met onbekende zaken, en vormen zich door middel van eigen 'goochelkunsten' fantastische transformaties. Net als in bepaalde films kent de droomwereld de overvloeier, waarbij de ene scène op miraculeuze wijze overgaat in de volgende. Levenloze voorwerpen komen in beweging, gaan spreken en kunnen heel bedreigend worden.

Mensen of dieren kunnen vliegen, iemand blaft als een hond of loopt naakt in een menigte. De betekenis van een droom moet van dergelijke complexe en tegenstrijdige gebeurtenissen worden afgeleid.

Klinische ervaringen toonden Freud dat droombeelden onderling met elkaar verbonden zijn door middel van vier belangrijke operatoren. De eerste is gelijktijdigheid, wanneer droombeelden of gebeurtenissen zich afspelen binnen een enkel scenario. De tweede is opeenvolging, wanneer droombeelden of gebeurtenissen achter elkaar worden getoond. De derde is transformatie, wanneer een beeld overvloeit in het volgende. Tot slot is er gelijkaardigheid, hetgeen Freud beschouwde als de meest voorkomende en belangrijkste operator en die voornamelijk werkt door middel van directe of indirecte associatie. Hierbij lijkt een voorwerp op een of andere manier op een ander, of roept herinneringen of gevoelens op die met dat tweede object te maken hebben. Veel van dit soort associaties worden op bewustzijnsniveau vergeten of onderdrukt, waardoor het moeilijker wordt de relaties te ontrafelen, maar ze kunnen worden onthuld door de juiste droominterpretatietechnieken. Door ze te ontcijferen legt de psychoanalyticus niet alleen de werking van droomlogica bloot, maar laat ook zien hoe subtiel het proces is.

De complexe werking van droomlogica kan worden geïllustreerd aan de hand van een eenvoudig en algemeen bekend voorbeeld: je droomt dat je de kleren van iemand anders in je kledingkast vindt. Deze droom kan een wens inhouden, bewondering voor de kwaliteiten van de ander: door zijn bezittingen te verwerven, krijgen we ook iets van zijn kwaliteiten. Er kan echter ook een aspect van weerstand in zitten, omdat iets vreemds is binnengedrongen in een domein dat erg privé en eigen is. Dit kan duiden op de jaloezie waarmee bewondering soms gepaard gaat. Een vergelijkbare droom is wanneer je andermans kleding op je bed vindt: we kunnen concluderen dat deze droom dezelfde betekenis heeft, maar hier komt een aspect van ongemak bij over het feit dat de kledingstukken niet netjes zijn opgeborgen, maar slordig door elkaar liggen, waardoor wij er iets aan moeten doen. Bovendien is het bed een intiemere plek dan de kledingkast. De droom (zoals altijd afhankelijk van de context) kan duiden op bemoeienis van de eigenaar van de kleding met het leven van de dromer.

Droomonderzoekers na Freud hebben vastgesteld dat interne consistentie een grote rol speelt in de droomlogica. Analyse van dromen van het eerste en tweede niveau (dromen die voortkomen uit het voorbewuste en persoonlijk onbewuste) laat zien dat elke dromer zijn eigen manier heeft om met deze consistentie om te gaan.

De meest voorkomende vorm van consistentie, door de Amerikaanse droomonderzoekers Calvin Hall en Vernon Nordby 'relatieve consistentie' genoemd, is de frequentie waarmee de diverse droombeelden gedurende een bepaalde periode bij iemand verschijnen. Meubilair, lichaamsdelen, auto's en katten kunnen in iemands dromen steeds minder vaak voorkomen, terwijl bij iemand anders bijvoorbeeld vrouwen vaker voorkomen dan mannen en de droom zich vaker buiten dan binnen afspeelt. Het blijkt dat deze patronen jaar na jaar opvallend constant blijven.

Een andere belangrijke vorm van interne consistentie in dromen is de symbolische dimensie. Wanneer er symbolen worden gebruikt, maakt de droom zich niet druk over hoe onsamenhangend of bizar dit kan overkomen voor de bewuste geest. De droom kiest de symbolen uitsluitend op basis van hun associaties met de inhoud die moet worden geuit, en zal de succesvollere symbolen in elke droom herhalen om de boodschap over te brengen.

Archetypen

Archetypen zijn de algemene thema's, door Jung 'mythologische motieven' genoemd, die voortkomen uit het collectieve onbewuste en telkens opnieuw in symbolische vorm verschijnen in mythen, symboolsystemen en dromen.

James Hillman, de moderne (Amerikaanse) grondlegger van archetypische psychologie, noemt archetypen 'de diepste patronen van psychisch functioneren'; ze vormen 'de wortels van de ziel en bepalen het perspectief dat we op onszelf en de wereld hebben... de axiomatische, evidente beelden waar psychisch leven en onze theorieën erover steeds weer op uitkomen'.

Als we geen toegang hebben tot de mythecreërende archetypen, benutten we maar een klein deel van onze geest, en sluiten we de creatieve bron van ons eigen psychische leven buiten.

Vaak geven archetypische dromen ons het gevoel dat we wijsheid hebben verkregen vanuit een bron buiten onszelf. Of we deze bron nu omschrijven als een opslag van spirituele waarheid of als een nog niet aangeboorde dimensie van onze eigen geest is minder belangrijk dan dat we het bestaan ervan erkennen.

In onze 'grand'-dromen verschijnen archetypen als symbolen of personificaties van goden en godinnen, fabeldieren en krachten van goed en kwaad. Jungianen benadrukken echter dat we ons nooit mogen identificeren met afzonderlijke archetypen, omdat het allemaal deeltjes zijn van het complete zelf. Door de vele archetypen van het collectieve onbewuste te integreren, hopen jungianen individualiteit verder te ontwikkelen (blz. 23–24).

Archetypische dromen komen het vaakst voor tijdens belangrijke overgangsmomenten in ons leven, zoals de lagereschooltijd, puberteit, adolescentie, ouderschap, menopauze en pensionering. Ze komen ook voor tijdens perioden van veran-

dering en onzekerheid, en kenmerken het proces van persoonlijke en spirituele ontwikkeling. Jung zag archetypische dromen als hulpmiddel bij het vormgeven van de eigen toekomst. Hij adviseerde dromers zich af te vragen waarom zij de droom droomden en een inschatting te maken van de potentiële impact ervan. Als archetypen personificaties zijn van onze innerlijke energie, kan hun aanwezigheid in dromen een wegwijzer zijn voor onze toekomstige ontwikkeling.

Zoals we eerder hebben gezien kunnen archetypische energieën vele verschillende vormen

aannemen, waarbij ze in dromen verschijnen als symbolische gebeurtenissen of levensechte of mythische wezens. De archetypen in menselijke vorm zijn het gemakkelijkst te herkennen.

Jung ontdekte dat archetypische dromen in alle lagen van de bevolking voorkwamen, evenveel bij 'mensen die innerlijk afgesneden zijn van iedereen en lijden bij de gedachte dat niemand anders hun probleem heeft' als bij degenen die al vergevorderd zijn in het individuatieproces. Toch is in beide gevallen de inhoud van de droom verschillend: de dromen van de vervreemde persoon weerspiegelen persoonlijke zorgen en de dromen van de geïntegreerde persoon reflecteren bovenpersoonlijke thema's zoals geboorte en dood, onsterfelijkheid en de zin van het bestaan.

Jung waarschuwt er echter voor dat als archetypische dromen een inhoud hebben die scherp contrasteert met de ideeën en overtuigingen van de dromer, of die de morele samenhang van werkelijk mythologisch materiaal misten, er door weerstand en onderdrukking een diepe kloof kan bestaan tussen het collectieve onbewuste en het wakende leven van de dromer. Voordat verdere ontwikkeling mogelijk is dienen dergelijke psychische blokkades te worden opgeruimd.

Droomarchetypen zijn essentieel om ons 'ware zelf' te vinden. Door in dromen naar archetypen te zoeken en ze te leren herkennen, kunnen we bruggen bouwen naar ons onbewuste. Elk archetype vormt een schakel in de keten van mythische associaties. Door een archetype te identificeren kunnen we andere archetypen naar ons droombewustzijn trekken en op deze manier steeds dieper graven in de creatieve bron van ons collectieve onbewuste.

Volgens de jungiaanse analytici Edward Whitmont en Sylvia Perera weten we dat we de wereld van archetypen zijn binnengegaan wanneer onze dromen ons confronteren met elementen die in het dagelijks leven rationeel gezien onmogelijk zijn en ons leiden naar 'de werelden van mythen en magie'. Op het moment dat we ons bevinden in een wereld die telkens van vorm verandert, waarin we mannen en vrouwen zien die groter zijn dan wij, helden ongedeerd opstaan na dodelijk te zijn getroffen, donkere gedaanten door afgesloten deuren komen en voortvluchtigen veranderen in bomen als ze proberen weg te rennen, kunnen we aannemen dat we in contact staan met archetyische krachten.

Archetypische droombeelden en gebeurtenissen blijken vaak een vooraf bepaalde, allesomvattende, dramatische kracht te bezitten, door Whitmont en Perera beschreven als een 'goddelijke sfeer die bij de dromer een gevoel van ontzag opwekt'. De droom kan zich afspelen in een historische of culturele omgeving, ver verwijderd van de belevingswereld van de dromer, symbolisch voor het feit dat hij of zij zich buiten de grenzen van de zintuiglijke en psychologische ervaring van het wakende leven bevindt. Ook is vastgesteld dat archetypische dromen een gevoel van grote betekenis oproepen bij de dromer, waardoor hij of zij er 'verlichting, waarschuwing of bovennatuurlijke hulp' in gaat zien. Bovenal hebben archetypische dromen wat Jung noemde een 'kosmische kwaliteit': een gevoel van tijdelijke of ruimtelijke oneindigheid, wat tot uiting komt in dromen waarin je je met grote snelheid over een lange afstand voortbeweegt, of als een komeet door de ruimte vliegt, of een adembenemende expansie van het zelf die de grenzen van de individualiteit overschrijdt en de hele schepping omarmt. Kosmische kwaliteiten kunnen ook in onze dromen opduiken als astrologische of alchemistische symbolen, of als ervaringen van dood en wedergeboorte.

Veel archetypische dromen gaan over magische reizen of zoektochten, die vaak, zoals het zoeken naar de Heilige Graal, symbool staan voor het zoeken naar een aspect in onszelf. Een bekend thema in sprookjes is dat van een jonge held die naar een vreemd land moet reizen om zijn man-

nelijkheid of ware zelf te ontdekken voordat hij terugkeert om een draak te doden of een jonkvrouw in nood te redden. Wanneer dergelijke thema's in dromen voorkomen, symboliseren ze vaak een reis naar het onbewuste, waar de dromer fragmenten van zijn psyche zoekt en aaneen probeert te voegen om zo een groter zelfvertrouwen en grotere geestelijke eenheid te creëren, die hem of haar kunnen onderscheiden van de rest van de samenleving.

Een bekende archetypische reis is de zeereis waarbij de held wordt verslonden door een monster. Net als in het Bijbelverhaal van Jonas en de walvis weet de held het monster van binnenuit te verslaan, te ontsnappen en uiteindelijk land te bereiken, een symbolische voorstelling van

Zwemmen naar de sterren: een archetypische droom

De droomster is een professor aan de universiteit. Ze heeft een geweldige academische reputatie, maar vreest deze te verliezen als ze over haar toenemende interesse in mystiek en spirituele groei vertelt.

De droomster beschrijft haar droom

'Ik had in zee gezwommen en wilde onder de douche gaan staan die verderop op het strand stond. Het water liep over mijn rug, maar voordat ik mijn voorkant af kon spoelen, bevond ik me in een deftige salon. Water droop uit mijn zwempak op het tapijt. Er waren verscheidene chic geklede vrouwen die afkeurend naar me keken. Het volgende moment zweefde ik naar het dak. Het was nacht en de sterren leken groter en helderder dan ooit. Ik stak mijn hand uit om ze aan te raken en ik hield er een heel even vast. Ik wilde de ster in mijn zak steken, maar ik had mijn zwempak nog aan. Een stem zei: "Doe hem onder je borst." Ik probeerde te bedenken hoe dat moest, toen ik plotseling wakker werd.'

De archetypen geanalyseerd

De archetypische aard van deze droom wordt duidelijk door de zeer irrationele elementen: de verandering van het strand in een salon, het feit dat de droomster naar het dak kan zweven en de mogelijkheid de sterren aan te raken.

Ze heeft in zee gezwommen, wat duidt op een verlangen om dieper in het onbewuste te duiken. Maar dan probeert ze onder de douche het zoute water van haar lichaam af te spoelen, wat erop duidt dat ze de inzichten die ze tijdens het zwemmen heeft ondekt wil 'afwassen'. Ze slaagt hier maar ten dele in: haar rug, datgene wat haar in de buitenwereld overeind houdt, is 'schoon', maar haar voorkant, de kant die zijzelf kan zien, blijft ongewassen.

De plotselinge verplaatsing naar de salon, waar ze water drupt op het tapijt, herinnert haar eraan dat ze niet echt zichzelf kan zijn in een kunstmatige omgeving, vooral niet onder de afkeurende blikken van haar collega's, de goedgeklede vrouwen in de droom.

Dan zweeft ze omhoog door het huis – symbool voor zichzelf – naar het dak, waar ze de sterren kan zien, archetypen van hogere bewustzijnsniveaus; ze kan er een pakken. Ze wil heel conventioneel de ster in haar zak doen; bij het ontwaken kan ze niet begrijpen hoe ze de ster 'onder haar borst' moet stoppen, een handeling waarmee ze haar hogere zelf volledig in haar bewuste leven integreert.

de geslaagde zoektocht van de dromer naar de levensenergie in de diepste lagen van zijn onbewuste, waardoor hij onbewuste impulsen de macht ontneemt bewust gedrag te domineren.

Andere archetypische reizen, zoals zeereizen naar een opkomende zon, kunnen staan voor wedergeboorte en transformatie. Dromen kunnen ook gaan over de doop en andere rituele inwijdingen, tevoorschijn komen uit een grot, of alchemistische archetypen zoals een feniks die opstijgt uit de vlammen die het verleden vernietigen en de dromer de vrijheid geven zijn of haar toekomst zelf in te vullen. Mythische schepsels als de feniks hoeven zelf geen archetypen te zijn, maar kunnen door de droom gebruikt worden als symbolen. Sfinxen kunnen de occulte wijsheid symboliseren van het archetype van de Grote Moeder, terwijl de hindoegod Garuda (half mens, half adelaar) symbool kan staan voor de krachtige, zuiverende energie van de Oude Wijze. Jung zag de Draak echter als een oersymbool, dat verband hield met het collectieve of veeleisende sociale aspect van de Grote Moeder, en verslagen moet worden voordat de held vrij kan zijn.

Een archetype met een sterke goddelijke kwaliteit is de Geest, het tegenovergestelde van materie, die zich in dromen manifesteert als een gevoel van oneindigheid, ruimtelijkheid en onzichtbaarheid. De Geest kan ook verschijnen als een geest of als een bezoek van de doden, en zijn aanwezigheid wijst vaak op een spanning tussen de materiële en niet-materiële wereld. Andere belangrijke archetypen worden op de volgende bladzijden beschreven.

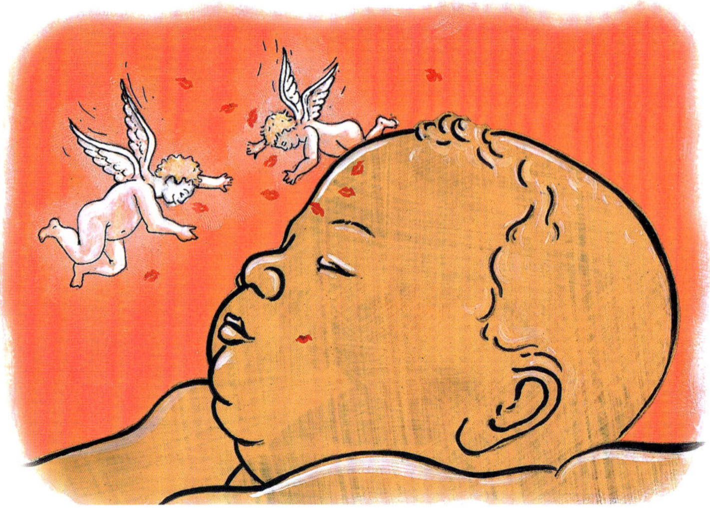

De Persona

De Persona is de manier waarop we onszelf aan de buitenwereld tonen, het masker dat we opzetten om ons in het wakende leven staande te houden. De Persona is op zich nuttig en niet-pathologisch, maar wordt gevaarlijk als we ons er te veel mee identificeren en hem zien als ons ware zelf. Hij kan dan in onze dromen verschijnen als een vogelverschrikker of een zwerver, of als een desolaat landschap of sociaal isolement. Zie je jezelf naakt in dromen, dan duidt dat vaak op verlies van de Persona.

De Anima en Animus

Door zijn onderzoeken en klinische ervaringen raakte Jung ervan overtuigd dat ieder mens alle menselijke mogelijkheden – mannelijk en vrouwelijk – in zich draagt. De Anima vertegenwoordigt de vrouwelijke kwaliteiten als stemmingen, reacties en impulsen in de man, en de Animus de mannelijke kwaliteiten als verplichting, overtuiging en inspiratie in de vrouw. De Anima en Animus fungeren als de 'niet-ik' in het zelf, als *psychopompi* of zielengidsen naar de oorden van onze innerlijke mogelijkheden.

De mythologie stelt de Anima voor als godinnen of vrouwen van grote schoonheid zoals Athena, Venus en Helena van Troje. De Animus wordt gesymboliseerd door edele goden of helden zoals Hermes, Apollo en Hercules. Wanneer de Anima of de Animus in deze hoedanigheden in onze dromen verschijnt, of als een ander krachtig persoon, betekent dat dat we het mannelijke en vrouwelijke in onszelf moeten verenigen. Doen we dit niet, dan projecteren we deze archetypen buiten onszelf en gaan we op zoek naar de ideale minnaar, of schrijven we onrealistische eigenschappen toe aan partner of vrienden. Als we ze toestaan om bezit te nemen van ons onbewuste leven, kunnen mannen oversentimenteel en emotioneel worden, en vrouwen hardvochtig en obstinaat. Wanneer het individuatieproces eenmaal is begonnen, fungeren deze archetypen als gids, waarbij ze de dromer steeds dieper meevoeren in de wereld van innerlijke mogelijkheden.

De Oude Wijze

De Oude Wijze (m/v) is in Jungs bewoordingen een mana-persoonlijkheid, een symbool van een oerbron van groei en vitaliteit die kan genezen of vernietigen, aantrekken of afstoten. In dromen kan dit archetype verschijnen als magiër, arts, professor, priester, leraar, vader of ander gezaghebbend figuur die door zijn aanwezigheid of leer laat voelen dat een hoger bewustzijn binnen het bereik van de dromer ligt. Maar net als de tovenaar of de sjamaan is de mana-persoonlijkheid half-goddelijk en kan die ons evengoed afhouden van de hogere niveaus. Jung zelf had een levenslange verhouding met een mana-persoonlijkheid: hij noemde hem Philemon, en bracht vele dagen al schilderend en pratend met hem door.

De Bedrieger

De bedrieger is een archetypische antiheld, de 'aap van God', een mengeling van het dierlijke en het goddelijke. Hij kan, net als in de mythologie, in dromen verschijnen als een aap, vos, haas of clown.

Jung vergeleek hem met Mercurius, die telkens van vorm verandert en vol zit met sluwe grapjes en streken. De Bedrieger wordt soms gezien als een aspect van de Schaduw (zie hiernaast) en verschijnt als zelfspotter, maar steekt ook de draak met de pretenties van het ego en zijn archetypische projectie, de Persona.

Bovendien is de Bedrieger de snoodaard die onze plannetjes verklapt en ons droomplezier bederft. Net als de Schaduw is hij een symbool van transformatie, onvernietigbaar in staat van vorm te veranderen, en hij komt en gaat wanneer hij wil. Hij duikt vaak op wanneer het ego zich in een gevaarlijke situatie bevindt, veroorzaakt door ijdelheid, te hoog gegrepen ambities of een verkeerde inschatting. Hij is ongetemd, amoreel en anarchistisch.

De Bedrieger mag dan onze inspanningen saboteren, hij kan ook bijdragen aan onze ontwikkeling door ons uit te dagen en de absurditeit te onthullen van materieel bezit.

De Schaduw

Jung omschreef de Schaduw als 'dat wat iemand niet wil zijn'. Alles met substantie vormt een schaduw, en voor Jung is de menselijke psyche geen uitzondering: 'Helaas is er geen twijfel dat de mens minder goed is dan hij wil of denkt te zijn.' Jung denkt dat hoe meer we deze kant van ons bewustzijn onderdrukken en isoleren, hoe minder kans er bestaat dat we hem kunnen tegenhouden 'in een moment van verslapping'.

Verscholen onder een laagje vernis van beschaving, onthult de Schaduw zich in zelfzuchtige, gewelddadige en vaak wrede daden. Hij voedt zich met hebzucht en angst, en kan naar buiten worden geprojecteerd als de haat die veroordeelt en minderheidsgroepen tot zondebok maakt. In dromen verschijnt de Schaduw vaak als iemand van hetzelfde geslacht, vaak in een bedreigende, angstaanjagende rol. Omdat de Schaduw nooit helemaal uitgeroeid kan worden, wordt hij vaak voorgesteld door droompersonages die ongevoelig zijn voor slaag en kogels, en die ons blijven achtervolgen, tot in de doodlopende steegjes en donkere kelders van onze geest. Hij kan echter ook de gedaante aannemen van de broer of zus, of van de vreemdeling die ons confronteert met dingen die we liever niet zien en woorden die we liever niet horen.

Omdat de Schaduw bezeten, autonoom en hebberig is, roept hij bij ons sterke emoties op van angst, woede of morele verontwaardiging. Toch stelt Jung dat de Schaduw op zich niet kwaad is, maar alleen 'wat inferieur, primitief, onaangepast en lastig'. Zijn verschijning in dromen wijst op een behoefte aan meer bewustzijn van zijn bestaan en dat we een grotere morele inspanning moeten leveren om af te rekenen met zijn donkere energieën. We moeten leren de Schaduw te accepteren en te integreren, omdat de onaangename boodschappen die hij ons geeft vaak indirect voor ons eigen bestwil zijn.

Het Goddelijk Kind

Het Goddelijk Kind is het archetype van de regeneratieve kracht die ons naar individuatie leidt. Het is het symbool van het ware zelf, van de totaliteit van ons bestaan, als tegenwicht tegen het beperkte en beperkende ego, dat in Jungs woorden 'slechts een stukje bewustzijn is dat drijft op een oceaan van [verborgen] zaken'. In dromen verschijnt het Goddelijk Kind meestal als een baby of klein kind. Het is zowel onschuldig als kwetsbaar, en tegelijkertijd onbezoedeld en begenadigd met transformatiekracht. Contact met het kind kan ons losmaken van het gevoel van persoonlijke verheerlijking waar het ego zo op kickt en ons duidelijk maken hoe ver we afgedwaald zijn van wat we ooit waren en wilden zijn.

De Grote Moeder

Het beeld van de Grote Moeder speelt een belangrijke rol in onze psychologische en spirituele ontwikkeling. Haar terugkerende beeld in dromen, mythen en religie heeft niet alleen te maken met onze persoonlijke ervaringen als kind, maar ook met de aard van dit archetype, dat enerzijds groei en vruchtbaarheid koestert en stimuleert, en anderzijds juist domineert, verslindt, verleidt en bezit.

De energie van de Goddelijke Moeder is niet alleen goddelijk, etherisch en maagdelijk, maar ook chtonisch (uit de aarde voortgebracht) en agrarisch: Moeder Aarde werd aanbeden omdat ze voor de oogsten zorgt. Ze is altijd ambivalent en het archetype van vrouwelijk mysterie en vrouwelijke kracht dat verschijnt in vele vormen: in haar meest verheven vorm als koningin van de hemel, in haar slechtste gedaante als de Soemeriaanse godin Lilith, de gorgoon Medusa, of de heksen en feeksen van mythen en legenden.

Voor Freud was de symbolische droommoeder echter veel meer een beeld van de relatie die de dromer had met zijn of haar eigen moeder dan een abstract archetype. Freud stelde voor dat in de meeste dromen drie mensen voorkomen: de dromer, een vrouw en een man, en dat het thema dat de drie figuren met elkaar bindt jaloezie is. Freud geloofde dat de vrouw en de man in de droom vaak stonden voor de moeder en vader van de dromer, en ging ervan uit dat ze symbolisch waren voor het oedipus- en electracomplex waar respectievelijk mannen en vrouwen aan lijden. (In de mythe vermoordde Oedipus zonder het te weten zijn vader en huwde zijn moeder: Freud zag dit als een symbool voor het vroege seksuele verlangen van de man naar zijn moeder en de jaloezie van zijn vader. Electra daarentegen verlangde naar haar vader en was jaloers op haar moeder.)

De Held

De Held is het bewust gemaakte innerlijke zelf in zowel de man als de vrouw die verlangt naar groei en ontwikkeling, en een zoektocht start naar het ware begrip. De situaties waar de Held in voorkomt worden vaak gesymboliseerd door fysieke uitdagingen waar veel vaardigheid en moed voor nodig zijn en waarbij vaak de hulp wordt ingeroepen van de Animus (van wie hij soms nauwelijks verschilt), de Anima of de Oude Wijze. Dit archetype kan zich ook voordoen als antiheld, wiens verkeerde idealen hem naar doelloze en bijna niets opleverende avonturen leiden. Als in een droom fysieke of psychologische uitdagingen voorkomen (vechten tegen de vijand, een steile rots beklimmen, een puzzel oplossen) kun je ervan uitgaan dat de Held ermee te maken heeft.

Werken met archetypen

Archetypen spelen een belangrijke rol in het collectieve onbewuste en in de wereld van dromen. Ze kunnen ook weer onmerkbaar verdwijnen, maar vaak is hun aanwezigheid kenbaar door een gevoel van verhoogde waarneming; we voelen een soort innerlijke resonantie wanneer we ze tegenkomen.

De betekenis van een archetype dat we tegenkomen zal natuurlijk te maken hebben met subjectieve associaties uit onze eigen ervaring. Om de diepere betekenisniveaus en specifieke relevantie van een archetypische droom te leren kennen stelde Jung de interpreterende methode voor, oftewel 'amplificatie'. Hiervoor dient men de mythen te verkennen waarin de archetypen voorkomen en te kijken hoe deze zijn gerelateerd aan diverse aspecten van het leven.

Gewoon mythische verhalen lezen en deze overdenken is een goede manier om jezelf voor te bereiden. Jung beschouwde Griekse mythen als uitermate geschikt voor westerlingen, hoewel elke mythische traditie die je leuk vindt – bijvoorbeeld Keltische, Egyptische of Hindoestaanse mythen of legenden – ook prima is. Sommige mythen kunnen intuïtief lijken te passen bij je omstandigheden, maar ze zijn allemaal voortgekomen uit het grote collectieve onbewuste en zullen op een bepaald niveau je ervaringen weerspiegelen. Hoe meer je bekend raakt met de mythische wereld, hoe gemakkelijker de amplificatie wordt.

Amplificatie in de praktijk

Jungiaanse droomamplificatie beweegt zich door de onderliggende lagen van diepzinnigheid. Bijvoorbeeld, als je droomt over een ridder op een paard, kan 'natuurlijke amplificatie' leiden tot het idee van leiderschap of vechten. Als je 'culturele amplificatie' toepast, kan eruit komen dat de ridder, laten we zeggen een verdediger van het geloof is, misschien je geloof in je eigen mogelijkheden. Tot slot komt de archetypische amplificatie. Hierbij kun je uitkomen bij Parsifal, de arthuriaanse held die in middeleeuwse legenden de kreupele, gewonde koning ontmoet en een glimp opvangt van de Heilige Graal. Hij herkent de Graal niet en stelt geen vraag die de gewonde koning zou hebben genezen. Nadat hij zijn fout heeft ontdekt, wil hij terugkeren naar het kasteel en zijn zoektocht volbrengen. Hij is uiteindelijk een van de twee ridders die sir Galahad vergezellen en de zoektocht naar de Graal volbrengen. Met dit verhaal in je hoofd kun je denken aan hoe het ooit misging bij een zoektocht, maar dat je uiteindelijk iemand anders hielp bij het volbrengen ervan.

Dromen in het Grieks

Een handige eerste stap ter voorbereiding op werken aan je dromen met behulp van de jungiaanse amplificatietechniek is jezelf vertrouwd te maken met de mythen uit het oude Griekenland. Die vormen een groot aantal verhalen, met een rijke variatie aan archetypische figuren en perioden, vaak zo met elkaar verbonden dat de personages, zowel menselijk als bovennatuurlijk, door elkaar heen lopen. Lees Robert Graves' meesterlijke boek *De Griekse mythen* voor een gedetailleerd overzicht.

Twee geweldige zoektochten

De reizen van Jason en Odysseus bieden een schat aan archetypische betekenis. Dit komt voor een deel door het universele motief van de gevaarlijke reis: een thuiskomst (in het geval van Odysseus) of de zoektocht naar een kostbaar voorwerp (in Jasons verhaal het Gulden Vlies). De betekenis van deze zoektochten is gebaseerd op de ontmoetingen die deze helden onderweg hadden: met draken, reuzen, verleidelijke vrouwen, monsterlijke eenogige herders, tovenaars enzovoort. Jason, bijvoorbeeld, krijgt het Vlies met hulp van Medea, een tovenares die verliefd op hem wordt; de schat wordt bewaakt door een draak, maar Medea betovert hem met haar stem en sprenkelt gif in zijn ogen.

De twaalf werken van Hercules

Ook een Heldfiguur is Hercules, of Herakles, beroemd om zijn overweldigende kracht. Hij is de zoon van oppergod Zeus en een sterfelijke moeder, en krijgt twaalf 'werken' opgelegd door koning Eurystheus van Tiryns, als boetedoening voor een moord. Zo moet hij een leeuw doden, een negenkoppige slang (de Hydra) overwinnen en de Augiasstal schoonmaken, waarin de mest van 30 jaar afkomstig van 30.000 koeien hoog opgetast lag.

Orpheus in de onderwereld

Orpheus was een geweldige muzikant, wiens muziek zelfs de dieren bekoorde. Hij werd verliefd op een nimf, Eurydice, en trouwde met haar. Ze stierf na een beet van een slang en werd naar de onderwereld gebracht. Verdoofd door verdriet begaf Orpheus zich naar de onderwereld, waar de koning en koningin geroerd waren door zijn verhaal. Ze stonden toe dat Eurydice Orpheus volgde naar het land der levenden, op voorwaarde dat hij niet naar haar omkeek voordat hij het einde van de onderwereld had bereikt. Maar Orpheus draaide zich toch om... en verloor haar voorgoed. Het verhaal houdt duidelijk verband met intense liefde, verleiding, verlies en menselijke zwakte.

Droomdecors

In een enkele droom kan een reeks ogenschijnlijk losstaande droomactiviteiten voorkomen, die zich afspelen op diverse droomlocaties. Deze kunnen realistisch zijn of voortkomen uit fantasie, of een mengeling van die twee. Soms herinnert de dromer zich helemaal geen omgeving, maar alleen een betekenisloze ruimte waarin het verhaal zich afspeelt. Een andere keer kan de locatie juist een cruciale rol spelen in de droom en een sterke emotie teweegbrengen: een bos, bijvoorbeeld, kan worden ervaren als beangstigend of bedreigend, en een huis impliceert gevoelens van welzijn of trots.

Hoewel droomdecors vaak vreemd of onwerkelijk lijken, zijn ze zelden in strijd met de droom zelf: meestal zijn ze een ondersteuning van of aanvulling op de algehele betekenis van de droom, soms op een vreemde manier. Door te kijken naar het decor van de droom kun je vaak beter de betekenis ervan doorgronden.

In feite spelen dromen zich vaak af in een bekende omgeving, waarin de interesses en herinneringen van de dromer worden weerspiegeld. Onderzoek heeft aangetoond dat het huis de meest voorkomende droomlocatie is. Zonder dat we een gebrek aan diepzinnigheid willen impliceren, is het Jungs beroemde droom over zijn eigen huis die bijdroeg aan het ontwikkelen van zijn theorie van het collectieve onbewuste, waarbij werd aangetoond dat een ogenschijnlijk gewone omgeving een opmerkelijke hoeveelheid symbolische informatie kan bevatten.

Jung droomde dat hij in zijn eigen huis was, maar alles kwam hem vreemd voor. Bij het verkennen van de vele verdiepingen ontdekte hij,

komend vanuit een grot vol aardewerk, botten en schedels, een oude kelder. Hij interpreteerde de kelder als zijn eigen onbewuste, terwijl de grot stond voor het collectieve onbewuste, de opslagplaats van tijdloze, archetypische symbolen waarop iedereen reageert.

Op grond van zijn ervaringen moedigde Jung zijn volgelingen aan om het droomdecor in hun dromen op steeds diepere niveaus te onderzoeken om achter de symbolische betekenis ervan te komen. Een boom, bijvoorbeeld, die in eerste instantie symbool staat voor de kersenboom waaronder de dromer als kind speelde en dus staat voor bescherming en liefde, kan in een diepere interpretatie dienen als een symbool van de moeder of zelfs de boom des levens, en tot slot als de (offer)boom waaraan Christus werd gekruisigd. Zo kan een huis staan voor het lichaam van de dromer, zijn geest, zijn moeders lichaam, dat hem ooit voedde en beschermde, en zelfs – volgens een bekend proces van spelen met woorden in de droom – zijn vaders familie of

'thuis'. In het algemeen geldt dat hoe creatiever en fantasierijker de dromer is, hoe waarschijnlijker het is dat zulke diepere betekenisniveaus worden bereikt en dat het droomdecor afwisselend en kleurrijk is.

Veel kunstenaars hebben inspiratie geput uit droomlandschappen. Schilders als de Italiaanse surrealist Giorgio de Chirico (1888–1978) en de Belgische surrealist Paul Delvaux (1897–1994) zijn befaamd om hun weergave van de droomsfeer, waarbij ze ook teruggrijpen op de freudiaanse droomsymboliek en bekende dingen in bizarre contexten plaatsen. Het is het samenspel van het gewone en het ongewone in hun schilderijen dat het droomlandschap zo bijzonder maakt en waardoor nachtmerries zo angstwekkend overkomen. Een huis kan dat van de dromer zelf zijn, maar toch kan datzelfde huis in een nachtmerrie doordrongen zijn van een griezelige leegheid die in het wakende leven nooit ervaren is.

Dromen worden gekenmerkt door een snelle wisseling van locaties. De decors kunnen logisch gezien met elkaar in verband staan, maar ze verschijnen vaak in een onsamenhangende, schijnbaar willekeurige volgorde. Net zoals de op de voorgrond staande elementen in een droom kunnen ook onderdelen van het droomlandschap plotseling veranderen. Een beschutte baai kan veranderen in een dik tapijt, een verafgelegen boerderij is plotseling een slachthuis. Door mid-

Van autosloperij tot café: analyse van een droomdecor

De droomster is achter in de twintig met een verantwoordelijke en uitdagende managersfunctie bij een makelaarskantoor in een grote stad.

De droomster beschrijft haar droom

'Dit is er een uit een reeks dromen waarin ik op een autosloperij sta, omgeven door oude en kapotte voorwerpen, of nieuwe apparatuur die, wat ik ook doe, niet werkt. Het decor van een sloperij is vreemd, omdat ik me niet kan herinneren ooit op zo'n plek te zijn geweest.

In deze droom stond ik boven aan een lange trap, die uit leek te komen op een binnenplaats vol rommel en metaalafval; toch was de trap statig en breed, zoals die van een bordes van een kasteel.

In de sloperij was een man aan het werk aan een oude auto en ik vroeg hem waarom die het niet deed. Hij zei dat de auto het nu wel deed, want hij had hem gerepareerd. Vervolgens reden we samen op de snelweg, maar zo hard dat ik het gevoel had dat de auto uit elkaar zou vallen. We stopten bij een café, maar er was niemand om ons te bedienen. Overal op de vloer lagen onderdelen van oude auto's, waar ik telkens over struikelde.'

Analyse van het decor

Een trap naar beneden staat meestal voor het afdalen in het eigen onbewuste. De droomster zegt dat ze van haar dromen geniet en heeft hoge verwachtingen van de uitleg (de statige trap), maar de trap leidt alleen naar kapotte, afgedankte resten van oude herinneringen.

Maar het is niet zoals het lijkt. Tussen het afval op de binnenplaats werkt een man, wat wellicht betekent dat er in het onbewuste psychische heling en creatieve activiteit plaatsvindt, ook al zijn we ons daar meestal niet van bewust. Bovendien kan dat wat lijkt op psychisch afval zeer waardevol zijn als we het op de juiste manier benaderen.

De man vertelt haar dat hij de oude auto heeft 'gemaakt', misschien symbolisch voor een niet-vervulde ambitie. De weg waarop ze samen hard wegreden staat voor ontsnapping aan de grenzen van de stad (andere mensen). Maar de droomster heeft geen controle over de auto en ze is bang. Het café kan duiden op een schuilplaats, maar de ruïne van het verleden is ook hier aanwezig. Misschien kan ze beter werken aan het probleem in plaats van ervoor wegvluchten. Het decor van de droom bevestigt deze boodschap.

del van dit soort transformaties brengt de droom zijn boodschap over, waarbij de geest oude denkpatronen loslaat, zodat diepe gevoelens en gedachten gevoelig bloot komen te liggen.

Droomlandschappen vormen niet alleen maar de achtergrond, ze worden vaak als zeer intens ervaren. Een landschap kan zowel eenzaamheid als een mysterieus gevoel van welzijn oproepen. Als het landschap vriendelijke contouren heeft en sterke gevoelens oproept, kan het symbool staan voor het lichaam, vooral het moederlichaam. Freud geloofde dat landschappen in dromen, vooral die met steile rotsen (mannelijk) of beboste heuvels (vrouwelijk), vaak symbolisch waren voor geslachtsorganen. Droomlocaties kunnen ook de landkaart van de geest zelf zijn: een vreemde buurt in een afgelegen deel van de stad kan bijvoorbeeld een symbool zijn voor het onbewuste. En nachtelijke scènes kunnen de donkere diepten van het innerlijke weerspiegelen.

Om de volle betekenis van de droom te onthullen is het belangrijk om tijdens de duiding de details van het droomlandschap te onthouden. Als een droom zich afspeelt in een tuin, is deze dan keurig aangelegd of rommelig? Wordt hij goed onderhouden of is hij overwoekerd? Als er bloemen zijn, hoe ruiken die dan? Als er een weg is, is die dan kronkelig met haarspeldbochten of lang en recht, dus gemakkelijk berijdbaar? Zelfs delen van het landschap die onbelangrijk lijken kunnen een betekenis krijgen wanneer de droom wordt geanalyseerd.

Dubbelzinnigheid in de mogelijke betekenissen van de droomdecors dienen grondig te worden onderzocht. Bijvoorbeeld, als in een weidelandschap in de verte een dorp ligt, geeft dit de dromer dan een gevoel van zekerheid omdat hij vlakbij mensen weet, of voelt hij juist afkeer door deze inbreuk op de natuur? Als in de droom een grot voorkomt, betekent dit dan een schuilplaats bij slecht weer? Of kan het zijn dat daar iets griezeligs op de loer ligt?

De omstandigheden en aard van de dromer zijn natuurlijk van groot belang bij zulke overwegingen. Hoewel een onbekende omgeving voor de een een gevoel van verlies of schrik teweeg kan brengen, kan deze voor de ander een verlangen om te reizen of ontdekken losmaken. Een kasteel kan staan voor veiligheid of voor een defensieve levenshouding. Uiteraard kan dezelfde persoon op verschillende punten in zijn leven anders reageren als de omstandigheden veranderen.

Droomdecors kunnen ook plekken zijn die op zich weinig betekenen, maar waar in het verleden vormende of traumatische gebeurtenissen hebben plaatsgevonden. Vaak herinneren we ons die plekken niet meer, wat het moeilijk maakt de droom te duiden. Als je een droomlocatie niet

kunt plaatsen, kijk dan of deze te maken heeft met de plek waar je ooit woonde of op vakantie was. Het kan helpen als je de omgeving beschrijft aan een familielid, dat wellicht meer van je kindertijd weet.

Train jezelf ook om te denken aan landschappen met betrekking tot hun onderliggende symboliek, die op dezelfde manier werkt als de symboliek bij voorwerpen. Als er in je droom een berg voorkomt, zou dit kunnen wijzen op hoogstaande verwachtingen of een opgewonden gemoedstoestand. Een bos kan, net als de zee, symbool staan voor de diepten van het collectieve onbewuste. Maar in tegenstelling tot een zeelandschap duidt een bos ook op bescherming, evenals op seizoensverandering, omdat bomen hun blad verliezen. Riviervalleien, die soms worden geïnterpreteerd als vrouwelijke seksuele symbolen, kunnen ook wijzen op vruchtbaarheid en welzijn.

Mensen die dromen duiden negeren soms het feit dat natuurlijke elementen het onderwerp kunnen zijn van mythische amplificatie, net als de aard van dromen. Meren kunnen op het eerste gezicht symbool staan voor rust en overdenking, maar het verhaal van Arthurs zwaard Excalibur, door de Vrouwe van het Meer uit het water getild toen de koning aan de rand van het meer op sterven lag, suggereert een melancholischer betekenis.

Kinderdromen

In kinderdromen komen ouders, broertjes en zusjes en leraren vaak voor, evenals vriendjes, die kunnen verschijnen in al hun kinderlijke hoedanigheid: soms aardig, soms wreed gewelddadig. De droomwereld van kinderen wordt vaak gekenmerkt door beelden van onveiligheid en verandering, omdat het kind worstelt met de vele nieuwe ervaringen.

Wij zijn geboren dromers. We dromen misschien al in de baarmoeder en een groot deel van ons vroege leven brengen we dromend door. Ongeveer 60 procent van de slaap van pasgeboren baby's is REM-slaap (Rapid Eye Movement, blz. 41), de periode waarin dromen voorkomen: drie keer zoveel als bij volwassenen. Omdat baby's veertien uur of meer per dag slapen, dromen ze een groot deel van hun tijd.

Hoewel we natuurlijk nooit kunnen weten waar baby's over dromen, worden hun meeste dromen waarschijnlijk in gang gezet door lichamelijke sensaties of bestaan ze uit lichamelijke sensaties. Na de eerste levensmaand gaan waarschijnlijk ook visuele en auditieve impulsen een rol spelen. Wanneer kinderen oud genoeg zijn om over hun dromen te vertellen, weerspiegelt de inhoud voornamelijk, zoals te verwachten, hun interesses en emoties uit hun wakende leven.

Robert Van de Castle en Donna Kramer van de universiteit van Virginia analyseerden honderden dromen van kinderen tussen de twee en twaalf jaar oud, en ontdekten dat meisjes vanaf het begin langer dromen dan jongens, en dat ze vooral dromen over mensen en kleding, terwijl jongens dromen over werktuigen en voorwerpen. Dieren komen vaker voor in dromen van kinderen dan in die van volwassenen; ze dromen ook vaker over enge dieren als leeuwen, gorilla's, krokodillen en wolven dan over lieve dieren als schapen, vlinders en vogels. Dit lijkt te corresponderen met de interesse van kinderen, maar

zeer waarschijnlijk ook met de manier waarop dieren symbool staan voor hun wensen en angsten. Van de Castle denkt echter dat deze thema's ook kunnen voortkomen uit hun primitievere, animistische manier van denken – hun grotere nabijheid tot het ongecultiveerde zelf.

Kinderen vermelden ongeveer twee keer zoveel gewelddadige gebeurtenissen in hun dromen als volwassenen. Soms spelen kinderen de rol van aggressor, maar meestal zijn ze het slachtoffer; angst blijkt dus de meest voorkomende emotie in hun dromen te zijn. Robert Kegan, een Amerikaanse ontwikkelingspsycholoog, opperde dat deze agressie te maken heeft met het probleem dat kleine kinderen hebben om hun eigen krachtige, spontane impulsen te integreren in de sociale omgeving die volwassenen van hen eisen en ze te beheersen. De wilde dieren, monsters en boemannen in kinderdromen lijken ook symbool te staan voor het besef van kinderen dat zulke impulsen net onder de oppervlakte van hun bewustzijn sluimeren, los kunnen breken en een ravage veroorzaken in het bewustzijn als ze hun beheersing enigszins laten varen.

De exploderende vrachtwagen: een kinderdroom

De droomster is acht jaar oud en heeft problemen met haar lerares op school. Deze droom kreeg ze na een schoolreisje naar een museum voor natuurwetenschappen. De lerares zegt dat het kind er niets aan had gevonden.

De droomster beschrijft haar droom

'Er stond een grote vrachtwagen met zo'n ton erachter bij de school en mijn lerares dacht dat hij zou ontploffen.

Er stapte een man uit de vrachtwagen, die op me af liep. Ik was bang en rende weg. Toen zat ik in de auto met mijn vader. We reden weg van die man en mijn vader reed door een stoplicht en over het trottoir, maar daar liep niemand op. Toen kwam er iemand naar ons toe die zei dat het ding ontploft was en mijn vader zei dat we terug naar school moesten gaan om te zien wat er gebeurd was. Maar ik wilde niet terug.'

De interpretatie

Kinderdromen zijn vaak veel fragmentarischer en losser opgebouwd dan die van volwassenen. Dit komt doordat kinderen minder levenservaring hebben, maar het kan ook veroorzaakt worden doordat ze dingen vergeten of de neiging hebben om meerdere dromen tot één te laten samensmelten. Het is niet goed om een volwassen interpretatie toe te passen op kinderdromen; kinderen moeten juist worden geholpen hun eigen associaties te ontdekken en hun eigen conclusies te trekken.

Dit meisje heeft problemen met haar lerares, die ze niet kan bespreken met haar ouders. De dreigende explosie buiten de school slaat duidelijk op de lerares ('Mijn lerares dacht dat...') en kan duiden op hoe het kind de woede-uitbarstingen van de lerares ziet. Het beeld van een ton als symbool voor woede kan veroorzaakt zijn door het bezoek aan het museum en mede gevormd zijn door de uitdrukking 'koken van woede'. De man die dreigend op haar af komt vanuit de vrachtwagen, kan symbool staan voor de angst die ze heeft voor haar lerares en haar wens om aan haar te ontsnappen.

Ze vertrouwt erop dat haar vader haar helpt ontsnappen ('Toen zat ik in de auto met mijn vader'), maar weet dat hij dat alleen kan doen door de wet te overtreden: door rood licht rijden. Maar uiteindelijk leidt het tot niets. Zodra hij hoort over de boosheid van de lerares ('Iemand zei dat het ding ontploft was') wil hij terug naar school, de bron van alle problemen van het kind. Ze moet leren om de volwassen wereld die haar lerares belichaamt en symboliseert te accepteren.

Kegan hecht vooral groot belang aan de veelvoorkomende ervaring in kinderdromen dat ze levend worden opgegeten, omdat het duidt op een angst voor het verlies van een zich ontwikkelend maar nog kwetsbaar zelfbeeld tijdens de sterke conflicten tussen innerlijke impulsen en sociale vereisten. Volgens zowel de psychoanalyse als diverse aspecten van het zelf van de dromer kunnen de boemannen in kinderdromen ook symbool staan voor de ouders of andere sterke volwassenen. Een jong kind heeft grote problemen met de combinatie van de liefdevolle, verzorgende kant van een vader of moeder en hun taak als opvoeder en corrigeerder. Heksen en wolven duiden op de bestraffende rol die ouders spelen, terwijl het eigen agressieve gedrag van het kind ten opzichte van ouderlijke symbolen kan wijzen op rivaliteit met de ouder van hetzelfde geslacht, of gewoon de wens om bevrijd te worden van de dominantie van volwassenen in het dagelijks leven.

Freud legde vooral de nadruk op dit wensende aspect in kinderdromen, zoveel dat hij in kinderdromen 'geen problemen vond die opgelost moesten worden', en hij vond ze 'tamelijk oninteressant in vergelijking met dromen van volwassenen'. Hij geloofde dat het gebrek aan seksuele lusten in de zogenoemde 'latentieperiode' (van ongeveer zeven jaar tot de puberteit) de aard van hun wensen in deze periode vereenvoudigde, zodat dus 'het andere grote instinct', het verlangen naar voedsel, vrij baan kon hebben.

De jungiaanse psychologie vindt echter dat kinderdromen verdergaan dan alleen wensen en verlangens. In de boeman, de held en heldin ziet men archetypische symbolen die al in het onbewuste van het kind tot leven zijn gewekt en die niet alleen symbool staan voor aspecten van het wakende leven, maar ook voor een mystiek besef van zijn of haar eigen innerlijke aard.

Antropologen hebben diverse culturen beschreven waarin men vindt dat kinderdromen een grote rol in de psychologische ontwikkeling van het kind mogen spelen. Tijdens hun onderzoek naar de Temiar-stam in Indonesië ontdekten Richard Noone en Kilton Stewart dat kinderen elke morgen werd gevraagd hun dromen te vertellen, zodat de volwassenen van de groep hen erin konden 'trainen' om te gaan met hun angsten en problemen uit hun droom; zo werd hun psychologische ontwikkeling tijdens de slaap gestimuleerd. Joan Halifax, een van de antropologen

die de tribale benadering van dromen hebben bestudeerd, benadrukte het grote belang van dromen in het leven en de training van de sjamaan, soms als die nog geen vijf jaar oud was, en dat ze hem of haar helpen tijdens de reizen door en bij contacten in de geestenwereld.

In Australische sjamanistische culturen is het geloof in de creatieve kracht van dromen zo sterk dat kinderen wordt geleerd dat de wereld is ontstaan tijdens de Droomtijd.

Hoe de beelden, gebeurtenissen en symbolen in kinderdromen ook gezien worden, het lijdt geen twijfel dat deze dromen een belangrijke rol spelen in de psychologische ontwikkeling van kinderen en een grote invloed kunnen hebben op de jaren die komen gaan.

Als volwassenen dromen we wellicht niet meer met de intensiteit die kinderen kunnen hebben, of niet zo vaak, maar deze vroege dromen kunnen af en toe wel onverwacht de kop opsteken.

Kinderen helpen met nachtmerries

Zeg nooit dat een nachtmerrie 'maar een droom' was – het is belangrijk droomervaringen niet te bagatelliseren. Luister naar de angsten van het kind, troost hem of haar en leg uit dat de monsters in dromen ons niet echt bang willen maken. Laat het kind een droomhelper bedenken, die enge figuren uit een droom verslaat, of help het kind zich ertegen te weren.

1. Bespreek met het kind wie hij graag als helper zou willen in zijn droom – dat kan een personage zijn uit een sprookje of een boek, iemand over wie hij eerder heeft gedroomd, of – zeer waarschijnlijk – een dier.

2. Vraag het kind of hij zijn helper kan omschrijven – hoe hij eruitziet, wat hij allemaal kan en hoe hij de monsters uit zijn dromen gaat wegjagen of verslaan.

3. Vraag nu aan het kind of hij wil teruggaan naar de droom en of hij zijn helper wil aansporen met hem mee te gaan. In zijn beleving kan hij zijn helper roepen en vragen of hij wil helpen de monsters weg te jagen. Spreek het hele proces met het kind door en verzeker hem dat dit precies zo zal gebeuren als hij weer in slaap valt.

Kinderen helpen om van hun dromen te leren

Als kinderen opgroeien, gaan ze door diverse stadia van ontwikkeling, waarbij ze gefaseerd telkens iets anders bijleren. Het is belangrijk om deze stadia te benutten, omdat leren steeds moeilijker wordt naarmate we ouder worden. Het vermogen om te dromen is hier een voorbeeld van. Als we onze kinderen al op jonge leeftijd, wanneer ze nog volop openstaan, stimuleren zich hun dromen te herinneren en er aandacht aan te besteden, besparen we hun een hoop moeite als ze ouder zijn.

Kinderen kunnen vrijwel dezelfde procedure volgen als volwassenen – van een droomboek bijhouden tot een helper bedenken die hen steunt bij nachtmerries (zie vorige bladzijde). Ouders en verzorgers kunnen hen helpen door een paar eenvoudige richtlijnen te volgen.

- Nodig kinderen uit hun droom te vertellen en luister aandachtig. Kinderen leren altijd van de volwassenen in hun leven wat belangrijk is.
- Weersta de verleiding om tegen kinderen te zeggen dat hun dromen 'gek' zijn; stel ze liever gerust en zeg dat hun dromen en gevoelens erover belangrijk zijn.
- Vertel kinderen dat ze hun dromen kunnen beïnvloeden. Dit vermogen staat of valt met de overtuiging dat het mogelijk is, dus probeer geen twijfel te zaaien bij het kind, terwijl je tegelijkertijd wel vertelt dat lucide dromen niet gegarandeerd zijn.
- Vertel kinderen je eigen dromen, mits ze niet te verontrustend zijn! Ze vinden het heerlijk deze aan te horen en als jullie regelmatig dromen uitwisselen, gaan de kinderen dit ongetwijfeld erg leuk en spannend vinden.
- Probeer kinderdromen niet te veel te duiden. Geniet ervan en maak je geen zorgen dat de dromen delen van de kinderziel onthullen die ze niet begrijpen. Je kunt echter wel uitleggen dat een droom symbool kan staan voor iets. Het kan geen kwaad om te vragen: 'Wat denk je dat het betekent?', of: 'Waar staat dit symbool voor, denk je?'
- Als een kind echt geïnteresseerd is in de betekenis van dromen, gebruik dan sprookjes. Deze hebben dezelfde archetypische eigenschappen als mythen en legenden, en zo kun je dus amplificatie toepassen (zie blz. 108). Assepoester, bijvoorbeeld, is een verhaal over het goede dat het kwade overwint en over de kracht van goedheid. Sjaak en de bonenstaak laat zien dat je met een eerlijk hart meer wint dan met geld, en toont de waarde van moed en de kracht van de geest.

Werken MET DROMEN

Om alle voordelen van een rijk en verlichtend droomleven te benutten, moeten we ons bepaalde vaardigheden eigen maken – te beginnen met de basistechniek om te voorkomen dat onze dromen de volgende morgen wegzakken in vergetelheid. Er is een aantal methoden die je helpen je dromen te onthouden. Het is belangrijk om een dromenboek bij te houden, niet alleen om je droom na het wakker worden zo snel mogelijk op te kunnen schrijven, maar ook als plek om je droomduidingen te noteren. Dit hoofdstuk behandelt deze onderwerpen en biedt ook enkele praktische tips over hoe je dromen kunt sturen – zelfs over hoe je, als je geluk hebt, kunt dromen over een onderwerp naar keuze.

De kunst van het onthouden

De eerste fase van werken met dromen is de kunst om ze te onthouden. Veel mensen zeggen dat ze zich hun dromen nooit kunnen herinneren en sommigen beweren zelfs dat ze helemaal nooit dromen. Het is echter met oefening en de juiste techniek heel goed mogelijk om je elke morgen diverse dromen te herinneren.

Begin met een positieve houding. Dromen onthouden is een gewoonte, en die kun je jezelf aanleren. De beste manier is om je overdag voor te nemen om de komende nacht je dromen te onthouden. Als je 's morgens ontwaakt, blijf dan stil liggen en focus je op de beelden, gedachten of gevoelens die vanuit je slaap boven komen drijven. Sta stil bij deze gedachten en ga na of je je droom kunt herinneren.

Als je een dromenboek bijhoudt, kun je een overzicht van je droomleven maken. Schrijf (of teken) alles op wat je je kunt herinneren, zowel details als grote thema's, en maak een notitie van elke emotie of associatie die uit de droom naar voren komt. Denk gedurende de dag terug aan de droom van de nacht ervoor, zelfs als de details wat vervaagd zijn, en probeer de gevoelens die ermee gepaard gingen te herbeleven. Herlees wat je had opgeschreven en wees geduldig; het kan weken tot maanden duren voor je regelmatig je dromen onthoudt, maar als je volhardt volgt succes vanzelf. Als je het proces wilt versnellen, zet je af en toe je wekker op ongeveer twee uur nadat je in slaap bent gevallen; grote kans dat je wakker wordt meteen na de eerste REM-slaapperiode, de tijd waarin je het meest droomt.

Sommige droomonderzoekers adviseren om wel honderd dromen te verzamelen voordat je begint met analyseren, omdat het zo lang kan duren voor de bekende thema's op een logische manier naar voren komen. Het is ook de moeite waard om te zoeken naar verbanden met de gebeurtenissen

van de dag, maar onthoud wel: de droom heeft een reden om bepaalde situaties uit te kiezen en gebruikt ze wellicht als symbool voor een diepere betekenis. Schrijf alles op wat belangrijk is aan deze gebeurtenissen en elke herinnering die ze teweegbrengen. Dit kan leiden naar langvergeten ervaringen, waar de droom, op een symbolische manier, je aandacht naartoe wil leiden.

Dromen zijn ongrijpbaar. Wetenschappelijk onderzoek heeft aangetoond dat een dromer na het ontwaken nog maar zo'n 80 procent van de gebeurtenissen heeft onthouden. Na slechts acht minuten vervaagt de herinnering tot ongeveer 30 procent. Na een tijdje herinnert de dromer zich nog maar 5 procent van de droom, of hij is hem helemaal vergeten.

We dromen allemaal, maar we zijn ons er niet van bewust. Door te leren om dromen te onthouden, kunnen we de volheid van ons droomleven gaan herkennen en inspelen op het droomproces.

Er bestaat een duidelijk verschil tussen onze herinneringen aan waargebeurde situaties en die uit de droomwereld. Om de werkelijkheid terug te halen moeten we ons geheugen trainen; om ons onze dromen te kunnen herinneren moeten we de rationele werking van het geheugen uitschakelen om plaats te maken voor de vaak vreemdsoortige kenmerken van de droomwereld, zoals onsamenhangende verhalen of zelfs taboes.

De sleutel tot het herinneren van dromen is de wil. Een verdedigingsmechanisme van het bewustzijn beschermt ons automatisch tegen herinneringen die schokkend of verontrustend kunnen zijn. Ons herinneringsvermogen kan zelf optreden als censor, zodat we zonder dat we het gewaar zijn onze droomherinneringen wegvagen om onszelf te beschermen. Sigmund Freud beweerde al dat droomamnesie een onderdrukkend verdedigingsmiddel is van het ego. Als we onze geest kunnen trainen om een positievere houding aan te nemen ten opzichte van onze dromen, en zouden accepteren dat we vreemde dingen kunnen tegenkomen tijdens onze innerlijke ontdekkingsreis, dan kunnen we wat van de inhoud terughalen die ons anders zou ontglippen.

Het feit dat we zijn geprogrammeerd om dromen niet tot ons bewustzijn toe te laten, is een ander psychologisch obstakel waardoor we ze ons wellicht niet kunnen herinneren. Ons ingebouwde verdedigingsmechanisme is ontworpen om herinneringen, verlangens of angsten die te pijnlijk of te moeilijk zijn voor ons bewustzijn te verzachten. Dit kunnen traumatische ervaringen zijn uit de kindertijd of adolescentie of gedachten of handelingen waarvan we geleerd hebben dat we daar slecht of ongeliefd door worden. Ook kan het te maken hebben met sociaal ongemakkelijke onderwerpen als seks, of met onrealistische ambities en verwachtingen die we ooit koesterden, maar waarvan we nu moeten toegeven dat ze nooit gerealiseerd zullen worden.

Dit soort onderwerpen kan in dromen naar boven komen, waarbij ze na het ontwaken door onze geest meteen weer weggestopt worden. Als we ons bewust worden van dit proces, kunnen we er veel van leren. Een groot deel van deze onderwerpen is heel natuurlijk en veel minder schadelijk dan ze lijken (zelfs als ze door anderen ten onrechte bestempeld werden als slecht, voordat we oud genoeg waren om onze eigen mening te vormen); een klein deel moet alleen worden herkend en met rust gelaten worden.

Om dromen te kunnen vangen moeten we zo stil en geduldig mogelijk zijn. Sportvissers zitten

Geheugentraining voor droomherinnering

Gebeurtenissen uit het dagelijks leven onthouden en dromen onthouden zijn twee geheel verschillende processen. Je droomherinnering lift echter mee op de verbeteringen die je kunt toepassen op je herinneringen uit je wakende leven. Gebruik de volgende technieken en oefeningen om je geheugen te trainen.

Verandering in de kamer

Observeer nauwkeurig alle voorwerpen in de kamer waarin je je bevindt en verlaat dan de ruimte. Vraag iemand of hij iets in de kamer wil veranderen – misschien een snuisterij of een klein meubelstuk verplaatsen, of iets nieuws neerzetten, zoals een fruitschaal of een vaas. Ga nu terug de kamer in en zoek de wijziging. Als je dit oefent, kun je de kleinste verschillen ontdekken.

Het geheugenhuis

Train jezelf om je boodschappenlijstje te onthouden in plaats van op te schrijven. Er is een manier om dit te doen, gebaseerd op geheugentechnieken uit het oude Griekenland en Rome. Laten we zeggen dat je tien dingen moet onthouden. Wat je moet doen is een rondje maken door je huis en tien ruimten in je hoofd nemen, te beginnen met de hal. Als je niet genoeg kamers hebt, kun je de tuin erbij nemen – bijvoorbeeld de schuur, de carport, de composthoop of een bloembed. Houd deze ruimten in een bepaalde logische volgorde in je hoofd. Ga vervolgens door je boodschappenlijstje en verbind elk artikel op volgorde aan een bepaalde ruimte en visualiseer op welke plek dat zich bevindt. Gebruik associaties om elk artikel met die bepaalde ruimte te verbinden. Bijvoorbeeld, als je bij de voordeur staat en het eerste artikel op je lijstje is tandpasta, stel je dan voor dat je je tanden poetst in de spiegelende klep van de brievenbus. Ga zo het hele huis door totdat elk artikel zijn plekje heeft gevonden. Wanneer je later in de supermarkt loopt en je wilt weten wat je allemaal moet kopen, stel je dan voor dat je op dezelfde manier door het huis loopt. Vraag je in elke ruimte af wat je hier hebt neergelegd. De herinneringen zullen duidelijk bovenkomen.

•

Hoewel de geheugenoefeningen en -technieken (kijk daarvoor ook eens in de boeken van geheugenkampioen Dominic O'Brien) niet direct van toepassing zijn op het onthouden van dromen, werken ze wel positief op droomwerk. Het houdt je geheugen soepel en sterk, en vergroot de capaciteit, net zoals lichamelijke oefeningen je lichaam versterken.

uiterst kalm, maar ze blijven observeren en reageren meteen als ze een vis omhoog zien komen. Als een droom het bewuste binnenkomt, moet de visser hem snel aan de haak van het geheugen slaan, voordat hij terugvalt in de duistere diepten van ons onbewuste.

Je kunt je geheugen helpen door altijd een droomboekje naast je bed te houden. Als je je op een ochtend een droom heel goed kunt herinneren, kun je nagaan hoe dat komt: zijn er andere omstandigheden, zoals een ander kussen, de temperatuur van je slaapkamer of veranderingen in je avondritueel? Experimenteer ermee om zo de ideale omstandigheden te creëren voor een gebeurtenisrijke slaap.

Dromen bieden een mogelijkheid tot zelfbegrip, dus waarom vergeten we ze allemaal? Het is bijna zeker dat de stress en spanningen van ons dagelijks leven – de onrust die meteen toeslaat wanneer we wakker worden – onze droomherinneringen smoren. Aanhangers van het hindoeïsme en het boeddhisme die tijdens hun slaap een ononderbroken bewustzijn ervaren (blz. 46) herinneren zich gemakkelijk hun gehele droom. Dit zou het gevolg zijn van hun vermogen zich volledig te concentreren met behulp van meditatietechnieken. Dus als wij kunnen leren om onze geest te ontdoen van onnodige spanningen, kunnen we wellicht onze bewustwording van ons rijke innerlijke leven enigszins versterken.

Andere theorieën stellen dat door onze manier van ontwaken onze droomherinneringen vervagen tijdens de hypnopompische (sluimer)fase, of dat we te veel slapen en zo droomrijke slaap sandwichen tussen perioden van vergetelheid.

Misschien is de belangrijkste reden dat we onze dromen vergeten wel dat we ze het niet waard vinden om er aandacht aan te besteden. In tegenstelling tot andere culturen en tijdperken erkent het huidige Westen nauwelijks de kracht van dromen. Het zou voor een rendierherder uit Lapland of een lid van de Xhosa-stam ondenkbaar zijn om te zeggen dat hij nooit heeft gedroomd of dat hij zijn dromen vaak vergeet. Hij heeft als kind al het belang ervan geleerd, vooral als een manier om dichter bij de geestenwereld te komen. De meeste westerlingen worden echter nog steeds opgevoed met het idee dat dromen niet echt een doel hebben en dus niet erg serieus genomen hoeven te worden.

Een levendige droom, ontstaan in de kindertijd

Dromen uit de kindertijd kun je vaak heel goed onthouden, omdat ze diepgeworteld en verontrustend zijn. Soms verdringen zulke dromen andere, minder dramatische dromen uit je geheugen, todat we ze door middel van accurate duiding uitgebannen hebben. In dit voorbeeld is de droomster een atlete, succesvol en doelgericht op de baan, maar minder bedreven in het onderhouden van relaties en haar sociale leven.

De droomster beschrijft haar droom

'Het was zomer en ik stond op een kale weg die tot aan de horizon reikte. Ik voelde de warme zon in mijn nek. Toen zag ik iemand aankomen in de verte. Hoewel diegene rende, bewoog hij zich uiterst traag. Ik stond als aan de grond genageld en alles om me heen werd steenkoud. Toen zat ik op een of andere manier op de rug van een paard, maar het bleef gewoon grazen en weigerde zich te bewegen. Ik duwde mijn hielen in de flanken, maar ze verdwenen gewoon naar binnen en er kwam verschrikkelijk spul uit. Plotsklaps zat ik iemand achterna, vastbesloten hem te pakken en hem een lesje te leren omdat hij me deze nachtmerries bezorgde. Ik weet niet wie het was, maar ik rende door een hoge gang met hoge, stoffige ramen. Het schepsel rende een ruimte binnen aan het einde van de gang en ik dacht: 'nu heb ik je', maar toen ik de kamer in rende, sloeg de deur achter me in het slot en het schepsel toonde me zijn afschuwelijke gezicht en krijste triomfantelijk. Ik werd zwetend en trillend wakker.'

De interpretatie

Dit is een van de opmerkelijk 'echte' nachtmerries waardoor de droomster sinds haar kindertijd wordt geplaagd. Ze beginnen altijd met een man of een vrouw die tergend langzaam rent. Als atlete kan de droomster meestal haar problemen 'oplossen' door harder te rennen dan haar rivalen, maar in haar droom kan ze niet ontsnappen. Zijzelf interpreteerde dit als haar onmacht ten opzichte van anderen. Het paard kan symbool staan voor de kracht van haar emoties, die voorkomt dat ze een stabiele relatie opbouwt. Er komt alleen maar 'verschrikkelijk spul' uit. Het paard/de gang is een symbool voor haar emotionele onkunde: door de hoge ramen kan ze haar leven niet in een breder perspectief zien. De laatste, claustrofobische slotscène betekent dat 'ik zelf mijn eigen moeilijkheden opzoek; mijn ergste vijand ben ik zelf.'

De overgang van essenties van de onbewuste wereld van de slaap naar het bewuste, wakende leven is een delicaat proces. Het kan gemakkelijk worden verstoord door een bewuste geest die weigert te erkennen dat de oefening de moeite waard is. Wanneer we echter beginnen met de wil ons onze dromen te herinneren, zijn we op de goede weg.

Een ontspannen benadering van droomherinnering, samen met een scherpe oplettendheid op elk teken van dromen, kan niet alleen droomamnesie een halt toeroepen, maar ook een betere slaap, rustigere dromen en zelfs lucide dromen (blz. 55–64) teweegbrengen. Voel hoe je echt denkt over dromen en probeer elke negatieve associatie die je hebt, zoals met nachtmerries uit je kindertijd, uit te bannen. Een negatieve houding ten opzichte van het dromen kan op zich al de herinnering tegenhouden. Er kunnen diepgewortelde, onbewuste redenen zijn waarom je vergeet wat je hebt gedroomd. Misschien ben je bang voor onplezierige dromen of denk je dat je niet geïnteresseerd mag zijn in dromen, of dat aandacht ervoor je minder effectief maakt in het wakende leven.

Zeg tegen jezelf dat je dromen je kunnen helpen, en dat je ze gaat onthouden; ga positief denken over wat dromen je kunnen leren over jezelf, en onthoud dat de kracht van dromen je kan helpen om een vollediger en effectiever mens te worden. Dergelijke affirmaties, vol overtuiging uitgesproken, zijn een bijzonder nuttig hulpmiddel. Als er twijfel is in ons bewustzijn, merkt ons onbewuste dat meteen en reageert dan onmiddellijk op deze onzekerheid in plaats van op de boodschap. Als je echt gelooft dat je je dromen onthoudt, zul je vanzelf merken dat je droomherinnering steeds accurater wordt.

Probeer ook eens te slapen op een harder bed of in een andere kamer, of zet je bed op een andere plek – deze veranderingen kunnen voldoende zijn om weer alert te worden, wat met de tijd door gewoonte en gemak is weggeëbd.

Maar gebruik vooral de kracht van creatieve visualisatie om je dromen beter te onthouden. Ga voordat je naar bed gaat in een stoel in je slaapkamer zitten en maak je hoofd leeg. Visualiseer het moment waarop je de volgende ochtend wakker wordt. Bekijk daarbij alle details: het licht langs je oogleden, de eerste aanblik van je kamer, je zachte lakens of dekbed – alles wat bij jouw patroon hoort. Verweef in dit beeld de herinnering aan je droom. Affirmeer dat je zeker gaat dromen en dat je hem gaat onthouden. Geef jezelf 's ochtends een complimentje dat je dit hebt gedaan. De geest reageert verrassend goed op de combinatie van vasthoudendheid en goedkeuring.

Een droomboek bijhouden

Het droomboek is een gerenommeerd middel om jezelf te onderzoeken. Veel grote schrijvers bewaren een schriftje bij hun bed om daar zo veel mogelijk herinneringen aan hun nachtelijke avonturen in op te schrijven. Voeg er tekeningen en interpretaties aan toe en je hebt een fascinerend werkboek van je innerlijke zelf.

Welke methode je ook gebruikt om je dromen te onthouden, een droomboek is onontbeerlijk. Leg een pen en schriftje bij je bed en schrijf er meteen in zodra je wakker wordt. Maak zo min mogelijk lichamelijke bewegingen – je omdraaien in bed kan droomherinneringen al tenietdoen. Stel het schrijven niet uit tot later; zelfs de levendigste dromen vervagen snel of verliezen hun details.

Er zijn veel verschillende manieren om een droomboek bij te houden. Sommige schrijvers suggereren aparte kolommen voor gebeurtenissen, personages, kleuren en emoties, maar je kunt je herinneringen juist kwijtraken als je ze zo vroeg op de ochtend op deze manier probeert te catagoriseren. Het is waarschijnlijk het best om de indeling eenvoudig en open te houden. Neem een middelgroot schrift en geen zakformaat, omdat het goed is om al je herinneringen toe te vertrouwen aan een dubbele pagina – op deze manier kun je gemakkelijker de hele droom en je eerste gedachten erover overzien. Je kunt je dromen noteren op de linkerpagina en de rechterpagina reserveren voor interpretaties, aantekeningen, tekeningen en een eventuele analyse.

Zorg dat bij elke droom de datum staat en dat je zo veel mogelijk details noteert – soms blijken schijnbaar onbeduidende aspecten van een droom later zeer onthullend. Schrijf in de tegenwoordige tijd; probeer tijdens het schrijven de droom te herleven en noteer zorgvuldig je gevoelens. Op de bladzijde hiernaast vind je een voorbeeld.

Maandag, 8 oktober

Erg levendige, heldere kleuren, werd wakker met gevoel van frustratie, zelfs boosheid

Ik ben in een speelgoedwinkel, omgeven door ouderwets speelgoed. Ik wil een doos met houten soldaatjes met rode jassen kopen, maar als ik naar de kassa ga om te betalen, zegt de verkoper dat ze niet te koop zijn. Zijn gezicht bevindt zich in de schaduw, maar ik zie zijn zwarte kleren met puntkraag. Hij vraagt me om in plaats van de soldaatjes een boek te kiezen van een grote boekenplank die ik niet eerder had opgemerkt. Teleurgesteld pak ik een willekeurig boek en sla de bladzijden om. Het staat vol plaatjes en een ervan toont een doos met houten soldaatjes. Ik ben boos omdat de man me heeft bedrogen. Hij nam niet eens de moeite me gedag te zeggen.

Interpretatieaantekeningen:

Gaat dit over mijn kindertijd – altijd meer speelgoed willen dan mijn vader en moeder konden betalen? Waarom die ouderwetse winkel? Het leek wel een museum. Kan het over mijn grootouders gaan? Ze waren blij dat ik kon leren en zij gaven me altijd een boek voor mijn verjaardag en met kerst – meestal net het verkeerde. Zou Sarah [de vrouw van de dromer] vinden dat ik meer moet lezen? Wie kan de speelgoedverkoper zijn? Iemand van het werk?

Je droomschetsboek

Zelfs als je vindt dat je helemaal niet kunt tekenen, kan een tekening vaak beter de sfeer van een droom weergeven dan tekst. Onmiddellijk dingen opschrijven nadat je jezelf uit een diepe slaap hebt gerukt, vereist altijd een mentale aanpassing, die soms tussen jou en je droom in kan komen te staan. Het hangt ervan af hoe gemakkelijk je kunt schrijven – sommige mensen vinden het fijner om een tekening te maken.

- Zelfs haastige krabbels in je droomboek helpen om je dromen weer te geven en te onthouden. Voor gedetailleerdere tekeningen is het echter een goed idee om een apart schetsboek te nemen.

- Artistieke vaardigheden zijn niet belangrijk in een droomtekenboek: wat wel belangrijk is, is dat je oprecht probeert de emoties en sfeer van de droom weer te geven. Het eigenlijke proces van je dromen tekenen kan verdere droomherinneringen naar boven halen.

- Houd je tekeningen simpel, misschien zelfs schematisch. Je kunt bijvoorbeeld mensen tekenen als stokjesmensen. Vaak is de kleding belangrijker dan het gezicht, en kleren zijn niet moeilijk te tekenen. Ook dieren kun je op die manier vormgeven. Bekende dingen als bomen en treinen zijn ook gemakkelijk. Maak je geen zorgen over het perspectief. Kijk echter wel naar de schaalverdeling – de ene mens kan groter zijn dan de andere omdat hij of zij een grotere rol speelt in je leven. Als iemand in je droom praat, schrijf dan zijn woorden in een tekstballonnetje, net als in een stripverhaal.

- Het uiteindelijke resultaat lijkt waarschijnlijk op een kindertekening. Schaam je er niet voor: onthoud dat kinderen dichter bij het innerlijke onbewuste leven staan dan wij, omdat er minder tijd is geweest om hun een cultureel laagje op te dringen.

- Als alternatief voor een eenvoudige schetstekening kun je proberen om je droom in een diagram samen te vatten. Zet het belangrijkste of ongebruikelijkste uit je droom in het midden van de pagina en schik bijkomende symbolen eromheen. Gebruik pijlen om beweging of actie weer te geven. Nadenken over het diagram als geheel kan een nuttig uitgangspunt zijn voor interpretatie van je droom.

Zo stimuleer je dromen

Iedereen kan fantasierijk en levendig dromen. Als ons droomleven leeg lijkt te zijn, kunnen we talloze technieken gebruiken om dit te laten opbloeien. Door te experimenteren met diverse aanpassingen in je slaapkamer, zoals verplaatsing van meubilair of een wijziging in temperatuur, is het vaak mogelijk om, samen met visualisatie, ons droomleven verrassend te verrijken. Na een tijdje kunnen we zelfs, door middel van autosuggestie, ons onbewuste sturen naar een gebied van eigen keuze.

De omstandigheden waarin we slapen spelen een cruciale rol bij het wel of niet dromen. Vermijd alcohol en opwekkende dranken voor het slapengaan, maar neem een rustgevende drank zoals chocolademelk. Zorg dat de slaapkamer prettig en comfortabel aanvoelt, eventueel ingericht met voorwerpen (snuisterijen, foto's, herinneringen) die je persoonlijk raken. Als je dromen ongrijpbaar vindt, verander dan iets in je slaapkamer of neem een andere slaaphouding aan.

Dromen zijn vooral visuele ervaringen, dus om dromen zo goed mogelijk in te zetten om je eigen ik te verbeteren, is het nuttig om je de kunst van het visualiseren eigen te maken. Voor veel mensen betekent dit dat ze een vaardigheid moeten herontdekken die ze sinds hun kindertijd zijn kwijtgeraakt. We denken misschien dat we oplettend naar de wereld kijken, maar velen van ons doen dat niet: in plaats daarvan kijken we maar met een half oog naar de oppervlakte, daarbij vertrouwend op gewoonte en automatismen.

Probeer als introductie-oefening eens naar een voorwerp te kijken zonder met je ogen te knipperen. Sluit je ogen, maar houd het voorwerp zo gedetailleerd mogelijk in gedachten en kijk ernaar zoals je het in je hoofd hebt. Als je het beeld vaag vindt, open dan je ogen en kijk nog eens naar de details. Sluit dan je ogen weer en probeer de oefening opnieuw. Als je deze oefening moeilijk vindt, kies dan een eenvoudig voorwerp zoals een brandende kaars, en werk daarna langzaam verder naar complexere visualisaties. Door op deze manier ons onbewuste te oefenen en visualisatieoefeningen te doen voordat we gaan slapen, kunnen we ons onbewuste helpen over een bepaald thema te dromen. Tijdens onze slaap kunnen deze onderwerpen een levendige en memorabele rol spelen.

Om een bepaalde droom in gang te zetten, dien je zorgvuldig gekozen aanwijzingen te visualiseren, bijvoorbeeld de architectuur van een huis, een bepaald landschap of een gezicht van een geliefde. Je kunt zelfs aanwijzingen in fysieke vorm naast je bed zetten. Door middel van deze mentale middelen kunnen we een droom in gang zetten, bijvoorbeeld over iemand die ver weg is. Een foto naast je bed, of een ring of een sjaal of iets wat je samen hebt gebruikt, zoals een schaakspel, een camera of een boek of oud theaterprogramma, kan ook bijdragen.

Door middel van meditatie, door concentratie en ontvankelijkheid te ontwikkelen en ruimte te maken voor 'zaken die uit het onbewuste lekken', creëren we de mogelijkheid voor meer bevredigende en onthullende dromen, evenals een levendiger droomherinnering. Bovendien kan een meditatieve omgeving stimulerend werken voor lucide dromen (blz. 55–64).

Diepe meditatie is een geestestoestand die vergelijkbaar is met slaap. De ademhaling en hartslag vertragen, het zuurstofverbruik vermindert en het patroon dat onze hersengolven produceren wordt regelmatiger. Dit creëert een mentale ruimte zonder prikkels, een platform voor creatieve verbeeldingen. Er kunnen zelfs fantastische visioenen voorkomen, vergelijkbaar met die in hypnagogische staat (blz. 50–54). In de REM-slaap droomt de geest actief, terwijl het lichaam stil ligt – ook een kenmerk van meditatie. Sommige mensen die een hoog spiritueel niveau hebben bereikt, kunnen in plaats van slapen mediteren.

Met meditatie kan de geest zichzelf bevrijden van directe zorgen. Als je nog nooit eerder hebt gemediteerd, begin dan met een eenvoudige ademhalingsmeditatie. Ga gemakkelijk zitten in een stille kamer. Ontspan je lichaam door diverse spiergroepen om de beurt aan te spannen en te ontspannen, te beginnen bij je tenen en vervolgens naar boven werkend. Concentreer je op je ademhaling, wees je bewust van je neusgaten en ervaar je in- en uitademing. Als je aandacht verflauwt, tel dan in gedachten bij het inademen

'één' en bij het uitademen 'twee'. Het geeft niet als je gedachten afdwalen; als je dagelijks oefent wordt het steeds gemakkelijker om je aandacht erbij te houden.

Er zijn diverse andere technieken om je te helpen je te concentreren en een meditatieve staat te bereiken. Je kunt herhaaldelijk en ritmisch een woord of zin (mantra) uitspreken die al dan niet betekenis voor je heeft. Of je kunt een gedicht of een gebed opzeggen, of een beeld visualiseren, misschien een geometrische vorm zoals de mandala die gebruikt wordt in de oosterse meditatie en symbool staat voor de kosmos. Authentieke mandala's zijn vaak zeer esoterisch in hun symboliek en zijn alleen te gebruiken door toegewijde mediteerders. Dit is echter geen reden om niet te mediteren op abstracte geometrische vormen, zelfs de complexere. Maak je niet druk om de symboliek: neem gewoon het beeld in gedachten en laat het daar rusten, met je ogen open. Dit proces zal op een subtiele manier je geest openen en ontvankelijker maken voor ervaringen zoals dromen.

Specifieker: als je mediteert op een beeld dat al is voorgekomen in je dromen, kun je wellicht dromen stimuleren die gebaseerd zijn op dit beeld.

Zoals je ook al hebt gelezen in het hoofdstuk over de kunst van het dromen onthouden (blz. 126–133), is 'creatieve visualisatie' een waardevolle techniek om je droomleven te verbeteren. Dit is gebaseerd op het idee dat als we onze hoop en verlangens een denkbeeldige visuele vorm geven, dit zou helpen om ze te realiseren. Tijdens een ademhalingsmeditatie kun je visualiseren dat je bewuste ik zich losmaakt van je lichaam en in een stoel tegenover je gaat zitten. Vervolgens kun je je voorstellen dat je bewuste ik zich verplaatst naar je onbewuste geest en daar de deuren opent die naar je dromen leiden, zodat ze kunnen worden verkend. Al die tijd ben je bezig om je denkbeeldige bewustzijn te sturen tijdens zijn ontdekkingsreis. Het is mogelijk dat deze sturing onbewust wordt opgenomen in je droomleven, zodat je er bewust voor kunt kiezen om die nacht te gaan dromen, erop vertrouwend dat dat ook echt gaat gebeuren.

De poorten van ivoor en hoorn

De oude Grieken geloofden dat de goden ons ware dromen stuurden door poorten van hoorn en minder belangrijke dromen door poorten van ivoor. Voor het slapengaan vroeg de dromer aan een god om een mooie droom. Je kunt eenzelfde oefening doen, waarbij je de Griekse goden symbool laat staan voor je geestelijke energieën. Neem het beeld in gedachten van de poorten van hoorn en kies een van de goden – misschien Apollo, de god van de kunst, of Aphrodite, de godin van de liefde. Stel je voor dat de god je dromen stuurt vol wijsheid, innerlijke harmonie en welbevinden.

In contact met het onbewuste

Terwijl je steeds verder komt met je droomwerk, je verdiept in droomsymbolen en archetypen, en ontdekkingen doet over je innerlijke zelf, wordt het onbewuste op een of andere manier je metgezel. Het fungeert zowel als doel als als bondgenoot van je onderzoek. Uiteindelijk wil je via veelzeggende en onthullende dromen proberen toegang te krijgen tot de diepere lagen van je geest.

Onthoud echter dat het onbewuste zijn eigen manier van doen heeft, en dat die geheel anders is dan die van onze bewuste geest. Ons bewuste is over het algemeen rationeel, logisch denkend en rechtlijnig. Het zoekt patronen en verbanden, gedijt bij consistentie en voorspelbaarheid, denkt voornamelijk in woorden en kan zichzelf testen op wat het heeft geleerd. Het onbewuste is echter veel onbestendiger in zijn doen en laten. Het kan koppig en tegendraads zijn, en zich inconsistent en onvoorspelbaar gedragen. Soms weigert het om mee te werken; we weten allemaal hoe we met ons verstand spanningen kunnen ontzenuwen, terwijl onze emoties, aangezet door ons onbewuste, zorgelijk blijven opspelen.

Het zou onrealistisch zijn om te verwachten dat het onbewuste met een bepaalde onder-

worpenheid op ons reageert. Zelfs na een lange periode hard werken kan het ogenschijnlijk weigeren toegang te verstrekken tot inzichten of zelfs dromen, om ons vervolgens volkomen onverwacht te belonen met het gezochte resultaat. Wees geduldig en verlies jezelf niet in de gedachte dat je onbewuste het wel voor je oplost.

Het onbewuste lijkt echter op het bewuste in die zin dat ze beide gevoelig zijn voor lof. Sluit er vriendschap mee en laat het weten hoeveel waarde je eraan hecht. Beloon het met woorden en warme gevoelens voor de dromen die het je geeft, en bedank het voor elke verbetering in je droomleven. Vraag hoe je het nog meer kunt helpen en wacht in stilte op antwoord.

Beschouw dit soort benaderingen nooit als gek. Uiteindelijk kunnen ze een effectief hulpmiddel bij je zelfintegratie worden, met zowel een aantal psychologische voordelen als verbeteringen in het dromen.

De beste manier om je onbewuste te benaderen is door middel van eenvoud en herhaling. Geef het duidelijke en ondubbelzinnige aanwijzingen, zoals: 'Ik ga mijn dromen onthouden', of :'Ik ga dromen over mijn carrièrewissel', of zelfs: 'Ik ga in mijn droom vliegen.' Herhaal deze affirmaties regelmatig gedurende de dag.

Luister 's avonds naar muziek die het gewenste droomgevoel weerspiegelt of oproept; lees romantische of mystieke gedichten, visualiseer de symbolen en verdiep je in de beschreven metaforen. Kijk en luister hoe je geest leert om indrukken in zich op te nemen. Onderdruk

Creatieve dromen

Veel schrijvers, schilders en muzikanten gebruiken hun droomleven als inspiratiebron. Waarschijnlijk zit daar iets zelfvervullends in. De opwinding die ontstaat doordat een droom zichzelf 'wil' omzetten in kunst wijst het onbewuste op een rijk en lonend randje van het zelf. Het is alsof het onbewuste een nieuw speelveld heeft gekregen – en natuurlijk wil het daarnaar terug.

Sjamanistische droomoefening

Sjamanen beïnvloeden dromen om inzichten te verkrijgen uit de geestelijke wereld – inzichten die ze kunnen gebruiken om zieken te genezen, jagers naar hun prooi te leiden en wijzer te worden over de bestemming van hun stam. Ze voeren rituelen uit in hun tent of hut, of gewoon buiten, om de overgang naar een andere bewustzijnsvorm gemakkelijker te maken. Je eigen neosjamanistische droomritueel ontwikkelen is een goede manier om je relatie met je onbewuste te verdiepen.

- Wierook is een veilige, prettige en praktische manier om rook te creëren voor een onschuldig ritueel om de creatieve verbeelding op te wekken. Steek een wierookstaafje aan en houd het achtereenvolgends tegen een van de vier punten op het kompas; deze staan symbool voor de vier elementen: oost staat voor lucht, zuid voor vuur, west voor water en noord voor aarde. Houd het stokje richting de hemel (volgens de sjamanistische traditie symbool voor de vader) en dan naar de aarde (symbool voor de moeder).
- Creëer je eigen beelden en woorden om deze bewegingen te vergezellen en vraag of er dromen worden gestuurd uit de vier windstreken, de hemel en de aarde.

de neiging om deze indrukken naar een rationeel, lineair niveau terug te brengen door er woorden aan te verbinden.

Wanneer je nadenkt over archetypische thema's in de literatuur, zoals het verhaal over verlangen en betovering, dat werd opgetekend door Keats in zijn gedicht 'La Belle Dame Sans Merci', kan dit je droomleven ten goede komen.

Het kan helpen om aan je onbewuste te denken als de bron van je geestelijke leven en het bewuste te zien als een laag die het onbewuste filtert door middel van ervaring en studie. Hoe starder en inflexibeler het bewuste wordt, hoe sterker het probeert te voorkomen dat de energie van het onbewuste doordringt tot het besef.

We kunnen ook de verschillende aspecten van de geest samen laten werken door een eenvoudige visuele metafoor in het leven te roepen. Visualiseer het bewuste als een serieuze, strenge portier die de deur waar het onbewuste doorheen wil glippen stevig gesloten houdt. Stel je nu voor hoe het bewuste de deur opendoet en het onbewuste begroet als een verloren gewaande broer of zus, en kijk hoe de twee aspecten van de geest ontdekken dat ze veel van elkaar kunnen leren. Wees ervan verzekerd dat ze vanaf nu harmonieus samen zullen werken.

Inspiratie putten uit dromen kan ons helpen om een belangrijk soort creativiteit te ontplooien: we spelen met onze ideeën, we wikken en wegen ze en schuiven ermee totdat ze een eenheid vormen.

Dromen in beeld: een parabel

Stel, je gaat naar het theater om een toneelstuk te zien en je krijgt een slechte plaats, ver van het podium en achter een pilaar. Je zicht is beperkt en je krijgt maar weinig mee van wat er op het toneel gebeurt. Je begrijpt zo niet veel van het stuk. De week erna ga je weer naar het theater. Het is nu een ander toneelstuk, maar je hebt weer dezelfde plaats. Je probeert het later nóg een keer; misschien had je pech. Maar weer word je teleurgesteld. Eigenlijk wil je opgeven en nooit meer naar dat theater terugkeren.

Echter, anderen die ook naar dat toneelstuk waren geweest, maar beter zicht hadden, vonden het zeer de moeite waard en vertelden vol enthousiasme over het stuk.

Wanneer je het advies uit dit hoofdstuk hebt opgevolgd, heb je voor jezelf een eersteklas plaats geregeld in het nachtelijk theater van de slaap. Je bent er nu klaar voor om belangrijke ontdekkingen over jezelf te gaan doen.

De mentale muur slechten

Tijdens onze slaap reist ons droom-ik vrijelijk door onze innerlijke wereld van het onbewuste. De visualisatie hieronder is gebaseerd op gerenommeerde technieken die in zowel oosterse als westerse tradities worden gebruikt, en is ontwikkeld om onze wakende persoon open te stellen voor de onbelemmerde creativiteit van de droomwereld.

1. Stel, je kijkt uit het raam van een stenen toren. Je ziet twee soorten terrein, met een hoge stenen muur ertussen. Het ene is het vertrouwde landschap van het leven van alledag. Het andere is het landschap van de droomwereld, waar de wetten van de natuur en de logica niet gelden.

2. Stel je nu voor dat je met je gedachten een bres in de muur slaat, alsof er een storm heeft gewoed. Door dit gat stromen de atomen en moleculen uit het droomlandschap het landschap van alledag in. Het is net een invasie van droomenergieën.

3. Stel je nu voor dat de muur helemaal verdwijnt. Wat je nu ziet is één gebied, vol wonderen en verrassingen. Je woont in je toren, maar je bewondert het landschap eromheen.

Dromen delen

Een droom is heel persoonlijk en het vergt dus enige moed om eerlijk met iemand over de symboliek te praten. Het is echter wel de moeite waard. Iemand die je helpt bij het interpreteren kan je, alleen al door zijn of haar aanwezigheid, aanzetten tot verrassende inzichten. En als hij geoefend is, kan hij helpen om belangrijke onthullingen te openbaren.

De meesten van ons hebben ooit wel eens een droom verteld aan iemand anders. De redenen hiervoor variëren: we beschrijven onze dromen wellicht omdat ze eng zijn of leuk, of misschien zijn we op zoek naar een nieuwe kijk op een droom, of willen we bevestiging van onze eigen interpretatie. Er is echter nog een ander, primairder doel gediend met praten over onze dromen, en dat is dat we een beter begrip krijgen van wat er nu eigenlijk is gebeurd: doordat we de droom moeten omschrijven, moeten we die zo accuraat mogelijk herbeleven.

Een droom delen met een vriend of partner kan een wereld aan inzichten in ons innerlijke leven opleveren, wanneer we naar onszelf luisteren als we onze droom in woorden vatten. Onze eigen ideeën over de betekenis kunnen, samen met die van een vriend, ons in onverwachte richtingen sturen als het gesprek vordert. Het is goed om zulke gesprekken zo snel mogelijk na de droom te voeren, om levendige gevoelens en duidelijke sferen vast te houden. Probeer er een gewoonte van te maken om te denken dat je droom nieuws is, vers van de pers van de verbeelding, verwant aan wat je de avond ervoor deed, alleen persoonlijker.

Bedenk, als je luistert naar de droom van een vriend, dat er diepe gevoelens naar boven kunnen komen. Zelfs als een droom op een humoristische manier wordt verteld, kan het zijn dat de ander aanstuurt op een intiem gesprek of advies wil over een onderwerp dat hem zorgen baart. Als jij de verteller bent, onderdruk dan ook de neiging om de droom op een grappige manier weer te geven als je graag een doordachte, serieuze reactie wilt.

Je dromen zijn een zeer persoonlijk onderdeel van je leven en daarom zul je wel twee keer nadenken voor je ze deelt met oppervlakkige kennissen. De wijze waarop Sigmund Freuds patiënten een ander licht wierpen op hun dromen tijdens psychoanalyse noemde hij 'secundaire bewerking'. Dit verwijst naar het feit dat de dromer zijn dromen tijdens de herinnering vervormt, om ze plausibeler en consistenter te maken, waarbij hij een draai geeft aan wat er voortvloeit uit het onbewuste.

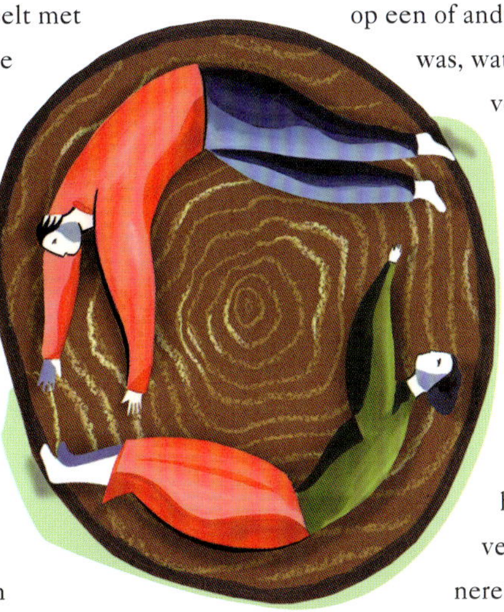

Als je met iemand over dromen wilt praten, spreek dan af dat je beiden eerlijk zult zijn. Maak duidelijk dat je de droom niet mooier maakt dan hij is en dat je hem zonder franje weergeeft. Probeer niet met je fantasie de gaten in de logica te overbruggen.

Begin te vertellen over je droom en probeer je zo veel mogelijk te herinneren. Geef vervolgens een emotionele reactie op de droom en de omgeving waarin hij zich afspeelt. Gedroeg je je zoals je dat in je wakende leven ook zou doen? Als de droom nog niet voorbij was, hoe zou je dan graag willen dat hij zou eindigen? Als hij op een of andere manier onbevredigend was, wat zou je er dan aan willen verbeteren? Nu kun je uit de visueel heldere beelden en gebeurtenissen directe associaties halen en bespreken of er algemene interpretaties zijn.

Als je naar anderen luistert, is het belangrijk dat je de dromer helpt om hem of haar zijn droom zo veel mogelijk te laten herinneren. Stel open vragen, zoals: 'Wat voelde je bij deze gebeurtenis of dit personage?', of: 'Hoe wilde je je droom laten eindigen?', om hem of haar beter te kunnen laten interpreteren. Geef gerust je eigen mening, maar breng deze als vraag. Bijvoorbeeld: 'Denk jij dat het dat en dat zou kunnen betekenen?' Vergeet nooit dat het de droom van een ander is, en dat hij alleen hem uiteindelijk kan duiden.

Droomontmoetingen

Wellicht vind je het idee dat je in een droom een ontmoeting met een vriend arrangeert uiterst bizar of onwerkelijk. Er bestaat inderdaad ten minste één Hollywood-film met dat gegeven. Echter, voor iemand met een groot zelfbewustzijn en grote mentale beheersing is een droomontmoeting zeker mogelijk, als hij of zij er tenminste energie in steekt.

Eén manier om te kijken of we onze dromen kunnen beïnvloeden is een ontmoeting in een droom arrangeren met iemand en dezelfde droom delen. Dit lijkt uiterst onwaarschijnlijk, maar toch kunnen mensen die emotioneel sterk met elkaar verbonden zijn hetzelfde soort dromen hebben. Dit kan komen doordat ze dezelfde levenservaringen delen – het voedsel van onze dromen. Maar soms is de inhoud van de gedeelde droom tamelijk onverwacht.

Sommige westerse mystieke organisaties en oosterse spirituele tradities moedigen mensen aan om hun dromen te delen als onderdeel van het proces om hun ware aard tot uiting te laten komen. Hoewel het droomlichaam meestal zomaar in de droomwereld wordt losgelaten, zonder richting of doel, hoeft dat niet per se zo te gaan. Eén manier om de energieën van het droomlichaam te bundelen is om het een specifieke taak te geven, zoals een vriend ontmoeten.

Oliver Fox, een Britse onderzoeker en schrijver, sprak met twee vrienden af om elkaar in een droom te ontmoeten in een nabijgelegen dorp. Die nacht droomde Fox dat hij een van zijn vrienden daar ontmoette, maar niet de andere. De volgende dag vertelde die ene vriend dat hij dezelfde droom had gehad, terwijl de andere vriend zei helemaal niet gedroomd te hebben.

Het is de moeite waard om te blijven proberen dromen te delen, ook al lukt het eerst niet. Als het wel lukt, is het fantastisch om na te gaan wat hetzelfde was en waar de verschillen zaten.

Richtlijnen voor een droomontmoeting

Werk met je partner, een intieme vriend of familielid die geïnteresseerd is in het gegeven en die op z'n minst openstaat voor de kans op succes. Mensen die een hechtere emotionele band met elkaar hebben, hebben grotere kans op succes dan vage kennissen.

1. Neem de tijd voor de planning en voorbereiding van de droomontmoeting. Het is goed om ten minste een week van tevoren te beginnen met plannen, om je onbewuste te laten wennen aan het idee en het plan hopelijk als vanzelfsprekend te laten ervaren.

2. Bepaal samen de ontmoetingsplek, die voor jullie beiden plezierige, maar niet te intensieve emotionele associaties oproept. Neem de tijd om je op elkaar 'af te stemmen' door te praten over de plek, jullie gedeelde ervaringen uit te wisselen en samen gevoelens van harmonie te ervaren. Kom een paar keer bij elkaar of voer diverse telefoongesprekken.

3. Wanneer de sfeer goed is, visualiseer dan met je droompartner de plek die je wilt bezoeken. Beschrijf de omgeving aan elkaar; haal dit beeld voor ogen terwijl je luistert, vul de details in en vertel elkaar wat je ziet. Deze fase van het proces werkt beter met een ontspannen persoonlijk contact dan over de telefoon.

4. Na een aantal van deze voorbereidingssessies is het tijd om op een bepaalde nacht op een bepaalde tijd op een bepaalde plaats af te spreken en erop te vertrouwen dat dat ook echt gebeurt. Zorg dat je afspraken gedetailleerd zijn en herhaal deze voor jezelf zo vaak mogelijk, vooral voordat je gaat slapen. Als je droomgezel ook je bedpartner is, is het goed om dicht tegen elkaar aan te kruipen en naast 'Welterusten' ook 'Ik zie je zo' te zeggen. Breng in de andere gevallen dezelfde afscheidsboodschap 's avonds laat over via de telefoon.

5. Vertel 's morgens zo snel mogelijk je droom aan elkaar. Vergelijk jullie dromen zorgvuldig met elkaar en zoek naar overeenkomsten.

6. Wees geduldig en bereid je erop voor dat je het experiment meerdere keren moet uitproberen. Moedeloosheid en scepsis vormen grote struikelblokken voor uiteindelijk succes.

De kunst van het interpreteren

De symbolenwijzer in dit boek (blz. 158–447) is bedoeld als een uitgebreid hulpmiddel bij droomduiding. Lees voor gebruik dit hoofdstuk over enkele basisbeginselen uit de praktijk. Er zijn geen vaste regels, maar er zijn benaderingen die velen als positief hebben ervaren.

'Wanneer ze juist worden gelezen, tonen [droom-] beelden ons wie we zijn in plaats van wie we denken te zijn. Ze vertellen ons over de wezenlijke impact die we op anderen hebben, niet over wat wij graag willen dat die impact zou zijn.'

Montague Ullman

Dromen vormen een gesprek tussen onbewuste en bewuste niveaus van de geest – niveaus die op een subtiele manier verschillende talen spreken. Hoewel de bewuste geest misschien denkt dat hij begrijpt wat het onbewuste zegt in dromen, kan het net als een onervaren vertaler nonsens maken van de werkelijke betekenis.

Hoewel de taal van dromen in sommige opzichten voor ieder van ons consistent is, zijn er ook symbolen die zo persoonlijk zijn dat dogmatische droomgidsen er niets zinvols over kunnen zeggen. Daarin worden namelijk vaak bepaalde betekenissen aan de droomervaringen toegekend, zonder enige uitleg over alternatieven. In dromen die ontspruiten aan het persoonlijk onbewuste (dromen van het tweede niveau) komen vaak beelden en associaties voor uit de eigen levensgeschiedenis en subjectieve innerlijke wereld van de dromer.

Een goede droomduiding hangt af van een paar eenvoudige technieken en een scherpe blik op je eigen dromen om zo de boodschap eruit te kunnen filteren. Andere mensen kunnen bepaalde ideeën hebben over de betekenis van je dromen, maar alleen jij hebt toegang tot je innerlijke wereld en alleen jij kunt de informatie interpreteren die je onbewuste wil uitdragen.

De beste manier om dromen te analyseren is door middel van de terugkerende thema's uit een droomboek. Of de analyse zich nu concentreert rondom deze thema's of op sterke individuele dromen, een goede manier om te beginnen is de droominhoud te verdelen in aparte categorieën, bijvoorbeeld landschap, voorwerpen, personages, gebeurtenissen, kleuren en emoties. Je hoeft hierbij niet bijzonder strikt te zijn; deze categorieën kunnen elkaar overlappen en de herinneringen zelf kunnen vaag of verward zijn. Maar probeer ogenschijnlijk onbelangrijke details niet te negeren, omdat dit vaak aspecten zijn met grote betekenis.

Kies allereerst iets belangrijks uit een willekeurige categorie en pas daar de directe asscociatie van Jung op toe. Zet het voorwerp (of wat dan ook) midden op een vel papier, houd het in gedachten en schrijf alle beelden en ideeën op die daarbij in je hoofd opkomen. Ga telkens terug naar het uitgangspunt. Zorg dat elke associatie specifiek is: als er in de droom een rode auto voorkwam, is het wellicht de kleur en niet het feit dat het een auto is die symbolisch het zwaarst weegt. Leg als er geen associaties meer bij je opkomen het papier weg en ga verder met het volgende droomsymbool dat je onder de loep wilt nemen. Ga zo door totdat je alle gewenste categorieën hebt gehad.

Jung stelde dat directe associatie gemakkelijker wordt als de dromer zich voorstelt dat hij of zij het element aan iemand beschrijft die zoiets totaal niet kent. Hij pleitte er ook voor om verder te borduren op directe associaties en ze te verbinden met reacties of emoties die de dromer ervaart vanuit het oorspronkelijke droombeeld.

Als er weinig associaties voortkomen uit de hoofdelementen van een droom, is het wellicht een droom van het eerste niveau, met weinig of geen symbolische betekenis, die de dromer letterlijk wil wijzen op het belang van bepaalde gebeurtenissen in zijn leven. In het gun-

Enkele tips voor droominterpretatie

De onderstaande richtlijnen zijn niet volledig, maar bieden wel een reeks aandachtspunten en tips die je zullen helpen om je dromen goed te interpreteren. Gebruik deze punten om als beginner op gang te komen, of om de denkbeeldige blokkades op te heffen die zich onvermijdelijk voordoen, zelfs bij de meest ervaren analyticus.

Gelijkenissen

Als een betekenis van een symbool onduidelijk is, vraag je dan af waar het symbool het meest op lijkt. Het schoolvoorbeeld hiervan is natuurlijk de freudiaanse interpretatie waarbij een pen wordt gezien als een penis en een tunnel als een vagina.

Kijk hoe dubbel de pensymboliek is – dit is kenmerkend voor de associaties die gemaakt worden door het onbewuste. Een pen heeft de vorm die past bij de associatie, maar bevat ook inkt, een substantie die uitvloeit bij een ontmoeting tussen pen en papier (man en vrouw). De tunnel heeft ook een dubbele betekenis: het heeft een vaginale vorm en geeft toegang tot een sterke bezoeker, de trein (penis). Bedenk wel dat droomgelijkenissen niet seksueel hoeven te zijn: een wereldbol lijkt op een strandbal, een lint op een weg, een vlieger op een vogel.

Woordspelletjes

Het grootste deel van onze mentale activiteit wordt uitgedrukt in taal, dus het is niet verrassend dat in dromen ook taal voorkomt, al is die niet altijd even duidelijk. Bijvoorbeeld, als er in de droom een pijn- of naaldboom voorkomt, kan dat letterlijk verwijzen naar ‘pijn’. Als er een naam verschijnt in een droom, kijk dan eens naar de betekenis van het woord of de afzonderlijke delen. ‘Koen’ is een naam, maar betekent ook ‘dapper’. ‘Hollandse nieuwe’ heeft ‘Holland’ in zich, symbool voor vlak, open of wellicht weinig opwindend, en ‘nieuwe’ verwijst naar iets nieuws, iets wat niet eerder is ontdekt.

Functie / handeling

Wanneer een voorwerp verschijnt in een droom, kijk dan naar alle denkbare functies en hoe je het kunt gebruiken. Bijvoorbeeld, een schaar heeft een scharnier en de ene helft kan niet zonder de andere. Misschien duidt het voorwerp op de een of andere manier op balans of onafscheidelijkheid?

stigste geval leidt het naar een oplossing voor een probleem waar de dromer op bewust niveau mee worstelt.

Als de droom echter voor de dromer een diepere resonantie heeft, is dit waarschijnlijk een droom van het tweede niveau, die gebruikmaakt van symbolen. Nu wordt droomduiding pas echt interessant, omdat we nu het onbewuste zijn diepste boodschappen zien uitdragen.

Als de directe associatie van Jung geen belangrijke zaken aan het licht brengt, kan de vrije associatie van Freud uitkomst bieden, waarbij de geest vrijelijk een hele keten aan gedachten en beelden mag volgen die in gang wordt gezet door dat ene droomelement, en waarbij het ene idee spontaan overgaat in een volgend. Jung vond dat deze vrije associatie de dromer te ver afbracht van de originele droom, maar Freuds methode kan belangrijke onderdrukte herinneringen, verlangens of emoties naar voren halen die directe associatie niet kan bereiken.

Het is de moeite waard om een droom die op een of andere manier belangrijk lijkt voor de dromer te onderzoeken op archetypische symbolen (blz. 103–107), want als die er zijn, betekent het dat het een droom is van het derde niveau. Om verdere betekenis te onthullen raadde Jung voor deze 'grand'-dromen aan om amplificatie (blz. 108) toe te passen, waarbij we het verband moeten zien te vinden tussen de symbolen uit de droom en de gerelateerde archetypen uit mythen en legenden.

Jung benadrukte dat de analyticus een droomduiding altijd op de persoon moet toepassen; de betekenis wordt pas onthuld als de dromer inzicht heeft gekregen, of die nu welkom is of niet, die de waarheid beroert. Interpretaties dienen altijd 'in dienst' te staan van de dromer, waarbij zijn leven weer 'in gang' wordt gezet.

Problemen oplossen

Gewoonlijk denken we met behulp van rede en logica tot een oplossing te komen voor een raadsel. Maar we weten ook allemaal dat een doorbraak in ons denken onverwachts, als vanuit het niet kan ontstaan. Dromen kunnen met onverwachte oplossingen komen voor allerlei soorten vragen.

Het gezegde dat we bij een probleem er nog eens een nachtje over moeten slapen is welbekend. Hoewel het bewuste ego niet actief is tijdens de slaap, blijft een deel van de geest aan het werk; hij verwerkt informatie, slaat herinneringen op en ontwart soms de ingewikkeldste intellectuele, emotionele of morele problemen. Onbelemmerd door de conventies van het bewuste, is het onbewuste vrij om een onorthodoxe benadering aan te voeren die precies die doorbraak kan betekenen voor iets waar we al zo lang over lopen piekeren.

Soms worden er ook echt antwoorden gegeven in dromen. Een beroemd voorbeeld is dat van de Duitse scheikundige Friedrich Kekulé, die beweerde dat zijn wereldschokkende ontdekking van de moleculaire structuur van benzeen in 1961 hem in een droom werd aangedragen. Tijdens zijn werk viel hij in slaap en droomde over moleculen die voor zijn ogen dansten, patronen vormden en vervolgens in elkaar grepen als een slang die naar zijn staart hapt de droominterpretatie van de zogenoemde 'benzeenring'.

Soms zien we de werking van het probleemoplossend vermogen van de dromende geest als we bij het in slaap vallen een kruiswoordpuzzel of wiskundig raadsel visualiseren. Als we dan de geest opdracht geven het raadsel te bekijken, kan dat in de droom voor een oplossing zorgen.

Het antwoord kan letterlijk verschijnen, verstoken van symboliek. Na talloze vruchteloze pogingen om de elementen volgens hun atomische

gewicht in een tabel te plaatsen, zag de Russische scheikundige Dimitri Mendeleev hun waarden in een droom en constateerde dat ze op één na correct waren. Deze ontdekking leidde in 1869 tot de publicatie van zijn periodiek systeem.

Als dromen eerder symbolische dan letterlijke oplossingen bieden, kan dat de interpretatie bemoeilijken. De wetenschapper Niels Bohr bedacht in 1913 het model van een waterstofatoom na een droom waarin hij op de zon stond en zag dat ver boven zijn hoofd de planeten met fijne draadjes aan het oppervlak vastzaten. Vooral numerieke oplossingen worden in symbolische vorm weergegeven, soms gebruikmakend van associaties die diep verankerd liggen in het onbewuste. Het getal 3 bijvoorbeeld, kan worden gesymboliseerd door een oude stoel met drie poten uit de kindertijd van de dromer.

Een van de verbazingwekkendste ontdekkingen in een droom, waarbij een droomgeest op bezoek kwam, is die van H.V. Hilprecht, een professor Assyrische taal en cultuur aan de universiteit van Pennsylvania. In 1893 probeerde Hilprecht inscriptietekens op twee agaten fragmenten te ontcijferen die afkomstig zouden zijn van ringen uit circa 1300 v.C., opgegraven bij de ruïnes van een tempel in Nippur in het huidige Irak. Ontmoedigd door het gebrek aan succes ging Hilprecht naar bed. Hij droomde over een oude Babylonische priester die hem vertelde dat de fragmenten geen twee aparte ringen waren, maar deel uitmaakten van een cilinder waar de priesters oorringen voor een standbeeld van hadden gemaakt. Als ze bij elkaar werden gelegd, zo vertelde de priester, zou de inscriptie heel gemakkelijk leesbaar zijn. Hilprecht werd wakker en besefte dat de droom waar was. Het laatste bewijs kreeg hij toen hij de fragmenten onderzocht in het museum in Istanbul.

Dromen kunnen zowel bij persoonlijke als bij intellectuele problemen hulp bieden. Je vraagt je onbewuste om hulp door het probleem in gedachten te houden voordat je gaat slapen, je te ontspannen en erop te vertrouwen dat je je gedurende de nacht geen zorgen hoeft te maken over een oplossing; je slapende geest doet al het werk en brengt je wellicht 's morgens de oplossing, of als klaarhelder antwoord, of verscholen in de droom. Bij het ontwaken besef je ineens dat je het antwoord 'weet'. Zo niet, zoek er dan naar in je dromen, waar het verborgen kan liggen in een symbool, een visueel grapje of woordgrapje, en dat dus verder duiding behoeft.

We zagen hoe het werken met dromen, en vooral de symboliek erin, ons na een tijdje naar een nieuw bewustzijnsniveau kan brengen. Veel spookbeelden die ons achtervolgen kunnen worden verjaagd met behulp van een beter zelfbegrip; daarom laat een psychoanalyticus ons zo lang in ons verleden graven. Door onze spanningen aan het licht te brengen, kunnen we ze ontdoen van hun macht – of ten minste zorgen dat de pijn die ze veroorzaken wordt verzacht.

De spanningen die we op deze manier kunnen aanpakken, zijn de diepgewortelde – de chronische obstakels in ons leven. De meeste tijd schenken we weinig aandacht aan deze problemen, wat nu juist zo gevaarlijk is voor onze rust op onbewust niveau. Er zijn echter ook specifieke, tijdelijke spanningen waar we ons terdege van bewust zijn en die we lange tijd door ons hoofd laten tollen. Zaken die te maken hebben met de kinderoppas, de balans tussen privé en werk, financiën, en zelfs de vakantieplannen vallen binnen deze categorie. Vaak hebben onze zorgen te maken met een dilemma: er zijn voor beide kanten argumenten aan te voeren en we kunnen niet kiezen wat het beste is.

Op dezelfde manier waarop dromen met antwoorden kunnen komen voor intellectuele problemen, kunnen ze ook een licht werpen op de manier waarop je het best kunt omgaan met een specifieke persoonlijke situatie. Op de bladzijde hiernaast vind je enkele richtlijnen om deze dromen te gebruiken, als een soort orakel of

Het droomorakel: je innerlijke levenscoach

Je persoonlijke problemen voorleggen aan de verborgen wijsheid van de droomwereld is zeker het proberen waard. Zoek vooral naar snelle antwoorden. Als je ze niet vindt, interpreteer dan de droom net een stapje verder dan je tot nu toe tijdens je droomwerk hebt gedaan.

De vraag formuleren

Verwoord je dilemma zo duidelijk mogelijk voor jezelf. Schrijf het op en speel met de woorden tot ze precies goed zijn. Probeer vervolgens het dilemma in een symbolische taal weer te geven. Bijvoorbeeld, als je twijfelt of je moet gaan reizen of thuis moet blijven (een eenvoudig voorbeeld ter illustratie), bedenk dan een beeld bij elk alternatief – misschien een open haard en een trein.

De associaties verkennen

Denk gedurende de dag af en toe aan de verschillende gevolgen van de twee mogelijkheden – denk mee over de betekenissen van de haard en die van de trein. Waarschijnlijk zijn dit wat ongemakkelijke gedachten. Doe het dus niet vlak voor het slapengaan; zo verstoor je je nachtrust en vertroebel je het mogelijke antwoord dat je onbewuste voor je in petto heeft. Het is beter om deze analyse een paar dagen voordat je het probleem aan je droom overgeeft uit te voeren.

De vraag visualiseren

Houd de beelden voordat je gaat slapen in je gedachten en vraag je onbewuste naar een mening over wat je het best kunt doen. Denk voordat je in bed stapt, of terwijl je ligt te wachten tot de slaap komt, aan je gekozen beeld, op een ontspannen manier, zonder emotie. Denk niet aan je dilemma, alleen aan de visuele symbolen die je hebt bedacht.

De volgende morgen

Denk bij het ontwaken aan de dromen die je hebt gehad, precies zoals je dat gewend bent. Ga voordat je je droom ontrafelt na of je een antwoord hebt gekregen op je vraag. Heb je een van je twee symbolen gezien in je droom? Als je ze allebei zag, wat was dan het verband ertussen? Als er maar één was, moest je het symbool dan vermijden of juist omarmen? Als je geen van beide zag, had de droom dan eigen symbolen bedacht, of een andere taal om je antwoord te geven?

Omgaan met nachtmerries

Enge dromen achtervolgen je – een angst of trauma dringt door in je slaap en veroorzaakt ernstige onrust, die je soms de hele dag bij kan blijven. Als je af en toe een nachtmerrie hebt, is dat niet erg, maar gebeurt het vaker, dan moet je er iets aan doen, te beginnen bij het onderzoeken van droomsymbolen.

Vroeger dacht men dat nachtmerries werden veroorzaakt door het nachtelijke bezoek van demonen: de 'merrie' was een monsterlijk wezen dat op slapende zielen neerdaalde om zijn lusten bot te vieren. Tegenwoordig denkt men dat enge dromen bedoeld zijn om ons te confronteren met gebeurtenissen, handelingen of reacties waarover we in ons wakende leven boos of emotioneel zijn.

Tijdens een nachtmerrie kunnen de trauma's die we tegenkomen griezelig echt lijken. We kunnen opgesloten zijn met een moordzuchtig beest of persoon, niet in staat zijn een in gevaar verkerende geliefde te redden, of zelf de aanstichter zijn van kwaad. Door deze scenario's kan ons droom-ik de gevoelens waarmee we in het echte

leven worstelen of die we onderdrukken ervaren. Hierdoor kunnen we angsten en frustraties direct uiten, hetgeen vanwege sociale druk in ons dagelijks leven misschien moeilijk of onmogelijk is.

Tijdens een nachtmerrie kunnen de hartslag en ademhaling van de dromer verdubbelen. Bij acuut gevaar wordt de dromer wakker, waarbij hij het bewustzijn gebruikt als vluchtweg. Maar vaak blijft de droom in je hoofd hangen en voel je je erna onrustig. Nachtmerries kunnen je zelfs 'achtervolgen' – nacht na nacht komen ze terug en je wordt bang om in slaap te vallen, of je blijft in een toestand van hypnagogie, waarbij je niet verdergaat dan de grenzen van de slaap.

Hulp bij nachtmerries

Je zorgen maken over nachtmerries kan ze juist teweegbrengen: als we echt bang zijn om dat monster tegen te komen, investeren we energie in het visualiseren – dezelfde visualisatie die positief gebruikt een effectief middel is om een droom in gang te zetten. Het antwoord hierop is om er niet tegen in te gaan, door bijvoorbeeld aan een vredig landschap te denken voordat je in slaap valt. We moeten juist accepteren dat het beeld van de nachtmerrie kan opdoemen en een manier zoeken om dat beeld minder bedreigend te maken.

Eén manier is om het monster vlak voor het slapengaan door middel van visualisatie een andere gedaante te geven. Haal je het wezen zo levendig mogelijk voor de geest en stel je dan voor dat het door middel van een superieure macht der wijsheid en verlichting wordt verslagen. Het kan handig zijn om wijsheid een menselijke vorm te geven, als een droomhelper, een personage dat je bewust uitnodigt in je dromen. Je kunt bijvoorbeeld Perseus visualiseren, de Griekse held die de maagd Andromeda redde van een kwaadwillige zeeslang.

In sommige nachtmerries is er geen duidelijke vijand, maar toch kun je vooruitgang boeken door een droomhelper te visualiseren die je zegt dat het gevaar in je droom niet echt is.

UITLEG VAN *droom*-SYMBOLEN

Een droom is een gesprek dat we hebben met onszelf in een symbolische taal waarmee we boodschappen tussen het onbewuste en bewuste deel van onze geest uitwisselen. We zijn de schrijvers van en acteurs in onze dromen en daarom kunnen we zelf het best oordelen over hun betekenis. Onthoud dat geen enkele interpretatie uit dit boek of van iemand anders juist is, totdat de dromer – jij dus – hem zelf erkent als authentiek.

Thema's

Al onze dromen hebben betrekking op onszelf en onze relaties. Net zoals we in het wakende leven een eigen persoonlijkheid hebben, zo dragen we onze eigen kenmerken met ons mee in ons droomleven, en deze aspecten van het ik dienen zeker te worden verdisconteerd bij een droomduiding. Door ervaringen van verschillende dromers te verzamelen en te vergelijken kunnen we echter de meest voorkomende soorten dromen en de handelingen en gebeurtenissen die erin plaatsvonden in kaart brengen. Deze overheersende droomthema's lijken voort te komen uit onze gezamenlijke preoccupaties, de universele sleutel tot de droomwereld.

Richting en identiteit

Als we bang zijn om de goede richting kwijt te raken in ons leven, kan dit tot uiting komen in dromen waarin we opgesloten zitten in een dichte mist, of ronddolen in een landschap zonder de herkenningspunten waarop we ons normaliter oriënteren. Als onze droomreis doorspekt is met angst en onrust, zijn we misschien nog niet klaar om uit de veilige beslotenheid van het bewuste te stappen en moeten we de balans opmaken voordat we ons 'ware zelf' benaderen. Terwijl we moeizaam proberen de weg te vinden, raken we wellicht gedesoriënteerd – een voorbeeld van een droom met een duidelijke symboliek. Maar als het pad in de droom steeds duidelijker wordt en vol spanning en verwachting wordt uitgekeken naar het doel, is het misschien tijd om een nieuwe weg in te slaan.

Een leesbare plattegrond of een kaart is het symbool bij uitstek van een zekere en voorspelbare richting, maar als hij onbegrijpelijk is kan het verlies van richting juist frustratie en paniek tot gevolg hebben. In dromen kan een kaart symbool staan voor zelfkennis en onvermogen de kaart te lezen waarschuwt ons dat we gevaar lopen dat we onbekend terrein worden voor onszelf.

Angst om verlies van identiteit kan in dromen tot uiting komen als de dromer zijn of haar naam niet meer weet of geen identiteitspapieren kan tonen als daarom wordt gevraagd. Een van Freuds patiënten, die leed aan een acute identiteitscrisis, droomde dat ze op straat werd aangehouden door een politieagent. De agent vroeg om haar identiteitspapieren. Toen ze die toonde, zag ze tot haar schrik dat de kaart weliswaar haar foto droeg, maar dat op de plek waar haar naam behoorde de staan het woord 'Hysterie' stond geschreven.

Verdwalen

Een doolhof in een droom geeft meestal aan dat de dromer afdaalt in het onbewuste. Het kan een symbool zijn voor de complexe verdediging die het bewuste ego opwerpt om te voorkomen dat onbewuste wensen en verlangens aan het licht komen. Terwijl we ronddolen tussen hoge bomen of riet voelen we ons gehinderd door onoverkomelijke obstakels. Zoals in het sprookje van Hans en Grietje kan dit gevoel een diep verlangen naar moederliefde oproepen.

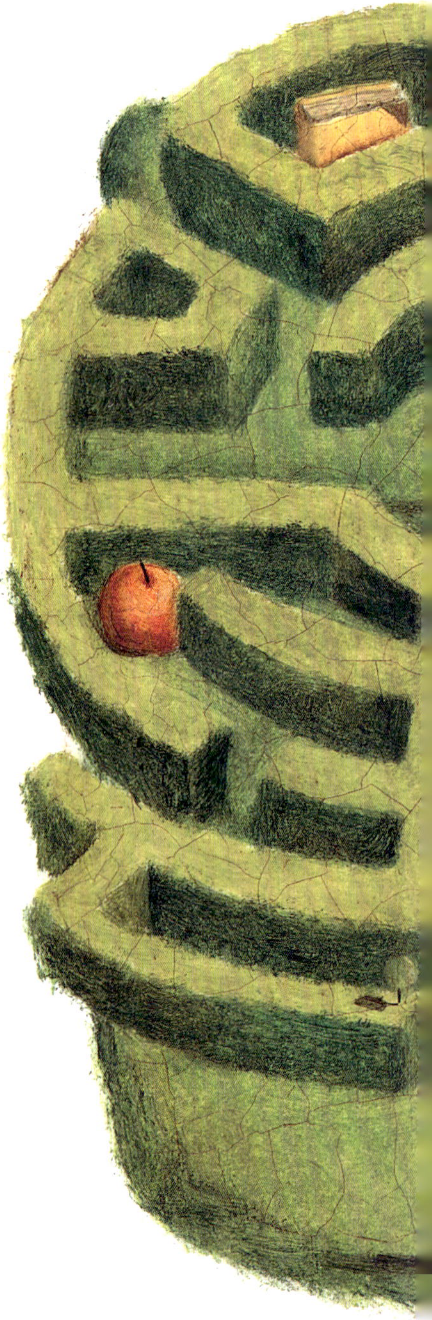

Controle verliezen

Angst om het verlies van richting in het leven kan dromen veroorzaken waarbij de dromer de controle verliest over een auto of trein. Als je bang bent om je persoonlijke identiteit kwijt te raken, kan dat dromen teweegbrengen waarin je wanhopig probeert de weg te vinden in een vreemde stad.

Maskers

Maskers staan symbool voor de manier waarop we onzelf presenteren aan de buitenwereld en aan onszelf. Als de dromer het

masker niet kan afzetten of hij wordt gedwongen er een te dragen, betekent dat dat het ware zelf steeds meer verduisterd wordt. Een sluier dragen betekent dat de dromer graag onzichtbaar wil worden – een latent verlangen om zich terug te trekken uit de buitenwereld.

Vervorming

In een spiegel kijken en het gezicht van iemand anders zien is de klassieke droom van een identiteitscrisis – het plotselinge besef van niet weten wie we zijn. Het gezicht in de spiegel kan aanwijzingen geven over de aard van het identiteitsprobleem. Gesloten ogen betekenen vaak dat men de realiteit niet onder ogen wil zien.

Stuurloosheid

Een op drift geraakt vlot kan zorgen baren, angst oproepen om richting kwijt te raken en geen controle over ons leven te hebben. Maar, zoals rabbijn Nachman uit Bratislava (1772–1810) ooit zei, niet weten waar we naartoe gaan is soms de beste manier om ons echte zelf te ontdekken.

Een vlot kan ook positief bedoeld zijn, als een middel om te overleven, en ons laten beseffen dat we onze golf aan problemen zelf kunnen oplossen in plaats van erdoor verzwolgen te worden.

Verandering en overgang

Vaak zijn we ons niet bewust van de psychologische en emotionele onrust die ingrijpende veranderingen in ons leven veroorzaken. Het onbewuste beseft dat echter wel. Sommige moderne psychologen zijn van mening dat in de twee jaar na zelfs leuke veranderingen zoals een huwelijk of promotie, we niet alleen gevoeliger zijn voor psychische onrust, maar ook voor lichamelijke ongemakken.

Als we ons onbewust nerveus en onzeker voelen ten opzichte van verandering, kunnen onze dromen gevuld zijn met prettige beelden van onze vroegere manier van leven en onze vertrouwde omgeving. Aan de andere kant kan onze onderliggende onrust over een bepaalde verandering in onze dromen tot uiting komen door een gevoel van vervreemding, met daarbij misschien angstgevoelens. De droom kan zich richten op het slechtst denkbare scenario dat de verandering teweeg kan brengen. Een dergelijke verontrustende droom kan een positieve draai krijgen als we de betekenis eens goed onder de loep nemen; de angsten uit de droom onder ogen zien is de eerste stap naar het vermogen ermee om te gaan.

Soms gebruikt de droom gecodeerde manieren om de behoefte aan verandering, of wellicht de onvermijdelijkheid ervan, duidelijk te maken: als een poging om in een winkel oude of beschadigde artikelen te ruilen of het opnieuw inrichten van ons huis, ons verkleden of nieuwe boeken of cd's kopen ter vervanging van eerder gekochte exemplaren. Dromen over het oversteken van een weg, rivier of brug kunnen wijzen op de risico's die verandering met zich meebrengt, of de onherroepelijkheid ervan symboliseren.

De jungiaanse amplificatiemethode kan associaties onthullen met mythische voorstellingen van verandering, zoals de Griekse held Heracles, die de rivier de Styx overstak: aan de ene kant het land der levenden, aan de andere kant de dood, de toegang tot de onderwereld en de angsten die hij moet overwinnen om zijn tocht te volbrengen. Jona's schipbreuk en reis in de buik van een walvis bevatten gelijksoortige archetypische beelden, symbool voor het overschrijden van een drempel, het achterlaten van het verleden en de onbekende toekomst.

Verwoesting

Beelden van verwoesting kunnen duiden op levensveranderingen die rigoureus breken met het verleden. Een huis dat in puin ligt kan symbool staan voor het gebroken gezin dat na een scheiding achterblijft. Omgevallen bomen kunnen een verhuizing naar een andere plaats symboliseren, of misschien zelfs een familie die ontworteld is geraakt door een emigratie.

Brug

Een brug markeert de grens tussen het comfortabele heden en de onvoorspelbare toekomst. De brug oversteken tekent ons vermogen om vooruit te gaan – onze onderliggende kracht om om te gaan met de reis des levens, vooral met moeilijke gebeurtenissen, zoals een verhuizing, scheiding of werkloosheid.

Voorwerp komt tot leven

Als een levenloos voorwerp tot leven komt in een droom, kan het zijn dat een tot nu toe onbekende innerlijke kracht nu ontwikkeld kan worden. Als de metamorfose angstaanjagend is, moeten die innerlijke krachten aanvaard en in acceptabeler banen geleid worden.

Transformatie

Dromen waarin de seizoenen wisselen of waarin de dromer van gedaante verandert, bijvoorbeeld van een kind in een oude man, wijzen op diepe innerlijke transformaties. Een droom kan een transformatie gebruiken om van het ene symbool naar het andere te springen, maar soms is het de verandering zelf die de betekenis draagt. Een droom waarin de held bijvoorbeeld verandert van een man in een vrouw, kan wijzen op het accepteren van de mannelijke of vrouwelijke kant in zichzelf. Door films en volksverhalen hebben we de weerwolf leren kennen, en het is niet vreemd dat dit soort monsterlijke transformaties voorkomt in onze dromen, als symbool voor diepgewortelde onrust en spanningen.

Onbekende omgeving

Als een onbekende omgeving in een droom ervoor zorgt dat de dromer zich verloren voelt, angstig is of spijt heeft, kan dat erop duiden dat hij of zij nog niet klaar is om een oude levensstijl op te geven; het is te vroeg om met de nieuwe omstandigheden om te gaan. Een gevoel van opwinding in de droom kan er daarentegen op wijzen dat de dromer klaar is voor veranderingen en elke kans moet pakken. Dromen dat we ons in een onbekende familie of op een vreemde werkplek bevinden, duiden vaak op spanningen over de nieuwe en onbekende rol.

Succes en mislukking

Hoe we reageren op succes en mislukking bepaalt voor een groot deel de loop van ons leven. Deze twee kanten vormen, net als in ons wakende leven, de belangrijkste onderwerpen van onze dromen. Succes en mislukking ervaren we in ons werk, maar ook bij subtielere zaken als discussies, of in relaties. Een sollicitatie, bijvoorbeeld, is een bekende stimulus voor dromen over succes en mislukking. Hoe groot de spanning ook is, vaak zijn we er in ons hart van overtuigd dat we tegenslag wel kunnen overwinnen, hoewel we ook geloven dat succes meestal maar van korte duur is. In zijn strijd tegen de Grieken droomde de Perzische prins Xerxes over een kroon van olijftakken waarvan de twijgen zich over de hele wereld uitspreidden, maar plotseling verdwenen – een duidelijk teken dat hij zijn veroveroveringen snel weer zou verliezen. Talloze vorsten, generaals en staatsmannen hadden ooit profetische dromen over succes en mislukking. Koning Richard III van Engeland droomde over kwade geesten vlak voor zijn nederlaag bij de Slag bij Bosworth. In de nacht voor Waterloo droomde Napoleon over een parade van figuren die symbolen van zijn triomfen droegen, met daarachter onheilspellend een geketend personage. Otto von Bismarck, minister-president van Pruisen, droomde hoe machtig zijn land zou worden, nog voor het de kern van een nieuw Verenigd Duitsland werd. Echter, de meeste dromen over succes en mislukking hebben meer te maken met de geestestoestand van de dromer dan met feitelijke gebeurtenissen.

Mislukking wordt in dromen vaak verbeeld als aanbellen of -kloppen zonder dat er gereageerd wordt, of tot de ontdekking komen dat je geen geld hebt voor de taxi of een aankoop, of het verliezen van een wedstrijd of woordenwisseling.

Succes in dromen uit zich door een positieve uitkomst van een transactie, vaak vergezeld door een gevoel van voldoening en zelfs verlichting. Een hek of hindernis staat gewoonlijk voor een uitdaging waar de dromer in zijn wakende leven mee wordt geconfronteerd; springen over een obstakel wijst niet alleen op de mogelijkheid van succes, maar ook op het vertrouwen waarvan succes afhankelijk kan zijn en waarnaar de dromer moet streven.

Dromen van het derde niveau (blz. 65–70) weerspiegelen soms succes op een dieper niveau van persoonlijke groei en ontwikkeling. Amplificatie van dromen van het derde niveau kan associaties met klassieke thema's onthullen, zoals het verhaal van de Griekse krijger Bellerophon die het gevleugelde paard Pegasus ving en naar de berg Olympus snelde om een plaats tussen de goden te bemachtigen. Pegasus gooide hem er echter af, en weer terug op aarde bracht de krijger zijn dagen in eenzaamheid door. Dergelijke archetypen wijzen ons op de gevaren van overschrijding van onze natuurlijke grenzen.

Prijzen

Trofeeën vertegenwoordigen een waarde die ver uitstijgt boven hun materiële waarde, zoals de waarde van een kopje afhangt van wat erin zit. Zelfs als de aard van de prijs in een droom onduidelijk blijft, is het gevoel van triomf vaak onmiskenbaar.

Falende communicatie

Jezelf niet kunnen laten horen of juist een goed beeld schetsen van jezelf duidt op gevoelens van tekortschieten. Door deze gevoelens onder de aandacht van de dromer te brengen, wijst de droom erop dat hij er in zijn wakende leven iets mee moet doen. Onduidelijk overkomen via de telefoon kan duiden op zwakke plekken in de gedachten van de dromer.

Roem

Dromen van plotselinge roem te midden van een applaus van vrienden, familie of vreemden kan betekenen dat de dromer gebrek aan aandacht of te weinig zelfvertrouwen of eigenwaarde heeft.

Een wedstrijd winnen

Dit staat voor erkenning van onbekende krachten in jezelf. De onbewuste geest kan ons aanzetten om dapper of vol vertrouwen te handelen. Tweede of derde worden in een wedstrijd kan erop duiden dat de dromer de moeilijkheden heeft onderschat om op een dergelijk hoog niveau te presteren.

Angst en spanning

Angst is waarschijnlijk de meest voorkomende droomemotie. In ons wakende leven kan de geest zich vaak distantiëren van moeilijke kwesties, maar in de slaap dringen alle twijfels, zorgen en angsten die we verbannen hebben naar de krochten van onze ziel door in onze dromen. Daar vullen ze onze geest met onrust opwekkende, sterk geladen symbolen en duistere, sombere emoties. Dergelijke dromen geven niet alleen aan hoe diepgeworteld onze angsten kunnen zijn, maar herinneren ons er ook aan dat we de bron van deze zorgen aan moeten pakken, of door een bepaalde uitdaging aan te gaan, of door te leren niet meer zo bang te zijn voor de hachelijkheden van het leven.

De angst die we ervaren in onze dromen hoeft niet heel groot te zijn. Zelfs kleine spanningen steken de kop op: heb ik de kurk op de wijnfles gedaan? Mis ik dat tv-programma? We moeten er echter rekening mee houden dat een schijnbaar oppervlakkig thema of beeld symbool kan staan voor diepgewortelde zorgen.

Angstdromen zijn te herkennen aan de emotionele lading. De dromer heeft het gevoel verschillende dingen tegelijkertijd te moeten doen of hij is bezig met een taak die nooit af komt. Andere uitingen zijn lopen door zuigende modder, zich tergend traag voortbewegen en kruipen door een nauwe tunnel (een symbool dat vaak wordt gezien als angst bij de geboorte), verstikt raken door rook, hulpeloos toezien wanneer dierbare bezittingen worden vernietigd en proberen om in een straffe wind de kapotte delen van iets dierbaars bij elkaar te houden. Als de angst voortvloeit uit maatschappelijke tekortkomingen kan er in de droom ook sprake zijn van openbare schaamte, zoals morsen met een drankje, domme bewegingen maken op een volle dansvloer of de namen vergeten van belangrijke gasten die je aan iemand wilt voorstellen. Het is echter de moeite waard om deze dromen goed te onderzoeken om te kijken of dergelijke onbeholpenheid juist niet een manier van verdedigen is – onze frustratie uiten met de knellende banden van maatschappelijke conventie. Een bekende droom is die van een examen dat onmogelijk te maken lijkt. De trauma's van onze school-

tijd kunnen ons nog lang plagen, wat kan resulteren in een gevoel van minderwaardigheid. Als we dromen dat we naakt zijn of ongepast gekleed gaan voor een bepaalde gelegenheid, kan dit voortkomen uit een recent schaamtegevoel, een maatschappelijk onbehagen of een andere kwetsbaarheid in ons wakende leven. Een droom over vallen kan ook duiden op onzekerheid.

De dromende geest is niet altijd wars van melodrama – lopen naar het schavot, in handen vallen van wrede lieden of gedwongen worden om een vreselijk misdrijf te plegen kan wijzen op relatief triviale problemen. Dit soort angstige situaties maakt de dromer duidelijk dat hij zich bewust moet worden van onderdrukte verlangens en krachtige energieën (om er later mee om te kunnen gaan).

Welke vorm ze ook aannemen, angstdromen zijn er niet om de dromer te kwellen, maar om aandacht te vragen voor de noodzaak om de bron van de angst te erkennen en ermee om te gaan, hetgeen anders tot chaos zal kunnen leiden in het onbewuste. Angstdromen bieden ook de gelegenheid om door middel van droomduiding en discussie onze angsten uit te bannen. Door belangrijke zaken uit onze dromen onder de loep te nemen, voorkomen we dat we vast blijven houden aan de zorgen die ons zowel overdag als 's nachts kunnen bezighouden.

Verdrinken

Dromen over verdrinken of vechten om niet ten onder te gaan kunnen duiden op de angst te worden overspoeld door krachten die verborgen liggen in het diepste van het onbewuste.

Achtervolgd worden

Dromen over achtervolgd worden door een onzichtbaar, maar afschrikwekkend wezen wijzen er meestal op dat bepaalde aspecten van het zelf erom schreeuwen om het bewuste binnen te dringen. De angst van de dromer verdwijnt meestal als hij de achtervolger in de ogen kijkt en zich realiseert wat die symboliseert.

Maatschappelijke schaamte

Willen we dromen over afgaan in het openbaar begrijpen, dan moeten we het soort schaamtegevoel bekijken. Of de dromer nu getoond wordt als ongepast gekleed (of naakt), onhandig bij het uitvoeren van een eenvoudige taak (zoals koffieschenken) of niet kan voldoen aan bepaalde verwachtingen (bijvoorbeeld iemand bij de naam noemen), de onderliggende boodschap is er een van psychologisch onbehagen.

Vluchtpogingen

Een van meest voorkomende angstdromen gaat over willen vluchten maar ontdekken dat je benen niet willen. Vergelijkbaar zijn dromen over zuigende modder of zich tergend langzaam bewegen. Recent onderzoek doet vermoeden dat dergelijke dromen veroorzaakt worden door mechanismen in de hersenen die voorkomen dat we naar onze droom handelen: in ons bed rondrennen of de slaapkamer overhoophalen.

Nauwe ruimten

Het benauwende droomscenario van opgesloten zitten in een kleine ruimte kan soms een constructief innerlijk protest zijn, verwijzend naar de strijd van creatieve energieën die tot uiting willen komen. We zijn wellicht bang dat iets of iemand, een lastige baan of een dominante baas, het slot op de deur van onze energieën houdt.

Optimisme en welbevinden

Een optimistische of vrolijke droom kan zich altijd voordoen, ook al ga je gebukt onder de lasten van het leven. Dergelijke dromen kunnen je een gevoel geven van verrukking en tevredenheid, niet alleen over je dagelijks leven, maar ook over de wereld als geheel. Deze dromen kunnen ons in contact brengen met hogere wezens of ons meevoeren door de droomwereld, en onze geest openstellen voor de oneindigheid van tijd en ruimte.

Soms bevatten optimistische dromen symbolen van geluk of vrede – beelden die persoonlijk zijn voor de dromer, zoals een gelukssteen of -kleur, of culturele symbolen zoals een zwarte kat, klavertjevier, duif of olijftak. Sommige mensen zien deze dromen als voorboden van succes, terwijl anderen geloven dat ze laten zien dat de reis naar vervolmaking is begonnen, maar zonder garantie dat het doel bereikt gaat worden.

Geluksdromen bevatten vaak verwijzingen naar het geluksgetal van de dromer. Als bijvoorbeeld het geluksgetal van de dromer 3 is, kan hij dromen over een keuze tussen drie wegen of drie cadeautjes krijgen. Krachtiger zijn echter visioenen van de regenboog, het archetypische symbool van hoop en verzoening. De dromer kan zien hoe zich een regenboog vormt boven zijn huis (een symbool van het zelf), of hoe deze de bergen in de verte in licht doet baden (een symbool van prestaties). In dromen van het derde niveau (blz. 65–70) kan de dromer zelf baden in het licht van een regenboog, wat wijst op een nieuwe fase van persoonlijke groei en ontwikkeling.

Net als in het wakende leven kunnen kleuren in dromen symbool staan voor de individuele emotionele of spirituele toestand van de dromer. Blauw, bijvoor-

beeld, wordt vaak gezien als symbool voor melancholie, maar de kleur kan ook staan voor de contemplatieve diepte van het onbewuste. Rood staat niet alleen voor boosheid, maar ook (afhankelijk van de context) voor passie en vurigheid.

Voortbordurend op de amplificatiemethode kunnen dromen over welbevinden en optimisme associaties oproepen met de Elyzeese velden, het paradijs uit de klassieke mythologie. De christelijke symboliek staat bol van verwijzingen naar de paradijselijke Gouden Eeuw, van de Hof van Eden tot het Nieuwe Jeruzalem uit Openbaringen, een tijdperk van spiritueel welbevinden dat duizend jaar zal duren.

Honing en bijen

De Israëlieten geloofden dat het Beloofde Land baadde in melk en honing; de Grieken en Romeinen beschouwden honing als het voedsel der goden. Bijen waren begiftigd met een speciale wijsheid, en hun verschijning in dromen kan worden gezien als een veelbelovend symbool, met een betekenis van vrede en voorspoed.

Hof van Eden

Net als het land van melk en honing is de Hof van Eden een oud mythisch landschap van gelukzaligheid en tevredenheid, maar als een verloren paradijs kan het ons ook waarschuwen tegen zorgeloosheid. Zelfs als we ons voorstellen dat we net als Adam en Eva verdreven worden uit de hof, kan het uitgestrekte landschap erbuiten ons nieuwe kansen en uitdagingen bieden.

Licht

Voor Jung stond licht in een droom 'altijd voor bewustzijn'. Dergelijke dromen bevestigen dat diepe inzichten de bewuste geest van de dromer verlichten, alsof hij of zij op het punt staat 'het licht te zien'.

Gezag en verantwoordelijkheid

Mensen met leidinggevende en verantwoordelijke posities vertellen vaak over dromen die hun status weerspiegelen. In dergelijke dromen heeft de dromer te maken met noodsituaties, zit hij aan een bureau en moet hij beslissingen nemen, of er komen officiële symbolen in voor zoals een burgemeestersketen.

Soms veranderen dromen over gezag en verantwoordelijkheid in angstdromen. De dromer geeft opdrachten die niemand uitvoert, wordt plotseling verslagen in het stemhokje of overschaduwd door zijn meerdere. Dergelijke beelden wijzen op onzekerheid bij de dromer en de noodzaak om meer één te worden met zijn of haar publieke rol. Dromen over gezag en verantwoordelijkheid kunnen ook wijzen op frustraties en boosheid over een te grote afhankelijkheid van andere mensen. Dergelijke dromen hebben een dubbele rol: ze zijn een uitlaatklep voor deze gevoelens en vragen aandacht voor de te grote verantwoordelijkheid die de dromer in zijn wakende leven krijgt toebedeeld.

Volgens de amplificatiemethode duiden dromen over gezag en verantwoordelijkheid op klassieke verbanden, bijvoorbeeld associaties met de Romeinse held Aeneas in het heldendicht *Aeneis*. Terwijl hij vlucht voor het brandende Troje vervult Aeneas dapper zijn verplichtingen

ten opzichte van zijn familie door zijn vader en zoon in veiligheid te brengen. Dit was geen gemakkelijke taak omdat hij zijn vader, de bejaarde Anchises, op zijn rug moest dragen en zijn zoontje Ascanius aan de hand moest houden.

Dergelijke klassieke archetypen kunnen de dromer doen beseffen dat de verantwoordelijkheden en verplichtingen die hij in het wakende leven draagt psychologisch belangrijk en heldhaftig zijn. Bovendien ziet hij dat hij de macht van zijn eigen gezag kan aanwenden ten dienste van anderen.

Stapels papier

Een droom over een bureau met eindeloze stapels papier is een typische angstdroom voor mensen die verantwoordelijkheid dragen. Dit wijst erop dat de dromer de vele eisen en de stress die gepaard gaan met toenemende verantwoordelijkheid bijna niet kan hanteren. De droom kan hem doen beseffen dat hij niet effectief genoeg omgaat met het werk dat hij op zijn bordje krijgt.

Een hoge hoed dragen

Kronen en hoge hoeden zijn traditionele symbolen van gezag; ze symboliseren dat de drager boven zijn collega's uitstijgt. Dromen dat de kroon of hoge hoed van het hoofd wordt gestoten kan symbool staan voor de angst van de dromer om zijn status te verliezen of om ongeschikt te zijn voor zijn functie.

Koninklijk of presidentieel figuur

Een koning of koningin duidt vaak op ouderlijk gezag. Een freudiaanse interpretatie van dromen over dineren of seks hebben met mensen van

koninklijke afkomst is dat zij staan voor een klassiek verlangen, een diepgewortelde behoefte aan intimiteit, waarbij het koninklijk lid symbool staat voor de vader of moeder. Als een staatshoofd zoals een president om advies komt vragen, kan de droom een verlangen naar een intiemere relatie met een ouder of ander gezaghebbend persoon weerspiegelen, of de wens om een verantwoordelijke positie toebedeeld te krijgen.

Parlementsgebouwen

Parlementsgebouwen zoals het Binnenhof in Den Haag kunnen duiden op de wens om macht uit te oefenen over mensen die we kennen. Ongecontroleerde of chaotische taferelen in de Kamer kunnen duiden op een crisis in ons persoonlijke gezag op het werk of wijzen op innerlijke beroering over de keuzes die we moeten maken wanneer we diverse lastige mogelijkheden krijgen voorgeschoteld.

De leiding nemen

Wanneer we dromen dat we de leiding nemen tijdens een gebeurtenis waarbij iedereen om ons heen in paniek raakt, kan dat duiden op een behoefte aan meer verantwoordelijkheid, misschien op de werkplek of in ons persoonlijke leven. Het zou er ook op kunnen wijzen dat onze leidinggevende kwaliteiten niet voldoende worden gewaardeerd.

Rechter

Als we in onze droom rechter zijn, wijst dit op ons juiste beoordelingsvermogen; misschien moeten we ons gevoel volgen bij een zaak die ons bezighoudt. Als we daarentegen in het beklaagdenbankje staan, zonder te weten waarom we daar zijn, kunnen we het gevoel hebben dat we vervolgd worden door het morele of burgerlijk gezag.

Relaties

Bij het analyseren van droomrelaties is het vooral belangrijk om te onthouden dat de dromende geest niet de werkelijkheid wil nabootsen, maar juist wil becommentariëren. Daarom stelt het onbewuste in dromen regelmatig personages voor als symbolen in plaats van als echte mensen uit het wakende leven van de dromer.

Directe associatie stelt dat een volslagen vreemde in een droom kenmerken kan vertonen van een echtgenote of echtgenoot, terwijl een partner kan staan voor een bepaald aspect van de dromer. In de droom gaat het meer om de boodschap dan om een weergave van mensen zoals ze echt zijn. De dromer kent de beelden al uit zijn wakende leven en de taak van de dromende geest is om de aandacht te richten op die dingen die minder voor de hand liggend of onbekend zijn, als een scherm waarop onze ware gevoelens worden onthuld.

Bij de analyse van de droom kan een vriend die omgevormd is tot vreemdeling dus een fundamentele ambivalentie weerspiegelen van de gevoelens van de dromer ten opzichte van vriendschap. Plotselinge afweer van een geliefd persoon kan duiden op afweer van de dromer van een deel van zijn eigen karakter. Scheiding van de eigen kinderen kan wijzen op het verlies van gekoesterde idealen of het mislukken van ambities.

Op andere momenten lijken droompersonages wel voor zichzelf te staan, om aandacht te vestigen op onvermoede aspecten van onze relaties met hen. Veelvuldig dromen over familieleden kan wijzen op een te grote afhankelijkheid, wellicht een uitzonderlijke behoefte aan emotionele of financiële steun of onvermogen om familiebanden te verbreken.

Jonge ouders hebben vaak angstdromen, bijvoorbeeld om per ongeluk in bed op hun baby te gaan liggen of hem te verliezen in een menigte. Deze dromen maken hen niet tot slechte ouders. Ze vormen juist een uiting van bezorgdheid en wijzen op bewustzijn van de grote verantwoordelijkheid die nu op hun schouders rust.

Zelfs levenloze voorwerpen kunnen in onze dromen symbool staan voor relaties. Een van Freuds patiënten droomde ooit dat zij een kam leende; dit werd geïnterpreteerd als symbool voor haar angst voor een gemengd huwelijk.

Geen verbinding krijgen via de telefoon kan duiden op het verlies van intimiteit binnen een relatie, terwijl dromen over intense hitte of kou wijzen op een brandende passie of koele onverschilligheid ten opzichte van de partner.

Tijdens amplificatie kunnen symbolen uit een droom van het derde niveau associaties teweegbrengen met mythische thema's zoals de liefde tussen de Egyptische goden Isis en Osiris. Isis, het oude Egyptische symbool voor moederschap, zou zelfs in de baarmoeder verliefd zijn geweest op haar broer en echtgenoot Osiris. In de Griekse mythologie was de liefde tussen Orpheus en Eurydice niet minder sterk. Orpheus was een minstreel met banden met de goden Dionysus en Apollo; zijn muziek temde wilde dieren, rivieren en stormen, en roerde zelfs de heersers van de dood, zodat hij zijn geliefde Eurydice mee terug mocht nemen uit het dodenrijk. Orpheus mocht haar meenemen naar het land der levenden als hij bij het verlaten van de onderwereld niet achterom zou kijken. Hij kon zich echter niet bedwingen, draaide zich om en verloor haar voor eeuwig. Zelfs nadat hij was gedood en in stukken gescheurd door de mainaden omdat hij niet langer eer wilde betuigen aan Dionysus, bleef zijn hoofd zingen, weeklagend over het gemis van zijn geliefde.

Een ander archetype dat soms via amplificatie wordt onthuld is de heks, symbool van de allesverterende, straffende, afschuwwekkende rol van de Grote Moeder, die over de hele wereld voorkomt in mythen en sprookjes. De Russische folkore verhaalt over de kwade oude heks Baba Yaga, die woonde in een blokhut, zich voortbewoog op kippenpoten en kinderen ontvoerde en gevangen hield en tot slaaf maakte.

Soms kan de Grote Moeder optreden als gids, hoewel haar hulp inroepen gevaarlijk kan zijn en je dat beter kunt nalaten als je niet rein van geest bent.

Zoals de heks symbool kan staan voor de vernietigende kant van de Moeder, zo kan de reus of boeman die van de vader symboliseren. Nogmaals: verhalen over reuzen komen in de hele wereld voor, van de Filistijn Goliath in het Oude Testament tot de kwaadaardige Ravana in het hindoe-epos de *Ramayana*, en Fionn mac Cumhail, de legendarische leider van een groep Ierse krijgers, de Fianna.

Dromen over kwade reuzen kunnen een onbewuste reactie zijn op een machtsstrijd met een overheersende gezagsfiguur, misschien een werkgever of een familielid. Ook kan het wijzen op een moeilijke relatie met een partner. We kunnen het gevoel hebben dat onze behoeften binnen de relatie niet serieus worden genomen of dat we niet voldoende invloed hebben op belangrijke beslissingen. In dat geval is het misschien tijd om onze wensen duidelijker kenbaar te maken.

Spinnenweb

De spin, die zijn onschuldige slachtoffers in zijn web lokt en ze eventueel opeet, staat vaak symbool voor de moeder die met haar bezitsdrang of haar vermogen een schuldgevoel op te leggen haar kinderen verslindt. Het web zelf is ook een bekend droombeeld en staat voor de onbewuste angst zich te binden en onzekerheid over een intieme relatie in het algemeen. Bovendien kunnen we het gevoel hebben gevangen te zitten in een emotioneel conflict en willen we ons bevrijden voordat we mentaal zijn opgeslokt door onze partner.

Dingen repareren

Het repareren van een apparaat als een radio of koelkast wijst vaak op de noodzaak om aan een relatie te werken om te voorkomen dat deze verslechtert. Ook een kapot of uit elkaar gehaald toestel kan deze betekenis hebben.

Veren

Veren, al dan niet in relatie met een vogel, staan vaak voor een cadeau, waarmee uiting wordt gegeven aan het verlangen om warmte of tederheid te tonen aan iemand die dichtbij staat. Ganzenveren kunnen een fallische betekenis hebben, maar veren die afzonderlijk door de droom dwarrelen staan symbool voor warmte en tederheid, misschien in de vorm van een zoenoffer of een liefdesbetuiging.

Hotel

Dromen over een hotel staan symbool voor tijdelijkheid, een verandering in een relatie of een verschuiving in of zelfs verlies van persoonlijke identiteit. Ze kunnen ook duiden op de prijs die betaald moet worden om een relatie in stand te houden, zowel financieel als emotioneel. Soms kunnen ze een verboden liefde symboliseren.

Vogels

De betekenis van vogels kan geassocieerd worden met de eigenschappen die wij ze toebedelen: een roofvogel, een nestrovende koekoek of een stelende ekster, bijvoorbeeld, duiden op de dreiging van volwassenheid, terwijl het zachte koeren van een duif wijst op verzoening of de behoefte een vertroebelde relatie te herstellen.

Vuur

Dit is een krachtig en ambivalent droomsymbool. Vuur vernietigt, maar het reinigt en zuivert ook. In dromen kan het een nieuw begin inluiden of wijzen op verstoorde emoties, zoals brandende passie of jaloezie.

Ongeschikte paren

Zorgen om een ongeschikte partner, om jezelf of om een goede kennis of vriend, kunnen tot uiting komen wanneer de dromende geest niet bij elkaar passende voorwerpen bij elkaar plaatst. Je ziet bijvoorbeeld een konijn op een fiets of een man met een vogelkooi op zijn hoofd.

Door je vingers sijpelend water

Als je met twee tot een kom gevormde handen water wilt brengen naar iemand die sterft van de dorst, kan dat duiden op een wanhopig gevoel van verdriet wanneer een intieme relatie ten einde loopt. Een vergelijkbare betekenis kan gelden voor een droom waarbij goudstof door je vingers glijdt.

Genegenheid bieden

Hulp bieden aan iemand in nood, ook al is het een vreemde voor je, duidt vaak op de genegenheid die je voelt voor iemand die dicht bij je staat. Als we daarentegen dromen dat we genegenheid ontvangen, kan dat erop wijzen dat we zelf liefde nodig hebben. Details van de droom of directe associatie kunnen meestal duidelijk maken over welke persoon het gaat.

Familieruzie

Een ruzie met familieleden of een partner duidt vaak op iets wat helemaal niet met die relatie te maken heeft. Kinderen die het huis uit stormen, bijvoorbeeld, kunnen symbool staan voor gebrek aan ambitie op je werk.

Verkeerd telefoonnummer

Herhaaldelijk de verkeerde persoon aan de telefoon krijgen of verbonden worden met een antwoordapparaat kan duiden op een breuk in de communicatie met iemand die een belangrijke rol speelt in je leven.

Seksualiteit

Volgens Freud school achter een groot deel van ons bewuste gedrag een onbewuste seksualiteit, en hij was ervan overtuigd dat de belangrijkste drijvende kracht achter droomsymboliek wordt gevormd door seksuele voorstellingen.

Hij meende dat veel geweldsdaden, zoals steek- en schietpartijen, samenhingen met verkrachting – een duidelijke link met het gewelddadig binnendringen van het lichaam. Hij zag preoccupaties met aseksuele lichaamsdelen als verborgen

verlangens naar abnormale seksuele activiteit. Freudianen associëren verminking vaak met castratie, en zichzelf of anderen slaan, vooral kinderen, met masturbatie. Paardrijden, fietsen, houthakken of deelnemen aan een ritmische activiteit duidt op geslachtsgemeenschap. Dezelfde betekenis kan toegeschreven worden aan het breken van golven op de kust, reizen per trein en het invoegen van het ene voorwerp in het andere, zoals een sleutel in een sleutelgat. Een leeglopende ballon kan wijzen op impotentie en gesloten deuren en ramen op frigiditeit.

Jung had echter een ander idee bij deze voorstellingen. Hij opperde een verwijzing naar de archetypische thema's vruchtbaarheid en creativiteit. Hoewel moderne psychologen het wel eens zijn over het feit dat seksualiteit een groot deel van ons droomleven kan beheersen, zijn er maar weinigen die vasthouden aan Freuds bekrompen visie op seksuele droomsymbolen. Ze geven de voorkeur aan Jungs ideeën, die seksualiteit integreren in de bredere context van de mythe. Jung ontdekte dat erotische afbeeldingen op hindoe-architectuur zeker geen uiting zijn van primair verlangen, maar verwijzen naar de eenwording van aarde en lucht, sterfelijkheid en goddelijkheid, geest en materie. Ze vormen een eenheid waarin man en vrouw één volmaakt wezen vormen.

De erotiek in dromen kan eenvoudigweg voortkomen uit de context, sfeer en kleur van ons droomlandschap. Jung was van mening dat als er echt sprake was van seksuele activiteit, het eerder duidde op de behoefte van de dromer aan een fijn en plezierig leven met een geliefde dan op het uiten van een seksuele behoefte. Veel seksuele symbolen passen zowel bij de ideeën van Freud als bij die van Jung, en hun betekenis is dan ook vaak een mengeling van de twee. Freud zag bijvoorbeeld de trap op en af lopen als een symbool van geslachtsgemeenschap, terwijl Jung het zag als een archetype dat het verband aangaf tussen lichaam en geest.

Bekijk altijd de mogelijkheid van aseksuele interpretatie; de trap op lopen kan een uiting zijn van ambitie of een erkenning van persoonlijke groei; van de trap vallen kan echter duiden op angst dat je je mogelijkheden overschat.

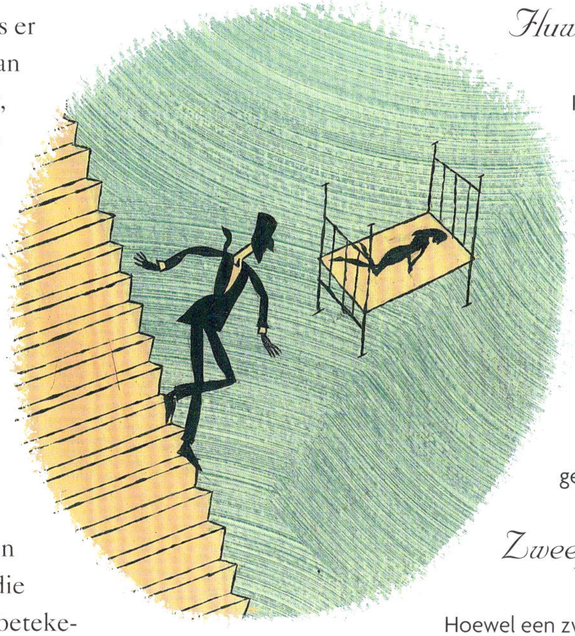

Fluweel of mos

In de freudiaanse droomanalyse staan fluweel en mos vaak voor schaamhaar. Anderen zien er symbolen in van een algemener verlangen naar tederheid of de geneugten der natuur.

Zweep

Hoewel een zweep in dromen een negatief geladen symbool kan zijn van seksuele onderwerping, kun je in een algemenere context zeggen dat die het besef van de dromer weerspiegelt dat er binnen een relatie sprake is van macht, dominantie en gehoorzaamheid.

Ganzenveren en kaarsen

Ganzenveren en kaarsen symboliseren vaak de penis. Ze kunnen in dromen optreden als algemeen symbool van de Animus (blz. 103) en mannelijkheid.

Beker

Het drinken uit een beker, symbool van vrouwelijke seksualiteit, wordt door freudianen geïnterpreteerd als orale seks bedrijven met een vrouw. Zelfs in Jungs visie worden bekers geassocieerd met de Heilige Graal (maagdelijkheid).

Hoorn des overvloeds

De betekenis van de hoorn des overvloeds is tweeledig: als hij overloopt van rijkdom is hij mannelijk; als we ons erin te goed doen aan geschenken, is hij vrouwelijk.

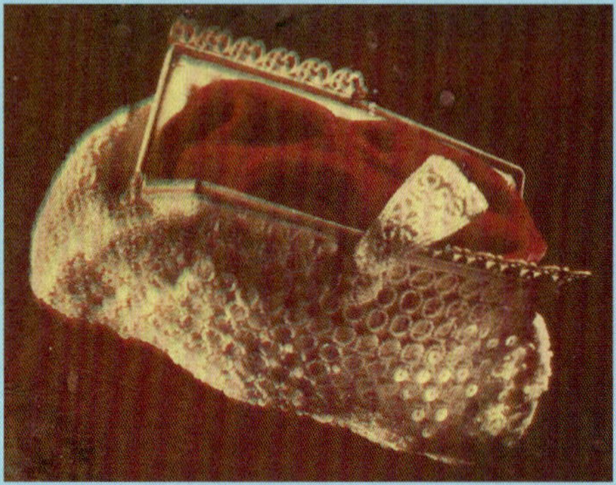

Portemonnee

De portemonnee is een bekend symbool van vrouwelijke seksualiteit. Deze kan staan voor de vrouwelijke genitaliën en voor de baarmoeder. Zoals een beurs geopend en gesloten kan worden, zo kan de vrouw haar gunsten verstrekken of onthouden.

Hoeden en handschoenen

Hoofddeksels en handschoenen worden door de dromende geest vaak gebruikt als vertegenwoordigers van vrouwelijke genitaliën, omdat ze lichaamsdelen omsluiten.

Schoenen

Dromen over schoenen associeert men soms met seksualiteit, omdat ze een omhulsel vormen van voorwerpen of delen van het lichaam. Damesschoenen zijn soms het symbool van dominante vrouwelijke seksualiteit, wellicht gebaseerd op hoe een kind zijn moeders voeten ziet. Schoenen duiden soms ook op gezag en dominantie, gezien de uitdrukking 'op zijn poot spelen'.

Explosie

Explosies wijzen in een droom vaak op een orgasme. Vuurwerk kan een gevoel van seksueel welbevinden symboliseren, terwijl destructievere explosies kunnen duiden op onuitgesproken seksuele behoeften. De schade veroorzaakt door een bom of een onopzettelijke explosie kan duiden op de pijn die kan ontstaan als we onze opgekropte emoties de vrije loop laten.

Dominantie

Dromen waarin de ene partner domineert over de andere hoeven niet openlijk over seks te gaan, maar kunnen wel een seksuele onderlaag hebben. Als wijzelf de dominante rol spelen, voelen we ons wellicht onzeker in een intieme relatie en hekelen we ons gebrek aan controle. Ook maskeren we misschien een gevoel van seksuele ontoereikendheid. Als zich in een droom sadomasochistische scènes voordoen, kan dit duiden op een geheime voorkeur voor machtsspelletjes of onderdrukte fantasieën die wellicht door onze partner onacceptabel worden gevonden. Volgens Freud symboliseren dromen over dominantie een incestueus verlangen naar intiem contact met een ouder.

Vliegtuigongeluk

Onderzoek heeft uitgewezen dat vrouwen vliegtuigongelukken vaak associëren met verkrachting of de angst ervoor. Voor mannen kunnen ze staan voor de angst om impotent te raken. Vliegangst is een bekend fenomeen, en de droom kan voortvloeien uit onrust over een geplande reis.

Kerk

Een droom over een kerk is een combinatie van seksuele en religieuze symboliek. Een toren is een erg mannelijk, fallisch symbool en kan mannelijke seksualiteit of kerkelijk gezag vertegenwoordigen. Onthoud dat een droom over een kerk ook spirituele verwijzingen heeft. Als we de kerk niet kunnen binnentreden, ondervinden we wellicht een obstakel op ons spirituele pad. Als we dromen van een kerk met een spitse toren en een gewelfd portaal is de symboliek zowel mannelijk als vrouwelijk, misschien een uiting van een intiem contact met een partner of een innerlijk conflict tussen onze primaire behoeften en ons geloof.

De liefde bedrijven

Dromen waarin we de liefde bedrijven met iemand tot wie we ons seksueel aangetrokken voelen zijn een klasssiek voorbeeld van freudiaanse wensdromen, vooral als ons verlangen verboden is. Voor veel jungianen en andere analytici hoeven dromen over de daad echter helemaal

niet over seks te gaan, maar kunnen ze eenvoudigweg duiden op een behoefte aan creatieve expressie of de wens om sterke contrasterende aspecten van jezelf te laten samenvloeien.

Kus

Volgens Jung verwijst de kus eerder naar voeding krijgen dan naar seksualiteit. Volgens deze interpretatie stamt het plezier van een droomkus uit de herinnering aan borstvoeding.

Rode roos

Rozen vormen het traditionele symbool van de liefde. Freud zag rode rozen echter als een verwijzing naar de vrouwelijke genitaliën of menstruatiebloed.

Stromend water

Elk object waaruit vloeistof stroomt, bijvoorbeeld een kraan of een fles champagne, is vaak het symbool van zaadlozing. Het kan ook een voorbode zijn van een nieuwe uitbarsting van creativiteit.

Bed

Het bed is vaak het tafereel van seksuele avonturen en kan een beladen symbool zijn. Als het bed onopgemaakt is, kan dit erop duiden dat we slordig zijn in ons seksuele gedrag. Is het beddengoed echter netjes ingestopt, dan voelen we ons wellicht geremd. Als we op zoek zijn naar een bed kan dit erop wijzen dat we moeite hebben onze seksualiteit te aanvaarden.

Emoties

Elke droom heeft een eigen belevingssfeer, die je soms beter onthoudt dan de inhoud van de droom zelf, en die niet minder belangrijk is. Het is misschien verrassend dat deze sfeer niet in de pas hoeft te lopen met het onderwerp van de droom. Bijvoorbeeld, een man droomde dat een vrouw, voor wie hij een onbeantwoorde liefde voelde, hem vroeg haar te kussen. Hiermee werd tegemoetgekomen aan zijn verlangen, maar omdat de droom hem een slecht voorgevoel gaf, kon hij zich er niet toe zetten. De sfeer van de droom had invloed op zijn handelen, net zoals de muziek bij een film een grotere emotie teweeg kan brengen dan emotionele gebeurtenissen op het doek zelf.

De sfeer in een droom kan soms zo overtuigend zijn dat het gevoel erbij gedurende de dag een tijdje kan blijven hangen, zelfs als de gebeurtenissen in de droom al snel vervagen of vergeten zijn. Na een verontrustende droom worden we vaak wakker met een 'droomkater', een vaag gevoel van onrust. Maar een droom kan je ook een goed gevoel geven, waardoor we de dag goedgemutst beginnen.

Accurate droomduiding vraagt erom de emoties die je bezighouden in je wakende leven te herkennen, omdat deze gevoelens je vaak in een bepaalde richting sturen die indruist tegen alle moraal of regels van de logica. De spanning van deze tegenstelling kan enorm zijn, hoewel niet altijd erkend door het bewuste. Dromen kunnen helpen de aandacht te vestigen op dingen die ons op emotioneel vlak sterk bezighouden.

We kennen allemaal het irrationele karakter van onze emoties. Als we weten dat onze geliefde partner gaat lunchen met een aantrekkelijke collega, kan dit aanleiding geven tot een intense jaloezie. Dit kan ons bezighouden totdat we onze partner weer zien en hij of zij ons verzekert dat er niets oneerbaars is gebeurd.

Zelfs dergelijke trivialiteiten kunnen in onze dromen de kop

opsteken, misschien omdat twee soorten emoties elkaar versterken: jaloezie en angst. Ook boosheid wordt vaak verward met frustratie. Sommige emoties projecteren we op andere mensen of situaties die buiten onszelf liggen. Andere emoties, zoals schaamte en verlegenheid, houden we liever binnen. Beide soorten emoties kunnen aan ons vreten, waarbij al onze gevoelens van geluk en welbevinden verteerd worden.

Boosheid en frustratie

Boosheid is een sterke emotie die vaak wordt ontkend, onderdrukt of verkeerd begrepen door de wakende geest; vandaar dat deze emotie zo vaak voorkomt in dromen. Dat is niet altijd negatief. Boosheid kan een uitingsvorm zijn van waardevolle aspecten van psychologische ontwikkeling, zoals moed, vastberadenheid, leiderschap en zelfbevestiging, en wordt ook geassocieerd met het zuiverende effect van gerechtvaardigde verontwaardiging. Zelfs de meest negatieve vorm van boosheid kan waardevol zijn wanneer deze in onze dromen de kop opsteekt, omdat hierdoor de absurditeit of vernietigende werking duidelijk wordt. Bovendien verwijzen dromen soms naar gebieden waar we onze boosheid beter op kunnen richten.

Dicht bij boosheid ligt frustratie, een emotie die ook vaak voorkomt in dromen. We missen wellicht de trein of een afspraak, zoeken tevergeefs naar een parkeerplaats of plaats waar we onze bagage kwijt kunnen, of we kunnen een belangrijke boodschap niet lezen of willen iemand overtuigen van ons gelijk in een discussie. In al deze gevallen kan de droom de dromer ertoe aanzetten de oorzaak van zijn of haar frustratie te achterhalen, of, als deze al bekend is, er beter mee om te leren gaan.

Amplificatie van frustratiedromen kan verwijzen naar archetypen zoals het verhaal van Sisyphus, een Griekse sterveling die door de goden werd gestraft. Hij moest om de eeuwigheid te verdienen een enorme steen de berg op duwen, maar eenmaal op de top rolde de steen weer naar beneden en moest hij opnieuw beginnen. Door dergelijke mythische archetypen leert de dromer omgaan met frustratie of zich te realiseren dat het zinloos is om te vechten tegen de 'goden' van het onbewuste.

Jaloezie

Jaloezie is een van de meest destructieve emoties en kan zelfs de blijste gebeurtenis bederven. Metaforen zoals 'verteerd' worden door jaloezie of het 'groenogige monster' zijn bekend, en onze dromen verwijzen hier vaak naar als we moeite hebben met iemands geluk of succes.

Opgekropte emoties

Een droom kan wijzen op onderdrukte boosheid of frustratie met beelden als een fles samengeperst gas of een andere vluchtige substantie, en op onbeteugelde boosheid door een uit de hand gelopen brand. Niet-erkende boosheid jegens bepaalde mensen kan zich uiten wanneer de dromer gif bereidt of hun foto onherkenbaar maakt. Dromen over een geliefde onthoofden komen voor als een relatie wordt verstoord door onbegrip: de onthoofding wordt niet letterlijk weergegeven, maar de bron van het probleem wordt symbolisch verwijderd.

Zware taken

Sommige spirituele tradities frustreren opzettelijk nieuwkomers door ze zinloze, eindeloze taken op te dragen om de trotse en starre greep die het ego op ons bewuste heeft weg te nemen. Ogenschijnlijk zinloze taken in dromen (zoals een kaartenhuis bouwen) kunnen eenzelfde doel dienen of de dromer eraan herinneren dat het vermogen om te leven met onvermijdbare frustraties een teken van volwassenheid is.

Dambreuk

Wanneer een stabiele kracht het begeeft onder de sterke energieën van binnenuit kan dat een uiting zijn van opgekropte boosheid of frustratie. Een overstroming die een vertrouwd pad blokkeert, kan duiden op frustratie bij de dromer en wijst erop dat er een alternatieve en betere route moet worden gezocht. Zo weet de dromer dat er meer dan één manier is om om te gaan met frustraties.

Verlies en scheiding

Het besef dat het leven doorgaat, hoe waardevol dit ook kan zijn bij het leren omgaan met verdriet, betekent soms dat er onvoldoende tijd is om te rouwen over de dood of het vertrek van een dierbare. In dergelijke gevallen kan dit proces in dromen plaatsvinden. Beelden van verlies, die de dromer soms nog dagen achtervolgen, zijn deel van het herstel, hoe onaangenaam ze op dat moment ook lijken.

Een kostbaar bezit verliezen kan ook een gevoel van rouw teweegbrengen, en onze dromen wijzen ons daarop. In dromen wordt vaak door middel van sterke emoties duidelijk gemaakt dat er een verstoring is in de psyche, en hoewel het kostbaarste voorwerp volslagen in het niet valt bij het verlies van een dierbare, gebruikt een droom vaak dezelfde symbolen en thema's om uiting te geven aan het gevoel van verlies.

Hoewel de dood de pijnlijkste vorm van verlies is, kunnen er talloze redenen zijn waarom we van mensen worden gescheiden. Wanneer een intieme relatie eindigt in een scheiding, zijn de gevoelens die we ervaren vaak hetzelfde als de emoties die loskomen bij rouw. We kunnen ook een gevoel van verlies ervaren wanneer een dierbare vriend of familielid verhuist naar een plaats ver weg of als een vriendschap een moeilijke tijd doormaakt omdat er sprake is van een verschil van mening of misverstand.

Verlies van welke aard ook kan worden gesymboliseerd door de wanhopige zoektocht naar een vriendelijk gezicht in de menigte of door de symboliek van as en stof. Dromen kunnen overspoeld worden door nostalgie, door warme of indringende beelden uit een ver verleden. Als een soort uitlaatklep wil een deel van het onbewuste deze ervaringen telkens weer herbeleven, totdat de geest uiteindelijk kan accepteren dat het verlies werkelijk heeft plaatsgevonden.

Soms kijken rouwdromen vooruit in de toekomst in plaats van achterom naar het verleden. De dromer kan zijn dierbare zien in gelukkige omstandigheden, of door hem of haar worden bezocht en gerustgesteld. Dergelijke dromen kunnen een gevoel van welbevinden, en zelfs verrukking teweegbrengen en in veel gevallen zijn ze zo realistisch dat de dromer er zeker van is dat er leven is na de dood.

Amplificatie (blz. 108) kan het verband leggen met klassieke verhalen zoals de eenzaamheid van de nimf Echo, die als reactie op haar uitingen van liefdesverdriet alleen de echo van haar eigen stem terugkreeg. Voor de dromer kunnen dergelijke archetypische tradities van pas komen bij het verwerken van zijn verlies.

Lege beurs

De plotselinge ontdekking van een lege beurs of zak kan duiden op het verlies van niet alleen een dierbare – door sterven, scheiding of anderszins –, maar ook van de liefde, veiligheid en zekerheid die zij ons gaven.

Een dierbare die afstand neemt

Afstand staat in dromen vaak symbool voor rouw. Een dierbare kan zich terugtrekken in de verte of gedag zwaaien vanaf een verre heuveltop, of verdwijnen door een poort of deur. De gevoelens van rouw die met deze beelden gepaard gaan, zijn vaak vermengd met een gevoel van spijt, vooral als de dierbare ons negeert wanneer wij zijn aandacht proberen te trekken.

Als we echter dromen dat een dierbare ons vrolijk toewuift terwijl hij in de verte verdwijnt, kan dit erop wijzen dat ons verdriet aan het vervagen is en dat we het verlies verwerkt hebben.

Onverlicht huis

Een huis in een droom staat vaak symbool voor de dromer zelf of die dingen die hem stabiliteit en richting geven. Het treurige beeld van lege of donkere ramen duidt op het gemis van niet alleen de dierbare, maar ook van vitale aspecten in het leven van de dromer.

As of stof

We associëren as of stof vaak met het verdwijnen van een geliefd persoon, voorwerp of fijne ervaring uit ons leven. Op christelijke begrafenissen wordt vaak over as gesproken; die vormt een krachtig symbool van zowel het crematorium als het graf. Net zoals er begrafenissen zijn om rouwenden hun verdriet te laten uiten en te verwerken, zo kan een droom over as symbool staan voor het laten rusten van een pijnlijke of lastige ervaring.

Iemand kwijtraken in een menigte

Het beeld van een dierbare kwijtraken in een menigte is een droom die gewoonlijk wordt geassocieerd met rouw. We zien zo dat hij of zij niet langer bij ons is, of we beleven de traumatische ervaring dat hij of zij van ons wordt weggetrokken door een grote groep mensen. Vaak gaat een gevoel van verlies gepaard met emoties van boosheid en verlatenheid.

Buitengesloten zijn

Je staat bij een deur, je kunt de sleutels niet vinden en je kunt ook op geen enkele andere manier naar binnen. Dit beeld kan duiden op een schijnbaar onoverkomelijke gevoel van verdriet. Door ons eenvoudigweg te laten beseffen dat dit obstakel er is, markeert de droom het begin van het helingsproces. Vanaf dit moment kunnen we naar manieren zoeken om de deur naar de toekomst te openen.

Tegenstrijdige emoties

Als je je intens verdrietig of boos voelt bij een gebeurtenis die eigenlijk blij zou moeten zijn, zoals een verjaardagsfeest, kan dit erop duiden dat je afstand moet nemen van het leven van alledag om te kunnen rouwen. Als je je daarentegen vrolijk voelt in een omgeving waar je normaal verdrietig zou zijn, kan dit wijzen op ontkenning, een onbewuste weigering om het verlies te accepteren. Maar als je blij bent bij bijvoorbeeld een begrafenis, kan dit duiden op een positieve gesteldheid van de geest, op het geloof dat er misschien een hiernamaals is, of op acceptatie van de dood als deel van het leven.

De droom kan echter ook wijzen in de richting van ontkenning; om ons emotioneel te beschermen tegen de schrijnende pijn van verlies, kunnen we onbewust weigeren om de werkelijkheid onder ogen te zien.

Een voorwerp verliezen

Een droom over het verlies van een kostbaar of waardevol bezit kan symbool staan voor het verlies dat we voelen wanneer iemand die belangrijk voor ons was geen deel meer uitmaakt van ons leven. Het kan echter ook een angstdroom zijn over iets wat we echt zijn kwijtgeraakt, of het kan erop wijzen dat een deel van het zelf is veranderd.

Religie en spiritualiteit

Veel dromen kunnen in essentie spiritueel zijn. Terwijl ons lichaam ongevoelig is voor prikkels, geniet de geest een spirituele vrijheid, net als wanneer de ziel het lichaam verlaat tijdens religieuze extase.

Carl Jung was de eerste die erkende dat dromen kunnen leiden tot een spirituele zoektocht. Hij zag het zoeken naar de spirituele en religieuze waarheid, buiten ons leven van alledag, als een van de krachtigste energieën van onze geest, direct voortkomend uit ons collectieve onbewuste – dat enorme aangeboren reservoir vol mythen en symbolen dat archetypische beelden projecteert in onze bewuste geest, vooral in onze dromen.

Religie en spiritualiteit uiten zich vooral in 'grand'-dromen van het derde niveau. De 'boodschap' wordt vaak doorgegeven via onthullingen die een licht kunnen werpen op het verleden of de toekomst van de dromer. De dromende geest kan archetypische beelden tegenkomen waarin diepgaande boodschappen over onze spirituele behoeften en richtingen liggen. Jung noemde een van deze archetypen Geest, het tegenovergestelde van 'materie', die in dromen de vorm kan aanemen van een geest of meer abstract van een gevoel van oneindigheid of ruimte. Ook de Oude Wijze kan verschijnen in spirituele dromen, als gids naar spiritualiteit of als onderwijzer van de waarheid. Andere archetypen kunnen de vorm aannemen van symbolen of religieuze iconen. Er kunnen zich transcendentale ervaringen voordoen, waarbij de dromer een gevoel krijgt van verrukking en innerlijke vrede.

Dromen van het eerste en tweede niveau schilderen de spirituele wereld vaak directer en praktischer af. Dromen met priesters en andere geestelijken kunnen wijzen op het gezag van de Kerk, terwijl profeten uit het Oude Testament, christelijke heiligen, hindoeïstische avatars of boeddhistische bodhisattva's symbool kunnen staan voor de spirituele identiteit of aspiraties van de dromer of onze onbewuste reacties op spirituele instituten.

Dromen die we in seksuele termen zouden kunnen interpreteren, zoals bergen beklimmen of in bomen klimmen, kunnen eigenlijk een spirituele vooruitgang weerspiegelen. Een kerk, waarvan de torenspits door Freud werd gezien als een fallisch symbool, kan symbool staan voor het gezuiverde zelf of de rijkdom en mysterie van een spirituele leer. De vlucht van een adelaar kan duiden op spirituele aspiratie, terwijl een duik naar de aarde ons kan waarschuwen voor de gevaren van spirituele trots.

Amplificatie van spirituele dromen kan zich richten op een van de scheppings- of incarnatieverhalen, of misschien op een zoektocht naar verlichting. Het levensverhaal van Siddhartha Gautama, die Boeddha werd, of de 'ontwaakte', vertelt hoe hij opgroeide als prins, beschermd tegen elk leed, maar dat leven de rug toekeerde om verlichting te zoeken. Een ander voorbeeld is de Noorse mythe van Odin, die zijn rechteroog opofferde om uit de bron der Wijsheid te drinken, om zo de wereld door het geweld van Ragnarok, de eindstrijd, te kunnen loodsen.

Door middel van spirituele dromen kunnen we ons blijven verbazen en onze mogelijkheden bekijken die schuilgaan onder de oppervlakte.

De boeddha

Boeddha leerde ons dat de waarheid in jezelf ligt en niet erbuiten. Zijn verschijning in een droom wijst de dromer er vaak op dat hij de stilte in zichzelf moet opzoeken.

Hindoegoden

Het hindoeïsme kent vele goden, met een complexe, gelaagde symboliek. Brahma is de oorsprong van de kosmos, Vishnu is zijn beschermer en Shiva (zie hieronder) is de vernietiger van demonen en schepper van het leven. Hun verschijning wijst op verstoorde passies, maar ook op grote liefde, creativiteit en vrijkomende energieën.

Shiva

Oosterse religies zijn doorgedrongen tot in onze westerse cultuur en kunnen dus voorkomen in onze dromen. Zo kan de hindoegod Shiva Nataraja, god van de Dans, verschijnen als een tweeledige godheid: hij is vernietiger en schepper,

angstaanjagend en vriendelijk, dansend binnen een ring van vuur dat zowel zuivert als bevrijdt.

Lichtwezen

Het lichtwezen, een archetypisch beeld voor een universeel spiritueel principe dat relevant is voor alle culturen en religies, staat centraal in de jungiaanse interpretatie van dromen. Vaak gaat het om een figuur badend in licht of omgeven door een halo – een algemeen symbool van goddelijke energie, begrijpelijk voor het bewuste ego.

Maagd Maria

De Maagd Maria belichaamt het goddelijke vrouwelijke principe dat in alle religies ter wereld gezien wordt als het symbool van zuiverheid. In dromen vertegenwoordigt ze vaak de allerhoogste en onbaatzuchtige liefde of mededogen, en de macht die de hemelen regeert door gratie en vroomheid in plaats van gezag en kracht.

Priester

Een priester, rabbijn, pastoor of andere geestelijke kan een symbool zijn voor het gezag van de Kerk. Een dergelijk figuur kan ook staan voor een vader of moeder die spirituele en morele wijsheid uitdraagt aan ons als kind – misschien verlangen we naar duidelijke morele zekerheden.

Jezus Christus

Dromen over Jezus komen vaak voor op kritieke momenten in ons leven, zoals wanneer we dicht bij de dood zijn of als we ons druk maken over persoonlijke of spirituele zaken. Jezus aan het kruis vormt een krachtig symbool van leven, dood, opstanding, opoffering en verlossing.

Hemel

De hemel kan zich tonen in de vorm van een geïdealiseerd landschap of zoals we die kennen uit de religieuze kunst: vol licht, en God omgeven door engelen en cherubijnen. Een ander bekend beeld van het paradijs is dat van een prachtige tuin. Dit kan wijzen op een wensdroom of een geruststellende boodschap tijdens rouw.

Engelen

Volgens de christelijke traditie zijn engelen hemelse boodschappers van het woord van God. Een droom over de aartsengel Gabriël, die aan Maria vertelt dat ze de Christus zal baren, kan verschijnen wanneer we op de rand van een spirituele overgang verkeren. De aartsengel Michaël, die de opstand tegen Satan leidde, is een symbool van licht dat duistere krachten verdrijft – wellicht een zinspeling op een persoonlijke 'demoon' die we willen overwinnen.

Profeten en heiligen

Heilige figuren staan voor onze religieuze aspiraties. In onze dromen kunnen ze ons leiden of aanmoedigen bij onze zoektocht naar verlichting of spirituele bevrediging.

Het laatste oordeel

Dromen dat je voor God verschijnt kan een beeld zijn van het laatste oordeel. Misschien moet je leren omgaan met negatieve aspecten in je psyche voordat je je waagt op het spirituele vlak.

Vliegende adelaar

Een majestueuze adelaar of condor die door de lucht scheert is een symbool van spirituele aspiraties, maar een duik naar de aarde kan ons waarschuwen voor de gevaren van averechts werkende trots in onze spirituele progressie.

XC

Het ik en anderen

Symbolen die betrekking hebben op onszelf en onze interactie met anderen komen regelmatig in onze dromen voor. Lichamelijke symbolen worden bijvoorbeeld door het onbewuste vaak gebruikt in een symbolische hoedanigheid, om te verwijzen naar een voor de hand liggende metaforische betekenis. In het geval van organen kan de betekenis terugslaan op de vorm ervan (de freudiaanse benadering) of op hun functie. Zo is de tong essentieel om ideeën of emoties duidelijk uit te spreken. En als een persoon in een droom verschijnt, kan het zijn dat de symbolische associaties meer nog dan de feitelijke identiteit aangeven wat de juiste interpretatie is.

Lichaam en lichaamsfuncties

In de oude Egyptische, Griekse, Romeinse en middeleeuwse Europese culturen werd het lichaam vaak als metafoor gezien voor de spirituele wereld. Deze zienswijze werd door de filosoof/god Hermes Trismegistus verwoord in zijn stelregel 'Zo boven, zo beneden', en in het Bijbelse idee dat God de mens schiep naar Zijn evenbeeld. Dromen kunnen het lichaam ook koppelen aan de spirituele wereld. De lichamelijke conditie van de dromer of van andere personen in de droom kan verwijzen naar trekjes in de dromers psyche of naar niveaus van psychologische of spirituele groei.

Dromen kunnen naar het lichaam verwijzen om te waarschuwen voor gezondheidsproblemen die aandacht verdienen, of om gevoelens te uiten over eetpatronen of sport. Droomduiders uit het verre verleden dachten dat dromen over het lichaam de toekomst voorspelden. Artemidorus (170 n.C.) schreef dat wanneer een man droomt dat hij gladgeschoren is, hij zich schaamt en problemen heeft, en Thomas Tryon, een Britse droomduider uit de 19de eeuw, beweerde dat een droom over een buik die dikker is dan gebruikelijk wijst op gezinsuitbreiding of rijkdom; wanneer je in een droom iemands rug ziet, wijst dit op ongeluk of (logischer) ouderdom.

Freud associeerde dromen over ontlasting en toiletbezoek met de anale fase van de psychoseksuele ontwikkeling. Een jong kind voelt bij ontlasting een erogene bevrediging, die, indien ouders hier bij het zindelijk maken ongevoelig mee omgaan, kan leiden tot permanente gevoelens van schaamte, afschuw en spanningen over iets wat volkomen natuurlijk is.

Links en rechts

Voor jungianen verwijst een droom waarin het rechterdeel van ons lichaam wordt benadrukt vaak op aspecten uit het bewuste leven, terwijl de linkerkant staat voor het onbewuste. Links wordt traditioneel gekoppeld aan ongeluk en onbetrouwbaarheid (het Latijnse *sinister* betekent 'links') en dromen waarin de linkerhand of de linkerkant van ons lichaam centraal staan, kunnen wijzen op onze reserves, bewust of niet, tegenover iemand of iets. Rechts wordt daarentegen geassocieerd met vertrouwen (denk aan 'iemands rechterhand zijn') en geluk. Dromen over de rechterkant ontstaan wellicht uit optimisme.

Botten

Botten kunnen de essentie van iets weergeven. 'Tot op het bot worden ontleed' verwijst naar een plotseling inzicht, maar kan ook een aanval zijn op de persoonlijkheid van de dromer. Gebroken botten wijzen op een fundamentele zwakte, terwijl het skelet vaak wordt geassocieerd met de dood.

Ogen

De ogen zijn het symbolische venster op de ziel en zeggen iets over de spirituele staat waarin de dromer zich bevindt. Heldere ogen wijzen op een gezond innerlijk leven. Doffe of gesloten ogen kunnen spanningen, een emotionele blokkade of gebrek aan communicatie aangeven.

Hart

Het hart heeft een archetypische betekenis als het centrum van ons emotionele leven en met name als symbool voor de liefde. Bloed kan verwijzen naar de pulserende levenskracht, vergoten bloed naar opoffering en verlies. Het hart kan onze behoefte aan onvoorwaardelijke liefde, geborgenheid en emotionele zekerheid aangeven. Een gebroken of vreemd gevormd hart kan wijzen op onzekerheid in onze gevoelens voor een geliefde.

Gezicht

Wij zien ons gezicht zelden zoals anderen het zien. Op foto's wijkt de kleur vaak af en in een spiegel is het beeld verkeerd om. Als we ons gezicht in een droom zien, is het wellicht tijd om te bedenken wie we werkelijk zijn en het gezicht dat we altijd aan anderen laten zien af te schudden. Een droombeeld van een gezicht kan ook verwijzen naar de uitdrukking 'je gezicht verliezen' en de angst om niet serieus te worden genomen.

Hoofd

Een hoofd kan symbool staan voor een persoon met gezag, zoals een vader. De achterkant van het hoofd verwijst wellicht naar een emotioneel afstandelijke vader, of, wanneer de vader is overleden, naar verlies. Het hoofd kan ook ons intellect of onze rationaliteit aangeven. Misschien reageren we onlogisch op een bepaalde situatie?

Mond

Voor Freud verwijst een droom over een mond naar fixatie in een vroeg stadium van de psychoseksuele ontwikkeling, gekenmerkt door onvolwassen gedrag als onnozelheid en verbale agressie. De mond is ook een symbool voor communicatie en zelfexpressie, wat verwijst naar onontgonnen creativiteit of onuitgesproken emoties.

Tanden en kiezen

Artemidorus zag de mond als een thuis, met de tanden aan de rechterkant als de mannelijke bewoners en die aan de linkerkant als de vrouwelijke. Tanden (uitgevallen of gebroken) komen vaak voor in angstdromen, en dit is niet vreemd als je bedenkt dat de mond het enige deel van het hoofd is waar we in onze slaap prikkels kunnen voelen. Dromen dat we onze tanden kwijtraken wijzen op angst om onze jeugd of vitaliteit te verliezen, en in het verlengde daarvan onze seksuele energie. Maar als we dromen over verlies van melktanden, kan dit positief worden opgevat als de overgang naar een nieuwe fase in ons leven.

Rug

Als iemand ons in een droom de rug toekeert, voelen we ons in de steek gelaten door iemand of iets in ons leven. Zien we de rug van een ouder, dan voelt dat alsof we niet genoeg steun en warmte hebben gekregen. Keert een groep mensen ons de rug toe, dan kan de droom een reactie zijn op buitengesloten worden.

Bloed

In principe symboliseert bloed het leven zelf, maar het is een complex symbool, dat voor veel uitleg vatbaar is. Bloed dat plotseling wegstroomt kan wijzen op heftige emoties of het gevoel dat iets of iemand het leven uit ons trekt. Misschien steken we veel energie in een relatie of baan en vinden we daarin geen waardering? Vloeiend bloed kan ook wijzen op pijn, lijden of een verwonding, zowel lichamelijk als geestelijk, en als het een bloedvlek betreft, kan het op schuldgevoel wijzen. Bloed kan ook met menstruatie geassocieerd worden en dus met een vernieuwing en vrouwelijke seksualiteit. Bij mannelijke dromers kan dit wijzen op angst voor het vrouwenlichaam of seksuele agressie.

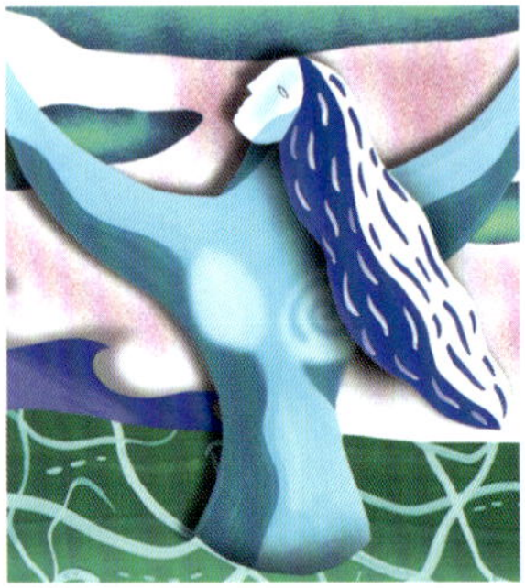

Neus

Freudianen zien in een grote neus een fallisch symbool. De bekende droom over Pinocchio's neus, die steeds langer wordt als hij liegt, wordt meestal gezien als een schuldgevoel over onbehoorlijk gedrag, met name op seksueel gebied. Het is ook mogelijk dat een droom over een neus ons ertoe wil aanzetten 'onze neus achterna te gaan' en te luisteren naar ons gevoel.

Oren

Verschijnen er oren in onze droom, dan kunnen die ons erop wijzen dat we beter moeten luisteren naar de wereld om ons heen. Misschien gaan we zo op in ons innerlijke leven dat de woorden of het gedrag van mensen om ons heen ons ontgaan. Misschien willen ze ons wel iets belangrijks vertellen.

Haar

Haar is een symbool met diverse betekenissen. Vaak wijst het op ijdelheid, maar het kan bij vrouwen ook wijzen op een gevoel van vrouwelijkheid, en bij beide seksen op kracht en assertiviteit. In het Bijbelverhaal over Samson en Delilah verliest Samson zijn kracht wanneer zijn haar wordt afgeschoren, en voor veel mensen is het verlies van haar een teken van verlies van jeugd. Het verlies van haar kan ook een positief gevoel oproepen – haar afscheren kan verwijzen naar een nieuw begin of naar het afzweren van aardse manieren, en een geschoren hoofd wordt vaak geassocieerd met monniken.

Huid

De huid staat voor de manier waarop wij onszelf naar de buitenwereld presenteren. Een gladde, gave huid kan wijzen op een onrealistisch verlangen naar perfectie, terwijl littekens en onregelmatigheden kunnen duiden op een angst voor persoonlijke gebreken. Wonden en littekens kunnen ook staan voor pijnlijke, emotionele ervaringen. De droom geeft ons wellicht inzicht in de manier waarop we hiermee omgaan: proberen we ze te verbergen of dragen we ze met trots?

Handen

Handen staan voor actie, in positieve of negatieve zin. Als we onze handen wassen, ontkennen we onze verantwoordelijkheid, net als in het beeld van Pontius Pilatus die zijn handen in onschuld wast over de dood van Christus. Als we tevergeefs proberen een vlek van onze handen te wassen, kan dit wijzen op een schuldgevoel dat ons nog steeds achtervolgt. Een geopende uitgestoken hand kan wijzen op gulheid of een gebaar van vriendschap, terwijl een vuist boosheid, agressie of kracht kan betekenen.

Armen

Armen kunnen worden ingezet om iemand te straffen of te troosten. Ze kunnen verdedigend gekruist zijn of gastvrij geopend.

Geheven armen kunnen wijzen op autoriteit of conflictsituaties. Dromen we over uitgestrekte armen, dan verlangen we wellicht hevig naar troost of lichamelijk contact. Armen om ons heen kunnen wijzen op een behoefte aan troost.

Vingernagels

Als je droomt dat je een vriend of collega in het gezicht krabt, wil dit niet per se zeggen dat je hem of haar wilt verwonden. Misschien probeer je wel onder de oppervlakte te komen om deze persoon waarlijk te leren kennen.

Benen

Benen kunnen verwijzen naar ons fundament: voelen we ons stevig en stabiel of 'hebben we geen poot om op te staan'? Ze kunnen ook wijzen op een behoefte om een stap voorwaarts te zetten, bijvoorbeeld in een relatie of carrière.

Buik

Sinds de oudheid duidt een ronde buik op vrouwelijke vruchtbaarheid. Voor vrouwen wijst de buik wellicht op moederlijke gevoelens, en voor beide seksen kan het motief de behoefte aangeven om terug te gaan naar de veilige warmte van de baarmoeder. Ook onderbuikgevoelens en intuïtie worden door de buik gerepresenteerd.

Borsten

De boezem van een vrouw verwijst naar de onvoorwaardelijke liefde van de moeder en naar een wens om te koesteren of gekoesterd te worden. Borsten zijn de bron van voeding en dus van het leven zelf in onze eerste maanden, en jungianen beschouwen ze als een behoefte aan spirituele vernieuwing en wedergeboorte. Dromen over borsten kan ook een seksueel verlangen aangeven.

Achterwerk

Een pront achterwerk staat voor vrouwelijke seksualiteit of een onbevredigde seksuele behoefte.

Lichaamsfuncties

Uitwerpselen staan vaak voor angst of schaamte inhet openbaar, of voor de dringende behoefte zich te uiten of te ontlasten om creatieve of louterende redenen. Menstruatie kan dezelfde gevoelens oproepen en wordt vaak geassocieerd met een plotselinge ontlading van creatieve energie. Droom je dat je wanhopig op zoek bent naar een toilet, dan kan dat wijzen op een conflict tussen de behoefte om je openlijk te uiten en de angst die dit oproept; een droom over een toilet dat bezet is, wijst op jaloezie op iemands positie of creativiteit. Een overstromend toilet duidt op angst om je emotionele controle te verliezen of onmacht om creatieve energie in goede banen te leiden.

Jezelf wassen

Je wassen kan symbool staan voor zuivering en vernieuwing. In veel religies bestaat een zuiveringsritueel, zoals het christelijke dopen of het wassen van de voeten voor het betreden van een tempel. Jungianen beschouwen dromen over wassen als een zuiverings- of verjongingsdaad die plaatsvindt voordat iemand een nieuwe levens-

fase in gaat of een hoger niveau van bewustzijn bereikt. Of alledaagser: een droom waarin iemand zijn haar wast kan wijzen op de wens om een partner, vriend of collega weg te spoelen, terwijl grondig schrobben van het lichaam kan staan voor een obsessieve behoefte om de verantwoordelijkheid van ons af te schudden voor een daad waarvan we weten dat die niet goed was.

Met een handdoek wrijven

Het lichaam droogwrijven met een handdoek kan verwijzen naar masturbatie, die weer kan staan voor seksuele frustratie. Masturbatie kan ook worden geassocieerd met schuldgevoelens of schaamte, wanneer onze ouders of leraren krampachtig in plaats van begripvol met onze puberale seksualiteit zijn omgegaan.

Gebrek aan privacy

Als een dromer bang is bekeken te worden tijdens toiletbezoek, kan dit duiden op angst voor publieke belangstelling of behoefte aan meer zelfexpressie. In freudiaanse zin zou de dromer gefrustreerd kunnen zijn omdat hij zichzelf niet kan uiten. Dromers die juist in het openbaar naar de wc gaan, hebben een neiging tot exhibitionisme. Een dergelijke droom kan echter ook boosheid aangeven vanwege een gebrek aan respect of financiële vergoeding voor een creatieve of professionele inspanning.

Geboorte en wederopstanding

Universele menselijke ervaringen als geboorte, dood en ouder worden komen vaak in dromen voor. Wij maken allen deel uit van deze ononderbroken cirkel, die niet alleen het verloop van ons bestaan en van de wereld om ons heen omvat, maar ook van de cycli die binnen ons leven voorkomen: het begin en einde van relaties, het wisselen van seizoenen of de standen van de maan. In het jungiaanse idee van het collectieve onbewuste bestaat geen einde, maar is er sprake van een voortdurende cyclus van verandering. In onze dromen, of in onze mythen, betekent de 'dood' niet automatisch het einde, maar maakt die deel uit van een algemeen proces van groei en transformatie. Zoals leven voortkomt uit de dood in de materiële wereld (veel wereldgodsdiensten vieren de dood en wedergeboorte van het

jaar), zo herscheppen de psychologische en spirituele energieën zichzelf voortdurend. Het collectieve onbewuste, dat zich richt op alle aspecten van ons bestaan, is een soort kanaal waardoor nieuwe of vernieuwde mentale en spirituele energieën naar de bewuste wereld stromen.

Dromen hebben vaak wedergeboorte of vernieuwing als thema als ze de dromer mee terugnemen naar zijn kindertijd. Een droom over kind-zijn kan wijzen op de zorgen van een volwassene (zoals de behoefte aan een nieuwe start of inspiratie), en niet op de wens om terug te keren naar de beginjaren. Als we dromen dat we ouder zijn dan feitelijk het geval is, kan leeftijd dus een symbool zijn voor wijsheid, mentale starheid of fysieke zwakte. Als een ander in onze droom jonger of ouder voorkomt, kan dit wijzen op jaloezie op diens vitaliteit of ervaring.

Wederopstanding, de terugkeer naar het leven van overleden mensen, dieren of bomen, is een klassiek droomarchetype, dat vaak geassocieerd wordt met oude ideeën die een nieuw leven krijgen. Maar dergelijke dromen kunnen ook waarschuwen voor de terugkeer van problemen die nog niet goed zijn afgehandeld.

Ei

In veel mythologische tradities wordt een ei gezien als de bron van de kosmos en het bestaan. De ontdekking van een ei, baby, kuiken, of een andere uiting van een geboorte kan wijzen op nieuwe mogelijkheden in het leven van de dromer, maar ook op de noodzaak van een goede voeding.

Geboorte

Geboorte, van de dromer zelf of van iemand anders, wordt vaak geassocieerd met nieuwe ideeen en oplossingen, soms gewoon met bevrediging van een wens, maar soms ook met een heldere aanwijzing voor mogelijkheden die kunnen worden onderzocht. Geboorte kan ook een spiritueel ontwaken van de dromer symboliseren, maar het is belangrijk te beseffen dat we als pasgeborenen kwetsbaar en afhankelijk van anderen zijn.

Zaad

Dromen waarin zaden of bollen voorkomen duiden op het ontkiemen van nieuwe ideeën of het begin van een nieuwe levensfase. Een klein begin kan een groot resultaat hebben, zolang de omstandigheden maar groeizaam zijn.

Naaktheid en kleding

In de westerse traditie wordt naaktheid op twee manieren bekeken: enerzijds wordt die gezien als kinderlijke onschuld en anderzijds als een wereldse en verboden drang naar vleselijke lusten. Na hun verbanning uit het paradijs bedekten Adam en Eva hun naaktheid; ze voelden voor het eerst schaamte en de wereld zou nooit meer hetzelfde zijn.

In dromen van het derde niveau wijst naaktheid (net als het archetype van het Goddelijk Kind, blz. 106) op de spirituele aard van de dromer, of op het authentieke zelf. In dromen van het eerste en tweede niveau varieert de betekenis van naaktheid: van kwetsbaarheid of een behoefte om de verdediging te laten vallen tot afwerping van schaamte en liefde voor de waarheid. Angst voor eigen naaktheid of die van anderen kan wijzen op angst voor eerlijkheid en openheid in relaties of op onmacht om eigen seksuele energieën te accepteren of te integreren. Voor Freud kon naaktheid ook een verlangen zijn naar verloren onschuld uit de kindertijd of een uiting van onderdrukt seksueel exhibitionisme, dat meestal het resultaat is van strenge ouders gedurende de fasen van ijdel vertoon in de kindertijd.

Kleding is net zo dubbelzinnig. Het kan gaan om schitterende gewaden gedragen door heiligen, goden en engelen, maar ook verwijzen naar aardse ijdelheid, een behoefte om door uiterlijk vertoon een valse voorstelling van zaken te geven, of om schaamte of imperfectie te verhullen.

Kleren bedekken naaktheid, maar door hun snit, vorm of functie kunnen ze de aandacht juist vestigen op wat ze proberen te verhullen. Dromen over beha's of broeken kunnen verwijzen naar borsten of genitaliën, maar ook naar mannelijkheid, vrouwelijkheid of seksualiteit.

Kleding, met name in fraaie kleuren, kan staan voor de positieve aspecten van de psychologische of spirituele groei van de dromer, maar bij al te uitbundige kleding kan er sprake zijn van een neiging tot uiterlijk vertoon. Kleding kan de drager groter of dunner, rijker of armer doen lijken en kan zelfbeschuldiging of hypocrisie oproepen; zo kan een opzichtig jasje erop wijzen dat we weten dat we anderen beduvelen, dat we een façade ophouden.

Het vrouwelijk naakt

Venus en andere klassieke godinnen werden vaak – bijna – naakt geportretteerd. Deze goddelijke naaktheid was een symbool voor liefde en heilige schoonheid, en in het geval van de negen muzen stond die voor de goddelijke waarheid van de kunsten. Naaktheid bij een krachtige vrouw, zoals Diana, de Romeinse godin van de jacht, kan het Animus suggereren, de daadkracht in vrouwen. Voor freudianen wijst vrouwelijke naaktheid meestal op seksuele behoeften. Bij vrouwen kan naaktheid op lesbische geaardheid of een drang naar zelfvertoon duiden.

Naaktheid

Dromen waarin wijzelf of anderen naakt zijn, kunnen diverse betekenissen hebben. Voor een goede interpretatie moeten we kijken naar de sfeer van de droom en de context waarin de naaktheid voorkomt. Vaak wijst naaktheid op een verlangen naar verloren onschuld – een kinderlijk gebrek aan zelfbewustzijn dat terug te voeren is naar Adam en Eva in de Hof van Eden. Naaktheid kan ook een teken zijn van open- en eerlijkheid, en wijzen op een acceptatie van het ware ik of de bereidheid om feiten onder ogen te zien. In een angstdroom kan openheid ook leiden tot kwetsbaarheid.

Naaktheid accepteren

Het accepteren van naaktheid wijst op een verlangen naar vrijheid en natuurlijkheid. Freudianen zien dromen waarin we genieten van de naaktheid van anderen als wensdromen, maar deze dromen kunnen ook duiden op de kracht om door de verdedigingsmuren van anderen te kijken en hen te accepteren zoals ze zijn. Als we de naaktheid van anderen in onze dromen enthousiast toejuichen, kan het zijn dat we teleurgesteld zijn in het affectieve gedrag en de onechtheid van mensen die we in het wakende leven ontmoeten.

Naaktheid bij kinderen

Naaktheid bij kinderen wijst vaak op onschuld, hoewel die ook wordt geassocieerd met het archetypische Goddelijk Kind (blz. 106). Probeert de dromer de naaktheid van het kind te bedekken, dan kan dit wijzen op preutsheid, gekunsteldheid of ongemak om jezelf te uiten.

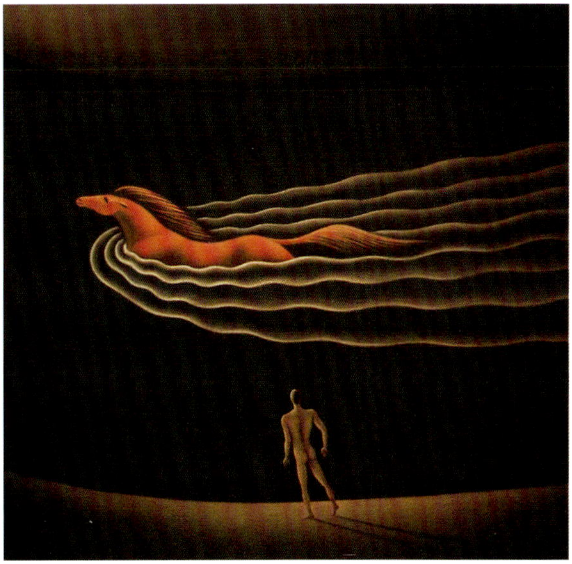

Weerzin tegen naaktheid

Als we stress of weerzin voelen bij de naaktheid van een ander, wijst dit op de spanning, teleurstelling of afkeer die we voelen wanneer we de ware aard van iemand ontdekken. Hoewel er op zich geen dreiging van het lichaam uitgaat, wijst de droom op een onwil om anderen zichzelf te laten zijn. Ook kan walging van de naaktheid van anderen erop wijzen dat we op onze hoede of niet genegen zijn om een emotionele of fysiek intieme relatie met iemand aan te gaan.

Anderen storen zich niet aan de naaktheid van de dromer

Een droom waarbij de dromer naakt in het openbaar is, onder mensen die zich niet bewust zijn van of storen aan diens naaktheid, kan betekenen dat je je niet druk maakt over wat anderen van je denken. Het kan ook betekenen dat we de angst van ons af moeten schudden dat we worden afgewezen als ons ware ik – psychologisch, spiritueel of fysiek – wordt onthuld. Misschien moeten we leren onszelf beter te accepteren of emotionele trauma's uit het verleden onder ogen te zien.

Mannelijke naaktheid

Dromen over mannelijk naakt worden door freudianen in hetzelfde licht gezien als dromen over vrouwelijk naakt; ze geven de heteroseksuele of homoseksuele behoeften aan, of, in het geval van een mannelijke dromer, een verborgen neiging tot exhibitionisme. Jungianen associëren een geïdealiseerd mannelijk naakt met de klassieke beelden van Griekse en Romeinse goden; dergelijke dromen kunnen een uiting zijn van een diepe liefde voor cultuur, schoonheid en kunst, of een streven naar hogere spirituele doelen.

Strakke of te wijde kleren

Het dragen van te strakke of nauwe kleren (met name formele kleding als een pak of smoking) betekent meestal dat de dromer zich in zijn publieke of professionele hoedanigheid beperkt voelt. Soms geven deze dromen aan dat de dromer te hoog gegrepen idealen koestert of meer wil bereiken dan in zijn huidige positie mogelijk is. De freudiaanse betekenis wijst op het aftekenende karakter van strakke kleding, wat een fixatie zou inhouden op duidelijk zichtbare borsten en achterwerken. Het dragen van wijde kleding zou daarentegen kunnen wijzen op de behoefte om je te bevrijden van de beperkingen van morele en sociale verplichtingen. De vormloosheid kan echter suggereren dat de dromer probeert zijn ware vorm te verhullen, en op die manier ook zijn ware aard.

Mantel

Een zeer ambivalent droomsymbool is de mantel, die kan wijzen op ongeoorloofde verhulling en geheimen, op het mysterieuze en het occulte, maar ook op beschermende warmte en liefde. In de freudiaanse psychologie wordt de mantel geassocieerd met ontluikende vrouwelijke seksualiteit.

Kimono

Kimono's worden geassocieerd met het Oosten, met name met Japan. Misschien is er sprake van een connectie met het Verre Oosten, maar wordt de kimono ervaren als een vreemd kledingstuk dan kan de droom ook wijzen op een aspect in onze persoonlijkheid dat vreemd aanvoelt.

Rafelende trui

Een droom waarin een wollen trui rafelt kan ons wijzen op een toenemend gevoel van desillusie tegenover iemand of tegenover een plan of ideaal dat niet uitkomt. De directe associatie van jungianen kan ons inzicht geven in wat de trui voor ons betekent.

Hoofddeksel

Hoofddeksels hebben diverse betekenissen: volgens Jung symboliseren hoofddeksels gedachten en is het type hoofddeksel dat we dragen dus heel belangrijk. Een verandering van hoofddeksel of de aanschaf van een nieuw kan een stadium van persoonlijke ontwikkeling aangeven waarin we openstaan voor nieuwe ideeën en bereid zijn achterhaalde ideeën overboord te gooien.

Riem

Een riem houdt onze kleren op hun plaats en kan dus staan voor sociaal decorum en de behoefte om de schijn hoog te houden. Angstdromen waarin een riem voorkomt die kapot is, wijzen erop dat we ons zorgen maken over het behoud van ons imago en over de angst om sociale normen te overtreden. Riemen kunnen ook strak en belemmerend zijn, en een droom over het losmaken van een riem kan wijzen op de wens om te ontsnappen aan de beperkingen die worden opgelegd door onszelf of door de morele normen van de gemeenschap waarin we leven.

Tulband

Voor moslims en sikhs staan tulbanden voor status en deel uitmaken van een bepaalde gemeenschap. Ze suggereren waardigheid en mannelijke dominantie. Mensen die geen lid zijn van een geloof of etnische groep waarin tulbanden worden gedragen, associëren dit kledingstuk wellicht met het onbekende, exotische. Misschien verlangt de dromer naar nieuwe horizons en ervaringen.

Laarzen

Iedereen kent de uitdrukking 'iets aan zijn laars lappen'. Afhankelijk van de context kan een droom over een laars wijzen op de behoefte om zich nergens iets van aan te trekken, een negatieve invloed uit ons leven te weren of op een verandering in onze status of financiële situatie. Laarzen met hoge hakken of die hoog dichtgesnoerd zijn, kunnen wijzen op seksuele dominantie, terwijl wandelschoenen die onze voeten beschermen en steun bieden wanneer we over ruw terrein lopen de behoefte aangeven om beide benen op de grond te houden in een spannende periode.

Bont

Wanneer we bont dragen in onze droom kan dit wijzen op de illusie van grandeur of nostalgie naar een glorieus verleden. Bij de randen aan toga's van rechters en koningen is wit hermelijn het traditionele symbool voor morele zuiverheid, dat wellicht verwijst naar kinderlijke onschuld of het streven naar een moreel of sociaal belangrijke positie. Voor freudianen staat bont symbool voor schaamhaar, maar een droom waarin de dromer in een warm kledingstuk van bont is gewikkeld, duidt op de behoefte om terug te keren naar de warmte en veiligheid van de baarmoeder.

Harnas

Een droom waarin iemand een harnas draagt, geeft aan dat we overdreven beschermend zijn. De dromende geest duidt er wellicht op dat we, met iets meer zelfvertrouwen, openheid en sociaal gemak, niet zo krampachtig hoeven te proberen onszelf te beschermen tegen de buitenwereld.

Ondergoed

Ondergoed kan verwijzen naar onbewust gedrag en vooroordelen – gevoelens die we liever bedekt houden. De kleur en staat van het ondergoed kunnen belangrijke aanwijzingen geven over de specifieke kenmerken van deze gevoelens.

Schaamte om te worden gezien in ondergoed kan erop wijzen dat we deze kant van onszelf liever niet openbaar willen maken.

Jurk of rok

Voor westerse vrouwen is het heel normaal om een broek te dragen in plaats van een rok, en dus betekent het voorkomen van een jurk of rok in een droom, zowel voor mannen als voor vrouwen, een behoefte om de vrouwelijke aspecten van de psyche te uiten. Sommige jurken hebben een specifieke connotatie. Zo zal een droom waarin we een prachtige baljurk dragen ons wellicht stimuleren om onze beste persoonlijke kwaliteiten te gebruiken en te tonen.

Ring

Het huwelijkssymbool, de ring, staat voor trouw en voldoening. Het is ook het teken voor de levenscirkel, met een verwijzing naar eeuwigheid.

Korte broek

Een korte broek verwijst naar jeugd en onervarenheid, dus een droom waarin je een korte broek draagt, betekent vaak dat je nog niet klaar bent voor een bepaalde uitdaging in je leven.

Mensen

In ons leven ontmoeten we waarschijnlijk heel veel mensen in onze dromen. Sommige dromen geven een duidelijk beeld van een persoon die we kennen en met wie we omgaan; deze dromen gaan waarschijnlijk over onze relatie met die persoon. Andere zijn abstracter en verbeelden bepaalde eigenschappen, wensen of archetypische thema's. Weer andere staan voor aspecten van het zelf van de dromer. In een droom wordt echter zo spaarzaam omgegaan met symbolen dat één persoon tegelijkertijd alle drie de functies kan vertegenwoordigen.

Vaak is een gedetailleerde analyse nodig om de precieze functie van een droompersonage vast te stellen, maar zoals op veel terreinen van droomwerk het geval is zijn bepaalde algemene zaken duidelijk.

Jung stelde dat een droomgezel die in verscheidene gedaanten voorkomt in meerdere dromen, maar duidelijk hetzelfde personage is, aspecten van het wezen van de dromer weerspiegelt. Door in je wakende leven na te denken over het gedrag van dit personage in de verschillende droomomstandigheden, krijgen we niet alleen inzicht in onszelf, maar ook in de indruk die we op anderen maken.

Jung stelde verder dat de regelmatige terugkeer van een droompersonage dat alles is wat de dromer niet wil zijn, een symbool is van het archetype van de Schaduw – de verborgen, onderdrukte kant van het zelf (blz. 105). Echter, niet alles van de Schaduw is negatief: door de Schaduw te accepteren erkennen we onze duistere kant en kunnen we die integreren in ons bewuste. Negeren we echter de Schaduw, dan kan onze duistere kant telkens weer opduiken in dromen, vermomd in steeds destructievere vormen.

Wanneer in onze dromen mooie of krachtige mannen of vrouwen voorkomen, staan deze vaak symbool voor de archetypen Anima en Animus (blz. 103), de vrouwelijke en mannelijke principes die samengaan op het niveau van het collectieve onbewuste. Dergelijke figuren moedigen ons aan om de mannelijke of vrouwelijke aspecten van onze persoonlijkheid te ontwikkelen die op dat moment het zwakst zijn, en om kracht te putten uit die eigenschappen.

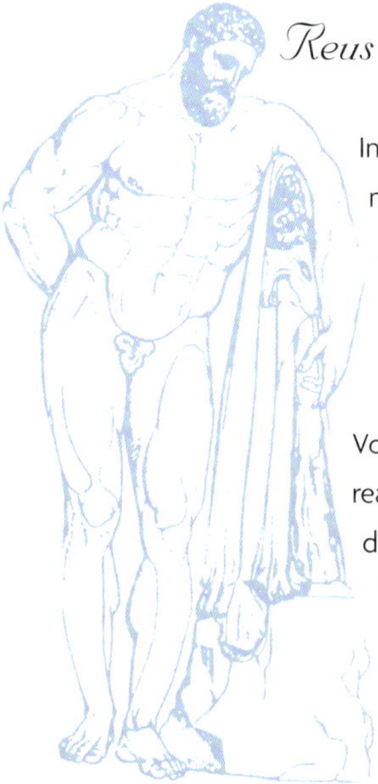

Reus

In volwassen dromen kunnen reuzen een symbool zijn van herinneringen aan de kindertijd, wanneer volwassenen hoog boven de dromer uittorenen. Voor kinderen kunnen ze de realiteit weerspiegelen, zoals de boze kant van de vader. Maar hoewel droomreuzen ontzagwekkend zijn, zijn ze niet onvriendelijk. Sommige zijn het symbool van de zorg en bescherming die de sterken kunnen bieden aan de zwakkeren. Als je jezelf ziet als een Gulliver-achtige reus, omringd door kleine mensjes, kan dit wijzen op gevoelens van superioriteit of een verhoogd zelfbewustzijn. Misschien blaas je je onzekerheden te veel op?

Oude man

Een oudere man is vaak een vertegenwoordiging van het archetype de Oude Wijze (blz. 103–104). Hij kan ons de weg wijzen, bijvoorbeeld als we in moeilijke situaties niet weten wat we moeten doen. Als hij er echter uitziet als een ziek, zwak persoon, kan dit een symbool zijn van de angst om ouder te worden of voor de dood, of bij mannelijke dromers voor impotentie.

Heks

Het oude vrouwtje komt overal ter wereld in elke mythe en elk volksverhaal voor. De heks, nauw verwant aan het jungiaanse archetype van de hebzuchtige Grote Moeder (blz. 106), kan zowel hulpvaardig als kwaadaardig zijn, maar ze vertegenwoordigt in beide gevallen onze latent aanwezige innerlijke wijsheid. Voor freudianen betekent de heks angst voor castratie of onopgeloste problemen met je moeder.

Bedelaar

De verschijning van bedelaars in onze dromen kan ons doen herinneren aan ongepaste materiële aspiraties of staat misschien symbool voor ons lage zelfbeeld. Zij staan onder aan de sociale ladder en zijn afhankelijk van anderen; hun leven zit echter niet vast aan de dagelijkse routine van werken en slapen. Misschien weerspiegelt een droom waarin een bedelaar of zigeuner voorkomt een verlangen om te ontsnappen aan de saaiheid en banden van het dagelijks leven.

Zwijgende getuige

Een persoon die wel aanwezig is in een droom maar niet wil of kan praten, duidt vaak op een verstoorde balans tussen gevoelens en intellect, waarbij het ene het andere overheerst en de persoon monddood of disfunctioneel maakt.

Vandaal

De jonge herrieschopper, die weigert om in de pas te lopen met de regels van de maatschappij, kan symbool staan voor het verlangen om oude conventies of gewoonten die onze persoonlijke groei in de weg staan van ons af te gooien. Ook kan het een symbool zijn van onze destructieve laag, en in Jungs visie een stem geven aan de duistere kant van de persona, de Schaduw.

Weduwe

Freudianen zien de weduwe, die haar man en daarmee de mannelijke energie in haar leven heeft verloren, als symbool van de angst voor castratie bij de man. Algemener kan de weduwe staan voor dood of een groot verlies.

Kind

Dromen waarin we onszelf zien als kind grijpen vaak terug op onze verloren kinderlijke onschuld en de onvoorwaardelijke liefde van onze ouders. Een kind kan ook aspecten van onszelf weerspiegelen – misschien een gevoel van kwetsbaarheid of een speelse kant van ons karakter die we niet vaak uiten, of een verlangen om na een verkeerde keus een nieuwe start te maken.

Familie

Wanneer onze hele familie verschijnt in een droom, verlangen we wellicht naar de warmte en saamhorigheid van thuis. Als we wel onze familie zien, maar niet als groep, kan dit duiden op een gevoel van vervreemding.

Moeder

De moeder is een complex droomsymbool met vele betekenissen. Op een universeel, archetypisch niveau is Moeder Natuur een symbool voor wedergeboorte, vruchtbaarheid en voortgang. Ze geeft leven en voedt, en toch symboliseert

ze dood en de terugkeer tot de aarde, hetgeen moet gebeuren om plaats te maken voor nieuw leven. Het archetype van de Grote Moeder (blz. 106) heeft volgens jungianen een groot effect op onze psychologische groei. Volgens Freud kan de moeder echter zowel het onderwerp van een onbewust verlangen zijn als een figuur die symbool staat voor de angst voor castratie. Dromen over onze moeder kunnen van allebei een beetje zijn, of ze gaan letterlijk over de relatie met onze moeder. Hoe we met haar omgaan in onze dromen kan verwijzen naar onze huidige relatie met haar en naar zaken die we vanuit onze opvoeding hebben meegekregen.

Vader

Net als bij onze moeder kan een droom waarin onze vader een belangrijke rol speelt eenvoudig duiden op hoe onze relatie met hem is. De gevoelens die we ervaren tijdens de droom – bijvoorbeeld boosheid of plezier – zijn van wezenlijk belang bij het duiden van de droom. Freudianen zien dromen over onze vader echter als expliciet seksueel – of als uiting van seksuele onzekerheid, of als een incestueus verlangen, afhankelijk van de vraag of de dromer man of vrouw is. Jungianen zien de vader meer als het archetype van de Oude Wijze.

Tweeling

Een tweeling staat vaak voor verschillende aspecten van de persoonlijkheid van de dromer. Een gelukkig tweetal wijst erop dat tegenovergestelde aspecten met elkaar zijn geïntegreerd en in harmonie zijn. Als we echter dromen over een ruziënde tweeling, kan dit duiden op een innerlijk conflict.

Broer of zus

Dromen over onze broer of zus kunnen duiden op de herinnering aan jeugdige ruzies en jaloezie. Hoewel de intensiteit van de rivaliteit schokkend kan zijn wanneer deze in onze dromen tot uiting komt, kan deze zijn oorsprong vinden in onze vroegere ervaringen en hoeft het niet te betekenen dat deze strijd nog steeds voortduurt.

Oom of tante

Wanneer onze onbewuste gevoelens ten opzichte van onze ouders in een droom tot uiting komen, vervangt onze dromende geest onze moeder en vader vaak door een tante en een oom. Jungianen kunnen een oom zien als de Animus van een vrouweijke dromer en een tante als de Anima van een mannelijke dromer (blz. 103).

Grootouders

Onze grootouders kunnen staan voor de jungiaanse archetypen van de Oude Wijze en de Grote Moeder. Ze kunnen ook symbool staan voor de veiligheid en zekerheid van familiale liefde. Vaak is onze relatie met onze grootouders minder krampachtig dan die met onze ouders, en hun verschijning kan wijzen op een verlangen naar een gelijksoortige, zorgeloze relatie.

Vrienden

Een droom waarin onze vrienden ons niet herkennen of net doen alsof ze ons niet kennen, kan duiden op een gebrek aan zelfvertrouwen. De droom kan echter ook wijzen op twijfels die we kunnen hebben over een bepaalde relatie. Of het is een manier van de dromende geest om ons op vriendelijke wijze te herinneren aan de vergankelijkheid van populariteit.

Publiek

Als we dromen dat we begroet worden met een daverend applaus, hebben we misschien een doorbraak bereikt in ons wakende leven. Wellicht kregen we eindelijk de erkenning die we verdienen. Als we echter uitgejouwd worden door een boze menigte, kan dit wijzen op gevoelens van paranoia of een laag zelfbeeld.

Gezelschap

Een droom waarin we gastheer of -vrouw zijn op een feest of bijeenkomst kan wijzen op een

hevig verlangen naar aandacht of de liefde van vrienden. De droom kan ook een uiting zijn van de wens om banden met vrienden of familie aan te halen. Als er iemand is die niet langer een rol speelt in ons leven, misschien een vroegere partner of een overledene, kan de dromende geest ons gevoel van verlies naar boven halen.

Werkgever

Een droom over een werkgever kan duiden op onrust op de werkvloer, maar kan ook symbool zijn voor aspecten in onze relatie met onze ouders. Als we vragen om loonsverhoging kan dit verwijzen naar een hevig verlangen naar aandacht van onze ouders of naar duidelijkere uitingen van liefde. Worden we daarentegen ontslagen, dan kan dit een uiting zijn van de pijn van ouderlijke afwijzing. Dromen waarin we zelf werkgever zijn, kunnen voortvloeien uit een verlangen naar een dominante seksuele relatie.

Vreemdelingen

Wanneer iemand of een groep een onverstaanbare taal spreekt, kan dit aspecten van het zelf symboliseren die we moeilijk kunnen begrijpen of accepteren. Bovendien kan deze droom erop wijzen dat we problemen hebben met communicatie, of in het algemeen, of met iets of iemand in het bijzonder.

Huurbaas of huurbazin

Een droombeeld van een huis wordt vaak gezien als symbool van het zelf. Dromen dat iemand anders ons huis bezit, kan erop duiden dat we geen controle hebben over ons leven. Misschien is de vader, moeder of partner duidelijk dominant, of misschien hebben we het gevoel dat onze daden worden gedicteerd door omstandigheden in plaats van onze wil.

Beroepen

Beroepen zijn altijd duidelijk aanwezig in dromen. Of het nu gaat over ons eigen beroep of over dat van andere droompersonages, dergelijke dromen hebben gewoonlijk te maken met aspecten van de persoonlijkheid van de dromer. De werkplek is een rijke bron vol metaforen, voorzien van voorwerpen en handelingen waaruit de droom vrijelijk kan putten om bepaalde doelen duidelijk te maken.

Een bezoek aan de opticien, bijvoorbeeld, kan duiden op een kortzichtige visie op relaties of op andere persoonlijke of professionele zaken. Wellicht zien we onszelf kranten verkopen aan ongeïnteresseerde voorbijgangers – een droom die kan wijzen op ons onvermogen om anderen attent te maken op bepaalde belangrijke informatie en die ons duidelijk maakt dat we behoefte hebben aan een andere benadering. Een droom waarin we solliciteren naar een nieuwe baan kan hetzelfde symboliseren, waarbij de nadruk ligt op het feit dat de dromer steeds gefrustreerder zal worden als hij zijn leven geen duidelijker richting geeft.

Vaak dromen we van een actuele bezigheid of project, waarbij de droom kan aangeven dat we op bepaalde gebieden niet productief genoeg functioneren, vaardigheden onbenut laten of mogelijkheden laten liggen.

Zelfs dromen die gewoon de afgelopen dag doornemen, zijn vaak bedoeld om ons erop te wijzen waarom dingen goed of slecht gingen, of hoe we zaken in de toekomst beter kunnen doen.

Bureaucraat

Een droom over bureaucratie duidt vaak op een gebrek aan emoties, of van de dromer zelf, of van degenen met wie hij te maken heeft. De droom kan aandringen op een persoonlijker en meer betrokken benadering ten opzichte van relaties. Bovendien kan de droom wijzen op onvermogen van de dromer om complexe zaken te begrijpen of duiden op de noodzaak om meer aandacht voor detail te hebben. Algemener kan gesteld worden dat bureaucraten symbool staan voor de onpersoonlijke wereld waarin we niet kunnen slagen, niet in ons werk, noch in creatieve projecten of zelfs in het oplossen van dagelijkse probleempjes.

Ingenieur

We kunnen de ingenieur zien als een bevrijder, die bij problemen de tandraderen van onze wereld weer goed afstelt. Hij werkt in de diepten van ons onbewuste en kan voorkomen dat destructieve neigingen ons bewuste verstoren. Hij kan een intieme vriend, een dierbaar familielid of een vertrouwenspersoon zijn.

Tandarts

Het zal je wellicht niet verbazen, maar vaak is kiespijn de reden om over een tandarts te dromen. Wanneer we geen problemen hebben met ons gebit, is de freudiaanse uitleg dat een droom waarin een kies wordt getrokken een uiting is van angst voor castratie. Jung daarentegen stelde dat als vrouwen over de tandarts dromen dit symbool staat voor een kind baren – de dromende geest verandert de tandarts symbolisch in een verloskundige.

Huizenbouwer

Er wordt meestal van uitgegaan dat huizen symbool staan voor het zelf, dus als we dromen dat er iemand werkt aan een huis, kan dit duiden op onze vader of op iemand die een vergelijkbare invloed op ons leven had. Als het huis nog niet voltooid is, kan de droom een weerspiegeling zijn van onze kindertijd en de afhankelijke relatie die we hadden met onze ouders.

Dirigent

Afhankelijk van de sfeer en context kan een droom waarin we dirigent zijn van een orkest duiden op de wens om anderen voor te schrijven hoe ze moeten handelen, of op een verlangen om meer controle te hebben over onze eigen creatieve impulsen. De religieuze associatie van de muziek kan betekenen dat we verlangen naar spirituele begeleiding.

Monteur

Een monteur die omringd wordt door een groot aantal auto-onderdelen kan symbool staan voor de frustrerende taak om ons leven op orde te houden. De ogenschijnlijk onmogelijke taak om een motor in elkaar te zetten, of het juiste gereedschap te vinden om de oorzaak van het probleem te ontdekken, weerspiegelt de uitdaging om om te gaan met de chaotische gebeurtenissen van alledag.

Mijnwerker

Alles wat zich ondergronds afspeelt, heeft vaak betrekking op het onbewuste. De mijnwerker, die diep onder de grond werkt, kan wijzen op een proces van zelfontdekking. Op dezelfde manier waarop erts wordt verwerkt tot edelmetaal wanneer het eenmaal aan de oppervlakte is gebracht, dient de wijsheid die we onthullen binnen ons onbewuste worden overgedragen naar het bewuste om ons inzicht te verschaffen.

Zeeman

Vanwege hun band met de zee en daarom met het onbewuste symboliseren zeemannen de avontuurlijke kant van de dromer en het verlangen om onbekende terreinen van het innerlijke zelf te ontdekken.

Apotheker

Jung zag een verband tussen de oude alchemie en innerlijke transformatie. De moderne alchemist is de apotheker, symbool voor de zoektocht van de dromer naar spirituele voldoening.

Dokter

Als we in een droom patiënt zijn, wordt de dokter vaak het onderwerp van wat psychoanalytici ‘overdracht’ noemen, waarin we bijvoorbeeld emoties die te maken hebben met de relatie met onze ouders, ofwel in het verleden, ofwel in het heden, richten op de dokter.

Admiraal

Freudianen zien een schip als een fallisch symbool. Daarop voortbordurend kan een droom waarin we admiraal zijn duiden op een behoefte aan meer controle in een relatie, of zelfs een verlangen om een partner seksueel te overheersen.

Loodgieter

De buizen en kleppen in een huis kunnen symbool staan voor zowel onze interne organen als de werking van onze geest en emoties. Een droom waarin een loodgieter voorkomt kan erop wijzen dat we ons zorgen maken over onze gezondheid of symbool staan voor een psychologische of emotionele ontdekking en heling.

Verpleegster

Onze interpretatie van een verpleegster in een droom hangt af van of we onszelf zien als patiënt of als verzorger. In het eerste geval kan de droom wijzen op een verlangen om bemoederd te worden; in het tweede geval kan het een uiting zijn van onze moederlijke instincten.

Sterfelijkheid

Het collectieve onbewuste gaat eerder voor de langetermijn- dan voor de kortetermijnvisie, en associeert de dood dan ook met verandering in plaats van eindigheid. Op persoonlijk niveau heeft de dood ons echter altijd verontrust, beangstigd en gefascineerd, en dromen van het eerste en tweede niveau (blz. 65–70), die niet ver onder het oppervlak van ons bewuste liggen, kunnen vol zitten met angsten voor onze dood of het verlies van een dierbare.

Angstdromen over onze eigen sterfelijkheid kunnen duiden op de noodzaak om in het reine te komen met dit onvermijdelijke lot. Dromen over de dood van anderen kunnen echter wijzen op algemenere

angsten, bijvoorbeeld om onze persoonlijkheid of ons ik kwijt te raken, of een angst voor een oordeel of goddelijke vergelding, voor de hel, de dood enzovoort.

De dood in dromen houdt soms een precognitieve waarschuwing voor de toekomst in. Abraham Lincoln droomde een paar dagen voor hij werd vermoord over zijn eigen dood en zag zijn lichaam opgebaard liggen in een kamer van het Witte Huis. Veel dromen over de dood hebben echter niets te maken met sterfelijkheid. Sommige kunnen symbool staan voor aspecten van het psychologische leven van de dromer of duiden op een verandering van leefomstandigheden. Symbolen van de dood kunnen ook verwijzen naar onvermijdelijke gebeurtenissen in de toekomst zoals pensioen, ontslag, verhuizing of scheiding.

Als we in onze droom een overlijdensadvertentie lezen van iemand, zijn grafsteen zien of op zijn begrafenis zijn, kan dat duiden op zijn ontslag, het wegvallen van onze genegenheid, of dat die persoon op een andere manier uit de gratie valt.

Droombeelden over onze eigen dood kunnen dezelfde betekenis hebben, hoewel *The Golden Dreamer*, een droomboek uit 1840, dergelijke beelden interpreteerde als voorteken voor een snel huwelijk en succes bij elke onderneming.

Begrafenis

Een droom over een begrafenis verwijst eerder naar een soort afsluiting, zoals de beëindiging van een relatie, dan naar de dood. In geval van een begrafenis van een vreemde kan dit symbool staan voor het verstrijken van tijd, de onomkeerbaarheid van het verleden, of het belang van emotionele onafhankelijkheid.

Symbolen van de dood

Middeleeuwse kerkhoven liggen bezaaid met *momenti mori* (herinneringen aan de sterfelijkheid) en geleerden in die tijd bewaarden ter bespiegeling schedels op hun bureau. Zandlopers en de man met de zeis zijn ook belangrijke symbolen. Dromen over zulke parafernalia kunnen symbool staan voor het feit dat het leven een tijdsspanne heeft waarbinnen zaken dienen te worden voltooid, of voor de eindigheid van bepaalde dingen, zoals een huwelijk.

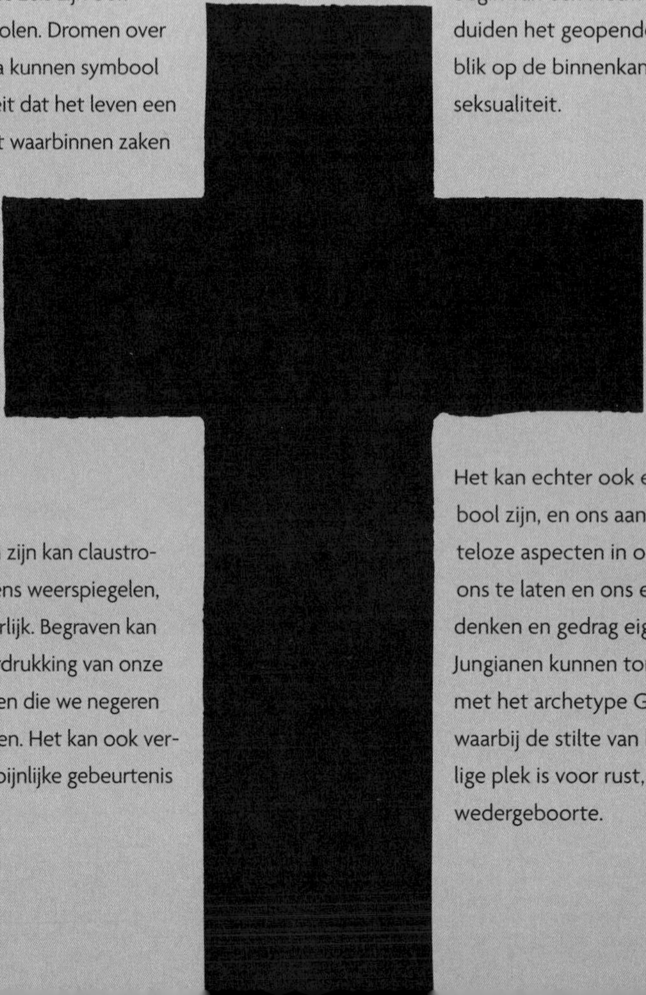

Begrafenis

Levend begraven zijn kan claustrofobische gevoelens weerspiegelen, letterlijk of figuurlijk. Begraven kan duiden op onderdrukking van onze instincten, angsten die we negeren of niet willen uiten. Het kan ook verwijzen naar een pijnlijke gebeurtenis laten rusten.

Doodskist

Het beeld van een doodskist in een droom kan natuurlijk het symbool zijn voor de dood of onze angst voor de dood, maar ook voor het einde van een bepaalde fase in ons leven en het begin van een nieuwe. Volgens Freud duiden het geopende deksel en een blik op de binnenkant op vrouwelijke seksualiteit.

Graf

Een open graf kan een morbide verwijzing zijn naar onze eigen sterfelijkheid. Het kan echter ook een positief symbool zijn, en ons aansporen de nutteloze aspecten in ons leven achter ons te laten en ons een nieuw soort denken en gedrag eigen te maken. Jungianen kunnen tombes associëren met het archetype Grote Moeder, waarbij de stilte van het graf een veilige plek is voor rust, regeneratie en wedergeboorte.

Begraafplaats

Een kerkhof of begraafplaats is niet alleen een plek waar we onze doden begraven en kunnen rouwen, maar laat ons ook herdenken. Een begraafplaats kan symbool staan voor het verenigen van familie, waarbij de continuïteit tussen generaties wordt bevestigd.

In memoriam

Het lezen van je eigen overlijdensbericht komt vrij veel voor in dromen. Het kan duiden op een angst om je sociale status of je baan te verliezen. Als je het bericht leest van iemand anders die je kent, voel je wellicht enige onderdrukte weerzin tegen die persoon.

Ophangen

Dood door ophanging of onthoofding werd door Freud gezien als symbool voor de mannelijke angst voor castratie en dus angst voor impotentie en verlies van seksuele driften. Het kan ook duiden op een schuldgevoel over een misdaad, echt of ingebeeld.

Voorwerpen

De droomwereld staat bol van de voorwerpen, sommige vertrouwd, andere vreemd en onherkenbaar. Alle voorwerpen hebben een betekenis, maar soms zijn het bij droomduiding juist de vage dingen die de beste aanwijzingen geven. Niet elke associatie is echter indirect en sommige voorwerpen verwijzen duidelijk naar het wakende leven. Een camera, bijvoorbeeld, duidt vaak op een wens om, soms krampachtig, het verleden in stand te houden, terwijl voorwerpen verstoppen kan wijzen op een behoefte om je te verschuilen. De functionaliteit van het voorwerp is vaak het belangrijkste aspect, hoewel de vorm, kleur en het materiaal ook een rol kunnen spelen.

Gereedschappen

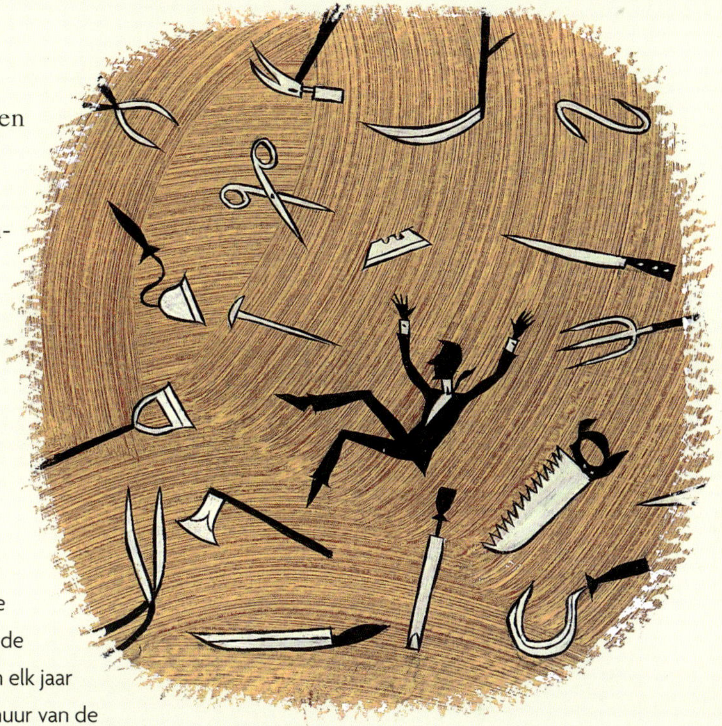

In dromen over prestaties komen vaak gereedschappen voor. Ze kunnen duiden op onzekerheid over onze mogelijkheden of onze aandacht vestigen op onontdekte talenten.

Spijkers

Voor christenen kunnen spijkers symbool staan voor de kruisiging. Ze wijzen op lijden en opoffering. In sommige culturen worden er echter beschermende eigenschappen aan toebedeeld; de Romeinen, bijvoorbeeld, sloegen elk jaar in september een spijker in de muur van de tempel van Jupiter om rampspoed af te weren.

Hamer

Een hamer kanaliseert brute kracht die nodig is om een paal de grond in te krijgen of om een spijker in de muur of een stuk hout te slaan. Hij kan symbool staan voor wilskracht en vastberadenheid, misschien in een morele of ethische zaak.

Bouten en moeren

Bouten en moeren kunnen symbool staan voor de praktische kanten van een taak. Hun verschijning in een droom kan je stimuleren om verder te kijken dan alleen de theorie. Freudianen richten zich op de seksuele betekenis van hun vorm.

Apparaten

De wereld zoals we die kennen zit vol ingenieuze apparaten, van met de hand opwindbare klokken tot de nieuwste computertechnologie. Deze apparaten kunnen allemaal opduiken in onze dromen, of we ze nu vaak gebruiken of niet.

Paraplu

Nat worden van een bui kan misschien onplezierig zijn, maar regen is noodzakelijk voor de vruchtbaarheid van de aarde en daarmee bepalend voor het functioneren van al het leven op onze planeet. In een droom beschutting zoeken onder een paraplu kan erop duiden dat de dromer zichzelf psychologische of spirituele voeding en groei ontzegt. De seksuele symboliek van een paraplu is ofwel vrouwelijk (geopend) ofwel mannelijk (gesloten).

Telefoon

De telefoon staat meestal voor communicatie of het verstoren ervan. Als we niet begrepen worden via de telefoon, kan dit duiden op een onvermogen onze gedachten, gevoelens of ideeën op anderen over te brengen.

Klok of horloge

Het tikken van een klok loopt in de pas met onze hartslag. Vandaar dat een te snel lopende klok symbool staat voor hoog oplopende emoties en een stilstaand uurwerk voor het gebrek eraan. Klokken kunnen ook duiden op de vergankelijkheid van het leven en het onverbiddelijke verstrijken van de tijd.

Computer

Freudianen zien toetsenborden, schijfjes en usb-poorten als symbolen van vrouwelijke seksualiteit, maar jungianen zien computers liever als een schat aan wijsheid die we kunnen delen. Ze kunnen ook in onze dromen verschijnen als symbool voor werkgerelateerde spanningen: een overvolle e-mailbox of rommelig bureaublad kan wijzen op een te grote werkdruk.

Machines

Deskundig gebruik van machines kan duiden op toegenomen persoonlijke macht. Als de dromer verandert in een machine, kan dit wijzen op het kwijtraken van gevoel.

Zaklamp

Zoals we een zaklamp gebruiken om licht te werpen in de duisternis, zo kan de zaklamp in onze dromen symbool staan voor zoeken naar de waarheid en integriteit in een wereld die soms gedomineerd lijkt te worden door corruptie, hebzucht en onverschilligheid. Als een zaklamp flikkert of uitgaat kan dit symbool staan voor verlies van hoop of een lang gekoesterd ideaal.

Radio

De radio is een krachtig droomsymbool, omdat wij, meer dan voor televisie of een krant, onze fantasie moeten aanspreken om ons een voorstelling te maken van de informatie die tot ons komt. Een radio kan daarom symbool staan voor de innerlijke stem van de dromer. Storing of ruis kan erop duiden dat we niet luisteren naar onze innerlijke gedachten of ze niet kunnen horen.

Televisie

Dromen waarin we op televisie komen kunnen duiden op een behoefte om gevoelens en ideeën te uiten die we moeilijk met anderen kunnen delen. Ze kunnen ook een schreeuw om aandacht symboliseren, misschien van een dierbare of een breder publiek. We verlangen wellicht naar roem of een hernieuwde sterrenstatus.

Camera

Camera's bieden ons de kans om herinneringen vast te houden die we anders zouden vergeten. Wanneer dingen te snel gaan of we zitten midden in een radicale verandering, kunnen we dromen dat we foto's nemen van mensen, plaatsen of gebeurtenissen die we ons anders wellicht niet zouden herinneren of die we, misschien onbewust, voor langere tijd in ons geheugen willen houden.

Huishoudelijke artikelen

Sommige voorwerpen gebruiken we dagelijks zonder er veel bij na te denken. Deze artikelen duiken ook vaak op in onze dromen. Het vertrouwde vormt een sterk contrast met het surrealistische en de dromende geest maakt daar goed gebruik van.

Lucifers

Lucifers worden geassocieerd met vuur en licht, en een droom waarin een lucifer wordt afgestreken kan wijzen op een verlangen om iets te doen wat geassocieerd is met deze elementaire symbolen, bijvoorbeeld zuivering, passie of spirituele verlichting. Een vlam die is uitgedoofd of lucifers die niet willen branden kunnen duiden op verlies van geloof of spirituele twijfel.

Boeken

Boeken duiden op wijsheid, intellect of een verslag van het leven van de dromer. Als we de woorden niet kunnen lezen kan dit betekenen dat we geconcentreerder en bewuster in het leven willen staan.

Vuilnisbak

Een vuilnisbak kan duiden op weggestopte herinneringen of verplichtingen, of aspecten van het zelf die we weg willen hebben. Hij kan ook verwijzen naar het verlangen naar een nieuw begin.

Spiegel

Een onbekend gezicht zien in de spiegel wijst vaak op een identiteitscrisis. Een verschrikt gezicht kan duiden op de Schaduw, het archetypische symbool voor de duistere kant van de dromer. Als er iemand uit het beeld verdwijnt, kan dit wijzen op nieuwe aspecten uit het onbewuste, terwijl een leeg spiegelbeeld kan duiden op de schone lei van de geest van de dromer voordat het ego deze heeft volgeklad met verlangens en zelfbeelden.

Glas

Net als een kopje is ook een glas een symbool voor vrouwelijke seksualiteit. Een gebroken glas kan duiden op verlies van maagdelijkheid – traditioneel wordt bij een joods huwelijk een wijnglas gebroken. Jungianen associëren het glas met de Heilige Graal en dus met liefde en waarheid.

Mand

Een met fruit en groente gevulde mand kan symbool staan voor vruchtbaarheid en overvloed. Vanwege de vorm kan een mand ook duiden op vrouwelijke seksualiteit. De betekenis varieert, afhankelijk van de conditie van de inhoud, van jeugdige uitbundigheid tot rijpe volwassenheid.

Zeep

Zeep is een duidelijk symbool van reinheid en kan wijzen op schuldgevoelens die je weg wilt poetsen of een verlangen je leven te ontdoen van negatieve invloeden. Het dreigement uit je kindertijd dat je je mond moest spoelen met zeep, kan in je dromen worden vertaald als een waarschuwing om niet onbeleefd te zijn of kwaad te spreken over anderen.

Spelden en naalden

Spelden en naalden hebben gewoonlijk een seksuele lading en dromen over bijvoorbeeld een draad in een naald stoppen of naaien kan duiden op een seksueel verlangen. We kunnen zelfs in onze vinger prikken en gaan bloeden.

Bezem

Zoals we met een bezem letterlijk het stof uit ons huis vegen, zo staat een bezem in onze dromen vaak voor het opruimen van oude overtuigingen of gewoonten en het begin van een nieuwe visie. Een bezem kan echter ook wijzen op intolerantie en autoriteit – andere meningen weren uit een discussie, bijvoorbeeld, of een organisatie ontdoen van opruiende individuen.

Haarspeld

De freudiaanse interpretatie wijst op de gebogen vorm van een haarspeld en duidt dus op vrouwelijke seksualiteit. Een vrouw die de speld uit haar knot trekt en haar haar zo de vrijheid geeft, is een klassiek beeld van vrouwelijke verleiding.

Kruiwagen

Een kruiwagen moet worden geduwd en staat dus symbool voor actie en energie. We kunnen een kruiwagen gebruiken om onkruid uit onze tuin te halen, of rommel die op ons pad ligt of ons zicht belemmert te verwijderen. Het droomsymbool staat voor verandering en voor het opruimen van bepaalde aspecten uit ons leven of ons zelf die onze persoonlijke of spirituele ontwikkeling in de weg staan.

Tas

Een tas kan symbool staan voor hoop voor de toekomst. Als we ons slap voelen en de tas niet kunnen dragen, voelen we onze verantwoordelijkheden wellicht te zwaar drukken. Als de tas leeg is, kan dit duiden op een gevoel van doelloosheid, of, positiever gesteld, op een verlangen om nieuwe doelen te ontdekken.

Kussen

Een kussen kan worden geassocieerd met iemand die ons beschermt tegen harde slagen. Soms kan het de aandacht vestigen op de noodzaak om zelf te leren omgaan met moeilijkheden.

Stoel

Een kapotte stoel of een stoel die onder ons gewicht bezwijkt, staat voor vrouwelijke seksualiteit en duidt op het einde van een seksuele relatie. Als we als vrouw een stoel in onze dromen gemakkelijk vinden, kan dit erop wijzen dat we seksueel lekker in ons vel zitten, terwijl het voor mannen symbool kan staan voor onze ware seksuele gevoelens voor een partner.

Speelgoed en spelletjes

De symboliek van speelgoed is logischerwijze gerelateerd aan onze kindertijd en misschien aan een nostalgisch verlangen naar het gevoel van toen. Speelgoed kan echter ook andere betekenissen hebben – de wereld van poppen en elektrische treintjes is duidelijk en we dromen hier wellicht over op momenten dat we moeite hebben grip te krijgen op de wereld der volwassenen. Elk stuk speelgoed kan een eigen asscociatie hebben, evenals diverse spelletjes. In volwassen dromen geven spelletjes vaak een microkosmische kijk op het leven van de dromer. Een bordspel symboliseert de voor- en nadelen van een recente ervaring.

Speelgoedtrein

Dromen over een speelgoedtrein kan symbool staan voor ons verlangen controle te krijgen over de richting en impact van ons leven, zelfs als dit betekent dat het dan beperkend, voorspelbaar en mechanisch wordt. Een speelgoedtrein kan ook wijzen op de wens terug te keren naar de kleine, veilige wereld van onze kindertijd, waarin andere mensen verantwoordelijk waren voor ons welzijn.

Marionet

Dromen over speelgoed zijn gericht op greep krijgen op problemen; dromen over poppen gaan over controle uitoefenen op mensen. Handpoppen of marionetten verwijzen naar manipulatie en gebrek aan vrije keus. De dromer kan ontdekken dat de pop symbool staat voor zijn verlangen naar macht over anderen, of een gebrek aan controle over zijn leven: het cliché dat iemand anders aan de touwtjes trekt.

Draaitol

Het hypnotiserende draaien van een tol herinnert aan de tranceachtige staat van diepe meditatie. Een tol is een van de oudste soorten speelgoed en kan in onze dromen opduiken als we in ons onbewuste aan het graven zijn.

Pop

Poppen kunnen staan voor de Anima of Animus, de eigenschappen van de andere sekse in onszelf. Jung meende ook dat poppen soms duiden op een gebrek aan communicatie tussen het bewuste en het onbewuste.

Knuffels

Dromen over knuffels staan vaak symbool voor welzijn, veiligheid of kritiekloze emotionele ondersteuning. De dromer kan op zoek zijn naar emotionele acceptatie door anderen, terugvoerend naar de relaties uit zijn kindertijd. De droom kan ook duiden op een weigering het echte leven onder ogen te zien of op de behoefte aan minder geforceerd of tastbaarder contact met dierbaren.

Schommel

Freudianen brengen de ritmische beweging van een schommel in verband met seksuele gemeenschap. Anderen denken echter dat een schommel verwijst naar de spannende, onvoorspelbare en gevarieerde aard van het leven.

Dobbelsteen

Dobbelstenen staan voor toeval en kunnen een uiting zijn van het gevoel dat onze persoonlijke of professionele groei gestuurd wordt door toeval en willekeur in plaats van vaardigheid of inspanning.

Bordspel

Dromen over een bordspel duiden vaak op de groei die de dromer doormaakt in zijn leven, met al zijn ups en downs. De droom kan een uitkomst van een wens zijn, waarin de dromer strijdt en wint, of een uiting zijn van angst voor competitie. Bepaalde spelletjes dragen hun eigen symboliek, bijvoorbeeld zonde en seksualiteit in Snakes & Ladders, of het gevecht tussen het onbewuste en het bewuste in backgammon (thuisveld en buitenveld).

Wapens

Wapens zijn een symbool van zowel autoriteit als mannelijkheid. Hoewel freudianen niet zullen aarzelen om te wijzen op de seksuele betekenis van wapens, zijn er ook andere mogelijkheden: ze kunnen duiden op frustratie en agressie, en verwijzen naar de kracht van ons verlangen naar verandering. Ze kunnen ook symbool staan voor een gevecht tegen onderdrukking en voor de wijze waarop we onze mening willen uiten.

Messen en dolken

Het mes is verreweg het bekendste symbool van mannelijke seksualiteit. Het kan verwijzen naar de penetrerende penis en naar het mannelijke aspect in geweld en agressie. Het kan ook symbool staan voor 'het zwaard der waarheid', dat korte metten maakt met valsheid en onverschilligheid, of voor de wil om valse verlangens weg te snijden. De dolk als embleem op de kleding van een Schot of de *kirpan* van een sikh symboliseert traditioneel de mannelijke autoriteit en het vermogen om te beschermen. De dolk wordt ook geassocieerd met moord en kan onderdrukte wrokgevoelens onthullen.

Ineffectief wapen

Een wapen dat ter verdediging weigert af te gaan, duidt op machteloosheid: de droom vertelt ons dat we een betere manier moeten zien te vinden om ons te wapenen tegen de uitdagingen van het leven. Volgens Freud duidde een weigerend wapen op seksuele impotentie of angst ervoor, of wellicht op het verlies van een of andere vorm van macht.

Tank

Een tank plet meedogenloos alles wat op zijn pad komt en zijn verschijning in een droom kan erop duiden dat we niet openstaan voor andermans mening. Vanwege de geschutskoepel en het kanon is het een van de agressiefste fallische symbolen en ons weerwoord ertegen kan duiden op kracht. Een bijkomend paniekgevoel kan een verwijzing zijn naar onderliggende seksuele spanningen, terwijl een gevoel van opwinding symbool kan staan voor een verlangen naar een seksuele ervaring die uitbundiger, zelfs gewelddadig is.

Torpedo

De torpedo is fallisch van vorm en ook een symbool van mannelijke seksualiteit. Wanneer je je via een torpedo onder water voortbeweegt, kan dit wijzen op een verlangen naar een geheime seksuele relatie.

Artillerie

Raketten, kanonnen en veldgeschut zijn duidelijke fallische symbolen. Ze kunnen ook duiden op de obstakels die schijnbaar tegen ons worden gebruikt. Dit kan vooral gelden voor vrouwen in mannenberoepen. Wie zijn die 'kanonnen' die jou de weg versperren?

Pijl en boog

Het wapen van Cupido, de pijl en boog, kan symbool staan voor de spanning die we ervaren bij het in toom houden van onze maatschappelijk onaanvaardbare onbewuste impulsen.

Bijl

Een bijl wordt eerder gezien als creatief dan als destructief symbool: ongewenste groei wordt weggehakt om ruimte te maken voor nieuw leven. Hij kan verwijzen naar de bereidheid van de dromer om af te rekenen met zijn verleden of naar zijn vastbeslotenheid een manier te vinden om een emotionele impasse te doorbreken. Soms kan een bijl symbool staan voor de bijl van de beul – een symbool des oordeels: misschien hebben we een schuldig geweten en moeten we dit sussen, of wellicht willen we wraak nemen.

Scepter

De functie van een scepter is tegenwoordig puur ceremonieel. De puntige staf, vaak versierd met kostbare metalen en edelstenen, is een embleem voor autoriteit geworden. Zijn opwachting in onze dromen kan duiden op een verlangen naar status en verantwoordelijkheid.

Siervoorwerpen

Voorwerpen die niet in de eerste plaats nuttig zijn, maar belangrijk zijn vanwege hun esthetische waarde of antiquiteit vormen interessante symbolen. Vele ervan, zoals voorwerpen met diamanten of robijnen, hebben traditionele associaties (repectievelijk eeuwigheid en macht); andere, zoals schelpen of vazen, kunnen belangrijk zijn vanwege hun vorm of decoratieve uiterlijk.

Schelp

De schelp is een krachtig spiritueel symbool dat vaak duidt op het onbewuste en, vanwege het verband met de zee, de verbeelding. Ook verwijst de schelp naar de goddelijke vrouw: Venus werd uit een schelp geboren voor de kust van Cyprus.

Edelstenen

Edelstenen duiden vaak op een waardevol aspect van de dromer of van andere mensen. Diamanten (blz. 256) staan onmiskenbaar voor het integere, ware zelf. Robijnen betekenen passie, saffieren waarheid en smaragden vruchtbaarheid. Ze kunnen ook verwijzen naar een begraven schat, het archetype van goddelijke wijsheid, verborgen in de diepten van het collectieve onbewuste.

Turkoois

De helderblauwe kleur van turkoois wordt geassocieerd met de lucht en de hemel, en in onze dromen kan dit duiden op onze hogere aspiraties. Turkoois zou beschermende eigenschappen hebben: in Europa en Azië wordt de steen gebruikt om het 'boze oog' te weren.

Parel

Parels worden geassocieerd met water, de maan en schelpen, allemaal symbolen van vrouwelijkheid. Ze verwijzen naar de vrouw, liefde en het huwelijk, en worden zeer gekoesterd. Volgens freudianen symboliseren parels vrouwelijke seksualiteit, vooral binnen in een oester (een beeld van de vagina), of als sieraad om de hals of in de oren. Parels duiden ook op reinheid en worden door jungianen gezien als een verlangen naar spirituele cultivatie en overschrijding van het materiële. In China staan parels voor een duister genie, verborgen in de harde oesterschelp.

Diamant

Diamant wordt gevormd wanneer koolstof onder enorme druk komt te staan. Een diamant in een droom kan er onbewust op duiden dat een stressvolle situatie iets briljants tot gevolg kan hebben. De dromende geest kan het beeld van een diamant in ruw gesteente gebruiken om erop te wijzen dat we verder moeten kijken dan iemands buitenkant om zijn ware aard te zien. Diamanten kunnen ook symbool staan voor helderheid, eeuwigheid en het ware zijn.

Jade

In China zou jade traditioneel staan voor het sperma van de hemelse draak, versteend toen het op aarde viel. De substantie duidt op een vereniging van hemel en aarde, en staat symbool voor vruchtbaarheid en primaire kosmische energieën.

Plastic bloem

Bloemen symboliseren vaak seksualiteit, en nepbloemen kunnen erop duiden dat een partner

misschien niet helemaal eerlijk is geweest over zijn of haar emoties of seksueel gedrag.

Waaier

Aan waaiers kleefde ooit een rijke symboliek; ze werden zelfs gebruikt als communicatiemiddel voor heimelijke (liefdes)boodschappen. Tegenwoordig is deze taal verloren gegaan, maar de waaier zelf heeft zijn associatie met flirten behouden en is nog steeds een symbool van vrouwelijke seksualiteit. Een waaier die in de droom lijkt te zorgen voor verkoeling, kan in werkelijkheid duiden op het aanwakkeren van gevoelens van passie.

Hoefijzer

Hoefijzers zijn een bekend symbool van geluk, en in een droom kan het voorwerp wijzen op toekomstig succes. Hun vorm duidt op seksuele symboliek, die duidelijk wordt in het spel waarbij ze over een ijzeren staak moeten worden geworpen.

Vaas

Vanwege de holle vorm en sierlijke belijning is een vaas een mogelijk symbool van vrouwelijke seksualiteit. De vorm kan ook een verwijzing zijn naar het hart en de emoties.

Eten en drinken

Eten symboliseert voeding, of dat nu fysiek, mentaal, emotioneel of spiritueel is. Verschillende soorten voedsel hebben een verschillende betekenis. Een glanzend rode appel, bijvoorbeeld, moet heel anders geïnterpreteerd worden dan een sappige rode biefstuk. Bovendien kan eten ook talloze persoonlijke associaties oproepen. Of je nu wel of niet houdt van een bepaald soort voedsel, of je als kind gedwongen werd iets te eten, of dat je werd verteld dat het heel gezond voor je was, al die dingen spelen een rol als je droomt over voedsel.

Ham of bacon

Voor veel mensen vormt bacon onderdeel van een stevig ontbijt, en ook ham maakt vaak deel uit van de maaltijd. Joden en moslims mogen echter geen varkensvlees eten en als deze vleessoort in hun dromen opduikt, kan dit duiden op de beperkingen van de religieuze moraal of een gevoel oproepen van er niet bij horen of buitengesloten worden.

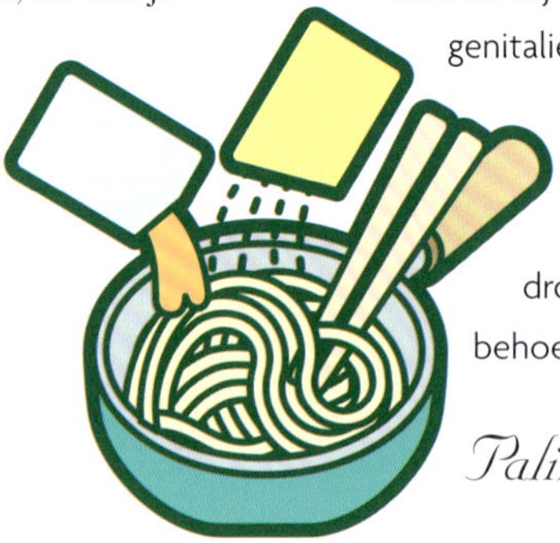

Oester

Voor freudianen duiden oesters, met of zonder parel, op vrouwelijke genitaliën. Ze kunnen ook wijzen op esoterische kennis.

Spaghetti

Spaghetti is een zeer beladen erotisch symbool, met verwijzingen naar schaamhaar en de genitaliën van beide seksen. We kunnen dromen dat we zwemmen in spaghetti of dat ons haar gemaakt is van pasta. Deze dromen duiden wellicht op een behoefte aan seksuele bevrediging.

Paling

Paling is een fallisch symbool en de manier waarop we erop reageren, positief of negatief, zegt iets over onze houding ten opzichte van seks. Een paling in je dromen kan ook een woordspel zijn: 'zo glad zijn als een aal' betekent dat iemand die je kent niet helemaal betrouwbaar is.

Komkommer

Freud, een verstokt roker, zei ooit dat 'soms een sigaar gewoon een sigaar was', hetgeen betekende dat niet alle langgerekte vormen fallisch zijn. Hij zou waarschijnlijk niet hetzelfde hebben gezegd over een komkommer. Als overduidelijk fallisch symbool wijst een komkommer in onze droom op onze seksuele driften.

Druif

Druiven staan vaak voor luxueuze sensualiteit. Het is een fruitsoort die je gemakkelijk kunt delen met anderen en die je speels aan je geliefde kunt voeren, wat duidt op orale seksualiteit. Druiven worden ook geassocieerd met wijn. Wijn symboliseert dronkenschap, wilde feesten en de mogelijkheid om te ontsnappen aan de sleur van alledag. Voor christenen duidt wijn echter op het bloed van Christus en verwijst die eerder naar opoffering en wedergeboorte.

Vijg

Vijgen kunnen symbool staan voor de mannelijke testikels of de vrouwelijke geslachtsorganen, afhankelijk van het feit of ze heel zijn of in tweeën gesneden. In beide gevallen vormen vijgen een symbool van vruchtbaarheid en seksueel verlangen, passend bij deze wellustige fruitsoort gevuld met zaad. Adam en Eva worden traditioneel afgebeeld met vijgenbladeren.

Perzik

In de traditionele Chinese iconografie zijn perziken het symbool van reinheid en onsterfelijkheid; met Nieuwjaar werden perzikboomtakken voor het huis gelegd. In het Westen wijzen perziken echter vaak op begeerte.

Chocolade

Chocolade of ander snoepgoed duidt meestal op jezelf verwennen en belonen. Het kan verwijzen naar schuldgevoelens en dientengevolge naar verschillende genoegens waarvan de dromer vindt dat hij zich deze moet ontzeggen.

Havermout of pap

De vertrouwde pap wordt geassocieerd met onze kinderjaren, toen we onvoorwaardelijke liefde kregen van onze ouders. De kleverige substantie kan echter ook duiden op een emotionele impasse of een gevoel van stagnatie.

Brood

Brood is een krachtig symbool van het leven, de weelderigheid van de natuur en vruchtbaarheid. Of het verwijst naar de mannelijke of de vrouwelijke seksualiteit hangt af van de vorm: een stokbrood is duidelijk fallisch, terwijl een rond brood doet denken aan een zwangere vrouw.

Toast

Geroosterd brood staat voor gezelligheid en kan ons doen denken aan de nostalgie van het gezinsleven uit onze kindertijd. Het kan ons erop wijzen dat we meer moeten genieten van de kleine dingen in het leven en dat we de dagelijkse beslommeringen moeten koesteren. Verbrand brood kan duiden op de spanning die is ontstaan nadat een relatie is misgelopen.

Jam

De dromende geest gebruikt vaak jam om een 'plakkerige' situatie te symboliseren van waaruit we ons moeten bevrijden. Aardbeien- of frambozenjam kan duiden op bloed en daarom op woede of geweld. Ook kan deze verwijzen naar vrouwelijke seksualiteit en de dingen die daarbij horen, zoals maagdelijkheid en menstruatie.

Cornflakes

Cornflakes zijn door middel van reclame onlosmakelijk verbonden met het ideale gezinsleven. Als we over cornflakes dromen, kan dit erop duiden dat we verlangen naar huiselijke harmonie.

Wortel

Wortels zijn duidelijk een fallisch symbool, maar worden ook geassocieerd met goed zicht en vooral met het vermogen om goed te zien in het donker. Een droombeeld van een wortel kan erop duiden dat we zaken beter moeten bekijken om de waarheid te kunnen ontdekken.

Zout

Zout is een krachtig conserveermiddel en heeft opmerkelijk zuiverende eigenschappen. Als het opduikt in onze dromen kan het erop wijzen dat we onszelf moeten beschermen tegen corruptie. Hoewel zout tegenwoordig een vertrouwd product in onze keuken is, was het in het oude Rome en China zo kostbaar dat het gebruikt werd als betaalmiddel. Misschien vestigt ons onbewuste de aandacht op de potentiële waarde van iets of iemand die ons anders wellicht zou zijn ontgaan.

Aardappelpuree

Als we dromen dat we zachte, romige aardappelpuree eten, kan dit een uiting zijn van een nostalgisch verlangen naar onze weldadige kinderjaren. Smakeloze puree met klontjes kan echter verwijzen naar onprettige ervaringen of het ongemak van de puberteit.

Bruidstaart

Een bruidstaart kan symbool staan voor een nieuw, veelbelovend begin. Als we ons heel klein voelen naast een enorme taart, kunnen we ons bedrukt voelen door een verbintenis die we zijn aangegaan, hetzij een huwelijk, hetzij iets anders. Als we onszelf boven op de taart zien staan, kan dit een uiting zijn van onze tevredenheid over onze inspanningen tot nu toe.

Koffie of thee

Koffie of thee drinken is voor veel mensen een dagelijkse gang van zaken; het symboliseert routine en verjonging. Het is een sociale bezigheid en kan worden gezien als een verlangen om meer tijd door te brengen met onze vrienden. Koffie wordt over het algemeen gezien als de drank met de meeste cafeïne en kan duiden op een behoefte aan stimulatie. Thee heeft een huiselijker imago en kan erop duiden dat we meer tijd thuis of met familie moeten doorbrengen.

Banaan

Dit is een duidelijk fallisch symbool. Een droom over het eten of pellen van een banaan is uiterst seksueel beladen. Bananen kunnen echter ook een niet-seksuele symboliek hebben: een bananenschil op ons pad kan duiden op bezorgdheid over de gevaren die we onderweg kunnen tegenkomen.

Boter

Vroeger werd boter gebruikt bij de bereiding van een offermaal, en daarom kan het worden geassocieerd met gebed, afstand doen en heilige energie. In de uitdrukking 'boter op je hoofd hebben' kan het erop duiden dat je zelf misschien niet helemaal vrijuit gaat wanneer je anderen bekritiseert.

Appel

Door het verhaal van Adam en Eva heeft de appel een rijke en gevarieerde symboliek gekregen. Als de verboden vrucht van de boom der kennis kan hij staan voor verleiding, zelfbewustzijn of een verloren paradijs. Er worden ook belangrijke seksuele betekenissen toegeschreven aan het B ijbelse verhaal en een droom over het stelen van appels kan duiden op een verlangen naar een stiekeme seksuele relatie.

IJs

IJs is een zoete traktatie die je meteen moet opeten. Als we het voor later willen bewaren, zal het smelten en kunnen we er niet meer van genieten. De dromende geest kan ijs gebruiken als metafoor voor het feit dat we in het heden moeten leven en moeten genieten van de fijne dingen en mogelijkheden zonder te veel stil te staan bij de teleurstellingen van het verleden of de risico's van de toekomst.

Melk

Melk duidt vaak op vriendelijkheid, levensonderhoud en voeding, vaak geassocieerd met moederliefde. Freudianen kunnen melk zien als symbool van zaad.

Activiteiten en gemoedstoestanden

In onze dromen voeren we talloze activiteiten uit. Sommige kunnen routinezaken zijn zoals eten en reizen, andere zijn ons totaal onbekend. Dromen over vliegen, bijvoorbeeld, kunnen onmogelijk en absurd lijken, maar ze symboliseren vaak belangrijke aspecten uit ons persoonlijke of professionele leven en brengen een heerlijk gevoel van blijheid teweeg. Andere veel voorkomende activiteiten in dromen zijn klimmen, vallen, reizen en ontsnappen uit gevangenschap. Ze hebben allemaal hun eigen betekenis en dienen zorgvuldig te worden geduid in het licht van de sfeer van de droom en de context van de eigen intuïties en ervaringen van de dromer.

Gevangenschap en vrijheid

Dromen zijn vaak gericht op het eeuwige conflict tussen de beperkingen die het leven ons oplegt en onze drang naar vrijheid. Ook een bekend thema is onze behoefte om anderen te domineren door hen gevangen te houden, te bezitten of hen op de een of andere manier aan ons te verplichten. Zelfs een ogenschijnlijk belangeloos verlangen om dierbaren te beschermen of te koesteren kan voortkomen uit een niet-onderkende neiging jezelf te behagen, wat dus in feite dominantie inhoudt. Hoewel het natuurlijk ook oprechte motieven kan symboliseren, duidt het verlangen om anderen te beschermen vaak op de wens van de dromer om hun afhankelijkheid en verplichting veilig te stellen. Deze motieven worden duidelijker weergegeven als de dromer iemand anders in de houdgreep houdt of verstikt, of de sleutel om te ontsnappen achterhoudt.

De behoefte aan vrijheid van de dromer zelf kan ook op deze manier worden gesymboliseerd; nu is hij zelf slachtoffer en worstelt hij om zich te bevrijden van de beperkingen en restricties die anderen hem hebben opgelegd.

Wachten op executie is de extreemste vorm van vrijheidsbeknotting; in dromen kan dit duiden op angst voor spannende gebeurtenissen, zoals een huwelijk of de geboorte van een kind. Vrijheid of gevangenschap kan ook symbool staan voor aspecten uit de psyche van de dromer die door hem te strak worden gehouden of die zijn weggestopt in het onbewuste en eruit willen. Mogelijkheden die de dromer niet onder ogen wil zien, kunnen ook een symbool zijn van dromen over gevangenschap, evenals idealen die worden ontkend of het verlangen naar een spiritueel doel.

Vastgebonden zitten

Als je in een droom vastgebonden zit, kan dit duiden op een behoefte aan vrijheid. Freud zag dit echter als een uiting van onderdrukte seksuele fantasieën – vaak het verlangen naar een vorm van bondage of sadomasochistische seks. Dergelijke dromen kunnen teruggaan op de vroege kindertijd en kunnen betrekking hebben op seksuele dominantie door de ouders of het verlangen om een vader of moeder seksueel te onderdrukken.

Dominantie

Bondage in een droom kan een erotische betekenis hebben, waarbij seksuele verlangens die door de wakende geest niet worden erkend tot uiting komen. In een niet-seksuele context kan het duiden op onderdrukte spirituele aspiraties.

Mensen of dieren bevrijden

Dromen over iemand bevrijden kunnen verwijzen naar het altruïstische verlangen van de dromer om die persoon te verlossen van psychische bondage. Dieren de vrijheid geven duidt vaak op bevrijding van de eigen emoties of primaire energieën.

Gevangenschap

In ons wakende leven zijn de dingen die ons gevangen houden vaak eerder praktisch of psychisch dan fysiek van aard. De gevangenis in onze droom kan duiden op een relatie of baan waarin we ons opgesloten of gefrustreerd voelen. Het beeld kan ook verwijzen naar vaststaande ideeën of overtuigingen, of een moreel standpunt dat onze persoonlijke ontwikkeling aan banden legt.

Bevrijding

Dromen waarin we ons ontdoen van boeien staan vaak voor een verlangen om te worden bevrijd van een situatie of een relatie die ons niet langer gelukkig maakt of voldoening geeft. Als je gelovig bent of een religieuze achtergrond hebt, kun je de spirituele, morele of fysieke eisen die het geloof stelt eerder een last vinden dan een verrijking.

Uit de gevangenis ontsnappen

Ontsnappen uit de gevangenis, misschien over een hoge muur, kan symbool staan voor het verlangen naar ongehinderde expressie, op emotioneel of creatief vlak. Het kan ook duiden op een vastbeslotenheid om onze toekomst in eigen hand te nemen en het besef dat we onze eigen mogelijkheden moeten creëren. Sommige droomduiders zijn echter van mening dat dergelijke dromen een veel duisterder symboliek dragen – een verlangen naar de ultieme bevrijding, een ontsnapping aan het leven zelf. Als je je zorgen maakt of je gedeprimeerd voelt, kan een dergelijke droom een teken zijn dat je hulp moet zoeken, of bij een professional, of bij een dierbare vriend.

De gevangenis verlaten

Een droom waarin we ontslagen worden uit de gevangenis kan gepaard gaan met gevoelens van euforie. Dit kan duiden op een positieve respons op het begin van een nieuwe fase in ons leven en een verlangen naar verandering. Dromen over bevrijding die gepaard gaan met een gevoel van

onrust zijn echter ook niet ongebruikelijk en kunnen duiden op een bezorgdheid over de toekomstige vrijheid – bijvoorbeeld wanneer we het huis uit gaan, of met pensioen gaan.

Slot en sleutel

Het droombeeld van een slot en een sleutel heeft een duidelijke seksuele betekenis en kan een beladen droomsymbool zijn. Als we onszelf een kist zien openmaken, kan dat duiden op seksuele bevrijding; als de kist echter niet open wil, kan dit een teken zijn van seksuele frustratie.

Val

Dieren vormen in al hun onschuld vaak de creatieve of destructieve aspecten van het zelf. Dromen waarin een dier in de val zit – een muis in een muizenval bijvoorbeeld – kunnen erop duiden dat je het gevoel hebt dat je creatieve energieën worden verstikt.

Arrestatie

Als je droomt dat je wordt gearresteerd, duidt dit vaak op schuldgevoelens, vooral als er ook nog eens gestolen waar of vroegere misdragingen aan het licht komen.

Klimmen en vallen

De logica zegt ons dat klimmen in dromen symbool staat voor succes en vallen voor mislukking, maar andere interpretaties kunnen een diepere betekenis onthullen. Voor freudianen staat klimmen in dromen voor een verlangen naar seksuele bevrediging. Ze wijzen ook op aspiraties op andere gebieden. Vallen kan mislukking of niet-gerechtvaardigde trots symboliseren, zoals in de val van Icarus, die te dicht bij de zon vloog, maar het kan ook duiden op een plotselinge en onrustbarende afdaling in het onbewuste.

Struikelen en vallen komen vooral voor tijdens hypnagogische dromen (blz. 50–54), vaak om te waarschuwen voor de gevaren van overberedeneren – te veel leven volgens je verstand en niet kijken naar de meer emotionele aspecten van het leven. Dromers maken zelden melding van pijn als ze de grond raken: of ze ontwaken op tijd, of de grond blijkt zacht en meegevend te zijn. Dergelijke dromen leren ons dat ogenschijnlijke rampen uiteindelijk geen schade berokkenen.

Dromen dat je van een dak of uit een raam valt wijzen vaak op onzekerheid op het gebied van grootse ambities, zowel professioneel als sociaal. Vallen vanaf een brandend gebouw kan erop duiden dat de dromer als gevolg van zijn aspiraties onder enorme emotionele druk staat.

Amplificatie op klim- en valsymbolen kan verbanden onthullen met mythologische archetypen, zoals met de Bijbelse figuur Jacob, die engelen op een ladder tussen hemel en aarde heen en weer zag lopen. In de renaissance werd Jacobs ladder een belangrijk symbool van de Rozenkruisers en alchemisten, meestal afgebeeld met zeven treden (zeven stappen naar de hemel), verwijzend naar het verband tussen het fysieke en het spirituele zelf.

Ladder

Een ladder kan het stijgen naar een hoger bewustzijnsniveau of het afdalen in het onbewuste symboliseren, afhankelijk van het feit of de dromer klimt of daalt. Een ladder in onze dromen kan op dezelfde manier worden geïnterpreteerd wat betreft de opkomst en ondergang van ons geluk.

Lift

Evenals een ladder of trap kan een lift duiden op het verband tussen het spirituele en het fysieke leven, of deze kan een verwijzing zijn naar onze persoonlijke of professionele groei. Een lift heeft een andere betekenis dan andere middelen om te stijgen of te dalen, omdat het suggereeert dat ons lot niet echt het gevolg is van onze eigen inspanningen, maar meer het resultaat van toeval en de activiteiten van anderen. Soms kan de lift verwijzen naar de gedachten die opkomen uit het onbewuste van de dromer, of naar de afdaling erin op zoek naar nieuwe ideeën en inspiratie. Een lift en een schacht hebben ook een seksuele betekenis, vergelijkbaar met die van een trein en een tunnel.

Bergbeklimmen

Bergen vormen een mannelijk aspect, of op een hoger niveau het hogere zelf. Ze verwijzen naar de vastbeslotenheid om de top te bereiken, evenals naar de gevaren en de ijler wordende omgeving. Freudianen zien bergen als een symbool voor borsten en als representatief voor het verlangen naar de omhelzing van onze moeder.

Hoogtevrees

Het duizelingwekkende, draaierige gevoel dat we krijgen als we ons op grote hoogte bevinden, blijkt het droomsymbool van onrust te zijn. Vaak staat het voor de spanning die voortkomt uit een grote verantwoordelijkheid of een overdaad aan werk, zowel privé als zakelijk. De droom kan ons ertoe aanzetten met onze partner of baas te gaan praten over onze zorgen.

Struikelen

Dromen dat we struikelen kunnen erop wijzen dat we het leven te verstandelijk benaderen en bij het oplossen van problemen te veel vertrouwen op logica in plaats van op intuïtie. Een struikeling duidt vaak vooral op emotionele of psychische problemen, waarbij luisteren naar je

verstand in plaats van je gevoel gevaarlijk kan zijn. Het kan ook een metafoor zijn voor maatschappelijke onbeholpenheid.

Trap

Een trap beklimmen is een bekend droombeeld, dat symbool staat voor persoonlijke groei of een carrièremove. Dromen dat we struikelen en van de trap vallen kunnen erop duiden dat we te veel hooi op onze vork nemen, of dat we onze vaardigheden overschatten. Een trap op of af lopen kan ook een spirituele of psychologische betekenis hebben. Jungianen zien een trap als vergelijkbaar archetypisch symbool voor Jacobs ladder uit het Bijbelverhaal (blz. 269), waarin verband wordt gelegd tussen het spirituele en het fysieke leven. De trap af lopen kan ook symbool staan voor de afdaling naar het onbewuste; hoe gemakkelijk we de reis vinden of wat we aantreffen onder aan de trap kan een belangrijke verwijzing zijn naar onze psychische toestand.

Freudianen hebben een andere kijk en zien het stijgen en dalen op een trap als een symbool van gemeenschap tussen man en vrouw. Een gapend trapgat kan op dezelfde manier duiden op vrouwelijke geslachtsorganen en een trap met een balustrade en leuningen kan verwijzen naar de fallus.

Gladde helling

De vrij bekende droom waarin we een neergaande roltrap, een gladde helling of een glibberige ladder proberen op te lopen duidt op het onvermogen succes te behalen op een bepaald gebied; het kan erop wijzen dat je of de pogingen maar moet staken, of een betere manier moet zien te vinden. Je hebt misschien meer verantwoordelijkheid op je genomen dan je aankunt en daardoor kun je zowel het project als jezelf in gevaar brengen.

Reizen

Freud was ervan overtuigd dat dromen over reizen verwezen naar een onderdrukt verlangen naar seksuele gemeenschap, waarbij de details in de droom symbool stonden voor de seksuele voorkeuren van de dromer. Reizen kan echter vele andere aspecten van het leven symboliseren, in het bijzonder de groei richting persoonlijke en professionele doelstellingen.

De bestemming van een droomreis kan mythische of metaforische associaties bevatten. Naar het westen reizen kan wijzen op een reis richting ouderdom en overlijden, en een reis oostwaarts kan duiden op verjonging. Een reis naar Rome, waar spreekwoordelijk alle wegen naartoe leiden, kan symbool staan voor gedachten over geloof, liefde en dood. In andere dromen over doodgaan, gesymboliseerd in reizen, kunnen we ons vastklampen aan onze bagage of die juist moeten loslaten.

Jung ontdekte de verschijning van de archetypische zoektocht naar betekenis en voldoening in 'grand'-dromen van het derde niveau, en ontdekte ook dat dromen over het begin van een reis veel vaker voorkwamen dan dromen over het beëindigen van een reis. De dromende geest onthult de behoefte aan vooruitgang in het leven, maar wijst er ook op dat beslissingen op zowel bewust als onbewust niveau genomen dienen te worden: als deze bewuste beslissingen zijn genomen, worden ze weerspiegeld in het onbewuste en verder in de droom meegevoerd.

Sommige droombeelden die verband houden met reizen onthullen heel gemakkelijk hun betekenis. Veel kan worden opgemaakt uit het soort pad dat zich voor ons uitstrekt. Een open weg duidt vaak op nieuwe mogelijkheden, terwijl een rotsachtig pad kan duiden op obstakels.

Het landschap waar de dromer doorheen loopt tijdens zijn reis onthult aspecten van zijn innerlijke leven. Een droom over een reis door de woestijn, bijvoorbeeld, duidt op eenzaamheid, dorheid of gebrek aan creativiteit. Meer inzichten worden verkregen uit de manier van reizen: Jung ontdekte dat reizen met het openbaar vervoer vaak betekent dat de dromer zich conformeert aan anderen in plaats van dat hij zijn eigen weg probeert te vinden.

Vertrek

De familie achter ons laten om op reis te gaan kan symbolisch zijn voor een nieuwe start of het begin van een zoektocht naar de diepere betekenis van ons bestaan. Als we dromen dat we onze bagage achter moeten laten, betekent dat dat we bereid zijn ons af te wenden van ingewortelde gedachte- en gedragspatronen of van de dingen van alledag.

Op weg

Reizen is vergelijkbaar met het droomsymbool van vertrek en roept een gevoel van vooruitgang op ten opzichte van een persoonlijk, spiritueel of professioneel doel. Freudianen associëren droomreizen met het ritme van beweging en daarom een verlangen naar gemeenschap.

Wandelen

Een wandelende figuur is een klassiek beeld van de eenzame denker, en wanneer deze opduikt in onze dromen kan dit erop wijzen dat het tijd is voor wat diepere overdenking. Het landschap op de achtergrond kan een figuratieve voorstelling zijn van onze zorgen of problemen.

Auto

Freud beschouwde de stabiele gang van een auto niet als symbool van seksueel verlangen, maar als voortgang in de psychoanalyse. De auto kan ook ook symbool staan voor vrije wil of vrijwillige acties van de dromer.

Taxi

Een taxi nemen kan symbool staan voor de neiging om op de achterbank van het leven te gaan zitten en anderen te laten rijden in plaats van te vertrouwen op je eigen inspanningen. Als je zelf achter het stuur zit, kan dit erop wijzen dat je anderen wilt begeleiden op hun persoonlijke reis.

Station

Een station duidt op een bewuste beslissing. De keuzen die we hebben op een bus- of treinstation zijn te vergelijken met die in ons leven – of we nu gaan of blijven, ver weg gaan of dichtbij blijven, onze reis duur of goedkoop maken. Wachten op een station wijst op een gevoel van verwachting, dat kan uitmonden in teleurstelling of een verrassing, afhankelijk van de context.

Trein

Een trein is volgens Freud een symbool van mannelijke seksualiteit; het ritmische geluid en de cadans zouden staan voor gemeenschap, vooral als de trein in de droom een tunnel in gaat. Een treinreis kan ook duiden op onze reis door het leven. De vaste route over de rails kan erop wijzen dat we ons verplicht voelen om een bepaald pad te volgen en geen controle hebben over ons eigen lot. Een trein missen of ontdekken dat je in de verkeerde trein zit, kan wijzen op gemiste kansen, terwijl een kapotte of ontspoorde trein een verhulde zege blijkt te zijn – wat eerst een rampzalige verstoring van onze plannen leek, kan in feite het teken zijn om deze plannen te veranderen en onze eigen weg te bepalen.

Zeereis

Jungianen zien een zeereis als symbool voor de ontdekking van het onbewuste. Als de zee kalm is en onze reis gladjes verloopt, kan dat erop wijzen dat de dromer zich op zijn gemak voelt in de diepe wateren van het onbewuste. Heen en weer geslingerd worden op een ruige zee duidt op sterke emoties. Amplificatie verbindt een droom over een zeereis met het Bijbelverhaal van Jonas en de walvis, dat de nadruk legt op het weglopen voor boodschappen uit het onbewuste.

Schip

Freudianen zien de zee als afspiegeling van de baarmoeder en een schip dus als een uiterst beladen seksueel symbool. Ze koppelen de omvang van het schip aan de grootte van het libido, de steven aan de fallus en het boegbeeld aan borsten. Een stormachtige zee die het schip heen en weer slingert kan duiden op een grote passie of een tumultueuze fase in het seksleven van de dromer. Een zinkend schip kan duiden op een overweldigend verlangen of een mislukte liefde.

Veerboot

Een veerboot kan symbool staan voor de overgang van de ene fase van bewustzijn naar een volgende. De veerman, verwijzend naar Charon in de Griekse mythologie, moet worden betaald en kan staan voor het archetype van de Oude Wijze.

Haven

Havens komen voor in dromen over vertrek en kunnen erop wijzen dat we onze vertrouwde omgeving verlaten en een nieuwe richting inslaan of beginnen met onszelf te ontdekken. Als we dromen dat we na een lange reis aankomen in een haven, kan deze veiligheid symboliseren na een turbulente tijd in ons leven.

Rivier oversteken

Amplificatie associeert het oversteken van een rivier met de vijf rivieren waarin volgens de Griekse mythologie de zielenrust van de levenden wordt verbonden met die van de doden. Het droomsymbool van een rivier oversteken kan verwijzen naar de dood of naar de overgang tussen de verschillende fasen van het bewuste en een reis naar de diepste diepten van onze geest.

Roeiboot of kano

Freudianen benadrukken de fallische symboliek van een kano, waarbij peddelen symbool staat voor masturberen. Andere interpretaties verbinden een roeiboot met onze persoonlijke-ontwikkelingsgroei en belichten de moeite die deze ontdekkingsreis kost, vergelijkbaar met roeien.

Paard en wagen

Een paard en wagen die te snel gaat, waarbij de paarden op hol zijn geslagen, kan een angstig droombeeld zijn. Het kan erop duiden dat we geen controle hebben over onze eigen lotsbestemming. Als we dromen dat we in een oude koets rijden kan dit erop wijzen dat onze persoonlijke ontwikkeling of professionele groei wordt gehinderd doordat we blijven hangen aan een oud gedachtepatroon of manier van doen.

Bus

Jungianen zien elke vorm van openbaar vervoer als symbool voor de neiging om ons te conformeren, te doen wat ons gezegd wordt en de menigte te volgen. Een droom over een bus kan ons er dus toe aanzetten om onafhankelijker te denken en te doen.

Motorfiets

Een motorfiets is een overtuigend symbool van onafhankelijk handelen. Volgens Jung is de dromer die zichzelf op een motorfiets ziet zitten vastbesloten zijn eigen richting te bepalen. Hoe sneller de motorfiets gaat en hoe spannender de rit is, hoe sterker het verlangen naar

onafhankelijkheid is. Motorfietsen en fietsen staan ook symbool voor de behoefte aan balans – we moeten een evenwicht bewaren tussen de krachten van de bewuste en de onbewuste geest om groei te kunnen doormaken.
Freudianen zijn gericht op de seksuele symboliek van schrijlings op een brullende machine zitten en zien het droomsymbool als teken van een sterk verlangen naar seks.

Wiel

Voor boeddhisten en hindoes symboliseert een wiel de cyclus van leven, dood en wedergeboorte. Het verwijst ook naar moraal en waarheid, en het achtspakige Wiel van Dhamma is voor boeddhisten het symbool voor de leer van Boeddha: volg het pad naar verlichting. Jungianen associëren het wiel met krachtige creatieve energie, symbool van de zon, en daarom zien ze het libido als bron van leven.

Kruising

In dromen staat een kruising voor een beslissingsmoment, net als in het wakende leven. Beslissingen hebben zowel een positief als een negatief aspect: de weg die we kiezen, bijvoorbeeld met een nieuwe partner of een nieuwe baan, leidt tot een afwijzing van wat voorafging. Afhankelijk van de context en sfeer kan een kruising ook een samenkomst van mensen of ideeën symboliseren, of juist het uiteengaan ervan.

Spitsuur

Een drukke menigte die onze voortgang belemmert is een van de ergernissen van het stadsleven en deze stress kan tot uitdrukking komen in onze dromen. Een droom waarin we ons door een drukke menigte worstelen of vastzitten in het verkeer kan symbool staan voor onze frustratie over de langzame groei van een belangrijk project.

Rennen

De betekenis van rennen in een droom hangt sterk af van het feit of we wegvluchten of ergens naartoe rennen. Rennen om te ontsnappen aan achtervolgers is een bekende angstdroom (blz. 173), terwijl ergens naartoe rennen kan duiden op ongeduld om een gewenst doel te bereiken.

Weg

Een weg in onze droom staat meestal symbool voor onze reis door het leven. Een smalle weg kan duiden op de morele of praktische beperkingen die onze keuzen bepalen, terwijl een open weg verwijst naar vrijheid. Als we dromen over een snelweg, willen we wellicht onze ambities of spirituele groei versnellen.

Pad

Obstakels in onze groei naar spirituele verlichting of voldoening kunnen worden weergegeven in een droom over een steil of rotsachtig pad. In vergelijking met het Bijbelse brede pad dat naar de ondergang leidt en het smalle pad dat naar het leven voert, onthult een droom echter soms dat een ogenschijnlijk moeilijk pad toch het juiste is.

Jaagpad

Een paard op een jaagpad dat een zware schuit met zich meetrekt kan verwijzen naar het gevoel dat we neergedrukt worden door de last van onze verantwoordelijkheden. Het kan ook betekenen dat onze levensreis wordt bemoeilijkt door donkere herinneringen of zware emoties.

Zwemmen

Grote watermassa's worden vaak gezien als symbool voor het water in de baarmoeder of de diepten van het onbewuste. Zwemmen kan daarom wijzen op geboorte of het verlangen terug te keren naar de baarmoeder. Jung zag zwemmen naar land als het symbool van spirituele wedergeboorte. Tegen de stroom in zwemmen kan duiden op een persoonlijke worsteling.

Vliegen

Dromen over vliegen brengen vaak een euforisch gevoel teweeg en sommige dromers spreken over een vreemd soort herkenning, alsof vliegen een vaardigheid is die ze altijd hebben bezeten, maar die ze op de een of andere manier zijn vergeten. Dromen over vliegen worden bijna nooit als onprettig of angstig ervaren, en het gevoel van vrijheid en euforie dat eruit voortkomt laat de dromer openstaan voor de oneindige mogelijkheden van het leven.

Dromers vliegen niet altijd alleen, maar worden soms omgeven door vrienden of onbekenden, waarmee wordt gesuggereerd dat anderen hun inzicht in de ware aard van dingen delen. De dromer kan vergezeld worden door een dier of een voorwerp, wellicht symbolisch voor belangrijke aspecten in zijn persoonlijke of professionele leven. In plaats van op eigen kracht te vliegen, kan de dromer in een soms vreemdsoortig voertuig zitten, of hij loopt met reuzenpassen door de lucht, net als de hindoegod Vishnu, die met drie passen de grenzen van het universum opmat.

Het gebeurt zelden dat we in dromen over vliegen denken dat we vallen. Meestal zweeft de dromer rustig richting de aarde en geniet hij van het uitzicht onder hem. Soms hangt hij aan een parachute, wat kan worden geïnterpreteerd als een veilige oplossing voor een lastig probleem. Vliegen kan ook een gevoel van euforische spanning oproepen (zoals met hanggliden), wat kan duiden op het verlangen om meer risico's te nemen in het werk of een relatie. Als we echter tegen onze wil mee de lucht in worden genomen, kan dit erop wijzen dat we worden gedwongen risico's te nemen waarbij we ons niet prettig voelen.

Vliegeren

Dromen over vliegeren hebben dezelfde betekenis als andere dromen over vliegen, alleen benadrukt deze droom de gecontroleerde vrijheid van een bepaald aspect van de dromer, net als een vlieger die gestuurd wordt in de wind. Dergelijke dromen kunnen ook duiden op fantastische, maar uiteindelijk onproductieve plannen.

Vliegtuig

Vliegen in een vliegtuig heeft vaak vrij duidelijke associaties, zoals de wens om te reizen of de wereld te zien. Het kan echter ook duiden op een verlangen naar snelle groei of een spectaculair succes in een bepaalde onderneming. Freudianen zien vliegtuigen als een fallisch symbool, vaak geassocieerd met een nieuw seksueel avontuur.

Vliegen in een vreemd voertuig

Vaak is het rare voertuig waarmee we ons in onze dromen door de lucht verplaatsen iets dat veiligheid en warmte symboliseert, zoals een bed of een leunstoel. De droom duidt op een drang naar avontuur die getemperd wordt door een sterke behoefte aan rust en veiligheid.

Heteluchtballon

Ballonnen worden meestal geassocieerd met fantasie, de wens om te ontsnappen aan de moeilijkheden van alledag. Ze kunnen ook duiden op de behoefte aan meer objectiviteit en overzicht in het denken. De vlam die de ballon verwarmt is even belangrijk; deze kan verwijzen naar de drang achter een dierbare persoonlijke zaak. Er moet zorgvuldig mee worden omgesprongen, zodat de vlam gelijkmatig brandt en niet dooft.

Vleugels

Griekse en Romeinse mythen associeerden vleugels met faam, met name Mercurius, de snelle boodschapper der goden, die alom roem verspreidde. Een droom waarin we vleugels krijgen en vliegen, kan duiden op een drang naar beroemdheid en succes. Het kan echter ook een waarschuwing zijn tegen overmatige trots, zoals in het verhaal van Icarus, die vleugels maakte van veren en was, maar viel toen hij te dicht bij de zon kwam.

Parachute

Parachutes bieden ons een veilige manier om te vallen wanneer een vliegtuig in de problemen raakt. Een droom over een parachute kan duiden op opluchting aan het eind van een beproeving, een lastige onderneming of een ontsnapping aan een ongeluk. Een parachute kan er ook op wijzen dat we eruit moeten springen nu het nog kan: misschien voelen we ons niet helemaal zeker in een bepaalde zakelijke of emotionele situatie.

Door de lucht zweven

Door de lucht zweven, met de wereld aan onze voeten, kan een euforische en optimistische gebeurtenis zijn als dit opduikt in onze droom. Er kan echter ook een waarschuwing schuilen in dit fundamenteel onmogelijke scenario: verlies nooit het contact met de werkelijkheid. Misschien brengt ons onbewuste een waarschuwing uit in het licht van een te grote ambitie of een te snelle stijging op de sociale of zakelijke ladder. Het is belangrijk dat we niet meer verantwoordelijkheid op ons nemen dan we aankunnen, want we kunnen dan met een klap terugkomen op aarde.

Eten

Eten wordt van oudsher geassocieerd met seksualiteit. Freud bedacht dat de mond de eerste erogene zone is die baby's ontdekken en dat in het leven van iemand met een bepaalde fixatie het orale gebied onlosmakelijk verbonden blijft met seksuele voldoening en een uitlaatklep vormt voor bepaalde persoonlijke karaktertrekken zoals verbale agressie.

Ook voorafgaand aan Freud werden dromen over eten op een seksuele manier geïnterpreteerd. Bepaalde etenswaren, zoals perziken en ander fruit, stonden voor begeerte, terwijl andere, zoals brood, symbool stonden voor een meer ingetogen, op vruchtbaarheid gerichte seksualiteit.

Eten vereist echter een bredere interpretatie dan alleen een seksuele.

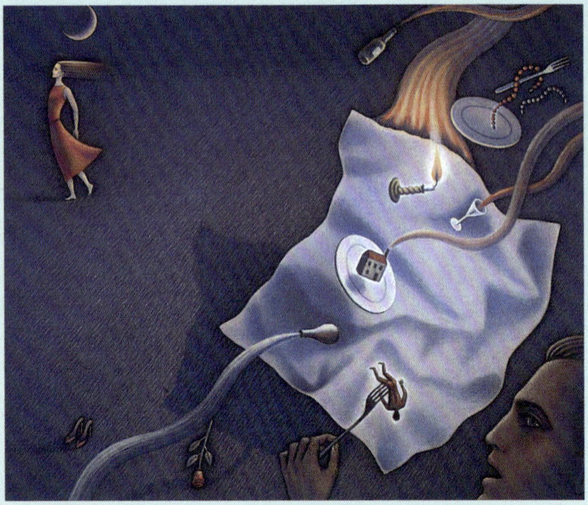

Bedorven of onsmakelijke etenswaren kunnen duiden op een verzuring in de kern van het emotionele leven van de dromer, terwijl wachten op een maaltijd die niet komt kan verwijzen naar verwaarlozing, emotionele teleurstelling of een gebrek aan de juiste ondersteuning.

Ook de reactie van de dromer op eten kan van belang zijn. Het gevoel hebben dat je te veel hebt gegeten kan wijzen op hebzucht, een gebrek aan onderscheidingsvermogen, sensualiteit of kortzichtig gedrag. Een weigering eten te aanvaarden kan duiden op een verlangen om een eind te maken aan de afhankelijkheid van anderen, terwijl koken voor andere mensen kan wijzen op de behoefte om te zorgen, steun of emotionele betrokkenheid te bieden.

Bakken en braden

Als je voedsel aan het bakken bent, is er altijd het risico dat het verbrandt en daarom moet het zorgvuldig gebeuren. Wanneer deze handeling opduikt in een droom, kan dit dus verwijzen naar een project waar we speciale aandacht aan moeten schenken willen we het succesvol voltooien. Bakken kan ook belangrijk zijn vanwege de rook die erbij vrijkomt: rook kan of een symbool zijn van opoffering en dood, of van zuivering en reinheid.

Picknicken

Eten in de openlucht staat gewoonlijk voor een verlangen naar eenvoud en de natuur, en het ontvluchten aan conventies. Wellicht voel je je gefrustreerd binnen de conventionele formaliteit.

Etentjes

Etentjes met een positieve emotionele lading weerspiegelen vaak een bevestiging van onze intimiteit met anderen, of het nu vrienden, familieleden of mensen uit onze omgeving zijn. Gedeelde interesses, harmonie, rust en warme verhoudingen kunnen extra bevestigd worden. Maaltijden die als ongemakkelijk worden ervaren, kunnen duiden op frigiditeit, een bedreiging van ons geluk of maatschappelijke afstand; misschien heb je het gevoel dat je niet kunt communiceren met anderen of van hen afgesneden bent.

Brood bakken

Of we nu brood, koekjes of taart maken, bakken in een droom wijst op vruchtbaarheid en voeding. Freudianen zien in het ritmische kneden van het deeg de seksuele gemeenschap, terwijl de manier waarop gist het brood doet rijzen doet denken aan de zwelling van een vrouwenbuik tijdens de zwangerschap. Bakken is een uiterst creatief proces en kan ook duiden op de wens om onbekende artistieke behoeften tot uiting te brengen.

In een restaurant eten

Er komt heel wat kijken om in een restaurant een maaltijd te gebruiken. Een menu dat we niet kunnen lezen of het onvermogen om een keuze te maken kan duiden op een moeilijke beslissing die we moeten nemen. Een rekening die we niet kunnen betalen kan wijzen op geldzorgen, terwijl een onverwachte of ongemanierde tafelgast een onbewust wantrouwen kan verraden ten opzichte van een vriend, geliefde of zakenpartner.

Vasten en schransen

Voor Freud was eten het symbool van twee instincten: zelfbehoud of gulzigheid, en behoud van de soort, oftewel seks. Hij zag de mond, waardoor eten binnenkomt, als een primaire erogene zone, en vasten en schransen als symbool van seksuele driften (onderdrukt of losgeslagen). Een droom waarin we onszelf volproppen kan duiden op een intens seksueel verlangen, wellicht het gevolg van een periode van onthouding. Eten we op een ruwe manier, waarbij we ons voedsel haast in stukken scheuren, dan kan dat wijzen op onderdrukte boosheid. Vasten kan symbool staan voor zelfkastijding of voor zuivering en zelfontkenning.

Vis

Jungianen zagen vis als het symbool van het ongeboren kind en daarom van primaire levenskracht, 'omdat het kind voor zijn geboorte in het water leefde, als een vis'. Freud zag vis als een genitaal symbool, hoewel de precieze symbolische betekenis afhangt van wat we met de vis doen: hem opeten, bijvoorbeeld, of hem zien zwemmen, en de staat waarin hij verkeert: gaaf, zonder kop of gefileerd. De vruchtbare kuit van vis verhoogt de seksuele betekenis, terwijl een school kan verwijzen naar de overvloedigheid van de natuur.

Orgaanvlees

In de oudheid gebruikte men organen om de toekomst te voorspellen. Een droom over ingewanden kan er onbewust op duiden dat we ons 'onderbuikgevoel', onze intuïtie, moeten volgen.

Vlees

Volgens het noordse en sjamaanse geloof neem je door een dier of tegenstander te eten zijn kracht en energie over. De freudiaanse psychologie stelt dat dit voor de moderne dromer een overname is van eigen instinctieve energieën, die tot nu toe onderdrukt of ontkend werden.

Zondagmaal

De christelijke traditie om op zondag een uitgebreide maaltijd te bereiden en deze met het hele gezin te nuttigen kan nostalgische herinneringen oproepen aan de kindertijd. Als we het wekelijkse ritueel van kerkgang en familiebezoek hebben afgezworen, kan deze droom een verwijzing zijn naar een behoefte om vaker deel te nemen aan traditionele familie- of gemeenschapsbijeenkomsten.

Fruit

Een overvloed aan fruit is een archetypisch beeld van vruchtbaarheid en een droom erover kan duiden op een verlangen naar zwangerschap. We spreken ook van een project dat 'vruchtbaar' is, een context waarin fruit kan duiden op de beloning voor ons harde werken en onze creativiteit en de vervulling van onze verwachtingen en ambities.

Drinken

Jungianen zien elke vloeistof als een teken van levenskracht, en dromen over drinken kunnen duiden op een verlangen om de oorsprong van het universum beter te begrijpen. Zoveel alcohol drinken dat je dronken wordt, wijst op een behoefte om een hoger bewustzijnsniveau te ontwikkelen.

Groenten

Een overvloed aan groenten, misschien als onderdeel van een viering of feest, kan duiden op een verlangen om te genieten van de gulheid van de natuur. Dit kan een zeer positief droombeeld zijn, dat wijst op voldoening en beloning na een volbrachte taak. Als we echter smachten naar veel groenten, kunnen we ons zorgen maken over onze financiële positie.

Specerijen

Specerijen voegen smaak toe aan gerechten en een droom waarin ze voorkomen kan duiden op een behoefte aan meer spanning in ons leven. De rechtopstaande potjes in een kruidenrek kunnen een fallische betekenis hebben en wijzen op een behoefte aan een grotere seksuele spontaniteit.

Werk en ontspanning

In de meeste dromen zijn we druk bezig en we zien onszelf maar zelden ontspannen: we zien onszelf eerder naar het vliegveld spurten om een vlucht te halen dan luieren onder een palmboom met een cocktail in de hand. Echter, dromen die een verlangen naar ontspanning symboliseren of die gaan over de voorbereidingen op een periode van ontspanning, zoals vakantie, zijn er genoeg.

Dromen zijn realistisch over vakanties en erkennen dat ze in veel gevallen uiterst stressvolle perioden zijn. Daarom kan het onbewuste vakantiedromen op symbolische wijze gebruiken – misschien een bepaalde vakantie uit het verleden – om spanningen op andere vlakken in het leven van de dromer te weerspiegelen.

Soms zet de droom de geagiteerdheid van de dromer tegenover het relaxte gedrag van de mensen om hem heen, hetgeen zijn behoefte aan stressvermindering duidelijk maakt. De dromer kan enorm geïrriteerd raken door de luiheid van anderen, en dit duidt op een diepgewortelde boosheid over de weinige hulp die hij in zijn wakende leven ontvangt, of de woede over zijn eigen onvermogen. De dromer kan zelfs andere droompersonages zien als poppen, die hij wild maar tevergeefs probeert wakker te schudden.

Dromen die te maken hebben met werk lijken vaak op angstdromen of nachtmerries. Onderwerpen als het verlies van controle, of een taak niet goed kunnen uitvoeren, komen regelmatig voor.

Als je situatie op het werk zo slecht is dat je er helemaal niet wilt zijn, kan de gang naar je werkplek in je droom geschetst worden als een afmattende race door kniehoge modder.

Ook collega's kunnen een symbolische gedaante aannemen, op een manier waaruit blijkt hoe je over hen denkt: een heerszuchtige baas kan een overvaller zijn die je op je werk overmeestert.

Dromen kunnen ons de weg vooruit in ons arbeidsleven tonen door problemen te belichten die anders door onze professionele trots genegeerd zouden kunnen worden. Door de boodschappen op te pikken kunnen we de noodzakelijke veranderingen aanbrengen, zodat we tevredener worden in ons werk.

Problemen op vakantie

Als je op vakantie bent, maar je bent nog steeds gespannen, wijst dat erop dat je niet kunt ontsnappen aan de dagelijkse verantwoordelijkheden. Gebeurt er de ene ramp na de andere – problemen met de reservering, slecht weer, ziekte –, dan kan dat duiden op een fundamenteel pessimisme als gevolg van een stressvol leven; het kan ook een waarschuwing zijn om een andere levensstijl dan die we gewend zijn niet te idealiseren.

Afgelegen plekken

Een berghut of afgelegen huisje kan duiden op een verlangen om weg te lopen van alle beproevingen van ons dagelijks leven. Wellicht voelen we dat er te veel mensen tijd van ons opeisen en verlangen we sterk naar rust en eenzaamheid. Een afgelegen plek, ver weg van alle drukte van het leven van alledag, kan ook symbool staan voor de wens naar een soberder, minder materialistische manier van leven.

Inpakken voor vakantie

Voorbereidingen op een vakantie duiden vaak op een behoefte te onstnappen aan de dagelijkse beslommeringen, of op een zoektocht naar nieuwe ervaringen en opwinding. De wens om zonder koffer te reizen kan ons doen inzien dat we onnodig veel 'bagage' meeslepen in ons leven. Te veel meenemen kan erop wijzen dat we sterk blijven hangen aan onze innerlijke zorgen. Onrust over hoeveel bagage we mee moeten nemen kan symbool staan voor angst voor of gedachten aan de dood.

Onbewoond eiland

Alleen zijn op een onbewoond eiland kan duiden op een gevoel van verlatenheid en isolement, wellicht tijdens een scheidings- of rouwperiode. Het beeld van een eiland, verlaten in de uitgestrekte oceaan, kan ook verwijzen naar de relatie tussen het bewuste en onbewuste. We voelen ons wellicht meer op ons gemak op de vaste grond van de bewuste geest, maar kunnen toch niet ontsnappen aan de zorgwekkende aanwezigheid van het diepe onbekende, het onbewuste.

Strand

We associëren strandvakanties vaak met lange weken vrij en herinneringen aan de kindertijd. De combinatie van zon, zee en strand kan zuiverend en verjongend werken, en een bezoek aan het strand in een droom kan ons een verkwikkend gevoel geven. Het strand kan echter ook een verontrustende betekenis hebben. Freudianen kunnen de torens van een zandkasteel zien als fallisch symbool, verwijzend naar angst voor castratie als ze worden weggespoeld door het water. Onze moeder of vader in het zand begraven kan duiden op een moordneiging, die voortkomt uit een oedipus- of electracomplex.

Haasten naar het vliegveld

Een wilde spurt naar het vliegveld om onze vakantievlucht te halen kan verwijzen naar onze angst dat de pleziertjes in het leven ons ontschieten.

Eenzaamheid op vakantie

Een erotisch avontuur in een romantisch hofje of een kleine baai omgeven door hoge rotsen is een bekend onderwerp in dromen over vakantie. Behalve dat het gewoon een wensdroom is, kunnen dergelijke dromen ook wijzen op ontevredenheid met onze relatie in het dagelijks leven. Wellicht verlangen we naar de vrijheid, spanning en emoties die een vakantieliefde zo vaak kenmerken. Of misschien verlangen we naar meer spontaniteit in ons seksleven met onze eigen partner.

Zwembad

Het water in een zwembad kan symbool staan voor onze bewuste en onbewuste emoties. Een zwembad in onze droom kan duiden op een behoefte erin te duiken en onze ware gevoelens te onderzoeken. Een zwembad zonder water kan verwijzen naar een gevoel van leegheid en de afwezigheid van emotie.

Secretaresse

Over de verschijning van een secretaresse in een droom wordt ambivalent gedacht. Ze is vrouw, ze beschermt de manager tegen onwelkome telefoontjes en regelt zijn agenda. Hierdoor worden secretaresses gezien als verzorgend en moederlijk. Een droom waarin zij een onderdanige rol speelt, kan echter een uiting zijn van een onbekende drang naar seksuele overheersing.

Uit een kantoorraam vallen

Een droom waarin we uit het raam van een hoog kantoorgebouw vallen, kan zich voordoen wanneer we bang zijn dat we belangrijke verantwoordelijkheden niet kunnen dragen. Het kan ook duiden op een diepgewortelde angst om onze baan te verliezen.

Bureau

Wanneer we in onze droom aan een bureau zitten kan ons onbewuste ons zeggen dat we tijd moeten nemen om onze problemen bekijken en er rationele oplossingen voor te bedenken. Een rommelig bureau kan erop wijzen dat we aandacht moeten schenken aan persoonlijke zaken en dat we onze prioriteiten moeten stellen.

Archiefkast

Het droombeeld van een archiefkast kan erop duiden dat we onze zaken op orde moeten houden. Een geopende archiefkast duidt wellicht op de bereidheid te leren en ontvankelijkheid voor nieuwe ideeën en zienswijzen. Als daarentegen de laden van de kast gesloten zijn, kunnen we wellicht iets verbergen, misschien een gebeurtenis uit het verleden of een aspect van onszelf.

Vergadering

Een droom waarin we te laat zijn voor een vergadering kan duiden op angst die voortkomt uit verantwoordelijkheden op ons werk. Als we ontdekken dat we onze aantekeningen of apparatuur thuis hebben gelaten, vrezen we wellicht dat we ons niet voldoende hebben voorbereid op een toekomstige gebeurtenis.

Baan verliezen

Een droom waarin we worden ontslagen kan duiden op een verlangen een eind te maken aan een relatie of situatie die een negatieve invloed op ons heeft. Het kan ook symbool staan voor een laag zelfbeeld. Diep in ons hart vinden we misschien dat we de verantwoordelijkheden niet aankunnen.

Ceremonieën en rituelen

Al van oudsher worden in elke cultuur ter wereld festivals en rituelen gebruikt om belangrijke gebeurtenissen te vieren, ter ere van de goden die ons leven richting geven en om de voortgang in de tijd te markeren. Elke maatschappij heeft een ritueel dat stilstaat bij een bepaalde overgangsfase in ons leven, van geboorte naar puberteit, huwelijk, ouderschap en overlijden. Door dieren of gevangengenomen vijanden te offeren hoopten onze voorvaderen de levensloop van geboorte en dood te imiteren; door het leven van een ander te geven zou hun eigen leven worden gespaard en konden de goden vruchtbaarheid naar de aarde brengen.

Rituelen nodigen de dromer uit om los te komen van de bewuste geest en binnen te treden in de fantastische wereld van de verbeelding. Mensen kunnen maskers of bijzondere kleding dragen, een bepaald lied zingen of rituele bezweringen uitspreken om zich aan te passen aan hun nieuwe rol en hun dagelijkse identiteit achter zich te laten om de archetypische wereld van het onbewuste binnen te gaan.

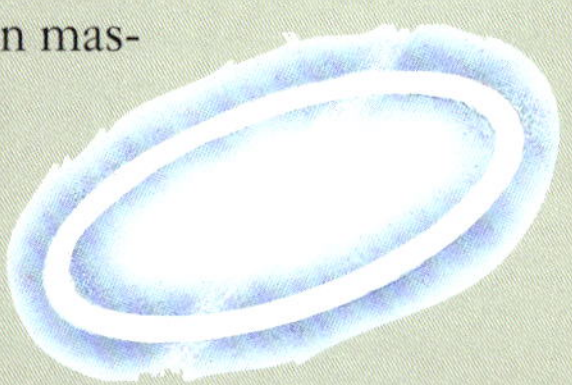

Dromen over Kerstmis of andere religieuze vieringen kunnen symbool staan voor vrede, gulheid, welwillendheid, familie en vrienden, of, op een dieper niveau, voor een bevestiging van spirituele waarheden. Huwelijken of andere gedenkdagen kunnen duiden op vergankelijkheid, of – positiever – op het belang van relationele of familiebanden door de beloften en sfeer waar ze mee worden geassocieerd, of, als de emotionele lading negatief is, op de beperkende verplichtingen die eruit voortkomen.

Dromen over dopen verwijzen vaak naar zuivering, een nieuw begin of de acceptatie van verantwoordelijkheden. In dromen van het derde niveau kunnen ze symbool staan voor belangrijke initiaties in nieuwe werelden vol wijsheid en spirituele groei.

Vruchtbaarheidsritueel

Beelden van vruchtbaarheidsrituelen in dromen komen vaak voort uit het collectieve onbewuste. Jung zag ze als aanwijzingen voor pogingen de scheiding tussen het bewuste en onbewuste teniet te doen en een vereniging te forceren tussen de dromer en zijn geërfde, instinctieve zelf. Dergelijke rituelen kunnen offers zijn aan een oogstgod, hetgeen symbool staat voor de dood van het verleden, zodat toekomstige vruchtbaarheid en voorspoed verzekerd zijn. Freudianen denken dat mensen die vaak dromen over vruchtbaarheidssymbolen waarschijnlijk veel bezig zijn met zwangerschap.

Offer

Een droombeeld over een mensenoffer kan een waarschuwing zijn van het onbewuste voor de psychische gevaren van het slachtoffer-zijn. Als we een slachtofferrol aannemen geven we alles van onszelf om maar de goedkeuring en waardering van anderen te krijgen, hetgeen uiterst onbevredigend en psychisch ongezond is. Het offeren van iemand anders kan ook verwijzen naar de dood van een dierbare. Wellicht moeten we hem loslaten om te kunnen stoppen met rouwen. Als de overledene een lang ziekbed heeft gehad, kan de droom zelfs symbool staan voor een gevoel van opluchting.

Huwelijk

Een huwelijk wijst vaak op de vereniging van tegengestelde maar toch aanvullende aspecten van het zelf, en de belofte van vruchtbaarheid. Bij dromen van het derde niveau (blz. 65–70) kan een huwelijk een archetypische betekenis hebben en symbool staan voor de samensmelting van de fundamentele creatieve krachten in het leven – man en vrouw, ratio en verbeelding, bewust en onbewust, lichaam en geest.

Dromen over een huwelijk kunnen ook duiden op een positieve bevestiging van familiebanden of belangrijke verbintenissen. Als wij, of een vriend of familielid, in de toekomst gaan trouwen, kan ons onbewuste door middel van deze dromen onze zorg belichten die we hebben over de trouwpartij. Als de bruid of bruidegom niet op komt dagen of als iemand de trouwring verliest, kunnen we twijfels hebben over de verbintenis. Als er geen gasten komen, kunnen we ons zorgen maken dat een van de twee families het huwelijk niet goedkeurt.

Een prijs ontvangen

Jungianen kunnen een droom waarin we een prijs ontvangen – een medaille voor moed misschien, of een beker voor een sportprestatie – associëren met een verlangen om ons te identificeren met het archetype Held (blz. 107). De drang naar erkenning kan ook wijzen op verborgen onzekerheden en een laag zelfbeeld. We kunnen ons zorgen maken dat andere mensen ons niet waarderen mits wij het bewijs leveren van onze kwaliteiten.

Ritueel afstand doen

Elk ritueel waarbij symbolen van ijdelheid van de dromer worden weggenomen, zoals haar, kleding of sieraden, kan verwijzen naar het afstand willen doen van wereldse macht of trots, of van enkele aspecten van het ego. Deze opofferingen worden vaak gedaan om religieuze redenen en een droom waarin we het habijt van een monnik aantrekken kan duiden op een verlangen om ons meer te concentreren op de spirituele aspecten van het leven.

Kroning

Door een kroning krijgt een vorst zowel de macht als de verantwoordelijkheid van het koningschap opgelegd. Een droom waarin we als monarch gekroond worden kan bevestigen dat we een nieuwe rol willen aannemen. Het kan echter ook een teken zijn van uitzonderlijke ijdelheid of een sterk egoïsme.

Avondmaal

Het heilig avondmaal staat symbool voor de verandering van brood en wijn in het lichaam en bloed van Christus, de vereniging van lichaam en geest. In onze dromen kan dit een verlangen symboliseren om één te worden met hogere spirituele machten.

Halloween

Halloween, of All Hallow's Eve (Allerheiligenavond), stamt van de oude traditie om de overgang tussen de lichte en donkere dagen van het jaar te markeren. Men geloofde dat in deze nacht de grens tussen deze wereld en het hiernamaals vervaagt, waardoor geesten, zowel goede als slechte, heen en weer konden. Halloween is een tijd van transformatie, en als we erover dromen kan dat duiden op een diepgaande verandering in onze kijk op het leven. De viering zoals we die nu kennen, heeft een scala aan symbolen, van ons verkleden als zwarte kat, geest of skelet tot pompoenen uitsnijden en snoep uitdelen. Jungianen hebben er weinig moeite mee om aan deze uitingen archetypische symbolen toe te kennen.

Besnijdenis

Voor Freud betekende de besnijdenis van joodse en islamitische jongetjes een rituele vervanging voor castratie. Hij zag dit als een preventieve aanval van de vader op een mogelijke rivaal.

Bar mitswa

Freud was van mening dat de joodse bar mitswa vol zat met oedipale symboliek. Hij stelde dat zowel de uitspraak 'Nu ben ik een man' als de openingsdans van de dertienjarige jongen met zijn moeder symbool stond voor de rivaliteit tussen een jongeman en zijn vader.

Diwali

Het lichtfestival dat gevierd wordt door hindoes, sikhs en jaïnisten staat symbool voor het goede dat het kwade heeft overwonnen. Een droom waarin we deelnemen aan Diwali-festiviteiten kan duiden op een persoonlijke triomf over onze primaire aard, of een terugkeer uit een lange periode van rouw of depressie.

Kunst, muziek en dans

In diverse oude culturen, zoals de Griekse en Hindoestaans-Indische, geloofde men dat kunst al in een andere dimensie bestond en dat de kunstenaar alleen fungeerde als doorgeefluik waardoor deze zegeningen de fysieke wereld binnen konden komen. Daarom werd kunst altijd geassocieerd met de goden. De Grieken eerden Apollo, god van muziek en de zon, en de negen Muzen, dochters van Zeus, die elk verantwoordelijk waren voor een artistiek domein. Hindoestanen aanbidden Sarasvati, de harpspelende godin van kennis. Opmerkelijk is dat de dichter Robert Graves zijn werk opdroeg aan een muze die hij de Witte Godin noemde. In dromen kan kunst symbool staan voor de eigen creativiteit, maar deze kan ook ver-

wijzen naar de manier waarop we een hoger bewustzijnsniveau kunnen bereiken.

Soms ontwaken we met de klanken van een prachtige melodie in ons hoofd. We weten wellicht niet meer welke instrumenten werden bespeeld of hoe de volgorde van de gespeelde noten was, maar we ontwaken goedgeluimd en kwiek. Dergelijke muziek komt meestal voor in dromen van het derde niveau (blz. 65–70) en symboliseert de gemoedstoestanden die verbonden zijn met de hogere niveaus van innerlijke groei.

De 18de-eeuwse Italiaanse componist Giuseppe Tartini droomde dat de duivel voor hem verscheen en zo'n mooie melodie op de viool speelde dat zelfs de mindere kopie die Tartini na het ontwaken arrangeerde (*La Sonata del Diavolo*) wordt beschouwd als zijn beste werk. De Grieken zagen het archetype dat in Tartini's droom verscheen niet als de duivel, maar als Pan, de begerige god van de vruchtbaarheid, half man, half bok, die de nimfen verleidde en stervelingen bekoorde met zijn verraderlijke muziek.

Als we dromen dat we een artistieke voorstelling geven, kan dit duiden op onze verborgen potentiële talenten, terwijl toekijken of luisteren het gevoel teweeg kan brengen dat we delen in een creatieve ervaring; het kan er ook op wijzen dat we inspiratie willen halen uit anderen. Bepaalde instrumenten, zoals de harp, zijn altijd het symbool geweest van vooral hemelse zaken, terwijl andere (zoals blaasinstrumenten) meer sensuele energieën symboliseerden. Verschillende genres in de muziek staan ook voor totaal verschillende betekenissen: punkmuziek of rock-'n-roll kan worden geassocieerd met rebellie, terwijl volksmuziek in onze dromen kan duiden op de meer nuchtere kant van onze persoonlijkheid.

Omdat dromen uit dezelfde bron putten als onze verbeelding, kunnen we er volop artistieke inspiratie uit halen, met nieuwe ideeën of soms hele kunstwerken.

Onzuivere muziek

De chaos en verwarring van onzuivere muziek kunnen duiden op creatieve mogelijkheden die worden verstoord. Bovendien kan muziek die niet goed in het gehoor ligt of aritmisch is een gevoel van wanorde of spanning in het dagelijks leven van de dromer weerspiegelen. Het kan zijn dat we 'uit ons ritme' zijn. Het ongemakkelijke gevoel dat teweeg wordt gebracht kan diep gaan en – in het slechtste geval – wijzen op een gevoel niet goed opgewassen te zijn tegen de druk van alledag, bijvoorbeeld als we ongelukkig zijn op ons werk of ons overdonderd voelen door de media.

Bekende muziek

Een stukje van een bekend liedje of vertrouwde melodie roept vaak nostalgische herinneringen op en wellicht wil je de tekst of de titel van het muziekwerkje analyseren. Zo kan het jazzstuk *Autumn Leaves* wijzen op een gevoel van spijt over voorbije tijden.

Mooie muziek

Mooie muziek in dromen kan de oneindige mogelijkheden van het creatieve leven symboliseren, de hemelse 'muziek der sferen', waarvan men in de Grieks-Romeinse wereld dacht dat die gehoord kon worden door het menselijk oor.

Dans

Voor zowel jungianen als freudianen kan dans in dromen van het eerste en tweede niveau duiden op seksuele toenadering of gemeenschap. In dromen van het derde niveau staat dans vaak voor het ritme van het leven, de kracht van het creëren en verwoesten (in de hindoecultuur gesymboliseerd door de dans van Shiva Nataraja), of de ongetemde macht van de verbeelding. Meestal zijn de betekenissen positief. Wild dansen kan een uiting zijn van een sterk verlangen het lichaam en de geest te verenigen, of duiden op een extreme seksuele lust. Groepsdansen zoals linedancing of de Schotse *ceilidhs* kunnen een gevoel van saamhorigheid oproepen.

Cd- of mp3-speler

Hoewel deze muziekdragers op zich neutraal zijn, kan het feit of ze goed functioneren of niet ons iets vertellen. Een apparaat dat niet goed werkt, kan in het algemeen duiden op frustratie of een lichamelijk mankement. Een bekraste cd kan erop wijzen dat er iets knaagt aan onze gemoedsrust. Misschien voelen we ons schuldig over onze perfectionistische verwachtingen.

Grammofoon

Een grammofoon kan symbool staan voor nostalgie of een verlangen naar vervlogen tijden. Een kapotte platenspeler kan gevoelens van teleurstelling oproepen, bijvoorbeeld over een gebeurtenis waar we ons op hadden verheugd en die niet door kan gaan. Als we dromen over een bekraste langspeelplaat die eindeloos hetzelfde muziekstukje herhaalt, kan dit wijzen op een waarschuwing uit het onbewuste dat we niet steeds moeten doorratelen over onze eigen problemen. Onze vrienden hebben er wellicht genoeg van telkens hetzelfde gezeur te moeten aanhoren en misschien moeten we zelf eens luisteren naar de mensen die altijd zo geduldig met ons zijn.

Klarinet

Soms hangt de symboliek van muziekinstrumenten meer samen met hun vorm of de manier waarop ze worden bespeeld dan met het geluid dat ze voortbrengen. Freud zag de klarinet, hobo en andere blaasinstrumenten die verticaal worden bespeeld als een symbool voor orale seks en verwijzingen naar extreme onnozelheid of verbale agressie.

Snaarinstrumenten

De vorm van veel snaarinstrumenten, zoals een viool, cello of gitaar, lijkt op het vrouwenlichaam en erop spelen kan de liefdesdaad symboliseren. Een viool kan symbool staan voor Nero, de Romeinse keizer die viool zou hebben gespeeld toen Rome in brand stond.

Zingen

Het geluid van stemmen die opgaan in een lied heeft een hemelse betekenis en staat symbool voor gezangen, lofliederen en engelenkoren. Zingen is een diepe uiting van menselijke emotie, en een droom waarin we zingen kan verwijzen naar intense gevoelens van verdriet of liefde, of misschien van aanbidding voor een hoger iets.

Trompet

Een trompet kan zowel een grote zege als een enorme ramp aankondigen; hij kan een fanfare symboliseren die de koning begroet of een aanval van de cavalerie inluiden. Trompetten zijn bedoeld om de Dag des Oordeels aan te kondigen en kunnen duiden op de noodzaak een grote en directe verandering in te zetten.

Fluit

Alle blaasinstrumenten worden geassocieerd met Pan, de met geitenhoorns getooide god van de vruchtbaarheid, wat ze een sterke seksuele betekenis geeft. Het verhaal van de rattenvanger van Hamelen, die de kinderen uit hun huizen lokte, kan duiden op verleiding of betovering. Een fluit wordt gebruikt bij militaire parades. Het beeld van een fluit in je droom kan symbool staan voor onderdrukte boosheid of agressie.

Piano

Een piano die muziek maakt zonder dat iemand de toetsen beroert kan verwijzen naar de dood van een goede vriend. Wanneer hij ontstemd is, moeten we wellicht beter luisteren naar ons lichaam of onze geest – misschien zijn we zelf ontstemd?

Drums

Drums kunnen symbool staan voor de magie van de aarde en een veranderd bewustzijn; ze worden vooral geassocieerd met de sjamaanculturen van Siberië en elders. Drummen speelt een grote rol bij sjamanistische ceremonieën en kan een meditatief en zelfs visionair effect hebben. Als de drums of het geluid ervan een belangrijk onderdeel zijn van de droom, kan dit duiden op een diepgewortelde behoefte om terug te gaan naar onze roots en de spirituele aspecten van het zelf te ontdekken. Drums worden ook geassocieerd met de krijgsmacht en kunnen verbonden zijn met anders onontdekte gevoelens van agressie.

Optocht

Een optocht in je droom kan de vorm hebben van een uitbundig carnaval of het kan gaan om een statige processie. Een enthousiaste parade is het droomsymbool van feestvieren en een uiting van blijdschap: het leven is goed. Voor de duiding is het nuttig om te kijken naar de kleding die wordt gedragen en wie of wat er in de optocht meeloopt. En zijn er mensen in het publiek of de optocht die je kent? Een plechtige processie kan symbool staan voor de noodzaak om ons in te zetten voor een bepaald doel.

Schilderen

Een mooi schilderstuk kan symbool staan voor het creatieve talent van de dromer en zelfs, in dromen van het derde niveau, voor een juiste visie op het leven. Een slecht stuk kan duiden op creativiteit die er niet op de juiste manier uit komt of op innerlijke onrust of onzekerheid. Heldere kleuren kunnen verwijzen naar een onbewuste energie, terwijl matte kleuren kunnen verwijzen naar een sluier tussen de dromer en zijn inzicht.

Kunstenaar

Freud vond artistieke uitingen 'psychoanalytisch ontoegankelijk'. Of het nu via verf, steen, woorden of film is, de kunstenaar handelt naar zijn intuïtie in plaats van naar zijn verstand of logica.

Tentoonstelling

Als een kunstenaar een tentoonstelling geeft, stelt hij zich bloot aan de kritische blik van het publiek. Een droom waarin we de resultaten van onze creativiteit tentoonspreiden, echt of ingebeeld, kan duiden op gevoelens van kwetsbaarheid, verbonden met een gekoesterde ambitie, kostbaar talent of dierbaar persoonlijk project.

Museum

Een museum kan in onze dromen voorkomen als een heilige beschermer van culturele schatten of als symbool van stase en een waarachtig kunstmausoleum. Een droom waarin we veel lawaai maken en de eerbiedige stilte van een museum verstoren, kan duiden op een verlangen om bestaande artistieke conventies omver te halen.

Beeldhouwen

Beeldhouwwerken hebben een sterk sensuele, tastbare uitstraling. Het gebruikte materiaal, de grootte (levensgroot of monumentaal) en het onderwerp zijn allemaal van invloed op het kunstwerk, zowel in de droomwereld als in ons wakende leven. Een beeld dat in een droom tot leven komt, kan symbool staan voor de Griekse mythe over Pygmalion, die een beeld maakte van zijn vrouwelijke ideaal en er verliefd op werd. Gelukkig had Aphrodite, de godin van de liefde, medelijden met hem en bracht het beeld tot leven. Een droom met een dergelijk thema waarschuwt voor het gevaar iemand te idealiseren. Uiteindelijk zullen we teleurgesteld worden als we iemand op een voetstuk plaatsen.

Portretteren

Freudianen zeggen dat de fallische symboliek van een pen of potlood een seksuele betekenis geeft aan een droom waarin we iemand portretteren. We voelen ons wellicht aangetrokken tot degene wiens evenbeeld we schetsen. De uitdrukking op het gezicht van de geportretteerde vertelt hoe wij denken dat hij of zij ons ziet. Als we een zelfportret maken, kan dit beeld onze eigen gemoedstoestand weerspiegelen.

Kunstveiling

Als we ons onzeker of gespannen voelen over de werkelijke waarde van onze creatieve uitingen, kunnen we wellicht dromen over een kunstveiling waar onze kunstwerken te koop worden aangeboden. De mensen die op onze kunstwerken bieden, kunnen symbool staan voor diegenen tegen wie we het meest opkijken en naar wier goedkeuring we het hardst smachten.

Gemaskerd bal

Een dansfestijn of bal waar iedereen verkleed is, kan symbool staan voor onze kijk op de mensen met wie we werken of omgaan. Hun kostuums kunnen ons aanwijzingen geven over hun ware karakter of over het beeld dat ze willen uitdragen. Ons eigen kostuum kan hetzelfde zeggen.

Harp

Harpen waren zeker 5000 jaar geleden al bekend in Egypte. Ze produceren een geluid als vanuit het niets, zonder behulp van lucht voortgebracht door de snaren, en kunnen voorstellingen zijn van de spirituele kant van het zelf. De harp wordt traditioneel geassocieerd met de goden en de hemel, van de lier van Apollo, de Griekse god van muziek, tot de kunstzinnige voorstellingen van engelen met hun harp.

Orgel

Orgels worden geassocieerd met kerken en met ceremonieën als huwelijken en begrafenissen. Als we erover dromen kan dit erop duiden dat we bereid zijn een belangrijke verbintenis aan te gaan, of wellicht dat we bang zijn voor de dood.

Bugel

Het geluid van een bugel is traditioneel een roep om ten strijde te trekken of in actie te komen. Dit duidt erop dat de dromer zijn verborgen talenten wakker moet schudden of alerter moet zijn ten opzichte van de zware verplichtingen van het leven.

Fluiten

Verrassend genoeg heeft fluiten soms een magische betekenis, zoals een zeeman op een schip fluit om de wind uit te nodigen om aan te wakkeren. Een andere betekenis kan de link zijn tussen mens en dier, zoals een baas die zijn hond roept.

Sport en spel

Voor een kind bestaat er geen verschil tussen spel en werk: het zijn beide activiteiten, al is het ene leuk en het andere saai. De dromen van een volwassene maken dit onderscheid ook niet. Daarom kan in een droom spel symbool staan voor werk en andere serieuze zaken, en dromen over het werk kunnen verwijzen naar persoonlijker aspecten van ons leven.

De symboliek van spel in onze droom schuilt soms in de voorwerpen die worden gebruikt, soms in het soort spel zelf of de uitkomst, of in onze tegenspelers.

Dromen over sporten zijn vergelijkbaar: het soort sport, de bekwaamheid van onze rivalen, onze rol op het veld – het is allemaal belangrijk. Sport is in feite ook een soort spelletje, met winnaars en verliezers en

een vaststaand reglement. Het kan symbool staan voor onze groei in het leven, vooral in situaties waarbij we te maken hebben met een vorm van competitie.

Spelsymbolen kunnen op veel verschillende manieren worden geïnterpreteerd. Freudianen, bijvoorbeeld, zien de ritmische beweging van een schommel als symbool voor seksuele gemeenschap, terwijl anderen vinden dat dit droomsymbool de dromer doet terugdenken aan de opwinding en vrijheid van zijn kindertijd.

Dromen over spel vertellen vaak dat creativiteit niet altijd een serieuze zaak hoeft te zijn en dat de beste ideeën tot stand komen als de geest speels en ontspannen is. Aan de andere kant kunnen dergelijke dromen erop duiden dat de dromer serieuze zaken te licht opneemt, of aangeven dat iets wat lijkt op een onschuldige zaak voor anderen een zorgwekkende kwestie kan zijn. Speelsheid kan er ook op wijzen dat we bepaalde regels overtreden waarop een relatie of andere belangrijke kwestie is gebaseerd.

In dromen van het derde niveau kan spel verbonden zijn met het archetype van de Bedrieger of het Goddelijk Kind (blz. 104 en 106). Ze kunnen ook zeggen dat er een spelelement zit in het universum zelf, of dat vanuit een bepaald perspectief de wereld in essentie is wat de hindoestanen *leela* noemen, het goddelijke spel dat leven schept.

Schaken

Het schaakspel is rijk aan symboliek, verwijzend naar de fundamentele dualiteit van het leven: zwart en wit, leven en dood, man en vrouw. Er wordt een seksuele strijd gevoerd en er worden uiterst gewiekste plannen uitgespeeld op het schaakbord om andermans koning te bemachtigen. Het is een gevecht tussen licht en donker, en we moeten kijken naar de schaakstukken – een kleine pion of een dodelijke koningin – om inzicht te krijgen in ons onbewuste.

Loterij

Een droom waarin we de loterij winnen kan gewoon een verlangen zijn naar rijkdom. Freudianen geven dromen over geld een anale betekenis. Winst in de loterij kan ook symbool staan voor de wens om niet meer te hamsteren, maar om wat we hebben te delen met anderen.

Weddenschap

Een weddenschap met een vriend of bij een bookmaker kan symbool staan voor een riskante onderneming waar we mee bezig zijn. Hebben we alle consequenties van onze keuze goed onderzocht?

Voorspelling

De betekenis van een droom waarin een voorspelling wordt gedaan kan afhankelijk zijn van onze houding ten opzichte van waarzeggerij. Sceptici kunnen er ineens achter komen dat ze van mening zijn veranderd en bereid zijn een zienswijze te overwegen die ze normaal afgewezen zouden hebben. Voor degenen die kristallen bollen en handlezen niet meteen associëren met fantasierijke nonsens, kan een voorspellende droom erop wijzen dat we ons zorgen maken over de toekomst, op zakelijk, financieel of romantisch vlak. De voorspelling in de droom kan een uiting zijn van onze hoop of angst voor de toekomst.

Sportveld

Sporten kunnen een persoonlijke prestatie of sociale interactie symboliseren. De omgeving waarin de sport zich afspeelt – een voetbalveld, een tennisbaan of een atletiekbaan – verwijst naar competitie, waarschijnlijk in een institutionele omgeving zoals een school of werkplek. Een droom waarin we genieten van de bewondering van een stadion vol toeschouwers kan duiden op een diepgewortelde behoefte aan goedkeuring van anderen.

Boksen

Boksen is een gewelddadige sport en kan duiden op onderdrukte gevoelens van agressie en boosheid. Als we onszelf in een hoek gedrukt voelen, kan het duiden op angst voor iets in ons wakende leven – misschien lijkt het of gebeurtenissen door onze vingers glippen of worden we gedwongen een keuze te maken. Een knock-out kan verwijzen naar een door schuldgevoel ingegeven verlangen naar zelfkastijding.

Honkbal

Honkbal bevat volop seksuele symbolen, van het fallische slaghout en de klep van de pet tot de handschoenen en strakke broeken. Freudianen benadrukken wellicht de seksuele symboliek van de sport nog meer en wijzen op de oedipale rivaliteit tussen de spelers en de vaderfiguur van de scheidsrechter.

Cricket

Vergelijkbaar met de sportuitrusting bij honkbal hebben ook het slaghout, de handschoenen en wickets bij cricket een sterke seksuele betekenis. Als amateursport is deze van oorsprong Britse sport relaxter dan menig andere sport, en als we erover dromen kan dit duiden op de wens om een sterk competieve werk- of thuisomgeving te verruilen voor een minder stressvol en relaxter bestaan.

Regatta

Voor jungianen symboliseert deelname aan een regatta de verkenning van het collectieve onbewuste. Freudianen zien de activiteit als symbool van onze intrede in de wereld vanuit de baarmoeder.

Voetbal

De spanning van een voetbalwedstrijd kan verwijzen naar seksuele opwinding. Een doelpunt symboliseert een orgasme, terwijl een gemiste kans verwijst naar seksuele frustratie of zelfs de angst voor impotentie. Jungianen kunnen het winnen of verliezen in een droom zien als een uiting van spirituele groei.

Schermen

De seksuele symboliek van schermen is duidelijk, van de fallische betekenis van de degen tot het steken en afweren van de tegenstander. Het masker van de schermer verbergt zijn identiteit en het belangrijkste in de droom is wellicht het moment dat hij dit afzet. Met wie of wat hebben we geduelleerd? Een partner? Een kind? Of met onze eigen onbewuste verlangens?

Paardenrennen

De ritmische beweging van het paardrijden is een freudiaans seksueel symbool. Het slaan met de zweep kan duiden op verborgen sadomasochistische trekjes, terwijl de horden symbool kunnen staan voor de obstakels die we moeten nemen om onze seksuele driften te bevredigen. Ook bestaat er in de sport een element van winnen en verliezen: de euforie van de zege kan duiden op een orgasme, terwijl een nederlaag kan verwijzen naar spanning over onze seksuele bekwaamheid. Een hobbelpaard kan dezelfde seksuele betekenis hebben, hoewel de schommelbeweging ook kan duiden op een behoefte aan veiligheid.

Schaatsen

Het droombeeld van schaatsen kan verwijzen naar de uitdrukking 'zich op glad ijs bevinden'. Misschien zijn we verwikkeld in een zaak waardoor we onze persoonlijke integriteit of financiële zekerheid riskeren? Schaatsen kan ook bevrijdend zijn en een gevoel van vrijheid en opwinding teweegbrengen, vooral als we bewegingen maken die we in ons wakende leven nooit zouden durven. Misschien is het tijd om uit onze veilige modus te stappen en iets nieuws te proberen?

Verkleedpartij

Een droom waarin we net als vroeger een rol spelen (bijvoorbeeld vadertje en moedertje, politieagentje of cowboys en indianen) kan erop wijzen dat de persoon die we spelen geen weerspiegeling is van ons ware zelf. We kunnen een persoonlijke verandering hebben meegemaakt, waarbij het beeld dat anderen van ons hebben ongewijzigd is gebleven.

Skiën

De afdaling vanaf een berghelling is een klassiek freudiaans symbool van seksuele gemeenschap, waarbij de opwinding van het skiën een heerlijke aanvulling is. Ons plezier in het skiën gaat vaak samen – en wordt wellicht verhoogd – door het aspect van gevaar, wat misschien duidt op een schuldgevoel over onze seksuele driften of de angst betrapt te worden tijdens een stiekeme seksuele uitspatting.

Verstoppertje spelen

De betekenis van verstoppertje spelen, het spel uit onze kinderjaren, hangt af van de rol die we spelen. Als we ons verstoppen kan dat een uiting zijn van angst. Misschien zijn we bang dat we ingehaald worden door een misstap uit ons verleden, of wellicht speelt er nu een zaak die onze aandacht nodig heeft, maar veel stress oplevert. Jungianen kunnen dromen waarin we optreden als zoeker interpreteren als uiting van een zoektocht naar spirituele verlichting.

Transacties

Zelfs de meest triviale transacties in een droom kunnen diepe waarheden en belangrijke kwesties weerspiegelen. Soms zijn het directe interacties met anderen, met als klassiek voorbeeld winkelen – winkels kunnen de talloze mogelijkheden symboliseren die we in ons leven tegenkomen. Andere transacties kunnen minder duidelijk zijn – een droomscenario over een examen kan op het eerste gezicht alleen betrekking hebben op ons, de hoofdrolspeler, maar als we verder kijken zien we dat er een uitwisseling plaatsvindt met de examinator. Als iemand actie onderneemt als gevolg van iets anders, kunnen zich onder de oppervlakte allerlei verplichtingen en emoties afspelen.

Conflicten

Geweld in dromen is vaak vreemd abstract, alsof het zich afspeelt in een film. Zelfs als de dromer zelf gewelddadig is, kan de emotionele lading verrassend neutraal blijven, hetgeen erop duidt dat de droom fysiek geweld alleen gebruikt als metafoor voor andere soorten strijd: tussen theorieën of ideeën, verschillen van mening of een conflict in de dromer zelf.

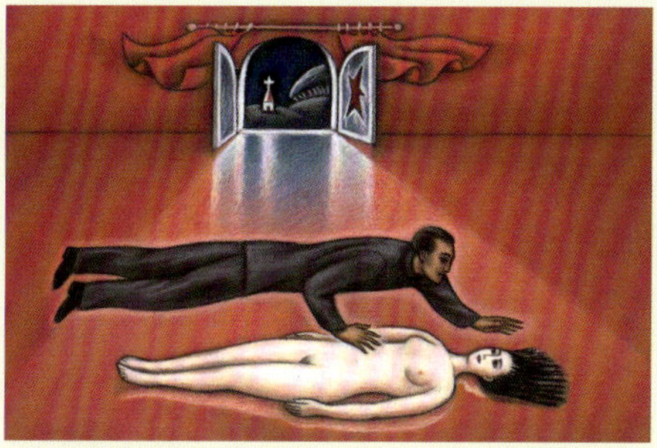

Als de dromer slachtoffer is van geweld en de emotionele lading hoog is, kan de droom verwijzen naar een aanslag op status of relaties, of een bedreiging van financiën, gezondheid of algemeen welzijn. Als de dromer het fijn vindt om toeschouwer te zijn van geweld, kan dit gerelateerd zijn aan verborgen agressieve neigingen binnen het zelf. In de freudiaanse psychologie wordt geweld in een droom ten opzichte van de vader of moeder geassocieerd met de wens om gezag van zich af te werpen.

Geweld tegenover het zelf

Geweld ten opzichte van de dromer duidt vaak op een schuldgevoel en een verlangen naar zelfkastijding. Dit kan verband houden met de beëindiging van een relatie of de dood van een dierbare. Misschien hebben we, bewust of onbewust, het gevoel dat we iets hadden kunnen doen om deze moeilijke gebeurtenis te voorkomen. Geweld in dromen kan ook wijzen op een laag zelfbeeld en misschien zelfs een afkeer van jezelf. Of de destructieve neigingen die voortkomen uit een negatief zelfbeeld nu in het wakende leven tot uiting komen of zich nestelen in het onbewuste, het is belangrijk om er goed naar te kijken voor ze, psychisch of lichamelijk, ernstige schade toebrengen. Dromen waarin ons pijn wordt gedaan of waarin we worden aangevallen kunnen er ook op wijzen dat we voor de buitenwereld te kwetsbaar of te angstig zijn, alsof gewelddadige krachten ons dwingen stil in een hoekje te gaan zitten.

Geweld tegenover anderen

Dit duidt vaak op een strijd voor zelfbehoud of een gevecht tegen onszelf of tegen de buitenwereld. Geweld tegenover een kind kan erop wijzen dat we het kind in onszelf niet accepteren, terwijl geweld tegenover een ouder iemand duidt op een weigering naar ouderen te luisteren. Wild om ons heen slaan kan de strijd symboliseren tegen de ongewenste neigingen van ons onbewuste.

Oorlog en strijd

Jung zag in oorlog en strijd het conflict tussen aspecten van het bewuste en het onbewuste. Dergelijke dromen duiden vaak op een strijd tussen diepliggende, instinctieve krachten en de regels van bewust gedrag. Het is een gevecht tussen een bewuste drang naar orde en de instinctieve, onbewuste neiging om ertegen in opstand te komen. Dit kan eerder wijzen op een behoefte aan vredesluiting in plaats van overwinning, en de acceptatie van onze duistere kant in plaats van de vruchteloze poging deze uit te bannen.

Worstelen

Een droom waarin we met een reusachtige tegenstander moeten worstelen duidt erop dat we worstelen met een probleem in ons privé- of zakelijke leven. Als we tegenover een sumoworstelaar staan, kan dit verwijzen naar een gevoel dat we overweldigd worden door de moeilijk-

heden van alledag. Jungianen kunnen een verband leggen met het Bijbelverhaal over Jacob, die worstelde met de engel van God; wellicht weigeren we het pad der verlichting te bewandelen.

Doden

Iets of iemand doden kan een opmerkelijk positief droomsymbool zijn en hoeft niets te maken te hebben met geweld of agressiviteit in onszelf. Voor dromers die psychotherapie ondergaan of bezig zijn zichzelf te ontdekken kan het beeld van een persoon of dier doden symbool staan voor nare herinneringen of destructieve gewoonten die ze willen uitbannen. De moord op een gezagsfiguur kan duiden op de wens te ontsnappen aan de morele of sociale beperkingen van ons huidige leven, of wijzen op een nog niet verwerkte wrok tegen een ouder, baas of leraar.

Vuistgevecht

De directheid van een vuistgevecht verwijst naar een wanhopige strijd, misschien met elementen van onszelf of met een situatie of iemand die ons onderdrukt of probeert in bedwang te houden. Als we verlamd zijn en geen slag kunnen uitdelen, kan dit duiden op een gevoel van hulpeloosheid of een laag zelfbeeld.

Vijand

Als de dromende geest iemand als vijand neerzet met wie we helemaal geen ruzie hebben, is het misschien tijd om deze relatie eens nader te bekijken. De droom kan een signaal zijn van ons onbewuste dat ondanks de aardige buitenkant deze persoon niet te vertrouwen is. Een bittere vijand kan ook symbool staan voor de Schaduw, het jungiaanse beeld van onze duistere kant.

Kneuzing

Als de dromende geest ons het beeld geeft van een kneuzing kan dit een weerspiegeling zijn van onze huidige emotionele toestand. Misschien heeft iemand verbaal naar ons uitgehaald en voelen we ons gekwetst en zwak? Het lichaamsdeel dat geraakt is kan belangrijk zijn.

Bokszak

Een droom waarin we een bokszak zien of erop slaan kan erop duiden dat we een uitlaatklep zoeken voor onze frustraties. Het is belangrijk te weten waarvoor of voor wie die bokszak staat, en dat we geen onschuldig persoon, of onszelf, slachtoffer maken van onze onderdrukte en onuitgesproken boosheid.

Proefwerken en examens

Een examen afleggen kan een van de stressvolste ervaringen in ons leven zijn, dus het is niet vreemd dat een examen nog lang na onze schoolperiode in onze dromen opduikt. Een van de ergste angstdromen over examens is die waarin we een proefwerk hebben moeten doen waarvoor we niet meer hebben gestudeerd, of waarin we wanhopig op zoek zijn naar het proeflokaal nadat de bel allang is gegaan ten teken dat de examentijd is ingegaan.

Zelfs als volwassene, na onze schooltijd, zit het leven vol proeven. Of het nu gaat om sollicitatiegesprekken of om een maaltijd met onze toekomstige schoonfamilie, soms voelt het of we worden beoordeeld op ons gedrag, en sommigen willen erg graag aardig gevonden worden.

Overhoord worden

Mondelinge examens kunnen zelfs nog meer angst inboezemen dan schriftelijke. De examinatoren kunnen symbool staan voor aspecten van het zelf, hetgeen duidt op afwijzing van jezelf. Als je tegenover de examinatoren met je mond vol tanden staat, kan dit erop wijzen dat je geen overtuigend antwoord hebt op de stem van het bewuste of dat je weigert gevoelens onder ogen te zien die geuit willen worden. Dergelijke dromen duiden ook op een moeilijke relatie met een ouder of andere gezagsfiguur, die door psychologen zouden worden geclassificeerd als 'ondervrager'. Deze mensen bevragen ons aldoor, en hoewel de bedoelingen goed zijn, kan hun gedrag aanvoelen als een aanval op onze privacy en kan dit onze zekerheid ernstig ondermijnen.

Examen

Een droom waarin we – vaak te laat – gang na gang door rennen op zoek naar een examenlokaal, kan een gevoel van hulpeloosheid over onze lotsbestemming oproepen. Examens in dromen kunnen ook symbool staan voor het gevoel op wat voor gebied dan ook in het beklaagdenbankje te staan. Zakken voor een examen in onze droom kan een uiterst ongemakkelijke ervaring zijn, waarbij we de tekortkomingen onder ogen moeten zien die we anders wellicht niet zouden willen zien. Vooral als een examen plaatsvindt in een koude, onpersoonlijke omgeving kan dit duiden op de onaantastbare macht van de bureaucratie en het gezag die soms ons leven lijkt te beheersen, en die willekeurig beslissingen neemt die een enorme invloed hebben op onze toekomst.

Formulieren en solliciteren

Een droom waarin we een onleesbaar vragenformulier moeten invullen kan gevoelens van hulpeloosheid teweegbrengen tegenover ogenschijnlijk onoverkomelijke problemen. Een sollicitatieformulier kan erop duiden dat we iets missen in ons leven – kijk of de droom duidelijkheid geeft over datgene waarnaar we solliciteren.

Geven en ontvangen

Geven is een symbool van sociale interactie en als het voorkomt in een droom schept het duidelijkheid over hoe we met anderen omgaan. Of de cadeaus welkom zijn of niet is natuurlijk cruciaal voor hun betekenis. Als we veel cadeautjes krijgen op bijvoorbeeld een verjaardagsfeestje, zegt dat iets over de mate waarin anderen ons waarderen, maar als de presentjes op een minder geschikt tijdstip arriveren, kan dit duiden op een bombardement aan ongevraagd advies dat wellicht over ons wordt uitgestort.

Een cadeautje kopen kan verwijzen naar onze wens om voor iemand iets bijzonders te doen, of, enigszins vager, het kan een weerspiegeling zijn van ons gulle gevoel ten opzichte van hem. Als het cadeau erg duur is, kan dit symbool staan voor de wens om bepaalde offers te brengen, of de ander op een zeer belangrijke manier te helpen of van dienst te zijn. De ander overladen met cadeaus daarentegen, kan, vooral als ze geweigerd worden, erop duiden dat de dromer te vasthoudend is in het geven van advies, de ander tegen diens zin te veel aandacht schenkt, of verwoede pogingen doet om door anderen geaccepteerd te worden. Net als met elk droombeeld dat aan de buitenkant opwindend en aantrekkelijk lijkt, maar later uiterst gebrekkig blijkt, wijst een cadeau dat niet wordt gewaardeerd op verwachtingen die uitmonden in teleurstelling, een soort verborgen agenda, of negativiteit in een positief jasje. Een volkomen lege cadeauverpakking kan duiden op loze beloften – misschien met een waarschuwing uit ons onbewuste dat de beloofde loonsverhoging of persoonlijke winst uit een lucratief lijkend project nooit worden gerealiseerd. Vaak duidt een cadeau dat niet helemaal is uitgepakt op verborgen geheimen waarmee de dromer aan de slag is gegaan, maar die nu nog gedeeltelijk verhuld zijn: de boodschap is dat we met meer vasthoudendheid misschien achter de waarheid komen. In een populair 19de-eeuws droomboek staat dat een cadeau geven in een droom tegenslag voorspelt; en als de ontvanger een partner is of een geliefde, kan de handeling wijzen op een tegenstrijdigheid of ziekte bij die persoon.

Ongepast cadeau

Een cadeau dat voor de dromer ongepast is, of ongemakkelijke gevoelens teweegbrengt, kan wijzen op de onwelkome attenties van iemand anders – of lof of waardering waarvoor de dromer zich onwaardig acht. Als de dromer de gever is in plaats van de ontvanger, kan de droom ons erop wijzen dat we onze zwakheden, of onze ware aard, beter aan anderen moeten tonen.

Doos bonbons

Een doos bonbons kan symbool staan voor het grote aantal mogelijkheden en het plezier dat het leven ons biedt. In freudiaanse termen kan het de orale geneugten oproepen van toen we baby waren of de stoelgang symboliseren – en daardoor wellicht een anale fixatie, waardoor we te veel controle willen uitoefenen of gierig zijn.

Boeket bloemen

Een boeket bloemen is een bijna universeel symbool van liefde of waardering. De schoonheid en vergankelijkheid van bloemen zijn voor alle culturen een uiting van onze diepste gevoelens. De kleur en het soort bloemen in een droom kunnen vooral belangrijk zijn: madeliefjes kunnen duiden op onschuld en speelsheid, en rode rozen roepen wellicht passie en seksualiteit op. Net als een cadeau dat uiteindelijk een onplezierige verrassing blijkt te zijn, kan een verlepte bos bloemen in een droom symbool staan voor verwachtingen die uitmonden in een teleurstelling.

Cadeauverpakking

Als we in onze droom iets mooi inpakken kan dit erop duiden dat we – al dan niet wanhopig – iets proberen te verhullen. We verbergen wellicht gevoelens van pijn achter een vrolijk masker, of we zijn egoïstischer dan we lijken; of misschien moeten we een onprettige waarheid die we tot nu toe hadden onderdrukt onder ogen zien.

Brieven en pakketten

In een droom per post artikelen of boodschappen ontvangen voorspelt vaak iets onverwachts, zoals een nieuwe uitdaging. De respons van de dromer op de inhoud van het pakje kan duidelijkheid geven over de betekenis. Bijvoorbeeld, als we een brief niet uit de envelop krijgen, kan dat erop wijzen dat we de geboden kans niet ten volle benutten, terwijl het gevoel van verwachting voor het openmaken van de brief kan wijzen op een positievere houding. De identiteit van de afzender (vaak een aspect uit het onbewuste) kan ook belangrijk zijn. Als de dromer achter de postbode aan rent, kan het zijn dat we een positievere houding aannemen ten opzichte van gebeurtenissen.

Het gebeurt maar zelden we de boodschap die we per post hebben ontvangen ook echt lezen – dromen laten dit liever over aan onze wakende geest.

Een brief sturen kan ook er ook op duiden dat directe communicatie om een bepaalde reden moeilijk is.

Postzegel

Een brief zonder postzegel kan wijzen op een ambitie die nog niet is gerealiseerd, of misschien op een gebrek aan aandacht voor belangrijke dingen in het leven. Een envelop vol postzegels kan symbool staan voor een gepassioneerd enthousiasme of voor de uitbundige uitingen die voortkomen uit onzekerheid.

Postbode

Als de dromer postbode is, of een boodschap heeft voor iemand anders, kan dit erop wijzen dat hij verantwoordelijkheid wil dragen, of dat hij wil dat anderen hun geheimen aan hem toevertrouwen. Het kan ook verwijzen naar ons vermogen om anderen plezier te geven of te ontzeggen, of naar een heldere bewustwording van onze eigen betekenis.

De boodschappen van de postbode symboliseren vaak nieuwe mogelijkheden, dus dromen dat de postbode de deur voorbijgaat wijzen de dromer vaak op zijn gevoel van teleurstelling, of over een bepaalde kwestie, of over de algemene richting van zijn leven. Als de dromer achter de postbode aan rent, kan dit wijzen op een positiever handelen en onze eigen mogelijkheden creëren.

Onleesbare brief

Een brief die geschreven is in een vreemde taal of in een onleesbaar handschrift kan duiden op frustratie over een ogenschijnlijk onoplosbare kwestie of een gevoel dat onze communicatie met anderen effectiever zou kunnen. Als we een

blanco papier aantreffen in een envelop, kan ons onbewuste erop aansturen dat we meer controle over ons leven moeten uitoefenen.

Anonieme brief

Een anonieme brief kan een alarmsignaal zijn vanuit het onbewuste. Wellicht maken we een periode van emotionele onrust door en is het tijd om de richting waarin ons leven gaat onder de loep nemen. Ook kunnen we het gevoel hebben dat anderen meer van ons weten dan we willen.

Ansichtkaart

Ansichtkaarten zijn meestal een luchthartige manier van communiceren. Ze zijn voor iedereen leesbaar en als ze opduiken in een droom kan dit wijzen op een verlangen naar meer vrolijkheid en openheid in ons leven. De afbeelding op de kaart kan ook belangrijk zijn – die kan symbool staan voor de drang naar avontuur en reizen, of, als het een foto is van een plek waar we ooit hebben gewoond of zijn geweest, wijzen op nostalgie naar die bepaalde periode.

Envelop

Freud zag een envelop als symbool van vrouwelijke seksualiteit. Een ongeopende envelop kan duiden op maagdelijkheid of misschien de terughoudendheid van de vrouw om een relatie aan te gaan. Hij kan ook verwijzen naar een kwestie die we niet onder ogen willen zien. Een envelop openen of er een brief in stoppen kan gemeenschap symboliseren.

Aktes en certificaten

Aktes en andere formele documenten, zoals geboorte- of trouwcertificaten, verschijnen vaak in dromen tijdens perioden van omslag en verandering. Ze kunnen wijzen op een verlangen naar stabiliteit en zekerheid, of ze kunnen een reactie zijn op een komende ceremonie. Een droom waarin we akten en documenten verbranden kan een teken zijn van een bepaalde afsluiting in ons leven. Ook kan het een uiting zijn van een diepgeworteld verlangen naar grote verandering.

Pakket

Net als bij enveloppen zien freudianen een pakket als het symbool van de vrouwelijke geslachtsorganen. Je reactie op de ontvangst van een pakketje in je droom kan veel zeggen over je houding ten opzichte van vrouwelijke seksualiteit, vooral als je man bent. Een nieuwe liefde of een verlangen naar onze partner kan een droom inspireren waarbij we een pakket openscheuren en benieuwd zijn naar de inhoud. Als we daarentegen terughoudend of zelfs angstig zijn een pakje te openen, zijn we wellicht bang voor een serieuze emotionele verbintenis.

E-mail

De meeste mensen sturen tegenwoordig vaker een e-mail dan een brief, dus is het niet vreemd om te dromen over communicatie via internet. Per ongeluk een e-mail sturen naar ons volledige adresboek kan een waarschuwing zijn uit ons onbewuste om niet te openhartig te zijn. Een

angstdroom waarin we op 'Verzenden' klikken voordat het bericht klaar is, kan erop wijzen dat we een idee nog niet willen ventileren omdat het nog niet goed is geformuleerd – misschien, maar niet noodzakelijk, op werkgebied. Klikken op de knop 'Verwijderen' kan duiden op een verlangen iets of iemand te verwijderen uit ons leven.

Contract

Een contract kan een persoonlijke of zakelijke verplichting inhouden waar we onze twijfels over hebben. Een contract verscheuren kan een soort wensdroom zijn, een verlangen te ontsnappen aan een overeenkomst waar we ons aan moeten houden of misschien aan een relatie die ongezond voor ons is.

Inktvlek

Een inktvlek die een brief of boodschap geheel of gedeeltelijk aan het oog onttrekt, kan wijzen op miscommunicatie of dubbelzinnigheid. Een traanvlek op een brief kan schuldgevoelens teweegbrengen over pijn die we hebben veroorzaakt. Als het onze eigen tranen waren, kan de vlek wijzen op het verdriet over de beëindiging van een relatie. Zoals in de rorschachtest kan ook de vorm van de vlek belangrijk zijn.

Winkelen en geld

Winkels symboliseren vaak het grote aantal mogelijkheden die we hebben en de beloningen die ons in ons leven ten deel vallen. Ons vermogen om deze kansen te benutten kan duidelijk worden gemaakt door de hoeveelheid geld die we in onze droom op zak hebben.

De dromende geest kan diverse winkelmetaforen bedenken om ons vermogen of onvermogen te symboliseren om alles uit het leven te halen wat erin zit, of om oplossingen te geven voor bepaalde problemen. Misschien bevinden we ons net voor sluitingstijd in een winkel en kunnen we niet op tijd vinden wat we zoeken, of de schappen zitten te hoog en we kunnen er niet bij, of er zijn zoveel verschillende artikelen dat we geen keuze kunnen maken.

Voor Jung staat geld voor macht – een manier om iets te bereiken. Te weinig geld bij ons hebben om te betalen voor iets wat we willen hebben kan symbool staan voor een duidelijk gebrek aan kwaliteiten om een bepaald doel te bereiken. Freud daarentegen zag geld als symbool van ontlasting. Hij interpreteerde dromen over geld sparen als anale fixatie, wellicht als gevolg van verkeerde zindelijkheidstraining door te ijverige ouders. Anale fixatie is een karaktertrek die meestal wordt geassocieerd met mensen die obsessief orderlijk en zeer beheerst zijn.

Natuurlijk kunnen dromen over geld ook gewoon duiden op angst over onze financiële positie – vooral ten tijde van economische onzekerheid.

Etalage

Dromen over een etalage vol met aantrekkelijke, maar op de een of andere manier onbereikbare spullen duidt er vaak op dat de dromer zich buitengesloten voelt van de goede dingen des levens. De droom kan hem ertoe aanzetten om te kijken naar bereikbaardere en daarom waardevollere zaken. Jung was van mening dat dromen over een apotheek of drogisterij vaak te maken hebben met alchemie en innerlijke transformatie.

Winkelinterieur

Het droombeeld van een winkel kan duiden op onze kijk op de mogelijkheden die het leven ons te bieden heeft. Hoeveel we kopen en of de dingen die we aanschaffen ook daadwerkelijk de dingen zijn die we zoeken, kan veel zeggen over de manier waarop we denken ons doel te bereiken. Een droom waarin we de zaken die we willen kopen niet kunnen vinden, wijst erop dat we gefrustreerd zijn dat het leven ons niet alles geeft wat we willen. Als we ons tegen sluitingstijd nog snel naar de winkel haasten, kan de droom ons duidelijk maken dat we het leven te kort vinden om alles te bereiken wat we willen.

Vitrine

Alle verleidelijke dingen in bijvoorbeeld een delicatessewinkel of bij een juwelier dwingen ons te kiezen uit een schat aan mogelijkheden. Het kan om een wensdroom gaan, maar het kan ook zijn dat je overdonderd bent door het aanbod. Als we een cadeautje zoeken, kunnen we het gevoel hebben de persoon (zelfs onze partner) niet goed genoeg te kennen om de juiste keuze te maken.

Ruilen

Een ruil kan symbool staan voor elke vorm van interpersoonlijke interactie. In ons persoonlijke, zakelijke en intellectuele leven wordt volop geruild: onbewust wegen we de kwaliteiten die collega's, vrienden of geliefden ons te bieden hebben en wat ze daarvoor terug willen hebben.

Rekening

Een rekening ontvangen wijst ons erop dat het onvermijdelijk is om persoonlijk te investeren om te kunnen groeien. We kunnen geschokt zijn over hoeveel we moeten betalen. Een hoge rekening kan echter ook wijzen op de vele mogelijkheden die voor ons liggen in plaats van alleen op de kosten. In een angstdroom kunnen we wellicht de rekening niet voldoen omdat onze portemonnee leeg is of onze creditcard geweigerd wordt. Dit kan duiden op een laag zelfbeeld of angst voor maatschappelijke vernedering; het kan echter ook gewoon wijzen op geldproblemen. Een droom waarin we een factuur schrijven of een betaling ontvangen kan erop duiden dat we vinden dat we beloond moeten worden voor onze inspanningen op persoonlijk, zakelijk of spiritueel gebied. Een rekening napluizen kan wijzen op een wantrouwen jegens mensen in je omgeving, zelfs vrienden of familie.

Straatventer

Straatventers roepen een beeld op zowel van vrijheid als van inferieure artikelen. Ze zijn vrij van huur en de verantwoordelijkheden van normale winkeliers, en werken in de marges van de samenleving; vandaar waarschijnlijk dat ze symbool staan voor het verlangen om te ontsnappen aan de beperkingen van ons leven van alledag. Ook kunnen we onzeker zijn over de motieven van een nieuwe kennis of twijfelen aan de eerlijkheid van de andere partij in een zakendeal.

Verkopen

Verkopen is in feite de kunst van het overtuigen. We kunnen proberen een idee of project te 'verkopen' aan onze collega's of familie, of we kunnen overwegen het idee, de uitleg of het excuus van iemand anders 'over te nemen'. Zaken als de beslissing om te verhuizen of een huwelijksaanzoek houden een bepaalde vorm van overtuiging in en een droom waarin we proberen iets te verkopen of hebben verkocht (vooral als we denken dat het artikel van twijfelachtige waarde is) is vaak een uiting van angst over deze transactie.

Huren

Jung was ervan overtuigd dat het droombeeld van een huis staat voor het zelf. Huur betalen kan erop duiden dat je het belangrijk vindt de integriteit van het zelf te bewaren – dat we onze mening in stand houden zelfs als onze ouders of een ander gezagspersoon het er niet mee eens is. Als we echter dromen dat het huis niet ons eigendom is, kan dat een gebrek aan zelfvertrouwen symboliseren. We gaan wellicht door een identiteitscrisis of we voelen ons niet vrij in ons lichaam. Misschien zijn we onlangs behoorlijk in gewicht toe- of afgenomen en vinden we het moeilijk deze verandering te accepteren.

Kluis

Freudianen zien een kluis als het symbool van de vrouwelijke geslachtsorganen of van frigiditeit. Iets wat we in een kluis stoppen kan echter ook symbool staan voor een geheim dat we heel graag willen verhullen, of een gekoesterd idee weerspiegelen met al zijn impliciete obsessiviteit. Volgens jungianen staat geld voor het vermogen om tot spirituele verlichting te komen en een kluis kan daarom duiden op een opslagplaats van wijsheid.

Winkel van Sinkel

Een winkel die van alles en nog wat verkoopt, zoals pennen, potloden, klosjes garen, knopen, lint, paperclips enzovoort, kan symbool staan voor alle dagelijkse beslommeringen. Het is belangrijk om een balans te vinden tussen het grote geheel en de kleine dingen, maar als we geen aandacht schenken aan de details, vooral kleine taakjes, kan het grote geheel barsten gaan vertonen. We moeten echter ook voorzichtig zijn dat we niet te veel in beslag genomen worden door futiliteiten, zodat we de overkoepelende betekenis missen.

Bazaar

Bergen specerijen, rollen felgekleurde stoffen, pannen vol welriekende gerechten – de aanblik, geuren en geluiden van een oosterse bazaar kunnen symbool staan voor de drang om te reizen of een verlangen naar nieuwe en spannende dingen. Maar de smalle straatjes en de vasthoudende verkopers van een exotische markt kunnen ook een claustrofobisch en intimiderend gevoel geven. Wellicht vinden we het moeilijk om ons aan te passen aan een nieuwe baan of een verandering in onze omgeving. Onderhandelen met een verkoper kan duiden op een gesprek met een veeleisende vriend of familielid.

Pandjeshuis

Een bezoek aan een pandjeshuis kan duiden op een gevoel van wanhoop. Wellicht maken we ons zorgen dat we te veel geld hebben uitgegeven of dat we een gekoesterde ambitie of ideaal moeten opgeven. De lage prijs die we krijgen voor onze eigendommen kan er ook op wijzen dat we ons in een bepaald opzicht ondergewaardeerd voelen. We krijgen, of op ons werk of privé, wellicht niet de erkenning die we denken te verdienen.

Beurskrach

In een droom over het instorten van de financiële markt kan het beeld voorkomen van een bankier of een beurshandelaar die uit een raam van een wolkenkrabber springt. De dromer ervaart wellicht een gevoel van intense teleurstelling – misschien over een mislukt huwelijk of slechte examenresultaten voor een favoriet vak. De dromende geest kan het concept 'investering' gebruiken om elke vorm van emotionele, intellectuele of professionele bijdrage te symboliseren. Onze tijd en energie zijn kostbaar, en het drama van een beurskrach kan de frustratie blootleggen die we voelen als al onze moeite voor niks blijkt te zijn geweest.

Markt

Een openluchtmarkt is meestal een kleurrijke aangelegenheid met volop artikelen tot onze beschikking. In een droom kan deze wijzen op onverwachte mogelijkheden. Dergelijke dromen komen het vaakst voor ten tijde van een verandering – als we als adolescent het huis uit gaan, bijvoorbeeld, of na onze pensionering.

Communicatie

Goede communicatie is de pijler in onze relatie met anderen, zowel op professioneel als op persoonlijk vlak; slechte communicatie daarentegen kan ons ervan weerhouden gelukkig of succesvol te worden – het kan ons tot wanhoop drijven. Het is dus niet vreemd dat veel dromen gericht zijn op communicatie. Als we het gevoel hebben dat de communicatie gebrekkig is, ligt de oorzaak niet alleen bij het verwoorden van ideeën; het kan bijvoorbeeld ook te maken hebben met een gevoel van maatschappelijke minderwaardigheid. Bij duiding moeten we vaak verder kijken dan het ogenschijnlijk logische om de bredere betekenis te begrijpen.

In dromen over communicatie is de dromer vaak niet in staat om boven het lawaai van anderen uit te komen, probeert hij wanhopig de aandacht te trekken, of wil hij anderen attenderen op een in zijn ogen toekomstige rampzalige gebeurtenis. Maar we kunnen ook ervaren dat anderen ons op de een of andere manier wegsturen of dat men ten koste van ons geringschattende opmerkingen maakt. Toehoorders kunnen zich vol verachting van ons afkeren als we onze mening of advies geven, of als we een gesprekje willen aanknopen. Soms ziet de dromer dat iets wat hij heeft geschreven kapot wordt gescheurd.

Met de mond vol tanden staan voor een groot publiek of weggehoond worden duidt op onzekerheid over onszelf, onze overtuigingen of ideeën.

Luidruchtig publiek tijdens een speech

Een publiek dat weigert stil te zijn als wij aan het woord zijn, duidt niet alleen op een gebrek aan respect voor de spreker, maar ook op een chaos van ideeën in ons wakende leven. De afwezigheid van publiek wijst erop dat de mening van de dromer door anderen totaal wordt genegeerd, of op een gebrek aan erkenning van zijn prestaties. Een schreeuwende en jouwende menigte aan onze voeten kan duiden op onze ware gevoelens ten opzichte van mensen in het algemeen – voelen we ons 'boven de mensen' staan?

De dromende geest kan ook het beeld van een onrustig publiek gebruiken om de identiteit van iemand te maskeren wiens gedrag onacceptabel agressief jegens ons is.

Oneens zijn

Zeggen dat we het ergens niet mee eens zijn kan onze twijfel onthullen over tot nu toe gekoesterde overtuigingen – de dialoog in de droom is een dramatisering van ons eigen innerlijke conflict. Dit kan echter een bepalend moment in onze persoonlijke ontwikkeling markeren, een openheid om nieuwe ideeën in het licht van de ervaring te testen.

Ruzie

Een ruzie in een droom kan wijzen op gevoelens van frustratie in ons wakende leven. Als de andere partij niet naar ons standpunt wil luisteren, of onze argumenten telkens weerlegt, voelen we ons wellicht onzeker over ons vermogen om te praten over onze behoeften en ideeën.

Een toespraak houden

Een droom waarin we vol overtuiging voor een publiek staan, kan duiden op een verlangen om ons standpunt te uiten en over te brengen. Misschien is er iets wat we willen uitpraten. Het gejuich van een waarderende menigte kan symbool staan voor ons verlangen om door anderen gefêteerd te worden.

Regels en reglementen

Regels worden geassocieerd met structuur, verplichtingen en controle. Als we in een droom strenge instructies geven aan anderen of aan onszelf, willen we misschien onbewust het leven minder willekeurig en voorspelbaarder maken. Als het anderen zijn die de regels bepalen, kan dit wijzen op meer behoefte aan discipline in het leven, of moeten we ons er bewuster van worden dat onze richting bepaald wordt door de beperkingen van buiten.

Dromen waarin we beschuldigd worden van overtreding van regels waarvan we ons niet bewust waren, benadrukken de oneerlijkheid van veel situaties in het leven. Dergelijke dromen kunnen helpen de frustratie van de dromer te uiten, of een teken zijn dat we bepaald onrecht niet kunnen verkroppen en vergelding zoeken.

Gehoorzamen aan regels kan erop wijzen dat de dromer zich te gemakkelijk laat leiden door anderen, maar kan ook duiden op loyaliteit en integriteit. Voor de interpretatie is het vaak nuttig om het soort regels waaraan we gehoorzamen te bekijken. Het onbewuste kan ons beter laten kijken naar overtuigingen of conventies die we zonder er vraagtekens bij te zetten hebben toegelaten.

Discussiëren over regels kan duiden op een innerlijk conflict – misschien een botsing tussen intuïtie en verstand. Of het kan erop wijzen dat we onze prioriteiten moeten herzien binnen een nieuwe of veranderde relatie.

Door tv- en filmbeelden hebben we voldoende kennis van het rechtssysteem om ons er een voorstelling van te maken, ook al hebben we er zelf geen ervaring mee.

Regels overtreden

Dromen waarin de dromer regels overtreedt – bijvoorbeeld door foto's te maken in een museum of lawaai te maken in een bibliotheek – verwijzen vaak naar de kindertijd. De natuurlijke neiging om zelfverzekerd te zijn en beperkingen door anderen op te rekken wordt wellicht beknot door ouders of leraren, en deze opstandige karaktertrek kan nog steeds latent aanwezig zijn in het onbewuste en in dromen als misdaad tot uiting komen. Dergelijke dromen kunnen een uiting zijn van een gezonde creatieve drang. Als de misdaad echter ernstig is, bijvoorbeeld diefstal van een auto, kan het te maken hebben met schuld of angst dat men misbruik maakt van onze zwakheden.

Rechtsgeding

Een proces kan duiden op de wens van de dromer om mensen te straffen die tegenstand bieden of het met de dromer oneens zijn. Bovendien kan het verwijzen naar een behoefte om goedkeuring te krijgen, wellicht gesymboliseerd door de jury.

Advocaat

De welbespraakte advocaat die ons vertegenwoordigt in de rechtszaal kan symbool staan voor een vriend of familielid die ons bijstaat in een stressvolle periode. Ook kan hij verwijzen naar iemand van wie we te afhankelijk zijn. Misschien is het tijd om onze stem te laten horen en voor onze eigen mening uit te komen. Een droom waarin we zelf advocaat zijn kan erop duiden dat het goed is zelf op te komen voor onze belangen.

Jury

Denk goed na over de mensen die in de jury zitten: dit zijn de mensen die onze toekomst bepalen en hun identiteit kan een belangrijke sleutel vormen tot de werking van onze psyche. De aanwezigheid van vrienden, familie of collega's kan worden gelinkt aan bepaalde gebeurtenissen in ons leven waarover deze mensen waarschijnlijk een mening hebben. Hun visie kan van invloed zijn op een beslissing over bijvoorbeeld een baan of partnerkeuze, of op een andere beslissing die we moeten maken. Een droom waarin we niemand van de juryleden herkennen kan wijzen op het gevoel dat we aan ons lot zijn overgelaten. Als we ons eigen gezicht zien tussen de juryleden kan dit erop duiden dat we enige invloed hebben op onze eigen toekomst – of dat we wellicht in de positie zijn dat we zelf oordelen over iemand, of vrijwillig, of tegen onze wil.

Aanklager

Optreden als aanklager in een proces en iemand voor het gerecht dagen wegens letsel of onrechtmatigheid kan een krachtige daad zijn of het kan voortkomen uit gevoelens van paranoia. Als de droom een uiting is van een wraakzuchtig verlangen om de ander gestraft te zien, kan een zaak verliezen het zelfdestructieve karakter van ons verlangen benadrukken. Een zaak winnen daarentegen kan behalve een positieve uitkomst verwijzen naar gevoelens van eigengerechtigheid of slechte bedoelingen.

Kruisverhoor

Een kruisverhoor in de rechtszaal kan duiden op een bepaald aspect uit het leven van de dromer dat nauwkeurig en intens onder de loep wordt genomen. De vragen zelf kunnen wijzen op twijfel – of die van de dromer zelf, of twijfels die hij bij anderen vermoedt. De droom kan ook symbool staan voor onze frustratie omdat we ons telkens moeten verantwoorden – misschien voelen we ons schuldig over iets wat we hebben gedacht, gezegd of gedaan.

Dagvaarding

Een bevel om in de rechtbank te verschijnen kan staan voor schuld (net als bij een kruisverhoor), maar kan ook een oproep zijn om voor iets of iemand op te komen. Een droom om voor het gerecht te komen kan tevens duiden op boosheid over een verplichting.

Vonnis

Hoewel een rechter symbool kan staan voor onze vader of een andere belangrijke autoriteit, duidt een vonnis, positief of negatief, vaker wel dan niet op ons oordeel over onszelf.

Deurwaarder

Een deurwaarder die aan onze deur verschijnt, of iemand anders die bezittingen komt opeisen (een huis bijvoorbeeld), kan onze aandacht vestigen op een bepaalde verplichting die we hebben verzaakt. Natuurlijk is er ook de overduidelijke letterlijke betekenis van angst voor een schuld – een gevoel dat zo sterk kan zijn dat het doordringt tot in het onbewuste.

Dief of inbreker

Een droom waarin we worden overvallen of bestolen komt waarschijnlijk voort uit angst, misschien als gevolg van een bepaald aspect uit een seksuele relatie – in dromen wordt een echte of imaginaire partner vaak verbeeld in termen van bezit. Als we zelf de dief zijn kan het voorwerp dat we stelen belangrijk zijn voor de betekenis – fallische symbolen zoals een geweer of een auto, of symbolen van de vrouwelijke geslachtsorganen, zoals een portemonnee of een medaillon, kunnen verwijzen naar overspel of stiekeme verhoudingen. Bedreigd worden met een pistool of mes kan duiden op angst voor geweld, vooral seksueel. Als een inbreker het huis binnendringt, kan dit wijzen op angst voor verkrachting of angst om mensen te dichtbij te laten komen, of duiden op emotionele verwarring. De schimmige struikrover verwijst naar de kant van onszelf die hunkert naar vrijheid, los van alle maatschappelijke beperkingen.

Misdaad

Een droom waarin we een gruwelijke misdaad begaan verwijst zeker niet naar een gewelddadige of sociaal gestoorde persoonlijkheid. De droom duidt eerder op een schuldgevoel of misschien de wens te ontsnappen aan sociale, financiële of morele remmingen in ons wakende leven.

Verboden terrein

Een droom waarin we ons zonder toestemming begeven in iemands huis of op

iemands terrein kan duiden op een verlangen onontdekte gebieden te verkennen op emotioneel, intellectueel of spiritueel vlak. De spanning van gevaar kan onderdeel zijn van de bevrediging die we verkrijgen. De droom kan ook een seksuele dimensie hebben. Als we zelf de overtreder zijn, kan dit duiden op een wens om overspel te plegen of om iemands plaats in te nemen in een relatie. Als we het slachtoffer zijn, kunnen we bang zijn voor verraad of geweld.

Deserteur

De soldaat die zijn post verlaat is een dubbelzinnig droombeeld. Aan de ene kant kan het duiden op de verleiding een moeilijke psychische of persoonlijke zaak te negeren en weg te lopen van onze problemen in plaats van ze onder ogen te zien. Aan de andere kant kan hij een moedig persoon zijn, dapper in opstand komend tegen zijn vijandige omgeving. Misschien hebben we het gevoel dat een zaak waar we voor hebben gevochten niet de onze is, of wellicht is deze onze energie niet langer waard. De combinatie van angst, schuld en opluchting als we dromen over een deserterende soldaat kan ook zeker een uiting zijn van de spanning die veroorzaakt wordt door de beëindiging van een relatie.

Als we aan de andere kant een neerslachtige soldaat zijn die door zijn maten achtergelaten is op zijn post, kan de droom een gevoel van verwaarlozing symboliseren. Na jaren kunnen we nog steeds boos zijn op een ouder die ons geen aandacht schonk of misschien werden we onlangs geconfronteerd met de dood van een dierbare of een scheiding. Deze droom zou op de lange termijn positief kunnen uitpakken – het begin van een grotere psychische onafhankelijkheid.

Smokkelen

Gesmokkelde waar is zowel verleidelijk als gevaarlijk. Deze staat voor aspecten van het zelf die we liever voor onszelf willen houden, of misschien duiden ze op waardevolle nieuwe inzichten die we willen delen met onze vrienden.

Vervalser

Een vervalser kan een waarschuwing symboliseren om de beloften van anderen niet serieus te nemen. Als degene die vals geld of goederen aan ons wil slijten een bekende van ons is, kan ons onbewuste voorzichtigheid gebieden tegenover een persoonlijke of zakelijke relatie die we anders niet zouden wantrouwen. Een droom waarin we vals geld willen inwisselen voor echt geld kan duiden op een gevoel van frustratie ten opzichte van onze persoonlijke groei.

Gif

Gif toedienen aan iemand die we kennen kan duiden op onderdrukte vijandigheid, of anders op een verlangen om los te komen van een bepaalde emotie die onze geest ‘vergiftigt’.

Omgevingen

Elke denkbare sociale situatie of locatie – van een klaslokaaltje in een dorpsschool tot het Torentje van de premier – kan in een droom voorkomen. Komt de locatie overeen met een feitelijke herinnering, dan stamt de droom uit ervaringen uit ons verleden – als we bijvoorbeeld over een fabriek dromen waar we met tegenzin hebben gewerkt, kan het goed zijn dat datgene wat ons destijds dwarszat, ons ook nu nog hindert in een volkomen andere omgeving. Situaties hebben natuurlijk hun specifieke eigenaardigheden en die vragen erom als symbolen onder de loep te worden genomen.

Het huis

Huiselijke gebeurtenissen komen in dromen het vaakst voor. Meestal gaat het om dromen van het eerste en het tweede niveau: ogenschijnlijk onbelangrijke gebeurtenissen uit het recente verleden (met name van de afgelopen dag) worden door de dromende geest geselecteerd, omdat ze als symbolen kunnen dienen voor (en daarmee toegang bieden tot) belangrijke informatie die is opgeslagen in het onbewuste van de dromer.

Bij de interpretatie van huiselijke dromen is het goed om na te gaan waarin het droommateriaal afwijkt van ervaringen uit het wakende leven. Vaak speelt de droom zich af in het huis van de dromer of gaat het om dagelijkse beslommeringen, maar soms zijn details opvallend onjuist. Meubelstukken kunnen op een verkeerde plaats staan, apparaten of andere voorwerpen kunnen ineens veel groter of kleiner lijken, ingrediënten voor het koken of schoonmaakmiddelen lijken verdwenen en volkomen vreemden kunnen net doen alsof jouw huis van hen is.

Ons leven speelt zich grotendeels in ons huis af en we houden ons daar met zoveel verschillende activiteiten bezig dat er talloze huiselijke symbolen te vinden zijn. Elke kamer in huis heeft vele betekenissen en elk voorwerp, zoals een douche, een oven of een theelepel, kan door de dromende geest voor een bepaald doel worden ingezet.

Witte muurverf

Witte muurverf kan een beschamende of schadelijke situatie verdoezelen. Het kan om verborgen waarheden in onszelf gaan, maar het kan ook zijn dat ons onbewuste aanvoelt dat anderen in onze omgeving een karaktereigenschap of iets uit het verleden verbergen.

Koken

Wanneer er eten wordt bereid voor anderen, kan dit duiden op de wens om anderen te beïnvloeden of afhankelijk te maken. Als symbool van samenzijn kan een maaltijd bereiden wijzen op behoefte aan liefde en warmte. Ligt de nadruk op het eten zelf, dan kan het zijn dat de dromer een inzicht of de waarheid in een smakelijker vorm wil gieten, of de afzonderlijke elementen van zijn leven wil samenvoegen tot een voedzaam geheel. Het huishouden is gefocust op het fornuis (inderdaad: *focus* is Latijn voor 'haard') en symboliseert dus de kern van ons bestaan.

Tapijt of vloerkleed

De werkelijke betekenis van een droom over een tapijt hangt af van de kleur of het patroon ervan. Bloemen kunnen symbool staan voor een tuin, misschien wel de Hof van Eden. Ook kan de Levensboom worden uitgebeeld, een concept dat in verschillende religies en mythologieën over de hele wereld voorkomt. Als je ervan uitgaat dat het huis symbool staat voor het zelf, dan kan een tapijt dat de toegang naar een lagere verdieping afdekt erop duiden dat we impulsen uit ons onbewuste proberen te onderdrukken.

Potten en pannen

Kookgerei heeft vaak een seksuele betekenis. De manier waarop een handvat van een pan in een droom verschijnt, laat zien of het gaat om mannelijke of vrouwelijke seksualiteit. De betekenis hangt af van wat er in de pan zit: een voedzaam brouwsel of iets genotzuchtigs, of een gerecht om anderen te imponeren?

Gerecht

Een zojuist gemaakt gerecht wordt meestal warm opgediend om meteen te worden gegeten. In onze dromen kan dit duiden op inspiratie of ideeën die meteen moeten worden uitgevoerd, of op een probleem dat meteen moet worden opgelost. Een bord met koude restjes kan wijzen op gewoonten die we moeten afleren om verder te komen in het leven.

Ketel

De fluit van een ketel is een fallisch symbool en daardoor duidelijk mannelijk. Het kokende water wijst op passie. De hitte en de stoom zijn een symbool voor de heftige emoties die zich kunnen voordoen bij mensen die met de passie in aanraking komen.

Tafel

Het beeld van iemand die zich onder een tafel verstopt stamt uit de kindertijd – een tafelkleed kan worden gebruikt om een tent te maken waarin een kind zich kan verstoppen. Deze verstopplaats is in een angstdroom gevaarlijk, omdat je er niet uit kunt ontsnappen zonder gezien te worden door de mensen die aan tafel zitten. In dromen kan een tafel ook gebruikt worden om voorwerpen op uit te stallen. Het is de moeite waard om na te gaan of de tafel wellicht een metafoor is voor openheid – alles wat op tafel ligt is voor iedereen in de omgeving zichtbaar.

Bestek

Een bestekset kan verwijzen naar de huiselijke ambities van de dromer. Elk onderdeel kan op zich meerdere betekenissen hebben. Messen en vorken zijn vaak een soort wapens en kunnen wijzen op ingehouden agressie of op spanningen in een op het oog harmonieuze huiselijke situatie. Lepels hebben een vrouwelijke symboliek vanwege de ronde vorm en het vermogen om iets te dragen. Als je je kwetsbaar of gespannen voelt, kan een droom over een lepel duiden op een behoefte om te worden gevoed of verzorgd. Een droom over een theelepeltje kan ons erop wijzen dat we beetje-bij-beetje moeten leven, terwijl een soeplepel ons kan aanmoedigen om volop te genieten van de geneugten die het leven ons te bieden heeft.

Theepot

Ook de tuit van een theepot kan een fallisch symbool zijn. Een rijkversierde theepot vraagt wellicht aandacht voor de schoonheid van onze dagelijkse bezigheden, die we alleen kunnen zien als we daar de moeite voor nemen.

Afwassen

Net als bij het handenwassen kan afwassen erop duiden dat we schaamtegevoelens of zonden willen wegwassen, die misschien wel het gevolg zijn van seksuele ervaringen.

Kapotte voorwerpen

Kapotte voorwerpen duiden op een tekortkoming in het karakter, de argumenten, ideeën of relaties van de dromer. Een gebarsten of kapotte vaas of kom kan een verloren liefde of een gebroken hart symboliseren. Een droom waarin we door het huis razen en dingen breken wijst in het algemeen op boosheid of teleurstelling over iets wat gesymboliseerd wordt door het voorwerp dat we kapotmaken. Hoewel freudianen in een gebroken raam een vrouwelijk seksueel symbool zien, symboliseert dit volgens jungianen de teleurstelling die de dromer voelt over de wereld.

Stofzuigen

Stofzuigen is een grondige manier om een huis te ontdoen van vuil en wijst op de wens om een slechte herinnering of ervaring uit het verleden te verwijderen. Stof of as opzuigen kan duiden op de wens om verder te gaan met het leven na het overlijden van een dierbaar familielid of vriend.

Voorjaarsschoonmaak

Een droom waarin we ons huis grondig schoonmaken (met name in het voorjaar) kan wijzen op de noodzaak om vervelende herinneringen of slechte gewoonten uit ons leven te bannen. Dit is misschien het goede moment om onszelf te onderzoeken en ons te ontdoen van die aspecten die niet constructief zijn, zodat we een nieuwe start kunnen maken.

Ramen lappen

Een droom waarin we het vuil van de ramen van ons huis wassen kan wijzen op behoefte aan een heldere kijk op het leven. Onze blik op de buitenwereld wordt misschien vertroebeld doordat we te veel naar binnen gericht zijn of door onvermogen om verder te kijken dan onze neus lang is.

Wasmachine

Het kolkende water in de wasmachine kan onderbuikgevoelens losmaken. Misschien moet er afgerekend worden met dingen uit het verleden of moeten wonden uit de jeugd worden schoongewassen, zodat onze psyche wordt geheeld.

Het droombeeld van kleren kan de aandacht vestigen op de naaktheid die de kleren moeten bedekken. De was ophangen in het openbaar kan duiden op een onbewust terugverlangen naar de verloren onschuld uit de kindertijd of op een behoefte aan exhibitionistisch gedrag.

Zeef of vergiet

Water, bloem of suiker dat door de gaatjes van een zeef of vergiet wegloopt kan erop wijzen dat we onze levenskracht of energie voelen wegstromen. Kun je iemand of iets bedenken die dat veroorzaakt? Een zeef kan ook de ontwikkeling van een nieuwe levenshouding aankondigen, waarbij oude of storende gedachten en ingesleten gedrag worden weggespoeld.

Boenwas

Lak of boenwas kan ons meubilair of onze vloer beschermen en er fraaier laten uitzien. In onze dromen kan dit middel de wens symboliseren om onze mislukkingen te verdoezelen of kan wijzen op de noodzaak om onszelf te wapenen tegen kritiek van derden. Misschien willen we de barsten in onze relatie wegpoetsen.

Koektrommel

In onze kindertijd was de koektrommel waarschijnlijk een schatkist vol traktaties en beloningen. Een droom waarin we onszelf verlangend naar een koektrommel zien kijken die op een onbereikbare plek staat, kan wijzen op verlangen naar waardering of erkenning die we niet zullen krijgen. Een grote variëteit aan koekjes kan erop wijzen dat we voor een belangrijke keuze in ons leven staan.

Architectuur

Huizen in dromen staan meestal voor de dromer zelf en kunnen zijn lichaam of de verschillende geestelijke niveaus symboliseren. Net als lichamen hebben huizen een voor- en achterkant, ramen die op de buitenwereld kijken, deuren waardoor eten naar binnen komt en andere openingen waardoor afval wordt afgevoerd.

Jung ontwikkelde zijn theorie over het collectieve onbewuste naar aanleiding van een droom over een huis. Het huis kwam vreemd op hem over, maar het was wel degelijk zijn huis, en nadat hij over de verschillende verdiepingen had gelopen trof hij een zware deur die toegang gaf tot een prachtige, oude kelder. Een volgende trap leidde naar een grot, vol beenderen, potten en schedels. Hij interpeteerde de kelder als het eerste niveau van het onbewuste en de grot als de 'wereld van de oermens' in hemzelf – het collectieve onbewuste. Freud zag Jungs droom echter als een wensdroom en zag in de botten en schedels het symbool van *thanatos*, de doodswens, waarschijnlijk met betrekking tot Jungs vrouw.

Ook andere gebouwen kunnen aspecten van het zelf weergeven. Rechtbanken kunnen symbool staan voor ons oordeelsvermogen, musea verwijzen vaak naar het verleden, en fabrieken of molens duiden op de creativiteit van de dromer.

Boeken

Een bibliotheek staat voor ideeën en beschikbare kennis. Boeken op een plank waar je niet bij kunt, kunnen wijzen op ideeën die je op dit moment nog niet kunt bevatten. Als we ons in een droom niet kunnen concentreren op wat we lezen, kan het zijn dat onze huidige ideeën niet productief zijn. Een bibliotheek kan ook naar de innerlijke wijsheid van de dromer verwijzen: in jezelf op zoek gaan naar antwoorden – intuïtief begrijpen we misschien veel meer dan we verwachten.

Kamers en verdiepingen

Net als onze geest heeft een huis verschillende verdiepingen en ruimten, elk met een eigen functie en onderling verbonden door trappen en deuren. In een droom kunnen elke kamer en verdieping staan voor een ander aspect van je persoonlijkheid en geest, die samen één geheel moeten vormen (integratie), maar dat vaak niet doen. Volgens Jung symboliseerden de verdiepingen het onbewuste, het bewuste en de hogere spirituele ambities. Gesloten deuren of een gevaarlijke trap kunnen wijzen op moeilijkheden bij het peilen van de diepte van ons onbewuste.

Volgens de fallische symboliek die Freud in trappen zag, zou een droom waarin we passief via een roltrap van verdieping naar verdieping gaan kunnen duiden op een emotieloos seksleven.

Zolder

Gezien de ligging op de bovenste verdieping van een huis staat een zolder vaak voor onze hogere ambities of creativiteit – een schilder of schrijver werkte traditioneel op een zolderkamertje. Vaak is het er een rommeltje, hetgeen kan wijzen op de wanorde die we in ons leven voelen. Net als op een echte zolder moeten we ons een weg banen door de warboel om tot een acceptabele interpretatie te komen. Een kast vol troep kan wijzen op projecten en plannen die we niet hebben

afgemaakt. Maar als de kast op een doodskist lijkt, is het misschien tijd om onredelijke ambities los te laten. Een overdreven keurige zolder kan erop wijzen dat we ons spirituele leven te doctrinair of rigide benaderen, of te zeer leunen op logica en rede bij het nastreven van creatieve ambities.

Venster

Freud zag zowel deuren als ramen als vrouwelijke seksuele symbolen; Jung associeerde ze met de mogelijkheid van de dromer om de buitenwereld te begrijpen. Naar binnen kijken door andermans ramen (voyeurisme in Freuds ogen) kan erop wijzen dat de dromer te nieuwsgierig is naar andermans leven, en misschien deze nieuwsgierigheid aanwendt om geen zelfonderzoek te hoeven uitvoeren.

Balkon

Een balkon is een klassiek freudiaans symbool voor de borsten van een vrouw – In de Franse volkstaal betekent *balcon* 'borsten' en is een *balconette* een soort bh. Een droom waarin we op een balkon staan, kan wijzen op de wens om terug te keren naar de moederborst. Volgens freudianen symboliseert dit voor mannelijke dromers de rivaliteit die Oedipus voor zijn vader voelde.

Deur

Een deur die naar buiten opent wijst op de noodzaak om je meer open te stellen voor anderen, terwijl een deur die naar binnen opent een uitnodiging kan zijn tot zelfonderzoek. Levert een gesloten deur frustraties op, dan moet de dromer wellicht op zoek naar nieuwe (sleutel)vaardigheden of ideeën. Een deur zonder deurklink is een veelvoorkomend droomsymbool, dat kan duiden op verschillende frustraties – van een gebrek aan progressie op het werk tot een seksuele tekortkoming in het huwelijk.

Plafond

Vaak wordt de term 'glazen plafond' als metafoor gebruikt voor obstakels die vrouwen in hun carrière ondervinden. Iemand die het gevoel heeft dat iets hem verhindert zijn professionele of persoonlijke doel te bereiken, kan in een droom zijn hoofd tegen het plafond stoten, misschien nadat hij begonnen is zichzelf op te werken.

Muren

Dromen over muren kunnen een dubbele betekenis hebben; ze roepen zowel een gevoel van opsluiting als van bescherming op. We kunnen onszelf omringen met emotionele muren of muren in de vorm van een hectisch schema of een extreme werkdruk. Hoewel we onszelf door die muren te bouwen kunnen beschermen tegen pijn, moeten we ons ook realiseren dat we ons op die manier van veel goede ervaringen kunnen afsluiten.

Kelder of souterrain

De kelder of het souterrain van een gebouw heeft vaak betrekking op het onbewuste. Een droom waarin je de keldertrap af loopt, kan wijzen op (een poging tot) zelfonderzoek. De voorwerpen die we in de kelder aantreffen kunnen verschillende neigingen oproepen – voedsel en wijn wijzen op seksuele passie, en beenderen op onderdrukte moordneigingen.

Schoorsteen

Dit sterke seksuele symbool kan zowel vrouwelijk als mannelijk zijn, afhankelijk van het feit of we de binnenkant of de buitenkant zien. Een ingestorte schoorsteen kan op angst voor impotentie wijzen. Vroeger dacht men dat heksen via een schoorsteen de hel verlieten om naar hun heksenvergaderingen te gaan, en daarom associëren we dit symbool met zwarte magie en tovenarij.

Meubilair

Ons meubilair representeert onze gedachten en emoties. Als we in een droom door een ongemeubileerd huis lopen kan dit wijzen op een onbevredigend emotioneel leven en geblokkeerde gevoelens. Het kan echter ook duiden op een nieuwe start en op bereidheid om ons leven opnieuw in te richten. Het repareren, schoonmaken of verplaatsen van meubilair kan wijzen op een behoefte om emotioneel geheeld te worden of om orde te scheppen in ons persoonlijke leven.

Gordijn

Gordijnen kunnen duiden op de behoefte om onszelf af te sluiten van de buitenwereld. Het lijkt misschien een symbool van bescheidenheid, maar een gordijn kan ook wijzen op exhibitionisme – zoals in het klassieke beeld van het fluwelen gordijn dat op een podium omhoog wordt gehaald.

Kledingkast

Kleding representeert vaak de Persona (blz. 103) – het gezicht dat we de buitenwereld tonen. Een kast met verschillende kledingstukken kan op de verschillende 'gezichten' duiden die we in bepaalde situaties laten zien. In onze droom geven onze reacties op de kledingstukken aan in welke kleding we ons het best thuisvoelen. Een uitpuilende kast staat voor overvloed of exhibitionisme. Een gesloten kast duidt op de wens om niet door anderen te worden beoordeeld.

Woonkamer

Voor Jung stonden de verschillende kamers in een huis symbool voor de verschillende compartimenten van het zelf. De woonkamer tonen we het liefst aan anderen en kan duiden op onze bewuste geest.

Keuken

De keuken is de ruimte in huis die het meest wordt geassocieerd met liefde, voeding en creativiteit. In etenswaren en keukengerei zijn talloze mannelijke en vrouwelijke seksuele symbolen te herkennen en de locatie heeft vele moederlijke associaties.

Een warme oven of gloeiend fornuis kan een symbool zijn voor de diepgewortelde liefde die de dromer voelt voor zijn familie of vrienden. Als we dromen dat iets aanbrandt, kan dit echter wijzen op een conflict met iemand die ons na staat.

Bijkeuken

De ruimte waarin keukenspullen worden bewaard, waar je de was doet en andere noodzakelijke klussen, kan in een droom geassocieerd worden met de onbewuste geest en alle processen die daarin plaatsvinden.

Slaapkamer

De slaapkamer associëren we met geboorte, dood, slaap en seks. In een gezinswoning is deze kamer vaak de enige plek waar we privacy vinden, en voor sommige mensen betekent dit afzondering, veiligheid en het intieme zelf. De slaapkamer kan in onze droom ook als laatste rustplaats voorkomen. Droom je over je ouders die slapen, dan heeft dit misschien te maken met herinneringen aan hun dood of met je angst ze te verliezen. Een lege slaapkamer verwijst naar onze eigen dood.

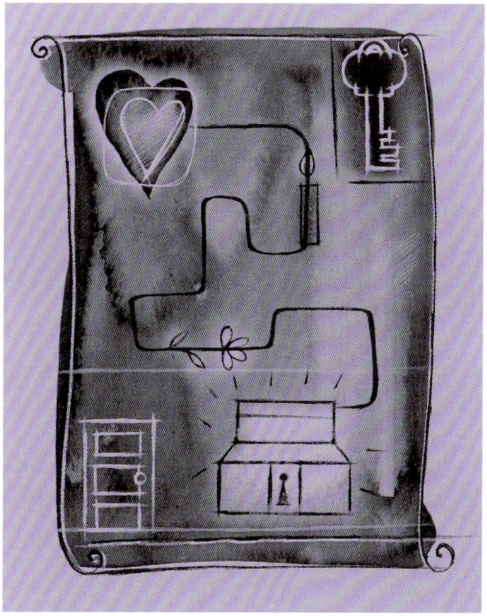

Badkamer

Hoewel een warm bad een goede remedie is tegen spanning en zorgen, gaat een bad in een droom nog een stap verder; het roept de veiligheid van de baarmoeder op. Staat er een raam open, dan wil ons onbewuste ons wijzen op de verantwoordelijkheden die we in het echte leven hebben.

Boerderij

Dit droombeeld kan de wens aangeven om eenvoudiger, landelijker te gaan leven. Ook in een stadse omgeving kan een dergelijke droom op de behoefte wijzen om beter geworteld te zijn of met beide benen op de grond te blijven. Het betekent niet per se dat we naar het platteland willen verhuizen – alleen dat we op een traditionelere manier willen leven in onze eigen stad. Een boerderij kan echter ook duiden op een frustratie wat het werk betreft, op een verlangen naar werk met meer sociale verantwoordelijkheid.

Schuur

Een schuur is een klassiek beeld voor de goede dingen die we in ons leven hebben geoogst, zowel in huiselijke als in professionele kring. Hij kan ook duiden op een morele 'oogst' of karma. Een rat of spinnen in een schuur wijzen wellicht op een schuldgevoel dat aan ons knaagt.

Hek

Een droom over een hek kan ons iets zeggen over de moeite die we doen om onszelf af te schermen van bemoeizuchtige anderen – vaak met het gevaar voorbij te gaan aan onze sociale verantwoordelijkheden en de kans op waardevolle relaties.

Waterwerken

Water verwijst vaak naar de baarmoeder en is in onze dromen een universeel en mogelijk intimiderend symbool voor onze moeder.

Garage

Hoewel een garage meestal wordt geassocieerd met mannelijke activiteiten, kan een garage met een auto erin ook een symbool zijn van vrouwelijke seksualiteit. Iemand die in zijn droom aan een auto klust, heeft wellicht seksuele problemen.

Fontein

Fonteinen hebben een rijke mystieke symboliek: ze zijn de bron van leven, kennis en eeuwige jeugd. Voor een kunstenaar met een creatieve blokkade kan een droom over een fontein nieuwe inspiratie aankondigen. Als bron van het leven kan een fontein op onze moeder duiden of op een nieuwe stroom energie na een lange periode van depressiviteit of verdriet.

Tuinschuurtje

Een tuinschuurtje kan een plek zijn om je in terug te trekken of om dingen in op te slaan die je uit het zicht wilt houden. Een droom waarin we in een opslagschuurtje zijn, kan verwijzen naar een project dat we niet hebben afgemaakt. Een schuurtje dat vaak wordt bezocht – bijvoorbeeld als studeerruimte – kan ook een symbool zijn voor de werking van onze onbewuste geest. Denk goed na over de voorwerpen die je hier hebt aangetroffen.

Kas

Een kas waarin exotische planten welig tieren doet ons denken aan niet-erkende intuïties die door ons onbewuste worden onderdrukt.

Fabriek

Een fabriek kan duiden op de creativiteit van de dromer vanuit het perspectief van hard werken. Afhankelijk van de context kan de droom de productiviteit van de fabriek of het mechanische, stereotiepe karakter benadrukken. Stakende werknemers kunnen op een obstakel in je creativiteit wijzen, op gebrek aan tijd of middelen, of op een writer's block. Een eindeloze lopende band kan op verveling en frustratie duiden; misschien wordt het tijd voor een nieuwe baan, carrièreswitch, of nieuwe inspiratiebronnen .

Gas

Door de zwavelgeur en de ontvlambare eigenschappen van gas doet een gasvlam denken aan de hel zoals die in het christendom voorkomt. De hel kan symbool staan voor de donkere chaos van het onbewuste en een droom over gas kan een sinister of angstig gevoel oproepen. De donkere zijden van de psyche zijn een moeilijk begaanbaar terrein, en de manier waarop we reageren op een droom over gas kan afhangen van de wijze waarop we de zware taak uitvoeren om ons onbewuste te onderzoeken. Droomt de dromer over een dreigende explosie, dan liggen hier meestal opgekropte emoties aan ten grondslag.

Bar of café

Een bar of een café kan een plek zijn waar we gezellig samenkomen, maar kan ook de locatie zijn waar we onze zorgen wegdrinken. In een café kun je alle remmen loslaten en in een droom kan het een podium zijn waarop je je intiemste gevoelens tentoonspreidt. Misschien vertel je je diepste geheimen aan een vreemde of dans je uitzinnig op de tafel. De vrolijke sfeer van een café kan ook duiden op een sterke behoefte aan gezelschap en gevoelens van eenzaamheid benadrukken. Als je echter in een ruzie terechtkomt, kan de droom wijzen op riskante, onderdrukte emoties, die dreigen uit te monden in een destructieve, oncontroleerbare woede.

Dronkenschap in een droom kan wijzen op een roes – een sterk gevoel van welbevinden en vreugde in het leven. Is de ervaring niet prettig, maar ongemakkelijk of zelfs beangstigend, dan kan de droom een waarschuwing zijn voor controleverlies; misschien zijn we op weg een verslaving te ontwikkelen aan alcohol of drugs, hebben we het gevoel dat het leven ons door de vingers glipt of dat we worden gemanipuleerd door anderen. Als je droomt dat je een eenzame drinker bent in een bar, duidt dit wellicht op de wens om nare herinneringen uit te wissen of weg te lopen van je problemen.

Toren

Een toren is een krachtig fallisch symbool. Bij mannelijke dromers duiden de kracht en stoerheid van een toren op seksueel zelfvertrouwen of gebrek daaraan. In veel Europese volksverhalen wordt een jonge vrouw opgesloten in een toren door een tirannieke koning of vader. Dergelijke verhalen en vergelijkbare scenario's in een droom verwijzen naar vrouwen die onderdrukt worden door een mannelijke autoriteit in hun familiekring, op het werk of in de gemeenschap. Torens worden ook als onneembaar gezien en staan symbool voor iemand die belangrijk is, maar emotioneel onbereikbaar voor ons.

Rechtbank

Dromen over een rechtbank kunnen duiden op conflicten met het zelf of tussen mensen die ons na staan. Misschien staat ons oordeelsvermogen onder druk vanwege een grote, cruciale beslissing, of vanwege een ingewikkelde machtsstrijd onder familieleden of collega's.

Klokkentoren

Beroemde klokkentorens, zoals de Dom in Utrecht of gewone klokkentorens op een stadhuis of een dorpskerk, geven niet alleen de tijd aan, maar ook de geografische positie.
Een tikkende klok is een bekend symbool voor het hart en voor het verstrijken van de tijd of de vergankelijkheid van het leven. Vanwege de fallische vorm is de klokkentoren ook een beeld van mannelijke gedrevenheid en de moed die we nodig hebben om onze ambities waar te maken. Het luiden van de klok kan een belangrijke gebeurtenis of persoonlijk moment aankondigen, zoals een bruiloft of de geboorte van een eerste kind.

Eiffeltoren

De Eiffeltoren in Parijs is een krachtig fallisch symbool en toont de dromer een duidelijk beeld van mannelijke seksualiteit. De toren kan ook verwijzen naar het populaire beeld van het Parijse leven: een bedwelmende mengeling van revolutie en romantiek, gelardeerd met kunst en de cancan. De film *Moulin Rouge* heeft bij het bioscooppubliek zeker aan deze beeldvorming bijgedragen.

Vuurtoren

Voor freudianen is de vuurtoren een onmiskenbaar fallisch symbool, dat uit de moederlijke zee omhoogrijst. Modernere interpretaties zijn gericht op de functie van de vuurtoren als baken en gids. In het echte leven waarschuwt een vuurtoren met zijn schijnsel schepen voor gevaarlijke rotsen, en ook in een droom wijst een vuurtoren op een mogelijk gevaarlijke situatie. Een lichtstraal in dichte mist verwijst naar een gebied dat je moet mijden en waar je niet naartoe moet varen.

Molen

In een molen wordt graan gemalen waarmee brood wordt gebakken, en dit kan duiden op de rol die de dromer heeft als kostwinner in het gezin. Verplichtingen kunnen als een 'molensteen' om je nek hangen, maar zijn vaak onvermijdelijk.

Kasteel

Een kasteel is een soort woning die kan voorkomen in de vorm van een fort, een sprookjespaleis of een gevangenis. Een droom waarin je in een kasteel bent, kan duiden op veiligheid, maar ook op het feit dat de kracht van onze psychische verdediging ons van anderen isoleert. De verdediging die de dikke muren van een kasteel bieden, kan ons beschermen tegen pijn, maar dat gaat ten koste van zinvolle relaties en emotionele rijpheid. Zien we in een droom hoe we de ophaalbrug neerlaten, dan is misschien de tijd rijp voor een nieuwe emotionele verbintenis. Een ruïne van een kasteel kan wijzen op de vernietiging van de maskers, of persona's, die we in het verleden hebben gedragen.

Paleis

De elegante gevel van een prachtig paleis kan verwijzen naar de persona die we aan de buitenwereld laten zien. Is het interieur van het paleis armoedig vergeleken met het exterieur, dan kan de droom ons ervoor waarschuwen geen ambities te hebben die we waarschijnlijk nooit kunnen waarmaken.

Gebedshuizen

Een kerk, kathedraal of tempel kan de spirituele kant van een dromer weergeven, maar ook een verlangen naar vrede, wijsheid of een duidelijker levensdoel. Voelen we ons een vreemde in een kerk, dan kan dit duiden op de afstand die we moeten overbruggen om een spirituele balans te vinden of respect te verdienen in onze gemeenschap. Een torenspits is een duidelijk fallisch symbool en een koepel doet denken aan vrouwelijke rondingen, zowel fysiek als psychisch.
Een kerktoren is ook een logische plaats voor een bliksemafleider, en als die in een droom voorkomt, dan kan dit verwijzen naar een gevoel van angst voor een plotselinge ramp.

Ingestort of afgebrand huis

Ons huis als een ruïne kan een overdreven beeld zijn voor een vervelend probleem – het hoeft niet belangrijk te zijn of met ons gezin te maken te hebben. Dit beeld kan echter ook duiden op een persoonlijk disfunctioneren. Moet een bepaald deel van het huis gerepareerd worden, dan maken we ons misschien zorgen over een tekortkoming. Een brandend gebouw is weliswaar een beeld van vernietiging, maar kan ook een positieve betekenis hebben als symbool van catharsis. Soms moeten we het zelf zuiveren van gedrag en ideeën die niet langer juist zijn.

Onafgebouwd huis

Een huis is een klassiek symbool van het zelf: het lichaam, de geest en de emoties. Het droombeeld van een onafgebouwd huis geeft aan dat we ons hele leven veranderen en ons ontwikkelen. Kijken we nauwkeurig naar specifieke symbolen, dan begrijpen we wellicht aan welke aspecten van het zelf we moeten werken – misschien moeten we onze kelder beter bereikbaar maken, of moeten er meer vensters komen op de buitenwereld? Dromen we over een tekening van een architect, dan kan dit verwijzen naar een belangrijk project dat we willen gaan uitvoeren.

School

Schoolervaringen bepalen voor een groot deel ons leven en verschijnen vaak in dromen, zelfs bij oudere mensen. Soms heeft een droom betrekking op een bepaalde gebeurtenis die je je vol trots of schaamte herinnert of die je onderdrukt. Vaak gaat de droom over een gewone school en wil de droom een boodschap overbrengen. Dromen waarin we worden teruggezet naar een lagere klas, de klas uit worden gestuurd of waarin ons verantwoordelijkheden worden afgenomen, kunnen verwijzen naar kinderlijke onzekerheden die we nog niet hebben verwerkt.

Niet alleen het schoolgebouw, maar ook het schoolpersoneel kan een duidelijke rol spelen. De leraar is een klassiek symbool van autoriteit en kan verwijzen naar de vader of moeder, een oudere broer of zus, of iemand anders die we liefhebben of vrezen en die een belangrijke rol heeft gespeeld in ons leven. Een leraar kan echter ook een censurerende invloed hebben op de persoonlijkheid van de dromer en diens ongehoorzaamheid in toom willen houden.

Dromen waarin je op het matje wordt geroepen bij de directeur kunnen wijzen op een gevoel van minderwaardigheid, schuld of gewoon op een rotgevoel omdat je betrapt bent. Word je in het openbaar door een leraar geprezen of win je een sporttrofee, dan wijst dit op het geloof in of de behoefte aan vertrouwen in eigen kunnen.

Een schooltas dragen

Een schooltas vol boeken, pennen en papier die met een glimlach wordt gedragen, kan verwijzen naar de door de dromer opgebouwde kennis en de wens om te blijven leren. Is de tas zwaar, dan betekent dit wellicht dat het verleden, het heden of de toekomst als een last wordt beschouwd.

Vervallen schoolgebouw

Een droom die ons terugbrengt naar onze kindertijd, naar een vervallen en verlaten schoolgebouw, wijst erop dat we nog steeds onvervulde kinderverwachtingen koesteren of nare herinneringen hebben. Soms heeft het ook te maken met het verstrijken van de tijd, de vergankelijkheid van het leven en de noodzaak om vooruit te kijken en niet in het verleden te blijven hangen.

Pesten

In een droom over pesten kiezen we meestal partij voor het slachtoffer en niet voor de pestkop. Dit wijst vaak op een vervelende evaring uit onze kindertijd. Het kan echter ook duiden op de wens om te domineren of gedomineerd te worden, misschien op een seksuele of sadomasochistische wijze. Zijn het slachtoffer en de pester van hetzelfde geslacht, dan is de droom misschien een ingewikkelde verwijzing naar een homoseksuele verhouding of een – eventueel onderdrukte – behoefte hieraan.

Leraar

Leraren hebben een vormende invloed op ons leven, zowel positief als negatief. Hun autoriteit kan worden vergeleken met die van onze moeder en vader, en ze kunnen ook symbool staan voor onze ouders. Is de leraar in je droom geliefd en gerespecteerd, dan moet je het advies dat hij geeft ter harte nemen, want zijn wijsheid kan wel eens een bericht uit het onbewuste zijn.

Gestraft worden in de klas

Droom je dat je op school wordt gestraft, dan duidt dit vaak op onderdanigheid tegenover een autoriteit. Lijfstraf kan een verlangen zijn naar sadomasochistische seks. Een straf die je krijgt omdat je je huiswerk niet hebt gemaakt, verwijst vaak naar een schuldgevoel over het niet-nakomen van een persoonlijke of zakelijke verplichting. In de hoek worden gezet, wat vroeger vaak voorkwam, duidt er wellicht op dat je je sociaal buitengesloten voelt; strafregels schrijven duidt op ontevredenheid over dagelijkse sleur.

Jaarafsluiting

De jaarafsluiting en het begin van de vakantie kunnen verwijzen naar spijt over uit het oog verloren vrienden, die niet zo makkelijk te benaderen zijn nu de school sluit. De droom kan ook verwijzen naar optimisme over een nieuwe fase in het leven – of naar opluchting dat een vervelende periode wordt afgesloten.

Inkt

Dromen waarin we inktvlekken maken op onze tafel of boeken duiden er wellicht op dat we in moreel opzicht iets verkeerd hebben gedaan. Zwarte inkt verwijst naar een gruwelijke misdaad of overtreding die 's nachts is uitgevoerd, terwijl rode inkt verwijst naar bloed of seksualiteit.

Klaslokaal

Het klaslokaal staat voor leren en het levenslange belang daarvan. Maar het kan ook staan voor competitie, publieke waardering of censuur, of de noodzaak om bepaalde aspecten van het persoonlijke, sociale of professionele leven opnieuw te overdenken. Het klaslokaal kan ook nostalgie oproepen of de behoefte van de dromer om de passie uit een eerdere levensfase te

laten herleven. Achter in de klas gaan zitten om niet op te vallen verwijst wellicht naar de neiging om verantwoordelijkheid te ontlopen. Fanatiek je vinger opsteken om een vraag te beantwoorden duidt echter op de wens om jezelf te bewijzen.

Schrift

De staat waarin een schrift verkeert, kan verwijzen naar de staat van de psyche van de dromer. Een schrift vol kriebels en tekeningetjes kan duiden op creativiteit of verwarring, of op een

combinatie hiervan. Een keurig schrift wijst op een georganiseerde kijk op het leven of op een behoefte aan meer structuur in een rommelige periode. Zien we een schrift vol tekeningetjes waar rijen met woordjes of sommen hadden moeten staan, dan vraagt de dromende geest misschien aandacht voor een creatief laagje dat nog moet worden ontdekt.

Schooltafeltje

Freudianen zien in een ouderwets schooltafeltje met een klep en opbergruimte een symbool voor vrouwelijke geslachtsorganen. Rommelen in je tafeltje kan dus naar seksuele gemeenschap verwijzen, ofwel ervaren, ofwel gewenst. Je kunt deze droom echter ook anders zien: de opbergruimte staat voor de persoonlijke ruimte van de dromer in een klaslokaal vol mensen. Onze behoefte aan individualiteit en persoonlijke ruimte die we uiten door in onze dromen onze initialen in het tafeltje te kerven, kan erop wijzen dat we onze identiteit willen uitdragen tegenover de buitenwereld. Het tafeltje, waarin we dingen kunnen verstoppen, kan ook naar het onbewuste verwijzen, misschien wel het onbewuste uit onze jeugd, voordat we volwassen werden.

Schoolbel

Een wekker die in het wakende leven afgaat, kan in een droom een schoolbel lijken. Een droom over de bel kan het einde van de les aankondigen, maar ook symbool staan voor het einde van een moeilijke periode. Klinkt de bel aan het einde van de pauze, dan vind je het misschien jammer dat er een einde is gekomen aan een fijne ervaring, misschien wel een romantische of een seksuele.

Speelplaats

Een speelplaats kan duiden op behoefte aan meer vrije tijd. Zie je andere kinderen spelen en wil je zelf niet meedoen, dan duidt de droom op een zelfgekozen isolement. Mag je niet meespelen, dan heb je misschien een laag zelfbeeld en ben je bang afgewezen te worden. Heb je geen zin om terug naar de klas te gaan nadat de bel is gegaan, dan is dit een reactie op een vervelende situatie in je professionele leven, of op een behoefte aan ontspanning na noeste arbeid – je wilt je verantwoordelijkheden ontlopen.

Bord

De witte letters die we op het zwarte bord schrijven kunnen verwijzen naar de kracht van de kennis die onwetendheid overwint. De woorden die de dromende geest op het bord projecteert kunnen symbool staan voor de principes en idealen die ons leiden. Hoewel het goed is om vast te houden aan je principes, mag je niet vergeten dat gekoesterde idealen, net als met krijt geschreven woorden, niet eeuwig zijn. Door de woorden te wissen maak je ruimte voor iets nieuws.

Universiteit

Hoger onderwijs symboliseert onze nobele intellectuele of spirituele aspiraties. Ben je afgeleid of studeer je niet op een efficiënte manier, dan voel je je misschien schuldig over het najagen van eigen pleziertjes?

Diploma-uitreiking

Een diploma-uitreiking is meestal een belangrijk moment in je leven en kan in een droom ook verwijzen naar andere belangrijke gebeurtenissen waarvoor je iets hebt moeten presteren, zoals de geboorte van je eerste kind.

Theater en circus

De droomwereld is een soort podium, een theater waarin magische transformaties plaatsvinden; er verschijnen beelden uit je diepste voorstellingsvermogen en alle schakeringen van het leven onthullen zich. In sommige dromen wordt deze metafoor letterlijk genomen ze spelen zich af in theaters, bioscopen of circussen. Dergelijke dromen zijn meestal bijzonder helder en levendig, en brengen soms herinneringen boven aan 'grand'-dromen (blz. 65–70). De sfeer vol spanning en verwachting in de droom weerspiegelt de ervaringen die we met dergelijke omgevingen hebben in ons wakende leven.

Een droomtheater is een illusie binnen een illusie en heeft misschien tot doel de dromer het mysterie te laten begrijpen dat zich bevindt achter de wereld die zich aan ons voordoet. Het kan echter ook gebeuren dat de dromer een leeg theater of circus aantreft, of een leeg filmdoek, en een gevoel van verlatenheid ervaart, alsof hij

buitengesloten wordt van iets dat anderen wel ervaren.

Zien we onszelf op het podium of in de circuspiste staan, en doen we mee aan het spel, dan laten we misschien een innerlijke spanning of impuls zien en moeten we iets leren van het personage dat we verbeelden of stuk dat we opvoeren. Is de dromer toeschouwer, dan duidt dit op het gevaar meegevoerd te worden in de illusie, of misschien op een onvervulde wens om het juk van het normale leven af te werpen en deel uit te maken van een intuïtievere, kleurrijkere en spannendere wereld.

Acteurs kunnen andere mensen uitbeelden die belangrijk zijn in het wakende leven van de dromer, of ze kunnen het archetype van de Persona oproepen, het masker dat we opzetten om de buitenwereld tegemoet te treden. Het samenspel tussen mens en dier kan een bijzondere betekenis hebben en verwijzen naar de interactie tussen de bewuste, rationele geest en de onbewuste, instinctieve geest.

Podium

Een droompodium is een illusie binnen een illusie en staat voor ons streven om verschijningen te begrijpen. Een droom waarin je als dromer op een podium staat, wijst erop dat je je druk maakt over de manier waarop je op anderen overkomt.

Toneelstuk

Een droom over een toneelstuk verwijst vaak naar de donkere onbewuste behoeften van de dromer. De gebeurtenissen op het podium kunnen ons veel vertellen over de emoties die we in het wakende leven onderdrukken. Is het een komedie of een tragedie? Een klucht of een fantasie? Welke diepe gevoelens worden uitgebeeld? Spelen de acteurs hun rollen overtuigend? Al deze vragen kunnen de betekenis van de droom verklaren.

Acteur of actrice

Een droom over een acteur of actrice kan onze grootste verlangens weergeven; vaak wordt zo het imago uitgebeeld dat de dromer heeft aangenomen. Onze diepste gevoelens worden onthuld. De manier waarop het publiek reageert geeft aan hoe overtuigend de Persona het ware zelf van de dromer vermomt. Een beroemde acteur of actrice staat voor het archetype van de Animus of Anima, of misschien voor onze moeder of vader.

Cabaretier

Een cabaretier is een versie van de Bedrieger. Zijn kritiek op de samenleving is weliswaar mild, maar hij tornt aan normen en waarden, en misschien wel aan de pretenties en het zelfbeeld van de dromer. Ga na of cabaretiers plezier, woede of jaloezie oproepen – soms blijken we jaloers te zijn op hun ontwrichtende karakter.

Tv-talkshow

Een talkshow kan duiden op het verlangen naar aandacht of beroemdheid. Het kan ook de wens aangeven om gehoord te worden. Een onderwerp dat ons sterk bezighoudt is misschien niet voldoende besproken.

Film

De schone schijn van de filmwereld verwijst naar de behoefte om onze moeilijke, onbewuste driften een glossy tintje mee te geven, om ze acceptabeler te maken. Aangezien filmsterren wereldwijd worden aanbeden, kan hier sprake zijn van een wensdroom. Bepaalde films sijpelen ons onbewuste binnen. Vergeet bij het duiden van een filmdroom niet dat een film tweedimensionaal is.

Stuntman en -vrouw

Dit droombeeld kan wijzen op de angst dat er te hoge eisen aan je worden gesteld in het wakende leven. Een sprong van een brandend gebouw kan bijvoorbeeld wijzen op de fantasie om uit een relatie te ontsnappen. Een gevoel van oneerlijkheid over de eisen die aan je gesteld worden kan worden versterkt door het gebrek aan waardering dat de stuntman krijgt voor zijn moed: uiteindelijk krijgt de filmster alle lof.

Tv-spelshow

De grote geldprijzen die je in een tv-show kunt winnen, kunnen duiden op geldzorgen. De droom kan ook verwijzen naar een laag zelfbeeld (een geluksfactor bepaalt ons succes) of angst voor een publiekelijke vernedering.

Circus

Een droomcircus kan een wervelende show zijn met stuntelende clowns, dappere acrobaten en krachtpatsers. De veelheid aan acts en artiesten kan verwijzen naar de vele facetten van een druk leven. Vrees je voor iemands veiligheid, of je eigen veiligheid? Misschien ben je wel bang dat een act mislukt; dit is een verwijzing naar je eigen angsten.

Jongleur

Een jongleur kan verwijzen naar de zorg om de vele voorwerpen die je tegelijkertijd omhoog moet houden. Een droom waarin het aantal ballen of bordjes steeds maar toeneemt kan een schreeuw om hulp zijn wanneer je agenda maar niet leger raakt.

Clown

De clown is een aspect van de archetypische Bedrieger, iemand die zichzelf belachelijk maakt en zo de spot drijft met de ijdelheid van anderen – en misschien ook wel met de pretenties of het opgeblazen imago van de dromer zelf. Een droom over een clown kan echter ook een aanwijzing zijn voor onze angst dat we niet goed genoeg zijn.

Acrobaat

De acrobaat toont een combinatie van kracht en gratie, en verbindt zo het mannelijke en het vrouwelijke. Trapeze-artiesten staan voor spirituele moed; ze tonen de dromer dat je alleen innerlijke vooruitgang kunt boeken door je eigen veiligheid op het spel te zetten. Zijn jij en je partner in je droom een koppel acrobaten, dan duidt dit op een sterke harmonie. Vertrouwen, communicatie en coördinatie zijn onontbeerlijk in het optreden van acrobaten en hun act kan alleen slagen als ze samenwerken. Een droom over acrobatie kan echter ook gewoon duiden op angst om van de hoogte die je hebt bereikt naar beneden te vallen.

Leeuwentemmer

De leeuwentemmer temt symbolisch zijn eigen lagere instincten; niet door ze te onderdrukken, maar door ze om te buigen. Voor jungianen geven getemde dieren de indrukwekkende resultaten weer die mensen kunnen bereiken als ze aan hun primitieve behoeften gaan werken.

Denk je dat de leeuw staat voor iemand in je naaste omgeving, dan denk je misschien ten onrechte dat je zijn karakter of passies kunt temmen. De zweep van de leeuwentemmer kan ook duiden op sadomasochistische verlangens.

Vuurspuwer

De vuurspuwer geeft het felle, boze aspect van het zelf weer – de ingebouwde boosheid. Door zichzelf te verlossen van een destructieve kracht laat de vuurspuwer zien dat deze impulsen kunnen worden beheerst. Hij duidt vaak op effectiviteit, beheersing en de ongekende acties waarmee moeilijkheden worden overwonnen.

Goochelaar

De goochelaar in een circus is een meesterillusionist die goochel- of verdwijntrucs uitvoert waar hij een leven lang op heeft geoefend. Hij is de meester van de illusie, van onverwachte oplossingen, maar ook van list en bedrog. De circusgoochelaar wordt niet bewonderd om zijn mystieke krachten, maar om zijn menselijke vaardigheden, en daarmee wijst hij ons erop dat we moeten oppassen voor mensen bij wie het charisma zich alleen aan de oppervlakte bevindt.

Optredende dieren

Voor jungianen staan dieren in het circus, zoals paarden, olifanten en zeehonden, voor de basisinstincten van de dromer en de mate waarin hij in staat is met zijn primitieve zelf aan de slag te gaan om resultaten te behalen die de bewuste geest voor onmogelijk hield. Freudianen zien het trainen van dieren om kunstjes te doen voor mensen als een verlangen naar seksuele dominantie.

Spreekstalmeester

De spreekstalmeester leidt de optredens van zowel mens als dier, maar voert zelf geen act op. Hij teert dus op anderen en zijn verschijning in een droom kan wijzen op de macht die louter en alleen berust op status en positie, en niet op vaardigheid. Een spreekstalmeester in een droom kan ook verwijzen naar een autoritaire persoon, zoals een vader of een baas. Het kan ook zijn dat hem wel echte taken worden toebedeeld, zoals het dirigeren van een orkest. Zonder zijn leiding zou de hele show mislukken. In dit opzicht kan hij verwijzen naar de Oude Wijze Man.

Koorddanser

Een koorddanser die voorzichtig over een koord loopt, kan ons erop wijzen dat we zeer voorzichtig moeten zijn, maar hij kan ook het gevoel aangeven dat we iets onmogelijks moeten doen.

Slangenbezweerder

Een slangenbezweerder die een cobra uit een mandje lokt, kan ons waarschuwen voor loze beloften of niet-gemeende vlijerijen. Het exotische van de slangenbezweerder kan ook duiden op verlangen naar verre reizen of spanning, of op kennismaking met oosterse mystiek of religies.

Dorp en stad

Zoals volgens de jungiaanse psychologie een huis staat voor het zelf, zo verwijst een dorp of stad naar de maatschappij, de sociale omgeving van het zelf: familie en vrienden, en het hele netwerk van verantwoordelijkheden waarmee wij onlosmakelijk verbonden zijn (zoals een netwerk aan straten zich verspreidt vanuit een centrum of plein).

Een drukke plaats, waar alle deuren en ramen openstaan, of met levendige cafés, kan duiden op de intimiteit die de dromer met anderen deelt, terwijl een plaats met brede, lege straten of grote, verlaten pleinen symbool kan staan voor een gevoel van eenzaamheid of van afkeuring door de maatschappij.

Een grote, onpersoonlijke stad kan erop duiden dat de dromer zich ervan bewust is dat hij veel kennissen heeft, maar weinig echte vrienden en dat hij behoefte heeft aan meer intieme vriendschappen. De omvang van de stad kan intimiderend zijn en iemand die hierdoor wordt overweldigd kan de neiging hebben zich in zichzelf terug te trekken. Maar het kan ook zo zijn dat hij een persoonlijk stempel wil drukken op de asfaltjungle.

Als de huizen zelf vaag zijn en in de schaduw liggen, kan de dromer een gebrek hebben aan zelfkennis of aan begrip voor anderen. Een stad onder de grond of in zee weerspiegelt het onbewuste van de dromer, dat verwijst naar de vertrouwde banden die wij met elkaar delen – een middel tegen eenzaamheid.

Freud ziet in het beeld van een stad een hartelijk archetype van een vrouw, iemand die ons uitnodigt of sommeert, naargelang de straten verlicht zijn of donker en leeg.

Dorp

Een dorp staat symbool voor een trager ritme en een kleinere leefomgeving, en kan een ideaal vormen voor dromers die teleurgesteld zijn in de stad. Het kan ook verwijzen naar toezicht, omdat het in een dorp moeilijk is anoniem te blijven.

Ommuurde stad

Een muur rondom een stad (of huis) duidt op een wens anderen buiten te houden, maar ook om ons bezit te beschermen. Een ommuurde stad kan ook verwijzen naar een drang om verandering tegen te gaan en nieuwe ideeën niet toe te laten. De droom kan zeggen dat een muur noodzakelijk is om maatschappelijke waarden te behouden of je erop te wijzen dat er al een muur bestaat en dat je daar conclusies uit moet trekken.

Ruïnestad

Ruïnes duiden eerder op verwaarlozing en verval dan op opzettelijke vernieling. Een ruïnestad kan de aandacht van de dromer vestigen op een verwaarlozing van sociale relaties, of op doelen of idealen die vroeger standvastiger werden nagestreefd. Als de ruïnes erg oud zijn kunnen we verlangen naar een verleden dat nooit meer terugkomt en daarom wordt geïdealiseerd. Een ruïne bij maanlicht kan symbool staan voor een romantische wensdroom, een verlangen naar avontuur en spanning.

Metropolis

Als we dromen over een futuristische stad kan dit ingegeven zijn door sciencefictionfilms. Soms betreft de verwijzing het ontmenselijkende effect van de hightechindustrie – het verlies van het persoonlijk contact.

Bergdorp

Een dorp of stad op een berg, zeker als deze voorkomen in dromen van het derde niveau, duidt op wijsheid, de hemel, het huis der goden, het bolwerk van de rechtvaardigen. Het beeld verwijst naar een doel of ideaal waar de dromer naar streeft en kan de zekerheid geven dat dergelijke ambities absoluut bereikbaar zijn; het kan misschien ook een waarschuwing zijn om met onze beide benen op de grond te blijven.

Krottenwijken

Een vervallen deel van een stad met vieze straten en bouwvallige huizen kan duiden op relaties waar we ons voor schamen. We kunnen echter ook verlangen naar meer eerlijkheid bij mensen dan we aantreffen bij personen die alleen maar de schone schijn ophouden.

Als de stad symbool staat voor het zelf in plaats van voor onze interactie met anderen, kan het beeld van een krottenwijk duiden op een laag zelfbeeld. Als we door wijken lopen die de meeste mensen zouden mijden, kan dit echter ook een bereidheid zijn om de minder aantrekkelijke aspecten van het zelf te ontdekken. De droom kan voortkomen uit een onderdrukt verlangen om de confrontatie aan te gaan met duistere driften die ergens in ons onbewuste rondzweven.

Natuur

Stedelingen kunnen zich ver verwijderd voelen van de natuur, en toch worden onze oorsprong en ons verlangen ons één te voelen met de natuur volledig door het onbewuste erkend. Bij het duiden van een droom wordt vaak de fout gemaakt om alleen naar de menselijke aspecten te kijken. Komen in een droom echter een landschap, dieren of planten voor, dan kunnen die een belangrijke boodschap bevatten. Onthoud tijdens het duiden van de specifieke symboliek dat de natuur ook een algemene betekenis heeft – die van de kracht des levens, de belangrijkste energie van al het leven op aarde.

De elementen en de seizoenen

De elementen en de seizoenen worden vaak geassocieerd met dromen van het derde niveau, omdat ze te maken hebben met de natuurlijke energieën en ritmen van het leven; ze zijn krachtige symbolen zowel van de psychische toestand van de dromer als van belangrijke veranderingen.

De lente is een teken van nieuw begin, terwijl de zomer duidt op prestaties en de behoefte het moment te koesteren in plaats van steeds te denken aan vroeger of de toekomst. De herfst is het seizoen van de oogst, het resultaat van wat we hebben gezaaid, maar ook de tijd van verval. De winter kan duiden op het onbewuste, de duistere kant van de dromer, maar kan ook verwijzen naar een braakliggende periode – een tijd van reflectie voordat er weer nieuwe ideeën ontspruiten.

Rivieren en beken zijn bijzonder krachtige metaforen voor het verstrijken van tijd en de diepten van ons onbewuste.

Regen, een combinatie van water en lucht, kan duiden op de imaginatieve en rationele geest, die elkaar aanvullen. Regen staat ook voor leven; die kan een uitje bederven, maar ook groei brengen.

Aarde

Dromen dat we op de grond zitten of liggen kan duiden op realiteitszin, het einde van uitstapjes naar de fantasiewereld. De aarde kan ook symbool staan voor vruchtbaarheid en, net als water, vrouwelijkheid. Braakliggend terrein kan erop duiden dat er nieuwe ideeën ophanden zijn: oude grond wordt omgeploegd en opnieuw ingezaaid, zodat er nieuw leven kan groeien.

Vuur

Vuur verteert, maar zuivert ook en maakt de weg vrij voor nieuwe groei. Voor krachtige emoties zoals jaloezie, lust en passie is het daarom een dubbelzinnig symbool. In een droom kan vuur duiden op een behoefte aan opoffering, maar tegelijkertijd op een belofte van nieuwe mogelijkheden. Vuur is een mannelijke energie en staat voor alles wat open, positief en bewust is. Als het echter onbeheersbaar is, kan het wijzen op de behoefte van de dromer zijn ongebreidelde passie of ambitie in toom te houden. Vuur geeft aan dat het belangrijk is problematische zaken op te lossen die een relatie verstoren – of misschien een nieuw begin te maken.

Lucht

Lucht wordt geassocieerd met vrijheid, de geest en helderheid van denken. We nemen grote stappen door het landschap, zweven naar de aarde of zitten in een ballon of op een wolk. Lucht staat symbool voor zorgen die niet van deze wereld zijn, maar de droom kan ook zeggen dat het gevaarlijk is het contact met de realiteit te verliezen. Lucht kan staan voor zelfverzekerdheid, het vermogen helder te denken en besluitvaardig te handelen. Als symbool van leven kan lucht ook verwijzen naar wat belangrijk is voor onze gezondheid – als we stikken kan dat betekenen dat er ons in dit opzicht iets onthouden wordt.

Water

Water is het symbool bij uitstek van het onbewuste, de diepten van de verbeelding, de bron van creativiteit. Een droom over zwemmen duidt erop dat de dromer in deze wereld goed zit, maar als hij worstelt om boven water te blijven, kan dit een waarschuwing zijn dat er meer voorzichtigheid en voorbereiding nodig zijn. Freud associeerde water met de baarmoeder. Volgens deze interpretatie kan een droom waarin je heerlijk in het water drijft een uiting zijn van de wens terug te keren naar je moeder. Net als lucht is water onmisbaar voor leven, hetgeen betekent dat het dezelfde symboliek kan hebben.

Regenboog

Een regenboog is een universeel symbool van hoop en staat voor verzoening, goed nieuws, belofte en vergeving. In dromen van het derde niveau kan de regenboog worden geassocieerd met de magische zoektocht naar zelfkennis, of met de brug tussen hemel en aarde die wacht op de verlichte geest.

Hemel

De hemel betekent spiritualiteit en contemplatie. Een helderblauwe hemel kan wijzen op zuivere en transcendente gedachten, terwijl een bewolkte of stormlucht duidt op een onvermogen helder te denken of belangrijke waarheden te ontvangen.

Sneeuw

Sneeuw kan symbool staan voor transformatie en zuivering, of, als hij smelt, voor angst en obstakels op de weg van de dromer die verdwijnen. IJs kan symbool staan voor verharding, het stoppen van vooruitgang of een obstakel dat de creativiteit van de dromer in de weg staat. Zowel sneeuw als ijs duidt op een gebrek aan emotionele warmte, een verwijzing dat de dromer onvoldoende aandacht besteedt aan zijn gevoelens.

Wind

Een lichte, warme wind duidt op een welkome verandering, een straffe wind of storm op een dreigende of gevreesde verandering. Als de wind het huis of de bezittingen van de dromer wegblaast, kan dit een waarschuwing zijn voor heftige emoties of een neiging tot zelfdestructie.

Regen

Regen is als vallende tranen en kan symbool staan voor verdriet. Natuurlijk heeft regen ook een positieve betekenis in de zin van groei en nieuw leven. Specifieker staat regen voor spirituele ontwikkeling. Freudianen vergelijken regen met urineren en zeggen dat je over regen gaat dromen als je naar bed gaat met een volle blaas.

Storm

Stormachtig weer in een droom kan duiden op een wens dingen door te drukken of om zaken op te schudden teneinde er verandering in te brengen. Ook kan er een verwijzing zijn naar een emotionele crisis of catharsis. Een orkaan die auto's en huizen omverblaast kan duiden op de broosheid van de materiële of non-materiële wereld die we voor onszelf hebben opgebouwd.

Donder

Vroeger dachten veel mensen dat de donder de stem of actie was van een machtige godheid. De Griekse god Zeus was de god van de donder, evenals de Noorse god Thor, en in de christelijke traditie sprak God Mozes aan met een donderstem toen Hij hem de tien geboden gaf. Als kind zijn we instinctief bang voor onweer, hoewel we hier later vaak overheen groeien. Als zodanig kan de donder symbool staan voor de woede van de vader of een ander gezagsfiguur. De angst waaruit een dergelijke droom kan voortkomen, kan diep weggestopt zijn in onze kinderjaren.

Bliksem

Bliksem duidt op inspiratie, verwijzend naar korte, briljante gedachteflitsen. Bliksem heeft natuurlijk ook een destructieve kant. Bliksem en donder kunnen ook verwijzen naar de overweldigende kracht van de natuur en op krachten die buiten het bewuste handelen van de dromer liggen. Zoals bliksem vuur laat neerdalen op aarde, zo is die ook het seksuele symbool van sperma.

Hagel

Een storm gaat vaak vergezeld van hagel, wat duidt op het knagen van een schuldig geweten.

Overstroming

Voor velen zal een overstroming een Bijbelse betekenis hebben. Het kan de noodzakelijke voorbereiding zijn op nieuw leven en een frisse start. Dit idee past zowel bij Freuds gedachte van het water in de baarmoeder als bij het jungiaanse idee van de zondvloed die zowel dodelijk is als nieuw leven geeft. Een droom waarin een huis verzwolgen wordt door water kan duiden op een gevoel dat we worden overweldigd door onze verantwoordelijkheden thuis of op het werk. Volgens Freuds visie van een overstroming als een moedersymbool kan de droom worden geïnterpreteerd als uiting van een incestueus verlangen.

Zee

Jung was van mening dat als de dromer zijn oog richt op de zee hij bereid is de mysteries en angsten van het onbewuste aan te gaan; wezens die vanuit de diepten oprijzen duiden op sterke archetypische krachten. Voor Freud is de zee een symbool van vrouwelijke seksualiteit en het tij verwijst naar de beweging van gemeenschap.

Rivier

De stroming van een rivier duidt op de gestage voortgang van tijd. In een rivier staan wijst op vasthouden aan het heden en een rivier oversteken symboliseert de risico's die een verandering met zich meebrengt.

Zonsopgang

Het begin van een nieuwe dag kan het eind inluiden van een periode van verdriet, ziekte of depressie. Net als de lente duidt zonsopgang op hoop en energie. De droom kan ook symbool staan voor het ontstaan van een idee of begrip.

Daglicht

Daglicht dat door een raam stroomt is een optimistisch droomsymbool, vol energie. Door deze droom kunnen we onszelf bijeenrapen en de wereld in gaan, om het beste te halen uit de mogelijkheden die we krijgen. Een lichtstraal kan de aandacht vestigen op een bepaald voorwerp in de droom – denk goed na wat dit zou kunnen zijn.

Zomerdag

Een warme zomerdag kan een heerlijk gevoel geven, vol optimisme en tevredenheid. De hete zon en het verblindende licht kunnen echter ook duiden op een spirituele of intellectuele shock of een plotselinge breuk met een langgekoesterde overtuiging. Als de zon benauwend voelt, kan de dromer het gevoel hebben dat anderen hun ideeën aan hem opdringen.

Houtskool

Houtskool kan duiden op de mindere kanten van een relatie, op een kruistocht waarvoor we geen passie meer hebben, of op een angst voor een onomkeerbare verandering, ongeacht de oorzaak.

Aardbeving

Volgens jungianen staat een aardbeving symbool voor de uitbarsting van duistere, opgekropte krachten vanuit het onbewuste die het bewuste leven van de dromer dreigen te overspoelen. Een aardbeving kan ook duiden op de bevrijding van onze creatieve energieën, of, volgens freudianen, op het uiten van onderdrukte seksuele passie.

Mist of rook

Mist of rook kan wijzen op verwarring die ons inzicht vertroebelt. Wellicht hebben we moeite een nieuw idee te begrijpen of voelen we ons overweldigd door de gevolgen van een belangrijke beslissing. Een lichtstraal die door de mist breekt kan erop wijzen dat de verwarring slechts tijdelijk is. Rook heeft een belangrijke spirituele betekenis, maar duidt ook op oorlogschaos. Indianen geloven dat rook onze gebeden naar de schepper vervoert; zoetgeurende wierook is een belangrijk onderdeel van diverse religieuze ceremonies overal ter wereld.

Wolken

Een wolk in een helderblauwe lucht kan ons erop wijzen dat een toestand van kalme tevredenheid nooit eeuwig kan duren – misschien moeten we genieten van het heden zolang het kan. Een wolk die voor de zon schuift kan duiden op een verminderd inzicht, wellicht door emoties, terwijl het beeld van een dierbare op een wolk symbool kan staan voor het verlangen om de gedachte aan de dood prettiger te maken. Wolken kunnen ook een metafoor zijn voor onrealistische gedachten – 'met het hoofd in de wolken lopen'.

Schemering

De schemering is een tijd van overgang of ambivalentie – het is geen dag en geen nacht. De lijnen vervagen en voorwerpen zien er meer of minder eng uit dan ze zijn. Een droom die zich afspeelt tijdens de schemering kan voorkomen tijdens een periode van verandering. Schemerlicht kan ons objectiever naar een situatie doen kijken.

Herfstbladeren

Herfstbladeren kunnen verwijzen naar de onrustgevoelens van de dromer over dood en verderf. Een hoop vochtige bladeren op de grond duidt op het vervagen van hoop en kan verwijzen naar diepe melancholie. De helderrode en gele tinten van herfstbladeren kunnen echter optimisme symboliseren: schoonheid is zelfs zichtbaar in verval en na de winter komt er nieuw leven.

Duisternis

Duisternis kan symbool staan voor de krachten van het onbewuste die de dromer ervan weerhouden de ongemakkelijke gedachten te onderzoeken die daar ronddolen. Licht in de duisternis kan duiden op een doorbraak in onze persoonlijke ontwikkeling.

Zand

Wegzakken in warm zand kan erop duiden dat je terugverlangt naar de baarmoeder. Zand staat symbool voor het verstrijken van tijd: de zandloper. Een zandkasteel dat door de zee verzwolgen wordt is een symbool van vergankelijkheid.

Dieren

Dieren zijn bijzonder krachtige droomsymbolen en hebben vaak een algemene betekenis, hoewel het ook dieren kunnen zijn die de dromer kent; in dat geval is de betekenis meestal persoonlijk. Dromen kunnen gebruikmaken van zowel echte dieren (in het algemeen of specifiek), als van dieren uit films, mythen of sprookjes. Soms kan er ook verwezen worden naar dierlijke associaties in taal (waarbij een vos symbool staat voor slimheid, een olifant voor een goed geheugen, een varken voor vraatzucht enzovoort).

Dieren hebben altijd symbool gestaan voor onze natuurlijke, instinctieve en soms primaire energieën en verlangens. In dromen vestigen ze onze aandacht echter op onderschatte of onderdrukte aspecten van het zelf en brengen ze ons in contact met een transformerende energiebron diep in het collectieve onbewuste. Een dier verslinden kan duiden op de assimilatie van natuurlijke wijsheid, net als in de Noorse mythe waarin Siegfried de taal der dieren leerde nadat hij het hart van de draak Fafnir had opgegeten. Veel culturen geloven ook dat door een dier op te eten zijn krachten op ons overgaan. Een hert eten, bijvoorbeeld, zou de jager lichtvoetig maken, terwijl een gebraden konijn vruchtbaarheid kan bewerkstelligen.

Dieren in dromen kunnen beangstigend of vriendelijk zijn, wild of tam, en hun gedrag kan helpen bij de duiding. Ze kunnen wellicht praten of van vorm veranderen. In de indiaanse traditie gaat de sjamaan in zijn droom op zoek naar een krachtig dier, dat de rol heeft van wijze gids en beschermer gedurende de reis naar andere werelden.

Een hond kan symbool staan voor devotie, zoals gesymboliseerd door Argos, het eerste schepsel dat de Griekse held Odysseus herkende toen deze terugkeerde van zijn epische tocht; maar een hond kan ook verwijzen naar de destructiviteit van misbruikte of verwaarloosde instincten (denk aan de honden van de Griekse jachtgodin Artemis, die de sterfelijke Actaeon verscheurde nadat hij haar privacy had geschonden). Katten behoren tot de bekendste droomdieren en staan vaak voor intuïtieve vrouwelijke wijsheid en de kracht van het onbewuste.

Wilde beesten

Freud meende dat woeste, wilde dieren symbool stonden voor gepassioneerde impulsen waarvoor de dromer zich schaamt – hoe meer en divers de dieren voorkomen, hoe bedreigender en verwarrend deze impulsen kunnen zijn. Wilde beesten kunnen ook onze diepste angsten symboliseren, vooral de angst voor de dood.

Vleermuis

Voor veel mensen zijn vleermuizen het demonische symbool voor blinde razernij en de duistere verlangens van het onbewuste. In de Chinese en indiaanse culturen zijn vleermuizen echter het symbool van succes en wedergeboorte. En zoals een vleermuis in het donker kan navigeren, zo kunnen wij onze instincten en intuïtie gebruiken om ons te leiden in tijden van onzekerheid.

Duif

Een duif is het symbool van vrede, liefde en verdraagzaamheid, maar ook van hoop – Noach zag een duif met een olijftakje in zijn snavel. Een duif in onze dromen kan duiden op een verlangen harmonie en overeenstemming te bewerkstelligen.

Vlinder

Vlinders worden vaak als symbool gezien voor de ziel en zijn transformatie na de dood. In de taoïstische mythologie bestaat het verhaal van de wijze Chuang-Tzu, die er niet zeker van was of hij een man was die droomde dat hij een vlinder was, of andersom.

Vissen

Vissen worden vaak gebruikt om goddelijkheid te symboliseren en staan voor de spirituele overvloed waardoor mensen worden gevoed. In dromen kunnen ze ook wijzen op inzichten in het onbewuste. Vissen die in een net naar de oppervlakte worden gehaald duiden op de bewustwording van dergelijke inzichten.

Wolf

Wolven kunnen de ongebreidelde impulsen van het onbewuste symboliseren. Wild als ze zijn, kunnen ze angstaanjagend zijn in onze dromen. Soms kan een eenzame wolf echter een inspirerend beeld vormen, symbool voor de moed en vasthoudendheid die nodig zijn om het pad van spirituele ontwikkeling en zelfbevestiging te volgen.

Insecten

Insecten komen, net als andere kleine schepsels, vaak voor in dromen van kinderen. Een droom over het doodslaan van insecten kan terugvoeren op de kinderlijke haat jegens een broer of zus – wellicht duurt deze nu nog voort.

Worm

Wormen symboliseren dood en verderf, en in dromen verwijzen ze naar het wegvallen van financiële voorspoed of liefde. Ze spelen echter een essentiële rol in het ontbindingsproces, en wormen op een dood lichaam kunnen duiden op de voortgang van leven na de dood, of een metaforische equivalent van dat idee.

Mug

Muggen kunnen symbool staan voor de martelende instincten van het onbewuste – de poelen waarin ze welig tieren.

Oorwurm

Dit is duidelijk een symbool van angst, omdat men dacht dat oorwurmen in ons oor kropen tijdens onze slaap.

Mot

Een mot die aangetrokken wordt door een vlam kan een metafoor zijn voor iets waarnaar onze aandacht wordt getrokken ondanks het negatieve effect dat dat op ons heeft. In het uiterste geval kan een dergelijke droom een doodswens symboliseren. Kledingstukken vol mottengaten kunnen wijzen op een relatie die uiteenvalt.

Vlieg

Moedige krijgers in het oude Egypte werden beloond met gouden vliegen, die ze aan een ketting om hun nek droegen. Een vlieg kan ook het droombeeld zijn van de irritante, maar hardnekkige druk door schuldeisers, arrogante adviseurs of volhardende bewonderaars.

Aap

Apen staan vaak voor de speelse, schalkse kant van de dromer en kunnen symbool staan voor een onontwikkeld, maar instinctief wijs aspect van het onbewuste dat tot uiting wil komen. Een aap is ook een mogelijke vorm van het archetype Bedrieger. In het Oosten kan de aap ook symbool staan voor de onbeteugelde, drukke geest die met meditatie tot rust dient te worden gebracht.

祖仙

Leeuw

De leeuw verschijnt bijna altijd in dromen als koninklijk symbool van kracht en trots, vaak verwijzend naar het archetypische, krachtige en bewonderde aspect van de vader. Een leeuw die zijn prooi opjaagt en doodt kan duiden op een afkeer van de autoritaire neigingen van onze vader. Jung was echter van mening dat de leeuw in het wild symbool stond voor onze onderliggende passies – een droom over een leeuw kan duiden op een drang om onze instinctieve energieën te omarmen.

Beer

Een beer is een krachtig droomsymbool, dat verwijst naar het zich eeuwig herhalende ritme van de natuur. Tijdens de koudste maanden van het jaar houden veel beren een winterslaap. Dat ze tot de lente niet te zien zijn kan erop wijzen dat de dromer een periode van bezinning en vernieuwing dient door te maken, of het duidt er gewoon op dat er vanuit de dood altijd nieuw leven ontspringt. Vrouwelijke beren staan ook bekend om de agressie waarmee zij hun jongen verdedigen. Daardoor kan een beer symbool staan voor bescherming – een spirituele gids wellicht – of verwijzen naar onze plicht te waken over onze dierbaren.

Pad of kikker

Als het wrattige gezelschap van heksen worden padden vaak geassocieerd met de duistere impulsen van het onbewuste. Kikkers daarentegen staan vaak symbool voor vruchtbaarheid en verjonging, vanwege het vele kikkerdril.

Paard

Het paard staat vaak symbool voor de beteugeling van natuurkrachten. Een gevleugeld of vliegend paard kan duiden op bevrijding van energie voor psychische of spirituele groei. Volgens Freud is het paard het symbool van seksualiteit, vooral als het bereden wordt. Wilde paarden kunnen verwijzen naar het beangstigende aspect van de vader, of de ongebreidelde impulsen van het onbewuste. Een centaur (half mens, half paard) verwijst naar de balans tussen lichaam en geest.

Stier of os

Een stier of os is een van de meest potente symbolen van viriliteit. Als hun kracht in toom wordt gehouden door een ploeg, staat de os voor de vruchtbaarheid van de aarde en de beloning van hard werken. Dit sterke dier verwijst zowel naar de creatieve kracht van de natuur als naar de altijd aanwezige dreiging van nauwelijks in te houden geweld. Een stierengevecht kan erop duiden dat we de passie in onze aard moeten beteugelen om persoonlijke groei te kunnen doormaken.

Koe

De melk, de mest en het vlees van een koe zijn voor veel mensen op de wereld essentieel om te overleven. Als droomsymbool vormt een koe het serene beeld van vruchtbaarheid en moederlijke zorg. Een koe melken kan echter een uiting zijn van een incestwens.

Konijn

Konijnen zijn een symbool van vruchtbaarheid en duiden op onderdrukte seksuele passie of verlangen naar gezinsuitbreiding. Ze kunnen ook verwijzen naar ons onvermogen te handelen als we verlamd zijn door angst, zoals een konijn, gevangen in het licht van koplampen. Maar wellicht wil ons onbewuste ons duidelijk maken dat we ons moeten ingraven en onze energie moeten sparen.

Haas

In veel volksverhalen heeft de haas de rol van het archetype Bedrieger (blz. 104). Een haas in een droom kan de dromer wijzen op een of meer absurde pretenties.

Hert

Het hert kan duiden op een tere vorm van vrouwelijkheid, wellicht sterker dan het lijkt, misschien zelfs een versie van het archetype Amina (blz. 103). Een hert kan verwijzen naar de meest tedere aspecten van onze persoonlijkheid, maar ook naar onze natuurlijke gratie en schoonheid. Een hert dat wordt gedood door een jager kan symbool staan voor onschuldige spiritualiteit die wordt vernietigd door duistere aspecten van het onbewuste.

Schildpad

De lang levende schildpad met zijn robuuste schild vormt het droombeeld van vasthoudendheid en wijsheid. Het beeld van een schildpad die zijn kop uit zijn schild steekt heeft een duidelijke fallische betekenis, terwijl het beschermende omhulsel waarin het dier zich bij gevaar kan terugtrekken symbool kan staan voor emotionele terugtrekking of verdieping.

Bever

De vlijtige en hard werkende bever kan symbool staan voor actie en prestatie. Een droom waarin de dam van een bever een rivier beteugelt kan een metafoor zijn voor de blokkade in de stroom van onze creatieve inspiratie of in ons vermogen te communiceren of te geven.

Haai

Sinister cirkelende haaien kunnen duiden op de onbewuste krachten die ons het meest beangstigen. Ze kunnen ook duiden op het verlies van huis, bezit of bedrijf, zoals in de uitdrukking 'naar de haaien gaan'. De opengesperde kaken met vlijmscherpe tanden kunnen verwijzen naar vrouwelijke genitaliën in angstdromen over castratie.

Walvis

Walvissen worden vaak geassocieerd met het Bijbelverhaal over Jonas, en daarom met spirituele wedergeboorte. Volgens Freud kunnen ze symbool staan voor de baarmoeder en dus verwijzen naar een incestueus verlangen naar onze moeder.

Varken

Het varken is een van de intelligentste boerderijdieren, maar heeft desondanks de reputatie vraatzuchtig, onverschillig en vies te zijn. Varkens kunnen symbool staan voor onze meest laaghartige instincten en onze neiging materiële genoegens na te streven. Varkens die zich wentelen in modder kunnen een anale fixatie symboliseren.

Kat

Katten staan voor het mysterieuze, het intuïtieve en het vrouwelijke. Het zijn dieren van de nacht, niet alleen zacht en mooi, maar ook sterk onafhankelijk en dodelijk voor hun prooi. Ze kunnen net als een hond in onze dromen verschijnen als gids. Toch moeten we oppassen waarheen we ze volgen: als metgezel van de heks kunnen ze onze onbewuste driften de overhand laten krijgen boven onze hogere aspiraties. Een zwarte kat kan symbool staan voor (on)geluk.

Bok

De symboliek van de bok is tweeledig: een zondebok verwijst naar een onschuldig slachtoffer dat de schuld krijgt van de misdaden van iemand anders. Bekender is echter de bok als personificatie van de duivel, wellustig en vals, compleet met gespleten hoeven, hoorns en een stinkende adem. In deze vorm kan een bok symbool staan voor een schuldig geweten over onze seksuele driften of misdragingen.

Hond

Honden verschijnen vaak in onze dromen als trouwe metgezel en gids. Ze begeleiden ons op onze reis naar het onbewuste, waarschuwen ons voor gevaar en helpen ons onze duistere driften te beteugelen. Een buldog symboliseert koppigheid, terwijl een roedel honden kan duiden op de gewelddadige krachten en wilde passie die onder de oppervlakte van de geest sluimeren.

Muis

Een zacht muisje kan het beeld oproepen van schaamhaar en duidt vaak op bezetenheid van seks. Een muis die in en uit zijn holletje schiet kan een mannelijk seksueel symbool zijn, en een muis in de val kan verwijzen naar de angst voor castratie of de angst betrapt te worden tijdens een seksueel intermezzo. Een muis kan ook symbool staan voor de eerste wankele schreden richting spirituele bewustwording, met vallen, katten en gif die verwijzen naar de potentiële gevaren.

Rat

Ratten komen vaak voor in angstdromen en in dromen over zelfafkeer of schaamte. Het beeld van ratten die ronddwalen in de ingewanden der aarde is zowel anaal als fallisch en kan schuldgevoelens of boosheid over onze seksualiteit symboliseren.

Spreeuw

De spreeuw kan ook seksuele associaties hebben (in China stond hij symbool voor de penis en werd hij gegeten om vruchtbaarheid te bevorderen, en in Griekenland werd hij geassocieerd met Aphrodite). De spreeuw is echter, net als elke andere vogel, een symbool van de geest of ziel.

Papegaai

Door zijn gekleurde pluimage en talent om spraak te imiteren is de papegaai het symbool van oneerlijkheid. De vogel kan verwijzen naar iemand (misschien jijzelf) die schreeuwt om aandacht, maar zelf geen waardevolle bijdrage levert. In Chinese volksverhalen verraden papegaaien overspelige echtgenotes – vandaar het verband met schuld en valstrikken. Een papegaai kan daarentegen ook verwijzen naar de weelderige jungle.

Uil

Een uil is een krachtig symbool van transformatie en zijn verschijning in een droom kan dood en werdergeboorte inluiden in een bepaald aspect in je leven. Geassocieerd met de duisternis die hen helpt bij het jagen, staan uilen voor het ongeziene en het onbekende. Het vermogen van de uil om in het donker te zien kan van grote betekenis zijn, en verwijzen naar opmerkzaamheid en intuïtie. De wijze uil duidt op een sterke interesse in leren, soms ten koste van gezonde sociale interactie. De roep van de uil is soms het moment waarop de droom eindigt.

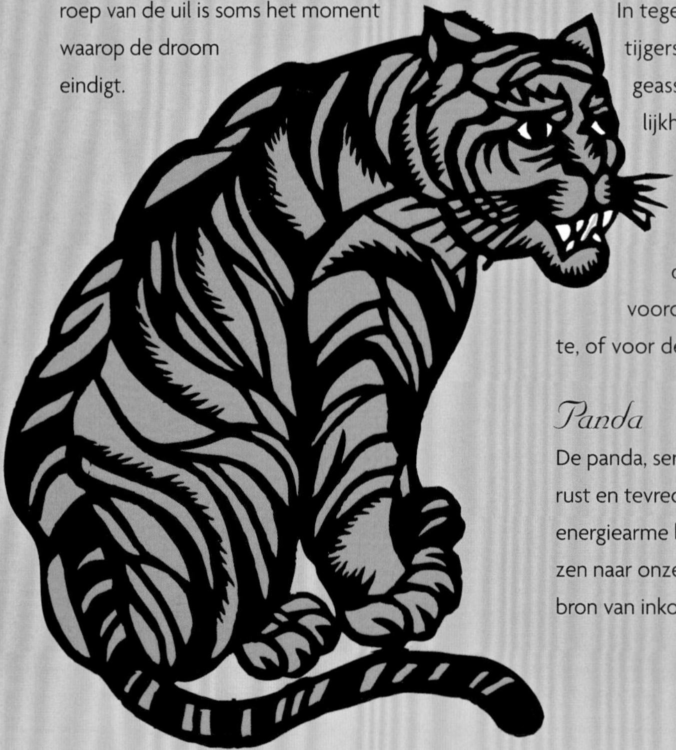

Gier

Deze vogel is een voorbode van de dood en het sinistere beeld van gieren die in de lucht cirkelen kan duiden op ons voorgevoel over de consequenties van een onderneming. Voor de hand liggender is dat gieren verwijzen naar de houding van de dromer ten opzichte van dood en ziekte, of misschien zijn zorgen over een erfenis.

Tijger

In tegenstelling tot leeuwen worden tijgers in onze westerse dromen niet geassocieerd met nobelheid of koninklijkheid. Niettemin vormen ze een angstaanjagend beeld van geweld, schoonheid en kracht. Een tijger kan symbool staan voor de wilde of agressieve impulsen die zich voordoen in de jungle van ons onbewuste, of voor de sterke wilskracht van ons ego.

Panda

De panda, sereen en stil, is het toonbeeld van rust en tevredenheid. Zijn afhankelijkheid van het energiearme bamboe als voedselbron kan verwijzen naar onze afhankelijkheid van een bepaalde bron van inkomsten of emotionele steun.

Luipaard

Zoals een luipaard de tekening van zijn pels niet kan veranderen, zo kunnen wij onze ware aard niet ontkennen. Het beeld van een luipaard kan een waarschuwing zijn dat je je voordoet als iemand die je niet bent.

Krokodil

Dit oerdier schuilt half onder water, vermomd als een boomstam of een steen. In onze dromen kan een krokodil symbool staan voor onze onbewuste angsten of driften, wachtend om in ons bewuste tot uitdrukking te komen en ons vast te grijpen met zijn gewelddadige kaken.

Olifant

Een olifant kan duiden op robuustheid, ongevoeligheid voor pijn en onverschilligheid ten opzichte van de emoties van anderen. Misschien stampen we gedachteloos over andermans gevoelens heen en tonen we weinig tact. Olifanten, oud en wijs, kunnen ook worden geassocieerd met onze grootouders of met de wijsheid van ouderen. Het is misschien een goed moment om advies te vragen aan iemand die meer ervaring heeft. De slurf kan een penissymbool zijn.

Zwaan

Zwanen zijn een seksueel symbool bij uitstek; hun witte veren vormen het ideaal van vrouwelijke maagdelijkheid en hun lange nekken zijn duidelijk fallisch.

Slang

De slang in het paradijs is het symbool van verleiding, maar hij is ook een duidelijke weerspiegeling van onze seksualiteit, die in oorsprong natuurlijk en zonder schaamte is. Freudianen zien slangen als onmiskenbaar fallisch. In de jungiaanse visie is een slang het symbool van de duistere, onbekende, ondoorgrondelijke aspecten van het zelf die we onder ogen moeten zien om persoonlijke bevrediging te bereiken.

Dierentuin

Verschillende dieren symboliseren verschillende aspecten van de droompsyche. Een dierentuin, waarin dieren bij elkaar opgesloten zitten, is een metafoor voor controle over de verschillende turbulente en in potentie strijdige aspecten van het zelf. Een dierentuin van waaruit dieren ontsnappen betekent dat de dromer de verleidingen of de emoties in zijn leven niet kan beteugelen.

Landschap

Landschappen weerspiegelen vaak het karakter of het emotionele leven van de dromer. Het decor waarin onze dagelijkse activiteiten zich afspelen kan in onze dromen worden weerspiegeld of uitvergroot. Zoals in ons wakende leven een landschap ons spiritueel kan raken of ons humeur beïnvloeden, zo kan de omgeving in een droom een gevoel van verbazing, tevredenheid, opwinding of verdriet teweegbrengen. Een volslagen onbekend landschap kan een compositie zijn van bestaande plekken.

Platteland

Een droom waarin we uitkijken over een idyllisch groen landschap kan duiden op een verlangen naar een rustiger, geaarder leven. Vooral stadsmensen krijgen bij een dergelijk beeld het idee van het goede leven. Als het landschap in onze dromen echter overspoeld wordt door regen of je kijkt er vanaf een afstand naar door een raam, kan het een waarschuwing zijn voor de gevaren van utopisch denken. Freud zag de glooiingen van het platteland als symbolen van de vrouwelijke genitaliën of de vrouwelijke rondingen.

Heuvel

Heuvels zijn minder intimiderend dan bergen, maar wellicht geven ze ook minder voldoening bij het beklimmen, hoewel ze vanaf de top een prachtig uitzicht kunnen bieden. In onze dromen zeggen ze ons dat zelfbegrip bereikbaar is en dat we niet ontmoedigd moeten raken. Heuvels hebben ook de freudiaanse betekenis van vrouwelijke anatomie.

Berg

Volgens Freud lag de betekenis van bergen (en heuvels) in de gelijkenis qua vorm met de borsten van een vrouw. Een dromer die opkijkt tegen de afschrikwekkende top kan bang zijn voor zijn seksualiteit. De dromer die daarentegen trots op de top staat, kan een gevoel van seksueel welzijn weerspiegelen of de wens hebben om te domineren. Jung was van mening dat bergen voor het zelf stonden. Een top kan ons een gevoel van perspectief bezorgen, terwijl vanaf beneden opkijken naar boven kan duiden op de uitdagingen die we tegenkomen tijden het proces van zelfrealisatie. Er kunnen ook verwijzingen zijn naar spiritualiteit en transcedentie, omdat de berg zich tussen hemel en aarde bevindt.

Bos

Het donkere bos, met zijn dichte, haast ondoordringbare vegetatie, kan een duidelijke metafoor zijn voor de diepten van het onbewuste. Volgens Jung kan een droom waarin we bang zijn om een bos te betreden een uiting zijn van onze angst om het onbewuste nader te onderzoeken. Freud zag het bos als symbool van schaamhaar en de dichte begroeiing binnengaan als een weerspiegeling van de seksuele daad.

Olijfgaard

Dit is een optimistisch droombeeld. Olijfbomen staan voor vrede, voorspoed en overwinning. Een olijfgaard kan duiden op het einde van een strijd of familieconflict, of op het overwinnen van tegenslag. De droom kan ook het begin inluiden van een nieuwe creatieve periode.

Wijngaard

Een wijngaard kan verwijzen naar de uitbundigheid, vrijheid en het plezier die de wijn, gemaakt van druiven, ons uiteindelijk zal brengen. De druiven oogsten kan het beeld zijn van karma: de consequenties van onze handelingen of gedachten.

Boomgaard

Een boomgaard vol fruit is een droombeeld van overvloed en vruchtbaarheid. Het kan een droomsymbool zijn van zwangerschap of van fenomenale creativiteit. In de spirituele en intellectuele sfeer kan een boomgaard met alleen onrijp fruit verwijzen naar de berg werk die we nog moeten verrichten voor we ons doel hebben bereikt. Rottend fruit op de grond kan erop duiden dat de dromer zijn kansen op succes verspilt door zijn mogelijkheden niet te herkennen of er te lang mee te wachten zijn ideeën in praktijk te brengen. Een boomgaard met diverse boomsoorten kan verwijzen naar een rijk innerlijk leven of mogelijk naar een verbijsterende hoeveelheid keuzes.

Tuin

Parallel met het bewuste zelf duidt een tuin die overwoekerd is op verlies van controle; wanneer hij goed wordt onderhouden heb je er veel profijt van. Een ommuurde tuin kan verwijzen naar maagdelijkheid of naïviteit. Er zit ook een spirituele dimensie aan de tuin, verwijzend naar het paradijs. In elke religie staat de tuin voor de zegeningen van God (de goddelijke tuinman) en het vermogen van mensen zelf om een fase van harmonie en vrede te bereiken.

Jungle

Een jungle is ruiger en exotischer dan een bos en duidt op een nog diepere angst voor wat het onbewuste inhoudt. Wilde beesten, kruipers en sluipers en giftige creaturen klein en groot duiden op de duistere driften die verscholen liggen in de diepe krochten van de geest. Er kunnen verwijzingen zijn naar verborgen schatten – wellicht herbergt de jungle een verborgen stad? De film *King Kong* en verhalen (of echte ervaringen) over Vietnam hebben zich ongetwijfeld diep in onze geest verankerd.

Woestijn

Afhankelijk van de houding van de dromer kan een woestijn duiden op steriliteit en verlatenheid, of een inspirerend landschap zijn met ruimte voor reflectie, zuivering en vernieuwing. Als het een levenloos stuk land lijkt, is het belangrijk na te gaan welke aspecten van ons leven kaal en leeg voelen – onze carrière, ons privéleven, onze creativiteit of ons spirituele zelf. Amplificatie rond de arthuriaanse mythe waarin de gewonde Graalkoning regeert over het lege landschap kan nuttig zijn. Bloemen in de woestijn kunnen geschenken zijn die we in ons gewone leven als vanzelfsprekend aannemen.

Eiland

Een eiland kan een veilige plek zijn om te schuilen, maar ook een open gevangenis. Omgeven door de zee kan een eiland symbool staan voor de vaste grond van de bewuste geest waar de dromer instinctief wil blijven en de vage diepten van het onbewuste wil vermijden. Als je droomt dat je naar een eiland zwemt om te ontkomen aan een ruwe zee kan dat duiden op de wens controle te krijgen over je eigen leven of op een angst voor verborgen impulsen die je niet wilt erkennen. De eilanden van de Gezegende uit de Grieks-Romeinse mythe en Avalon in de Arthur-legende hebben een spirituele dimensie: het eiland als hemelse beloning en een plek voor rust en vrede om na de dood te verblijven.

Rivieroever

Net als bij een eiland kan een rivieroever duiden op een veilige plek nadat we in de wateren van ons onbewuste hebben vertoefd; of we dromen onszelf aan de waterkant terwijl we ons innerlijke zelf overdenken. Als de rivier buiten zijn oevers treedt, zijn we wellicht bang dat we overweldigd worden door onze onbewuste driften. Een kunstmatige oever kan verwijzen naar een emotioneel leven dat ingeperkt wordt door verstand.

Vlakte of prairie

Open vlakten duiden op vrijheid en verbeelding, maar ze oversteken zal moed en vastberadenheid vergen. Dit droombeeld zal sterk nagalmen bij dromers die aan een nieuw hoofdstuk in hun leven beginnen of starten met een moeilijk nieuw project. Er kunnen ook verwijzingen zijn naar de woestijn (blz. 406) of naar het zich blootstellen – het zelf in het volle licht van de goddelijkheid.

Overstaphekje of poort

Een hek of poort door gaan kan duiden op een tussenfase, de overgang naar een andere wereld, of overwinning van een obstakel. Freudianen zien een overstaphekje als een seksueel symbool vanwege de schrijlingse houding die je moet aannemen om eroverheen te komen.

Greppel

Veel mensen zullen een greppel associëren met de loopgraven uit de Eerste Wereldoorlog en daarom met belegering en ingraving. De droom kan een waarschuwing zijn dat onze professionele, sociale of financiële situatie niet zo zeker is als die lijkt, of misschien wordt ons geweten of zelfbeeld aangevallen.

Moeras

Een moerasgebied met zijn ogenschijnlijke stabiele oppervlak en zuigende, drassige aarde kan het droomsymbool zijn van de Grote Moeder in haar meest bezitterige, controlerende vorm. Het pad door de modder zien te bewandelen kan verwijzen naar de problemen die je ondervindt als je los wilt komen van energieën die je onafhankelijkheid aantasten, of naar andere problemen.

Groeve

Jungianen zien een groeve als symbool van onze onbewuste driften, maar freudianen zijn meer geneigd om deze te zien als een uiting van angst aangaande vrouwelijke seksualiteit.

Akkers

Akkers die klaarliggen om te worden geoogst kunnen duiden op ideeën en inspiratie die wachten om te worden aangesproken. Ze kunnen ook symbool staan voor beloning na hard werken. Een akker die al geoogst is, kan ernaar verwijzen dat de dromer uit een recente periode van creativiteit alles heeft benut en klaar is voor iets nieuws. Op een zonnige dag in het veld liggen kan een verlangen naar rust betekenen.

Vallei

Een vallei is vaak een symbool van vrouwelijke seksualiteit. Een diepe kloof of ravijn met bomen en stroomversnellingen duidt op een gevaarlijke of opwindende seksuele ervaring. Voor zowel mannelijke als vrouwelijke dromers kan een vallei verwijzen naar een nieuwe relatie of naar een verkenning van de vrouwelijke aspecten van hun seksualiteit. Een weelderig groene vallei met een brede rivier en grasvelden verenigt de elementen van aarde en water, en is een symbool van vruchtbaarheid en overvloed. Dit beeld kan voorkomen bij mensen die een gezond seksleven hebben.

Klif

Een steil klif kan verwijzen naar een schijnbaar onoverkomenlijk probleem. Het kan het einde van iets betekenen – een relatie die niet meer gered kan worden of een baan waarin geen vooruitgang meer zit. Als je vanaf een klif de diepte in kijkt, kan dit erop duiden dat je wordt gedwongen om een beslissing te nemen waarover je twijfelt, of het luidt een positieve verandering in. Hoe beangstigend het vooruitzicht ook is, het kan nu tijd zijn om de stap te zetten. Als het klif hoog boven ons uittorent, zijn we dan al gevallen? De enige manier is wellicht naar boven klimmen.

Waterput

Een waterput kan verwijzen naar de oorsprong van onze creativiteit en van onze kostbaarste talenten. Een droom waarin we proberen water te putten uit een droge bron kan duiden op angst dat we niet kunnen voldoen aan wat er van ons wordt gevraagd. Een waterput kan ook symbool staan voor het onbewuste. Een steen in de put gooien en luisteren naar de plons kan duiden op een verlangen contact te leggen met onze latente instincten. Water putten uit een bron kan een wens betekenen om onze diepste emoties naar de oppervlakte te halen, welke ongemakkelijke waarheden we daarbij ook ontdekken.

Meer

Een meer is een metafoor voor het onbewuste en ook een plek voor wedergeboorte en betovering (vanwege het vrouwelijke symbool van water). Hoe we naar het water kijken, hangt af van het feit of we het onbewuste zien als opslagplaats van intuïtie of het vrezen als schuilplaats van onze minder aangename instincten. Het meer kan diepblauw zijn en vol vis zitten, of het kan troebel zijn, met onbekende verschrikkingen onder het oppervlak. Een meer kan ook een plek zijn om te ontspannen of het kan een monster herbergen.

Hunebed

Hunebedden en andere prehistorische resten kunnen duiden op een verlangen om in contact te komen met onze wortels of met universele instincten en intuïties. Ze kunnen ook een verlangen zijn naar een manier van leven zonder oppervlakkige luxe – een ascetische impuls, vaak ingegeven door een spirituele zoektocht.

Grot

Een grot kan een archetype zijn van het onbewuste, of symbool staan voor de baarmoeder, wat duidt op de wens je terug te trekken uit alle drukte. De duisternis binnen kan duiden op de mysteries van het zelf, het licht buiten op onze spirituele aspiraties. Een grot is de bron van de oorspronkelijke krachten der aarde, waar orakels spreken en zielen opstijgen naar hemels licht.

Bron

Het heldere, frisse water van een bron kan symbool staan voor volwassenheid, zuiverheid en de bron van het leven. Freudianen zien het gutsende water als teken van uitbundige seksualiteit, terwijl jungianen het water associëren met de bron van ons innerlijke zijn en spirituele energie.

Waterval

De steile val en de kracht van een waterval kunnen duiden op een belangrijke en misschien moeilijke verandering. Wellicht voelt het alsof we tegen onze wil worden meegesleurd richting deze verandering, of we voelen opwinding bij de gedachte over de rand te gaan. De hoogte en het schuimende water kunnen ook verwijzen naar een orgasme (voor zowel mannen als vrouwen) of op een emotionele ontlading.

Heg

Heggen kunnen het vrouwelijke seksuele symbool van een dichte begroeiing samen laten vallen met het beeld van een muur of hek als afscheiding, zowel beschermend als beperkend. Het beeld van een heg kan erop duiden dat je een seksuele of romantische verbintenis ziet als een beperking van je vrijheid. In sociaal opzicht verwijst de heg naar buitenwijken – de uniformiteit en wellicht vreemde gang van zaken achter gordijnen en coniferen.

Planten

Planten zijn de longen van de aarde en zetten de energie van de zon zodanig om dat dieren ervan kunnen eten. In dromen duiden planten op het diepe belang van groei en harmonie.

Boom

Bomen reiken hoog naar de hemel, met wijdvertakte wortels diep in de grond, als symbool van de hele kosmos. Christenen kunnen een boom ook zien als het kruis waaraan Jezus werd gekruisigd. Bovendien kan een boom verwijzen naar de persoonlijke ontwikkeling van de dromer – wortels kunnen duiden op het onbewuste of op ons gevoel van stabiliteit, de stam op de materiële wereld en onze psychische kracht of talent, en de takken naar onze spirituele aspiraties.

Naaldbomen

Naaldbomen worden vaak geassocieerd met Kerstmis, en hun verschijning in een droom kan duiden op de houding van de dromer ten opzichte van deze jaarlijkse gebeurtenis of op familiebijeenkomsten in deze periode. Als symbool van het eeuwige leven kunnen naaldbomen verwijzen naar een vast vertrouwen of een stabiele liefde. Naaldbossen kunnen uiterst uniform en troosteloos zijn en daarom gezien worden als een soort groene woestijn. De pijnboom is in het Oosten een symbool van lang leven en onsterfelijkheid. De taxusboom wordt geassocieerd met dood.

Eikenboom

Een eik symboliseert vaak het koninklijke en wijsheid, waarbij de dromer een gevoel krijgt van fysieke of spirituele bescherming. We kunnen een eikenboom ook associëren met mannelijke seksualiteit of een mannelijk gezagsfiguur, zoals een onbuigzame vader – voor de Kelten was deze boom verbonden met mannelijke potentie en wijsheid. Het droombeeld van een eikel kan verwijzen naar iets kleins dat kan uitgroeien tot iets groots.

Platanen

Platanen worden vaak geplant in een stad en kunnen symbool staan voor het enige natuurlijke element in een wereld van beton, steen, glas en staal. Hun verschijning in onze dromen kan ons erop wijzen in contact te blijven met onze ware gevoelens en innerlijke instincten en de glitter en glamour in perspectief te zien.

Noten

Een noot kraken om het binnenste te kunnen eten refereert natuurlijk aan de vrouwelijke genitaliën. Een noot die moeilijk te kraken is kan verwijzen naar een moeilijk op te lossen probleem.

Palmboom

Palmbomen gedijen in een tropisch klimaat, met hun wortels vlak bij het water (vrouwelijk) en hun toppen in de zon (mannelijk), waarmee een beeld wordt geschetst van seksuele of psychische eenheid. Een palmboom is extravert en exotisch, en kan een weerspiegeling zijn van een goed leven, of de boom kan worden geassocieerd met genotzuchtige overvloed. Er is ook een religieuze betekenis, als in Christus' intocht in Jeruzalem.

Bloesem

Bloesem kan duiden op lente, maar ook op vrouwelijke maagdelijkheid, vooral wanneer de bloem roze of wit is. Bloesem kan ook verwijzen naar spirituele of intellectuele mogelijkheden, of naar naïviteit.

Bloemen

Door de kroonbladeren, het stuifmeel en de stamper is een bloem een prachtig symbool van de vrouwelijke geslachtsorganen. Wilde bloemen kunnen wijzen op een verlangen naar seksuele vrijheid. Bloemen hebben ook een spirituele betekenis. (De symboliek van sommige bloemen wordt op de volgende bladzijden uitgelegd.)

Lotus

De lotusbloem is een boeddhistisch symbool voor spiritueel ontwaken. Zoals de lotus vanuit de diepten van een meer of rivier omhoogreikt naar het licht, zo kunnen wij ook ons bewust zijn van psychische aspecten en deze laten floreren in het zonlicht. Deze bloem verwijst ook naar minder hoogdravende vormen van menselijke groei, bijvoorbeeld het openstellen van ons hart, maar ook naar geboorte en wedergeboorte.

Chrysanten

Oranje en gele chrysanten zijn herfstbloemen, door de Japanners gezien als symbool van geluk, lang leven, volmaaktheid en de zon. Hun verschijning in een droom kan duiden op elk van deze zaken.

Klaver

De drie blaadjes van een klavertje kunnen voor christenen duiden op de heilige Drie-eenheid (de Vader, de Zoon en de Heilige Geest). Voor anderen kan klaver verwijzen naar de eenheid van geest, lichaam en ziel. Een klavertjevier zou een symbool van geluk zijn.

Orchidee

Orchideeën zijn een symbool van viriliteit of vruchtbaarheid – hun naam stamt van het Griekse *orchis*, dat 'testikel' betekent. Hun zeldzame en delicate schoonheid wordt al eeuwenlang geroemd en staat voor luxe en pracht en praal.

Zonnebloem

Zonnebloemen duiden op geluk, optimisme, openheid en natuurlijk de zon. Een zonnebloem die zijn kop meedraait met de zon kan er echter op wijzen dat de dromer zich te gemakkelijk laat leiden of afleiden. In dromen kan een zonnebloem verwijzen naar Van Gogh en zijn beroemde schilderijen – een associatie met intense creativiteit, maar ook met gekte.

Maretak

Tegenwoordig associëren we maretak (mistleoe) met elkaar kussen met Kerstmis, maar voor de Kelten was het een geneeskrachtige plant die het kwaad kon weren. Hoewel maretak een parasiet is, die voedingsstoffen onttrekt aan de takken waarop hij groeit, houdt hij zijn gastheer in de winter groen, hetgeen dus kan duiden op hoop in moeilijke tijden.

Korenbloem

De blauwe kroonbladeren van een korenbloem kunnen worden geassocieerd met spiritualiteit. Gedroogde korenbloemen kunnen duiden op een geloof dat is verstoft. Korenbloemen kunnen ook wijzen op kracht en vastberadenheid – de bloemen zijn misschien teer, maar de stengels zijn opmerkelijk taai.

Madelief

We associëren madeliefjes vaak met de bloemenkettingen die we als kind maakten. Door hun witte bloempjes en nostalgische associatie zijn ze een droomsymbool van kinderlijke onschuld.

Iris

De iris duidt op ambivalente seksualiteit, waarbij de rechtop staande, fallische stengel een mannelijke betekenis geeft aan de bloem, waarvan de vorm verwijst naar de vrouwelijke genitaliën.

Gladiool

De naam 'gladiool' stamt van het Latijnse *gladius*, dat 'zwaard' betekent. De bloem duidt op morele integriteit en kracht bij tegenslag.

Eigenschappen en mythen

Het jungiaanse concept van het collectieve onbewuste legt een bijzondere nadruk op archetypische droomsymbolen – die zijn ontsproten aan onze gezamenlijke ervaringen en manifesteren zich in mythen en religie. Deze symbolen verschijnen van tijd tot tijd in onze dromen, waarbij we misschien in eerste instantie denken dat ze niets te maken hebben met ons leven. Zelfs al zijn we niet spiritueel aangelegd, we denken wel vaak in termen als waarden en verantwoordelijkheden, en – in eenvoudige bewoordingen – geluk. We zijn allemaal op zoek naar een bepaalde bevrediging, en de archetypen, met hun schat aan betekenissen, kunnen ons de weg wijzen.

Getallen en vormen

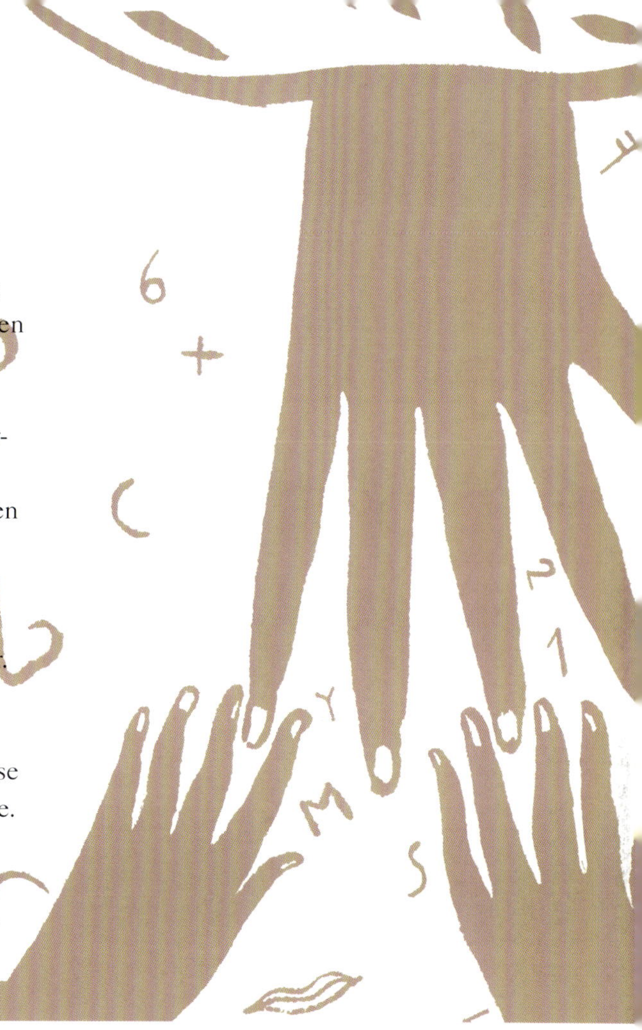

Droomduiding heeft altijd groot belang gehecht aan de aanwezigheid van vormen en getallen in dromen.

Jung merkte op dat archetypische vormen zoals cirkels, driehoeken en vierkanten vaak voorkwamen in de dromen van zijn patiënten. Naarmate zijn cliënten psychisch steeds stabieler werden, kwamen geometrische patronen, vaak met cirkels vanuit een centraal punt, steeds vaker en duidelijker in hun dromen voor. Jung zag opvallende overeenkomsten tussen deze patronen en de religieuze diagrammen, of mandala's, die Tibetaanse boeddhisten gebruiken bij hun meditatie.

Toen Jung eenmaal dit geometrische archetype had geïdentificeerd, vond hij vergelijkingen in elke mythe en geloofsovertuiging. Hij vergeleek de mandala met een kaart van de menselijke geest, waarbij de ontwikkeling van de psyche richting heelheid in haar schoonheid en complexiteit wordt weerspiegeld.

Getallen weerspiegelen ook archetypische energieën van het collectieve onbewuste, en spelen een grote rol in symbolische, mythologische en occulte tradities. De meeste mensen hebben ook een geluksgetal, een dat opvallend vaak voorkomt in hun leven. In diverse culturen gelooft men dat getallen zoals drie en zeven goddelijk zijn; een dergelijk getal in een droom wordt beschouwd als een openbaring van een hogere macht. Volgens Freud vormden droomgetallen meestal 'zinspelingen op zaken die niet anders uitgedrukt kunnen worden'.

Getallen in dromen hoeven niet per se exact te zijn (hoewel dit zeker niet ongebruikelijk is). Bij het terughalen van de droom kan de dromer zich herinneren dat voorwerpen of personages in een bepaald getallenpatroon worden weergegeven, of dat handelingen een bepaald aantal keren moesten worden uitgevoerd. Droomduiding en amplificatie kunnen zich dan richten op deze getallen en het belang voor de dromer ervan duidelijk maken.

Een

Een is de eerste aanzet, waaruit elke vorm van schepping voortvloeit, het ultieme principe waaruit diversiteit ontspringt. In dromen kan het een uiting zijn van de bron van alle leven, de basis van het zijn, het verstilde centrum van de tollende wereld. De een kan symbool staan voor het zelf of voor de fallus. Het kan duiden op harmonie en eenheid binnen een gezin of groep, maar kan ook conformiteit betekenen, de ontkenning van diversiteit. Bovendien kan de een worden geassocieerd met dictatoriale autoriteit.

Twee

Twee is het getal van dualiteit, goddelijke symmetrie en balans. Het staat voor de samenkomst van man en vrouw, vader en moeder, en voor de tegenpolen die voortkomen uit de een en de wereld bepalen. Twee betekent dialoog en kan verwijzen naar de interactie tussen het bewuste en onbewuste. Het duidt ook op een dubbele betekenis en twijfel.

Drie

Pythagoras noemde drie het volmaakte getal: het is het getal van de synthese en de drie-eenheid van de mens, de eenheid van lichaam, geest en ziel. Drie is ook het symbool van de actieve creatieve kracht die tot uiting komt in de vader, moeder en kind, en in de heilige Drie-eenheid. Voor Freud was drie het symbool van de mannelijke genitaliën. En we kennen allemaal de uitdrukking 'Driemaal is scheepsrecht': de derde maal komt alles uiteindelijk goed.

Vier

Vier is het getal van het vierkant, van harmonie en de stabiliteit waarop de wereld draait. Vier verwijst naar de vier seizoenen, de vier wind-

streken, de vier elementen (aarde, lucht, vuur en water) en Jungs vier mentale functies: denken, gevoel, verstand en intuïtie.

Vijf

Dit is het getal van het pentagram, de vijfpuntige ster die symbool staat voor de mensheid, het verband tussen de hemel en de aarde, met de voeten op de grond, de armen uitgestrekt naar de horizon en het hoofd in de lucht (zie ook Leonardo da Vinci's beroemde renaissancistische afbeelding van de anatomie van de mens).

Zes

Zes staat voor volmaaktheid. Het is het getal van de liefde en in dromen duidt het op nieuw begrip en innerlijke harmonie. Zes staat voor onze intuïtie of ons 'zesde zintuig', of verwijst naar het alchemistische symbool van de strijd tussen goed en kwaad: twee over elkaar liggende

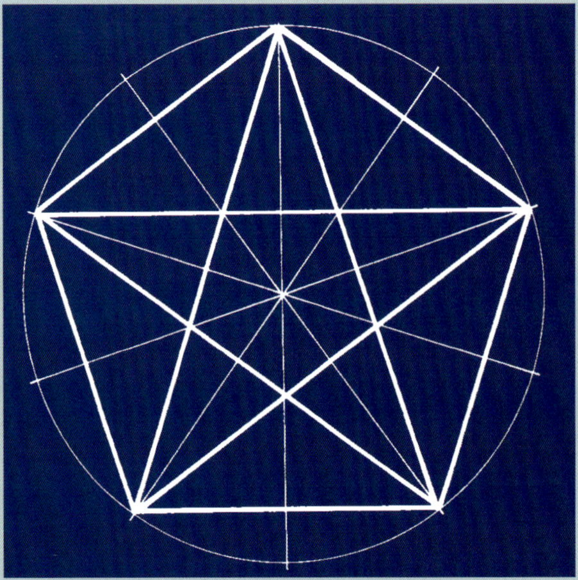

driehoeken, de ene omhoog wijzend naar de hemel en de andere omlaag naar de hel.

Zeven

In het christendom en het hindoeïsme is zeven het getal van God, het mystieke getal. In dromen is zeven het getal van risico's en mogelijkheden, en van de kracht van innerlijke transformatie. Er zijn zeven chakra's en zeven doodzonden. Zeven is het getal van het levensritme (de zeven hemelse figuren die zijn bepaald door oude astronomen, de 28-daagse maancyclus verdeeld in vier zevendaagse weken) en het leven dat zich afspeelt in zevenjarige cycli. In het westen is een 21ste verjaardag een belangrijke dag, terwijl joodse jongens aan het begin van hun veertiende levensjaar volwassen verantwoordelijkheden worden gegeven.

Acht

Dit is het symbool van het begin, van het Edele Achtvoudige Pad van Boeddha, en van vernieuwing en een nieuwe start. Acht symboliseert eeuwigheid, omdat, naast de nul, de acht het enige Arabische getal is zonder begin of einde. Een acht op zijn kant is een lemniscaat, het meetkundige symbool voor oneindigheid.

Negen

Negen is het getal van onverwoestbaarheid en eeuwigheid, van drie vermenigvuldigd met zichzelf. Het heeft de opmerkelijke eigenschap dat de cijfers van de vermenigvuldiging (tot een zekere hoogte) bij elkaar altijd het getal negen vormen: 18 (9x2) bijvoorbeeld is bij elkaar opgeteld (1+8) negen, evenals 72 (9x8), 81 (9x9) enzovoort. Negen symboliseert de zwangerschapsperiode en voltooiing van een creatieve opdracht.

Tien

Voor joden en christenen kan het getal tien geassocieerd worden met de tien geboden, en daarom met morele veroordeling en de wet. Het staat ook voor het aantal incarnaties van de hindoegod Vishnu, beschermer van het goede en vernietiger van het kwaad. In een droom kan de tien gezien worden als de perfecte score.

Elf

Elf is het begin van een reis, waarbij de dromer eraan wordt herinnerd dat een nieuw begin (1) niet betekent dat alles wat al geleerd is vergeten dient te worden (10). De twee cijfers naast elkaar (1+1) kan twee betekenen.

Twaalf

Twaalf is het getal van een nieuwe spirituele volgorde. Er zijn twaalf discipelen, stammen van Israël en tekens van de dierenriem. In dromen kan de twaalf duiden op de waarheid. Twaalf maanden is de cyclus in de natuur, waarbij de dromer aangezet wordt zich voor te bereiden op de toekomst.

Dertien

Dertien is in het Westen traditioneel een ongeluksgetal; de verraderlijke Judas Iskariot was de dertiende gast aan het Laatste Avondmaal. Desondanks kan het getal een bron van optimisme zijn, omdat de dertiende maand de eerste maand is van een nieuwe jaarlijkse cyclus en het het getal is van de twaalf apostelen plus Paulus.

Nul

Nul staat voor oneindigheid, de leegte, het nietgemanifesteerde. Het doet denken aan een Tibetaanse mandela of aan de volkomenheid van een cirkel. Rechts van een ander getal is het ineens tien keer zoveel en vandaar de associatie met overvloed en vruchtbaarheid. Nul kan ook staan voor het vrouwelijke principe, toegang tot de mysteries, of voor compleetheid.

Duizend

Duizend symboliseert uitgestrektheid en de enorme omvang van tijd en het universum. Het getal duizend kan doen denken aan het millennium en het concept compleetheid.

Cirkel

Een cirkel zonder begin of eind symboliseert volmaaktheid, compleetheid en het oneindige. We zoeken wellicht bescherming door een cirkel, als amulet in de vorm van een ketting of ring, of we voelen ons beperkt binnen de ons omringende muur. Volgens Jung was een cirkel het archetypische symbool dat stond voor de gehele psyche, zoals een vierkant staat voor het lichaam. Freud daarentegen zag in de cirkel een verwijzing naar de vagina. Volgens hem konden bollen ook seksuele symbolen zijn en duiden op testikels of borsten.

Vierkant

Een vierkant symboliseert de materiële wereld, zowel de totaliteit ervan als de begrenzingen. Een vierkant, vergelijkbaar met de vier muren van een huis, duidt op stabiliteit, maar ook op inperking, stagnatie en geremdheid. Volgens Jung duidde de symboliek van een vierkant binnen een cirkel, of omgekeerd, op de eenheid van materie en geest.

Driehoek

De driehoek is een geometrische uiting van het getal drie en dus verbonden met de drie-eenheid vader, moeder en kind, geest, lichaam en ziel en de Vader, Zoon en Heilige Geest. Een driehoek met de punt naar boven zou wijzen op het goede, terwijl een naar beneden wijzende punt duidt op het kwade. Freud zag de driehoek als een symbool van de geslachtsorganen: de mannelijke naar boven wijzend, de vrouwelijke naar beneden.

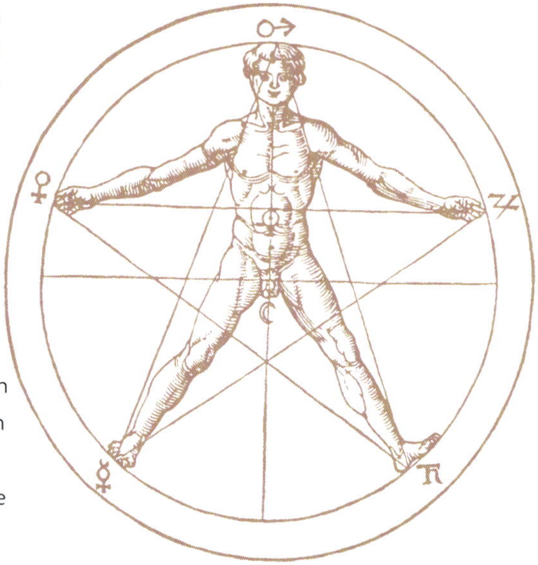

Rechthoek

Een rechthoek in een droom kan verwijzen naar de gulden middenweg, een geometrische figuur met ideale proporties die een harmonieuze relatie tussen aarde en hemel symboliseert. In een droom van het tweede niveau kan een rechthoek duiden op een sportveld of een zwembad. Rechthoeken kunnen ook associaties van het vierkant hebben (zie hiernaast).

Spiraal

Spiralen, dynamische symbolen van levenskracht, duiden op energie, beweging en creatieve kracht. We zien ze wellicht als trappen, slangen of whirlpools, of misschien als conische schelpen of sterrenstelsels. Ze kunnen echter ook gewoon verschijnen als wervelwind. Spiralen zijn een symbool van geslachtsgemeenschap, maar ze staan ook voor spirituele vooruitgang. Sommige interpretaties zeggen dat een spiraal die tegen de klok in draait symbool staat voor onze hogere idealen en spirituele aspiraties, terwijl een spiraal die met de klok mee draait duidt op het afdalen naar het onbewuste. Een spiraal kan ook verwijzen naar angst over een bepaalde situatie in je leven die uit de hand dreigt te lopen.

Kruis

Tegenwoordig wordt het kruis vooral geassocieerd met het christendom. De symboliek van het kruis gaat echter veel verder terug dan Jezus Christus. In tradities uit de hele wereld komen kruizen voor, van de oude Egyptische ankh tot de hindoeïstische swastika. Algemener gezien staat het kruis voor de eenheid van aarde en hemel, van de mens en het goddelijke, en van de grond en de lucht. Het kan ook symbool staan voor de vier windstreken of de vier fasen van de maan. Voor christenen kan een kruis in een droom verwijzen naar offers die moeten worden gebracht in het geloof – in vergelijking met het offer dat Jezus voor de wereld heeft gebracht.

Kubus

Een kubus geeft diepte aan het symbool vierkant en accentueert de associatie met stabiliteit en compleetheid. Als een kubus voor de dromer bijzonder solide of zwaar is, kan dit duiden op spirituele of intellectuele immobiliteit. De kubus kan ook verwijzen naar de vorm van een dobbelsteen, de willekeurige krachten van het toeval.

Ster

Een ster kan in een droom verschijnen met vijf of zes punten. De over elkaar liggende driehoeken van de zespuntige davidsster duiden op de dualiteit van goed en kwaad of man en vrouw. De vijfpuntige ster, meestal pentagram of pentakel genoemd, kan verwijzen naar de vijf wonden van Christus of de vier basiselementen plus de ziel. Sommige mensen geloven dat een naar beneden gericht pentagram symbool staat voor de overheersing van de fysieke wereld ten opzichte van de spirituele wereld, en associëren de vorm daarom met zwarte magie. Middeleeuwse tovenaars associeerden het pentagram met Salomo's befaamde krachten over de natuur en de geestelijke wereld.

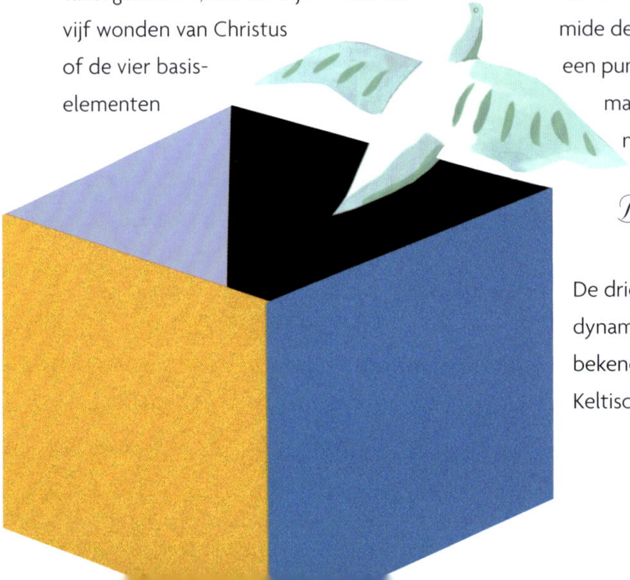

Piramide

Een piramide is volgens Freud een fallisch symbool en kan ook verwijzen naar de tombes die werden gebouwd voor de Egyptische farao's, bedoeld als opstap naar de eeuwigheid, een portaal waardoor de ziel van de overleden koning naar de goden in de hemel kon reizen. Naast de verwijzing naar buitenwereldlijke aspiraties combineert een piramide de symboliek van een vierkant met die van een punt, wat duidt op de solide emotionele of materiële basis die wellicht nodig is bij het nastreven van spirituele aspiraties.

Drie-eenheid

De drie poten van een triskelion symboliseren dynamische energie. Dit symbool was een bekend motief op de schilden van Griekse en Keltische krijgers en staat voor dapperheid.

Kleuren

Mensen die gewekt werden tijdens de REM-slaap meldden bijna allemaal dat ze in kleur droomden. De kleuren zelf zijn vaak een onthullend aspect van droomduiding en kleur vormt ook een sleutelelement van alle belangrijke symbolische systemen ter wereld.

Zoals met alle droomsymbolen verschilt de betekenis van bepaalde droomkleuren van mens tot mens, afhankelijk van bepaalde associaties die het onbewuste maakt, hoewel ook algemene betekenissen een rol spelen. De primaire kleuren zijn meestal erg belangrijk. Paars, een combinatie van de primaire kleuren rood en blauw, heeft een mystieke, raadselachtige eigenschap, en benadrukt tegelijkertijd een eenheid en een spanning tussen de twee creatieve krachten achter het universum.

Traditioneel staan goud en zilver voor de zon en de maan, mannelijk en vrouwelijk, dag en nacht. Voor Jung symboliseren deze tinten de bewuste en onbewuste niveaus van de geest, en hun positie naast elkaar duidt op het pad richting psychische heelheid.

Rood

Rood is de kleur van vitaliteit, passie, boosheid en seksuele opwinding. Rode wijn wordt vaak geassocieerd met overmaat en sensualiteit, maar op een dieper niveau kan het verwijzen naar de veranderde status van het bewuste, geassocieerd met Dionysos, de Griekse god van hemelse extase. Rood is ook de traditionele kleur van demonen en duivels, en verwijst daarbij naar de driften die sluimeren in het onbewuste. De turbulente energie van rood is niet per se negatief – vuur en bloed zijn tenslotte symbolen van het leven zelf.

Geel

In de Chinese symboliek was geel heilig voor de keizer en in dromen kan deze kleur symbool staan voor het wijze gebruik van gezag en macht. Het kan echter ook, zoals in de saffraankleurige mantels van boeddhistische monniken, duiden op nederigheid en het belang van dienstbaarheid. Geel kan ook worden geassocieerd met zonlicht, enthousiasme en plezier, hoewel vaalgeel soms duidt op ziekte en verval. In het Westen kan geel ook worden geassocieerd met lafheid en verraad – denk aan het portret van Judas Iskariot met zijn gele mantel.

Bruin

Bruin staat voor grond, de aarde en vruchtbaarheid, maar kan ook verwijzen naar de herfstachtige melancholie van vallende of rottende bladeren. Freudianen zien bruin als de kleur van ontlasting en associëren hem daardoor met anale fixatie en dwangmatige netheid.

Groen

Groen is de kleur van de natuur, de elementen en de krachten van vernieuwing, waarmee nieuw leven wordt gebracht. Bladeren, gras en de groene loten in de lente symboliseren hoop en een frisse start. Als we echter zeggen dat iemand 'groen' is, bedoelen we dat diegene naïef of onvolwassen is, en een droom die wordt gedomineerd door deze kleur kan een angstreactie zijn op nieuwe verantwoordelijkheden of een nieuwe baan. Groen wordt ook geassocieerd met jaloezie en we kunnen dromen dat we 'groen zien' als we deze destructieve emotie ervaren. Voor nog meer verwarring: groen kan ook duiden op ziekte en verval, en verwijzen naar angst voor de dood of ouderdom.

Oranje

Oranje combineert het geel van de geest met het rood van het libido: het kan verwijzen naar vruchtbaarheid, hoop, een nieuw begin en het ontluiken van spiritualiteit. Het is een kleur die activiteit en zelfs eetlust kan stimuleren. Oranje is ook de kleur van herfstbladeren en kan daardoor duiden op overgang en verandering.

Blauw

Blauw in onze dromen is vaak een spirituele kleur en verwijst naar de oneindigheid van lucht en ruimte, en de mantel van de koningin van de hemel, de symbolische vorm van de Maagd Maria. Christus wordt ook geportretteerd in een blauw gewaad en Krishna wordt afgebeeld met een blauwe huid. Aan de andere kant kan een koel, hemels blauw symbool staan voor het intellect en open rationaliteit. Een dieper blauw staat meer voor de oneindige diepten van het onbewuste. Blauw kan ook verwijzen naar een melancholieke bui. Net als bij groen bestaat hier ook een aanzienlijke ambivalentie en hangt veel af van de context – een droom proberen te duiden op de kleur blauw die je in je gedachten had is een onbetrouwbaar proces.

Zwart en wit

Zwart, de leegte van waaruit het universum is gecreëerd, kan duiden op oneindige creatieve mogelijkheden. Hoewel de kleur geassocieerd wordt met de dood, rouw, nacht en kwaad, verwijst hij ook naar glamour en mysterie. Het is de kleur van religieuze gewaden en heeft associaties met onthouding. Wit is kleurloos en kan duiden op spookachtige eenzaamheid of steriliteit. In het Oosten en vooral in China is het de kleur van de rouw. In de westerse samenleving betekent wit veelal zuiverheid en maagdelijkheid.

Paars

Paars is de kleur van koninklijke en keizerlijke macht en staat voor weelde en pracht en praal. In een droom kan de kleur verwijzen naar een verlangen naar overvloed en luxe – of wellicht een wens om anderen te sturen.

Roze

Roze staat voor vrouwelijkheid en de kindertijd, evenals voor onze huid. Als we worden omgeven door zachtroze kan dit duiden op een nostalgisch verlangen naar de veiligheid van onze kinderjaren.

Geluiden

Geluiden in een droom moeten niet worden genegeerd tijdens de droomduiding. Vooral muziek is belangrijk. Het kan zijn dat een melodie een persoonlijke associatie oproept, of misschien is de titel of de tekst van belang. Wanneer je de melodie niet herkent of je kunt je hem niet meer herinneren, kan het zijn dat de muziek een algemenere betekenis heeft. Die kan bijvoorbeeld wijzen op een bedrieglijk gevaar, zoals de fluitspelende Griekse godheid Pan, die stervelingen verleidde om af te zien van verstand en binnen te treden in de primitieve wereld van de natuur. Vreemde, vage stemmen kunnen duiden op innerlijke wijsheid.

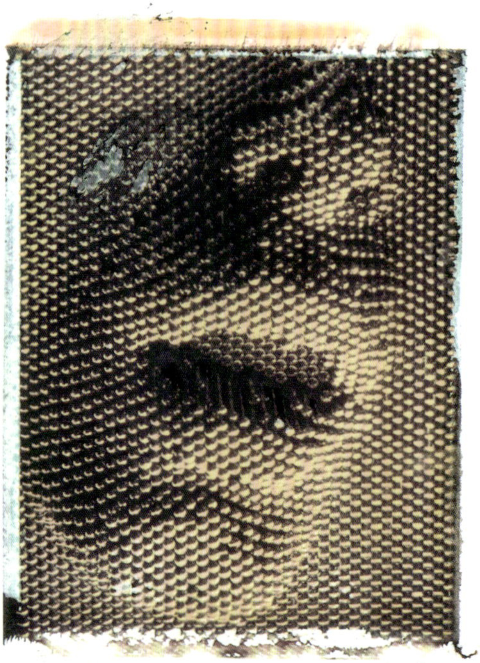

Kletsen

Onverstaanbaar geklets, waarin zelfs boosheid kan klinken, kan in onze dromen voorkomen ten tijde van grote stress. We zijn wellicht gefrustreerd dat we de woorden niet kunnen volgen en dit kan de droom een boze sfeer geven. Ga na wat dit gevoel veroorzaakt kan hebben en kijk of je tussentijdse actie kunt ondernemen.

Je naam horen

Als je iemand je naam hoort roepen kan dit erop wijzen dat je op het punt staat om voor het voetlicht te treden, bijvoorbeeld als je moet speechen op een conferentie of op een bruiloft van een goede vriend. Het kan ook een teken zijn dat je je steun moet gaan betuigen aan iets waarin je gelooft.

Wekker

Het doordringende geluid van een wekker in onze dromen kan de echte wekker zijn, of het kan een geluid in onze verbeelding zijn, waarbij we erop worden gewezen dat we ons te zeer bezighouden met tijd of deadlines. We maken ons wellicht zorgen dat we tijd tekortkomen voor een opdracht of een doel dat we ons hebben gesteld, en misschien zijn we daardoor gestrest.

Fanfare

Het geluid van een fanfare in de verte kan erop duiden dat we ons eenzaam voelen – wellicht buitengesloten uit de gemeenschap waarin we leven. Het geluid van de trommel en de fluit kan ook associaties oproepen met militaire korpsen uit vervlogen jaren, toen de plicht riep of er een conflict op komst was.

Gelach

Gelach kan een uiting zijn van veel emoties, waaronder welbevinden, minachting, opluchting en schaamte. Als we lachen door ongemak of angst, kan de droom een schuldig geweten onthullen. Als we worden omgeven door mensen die ons uitlachen, voelen we ons wellicht vervolgd.

Stemmen

Stemmen zonder lichaam kunnen wijzen op het innerlijk dat schreeuwt om aandacht. We zijn wellicht te veel afgeleid door de eisen van alledag om te luisteren naar deze diepliggende behoeften, maar het is belangrijk voor onze mentale en fysieke gezondheid dat we het wel doen. Engelenstemmen kunnen duiden op een spirituele roep, terwijl de stemmen van familieleden of vrienden duidenop een schuldig geweten – misschien nemen we deze mensen niet serieus.

Melodie

Muziek is een bekend symbool van persoonlijke creativiteit, en een melodie die telkens weer opduikt in onze dromen, ook al herkennen we het deuntje niet, kan erop duiden dat we onze creatieve mogelijkheden moeten onderzoeken.

Geweerschoten

Geweerschoten kunnen duiden op executie, geweld, oorlog of misdaad. We kunnen een enkel schot associëren met een startpistool en daarom met een gespannen situatie of een deadline. Geweerschoten kunnen ook duiden op de wens een rivaal uit te schakelen: wellicht strijden we met iemand om de aandacht van een mogelijke partner of een promotie.

Vloeken

Grof taalgebruik is meestal een uiting van boosheid, angst of frustratie, en de dromende geest richt hiermee wellicht onze aandacht op onontdekte gevoelens. Als we in ons dagelijks leven niet vloeken, kan de droom ons ertoe aanzetten onszelf meer te uiten.

Hanengekraai

Een kraaiende haan kan een roep zijn om te ontwaken, letterlijk of figuurlijk, en op zoek te gaan naar allerlei mogelijkheden. Hij kan duiden op een spiritueel ontwaken of op een terechtwijzing van de dromende geest dat we moeten ophouden met lanterfanten en aan het werk moeten gaan. Christenen associëren het kraaien van een haan wellicht met Petrus' ontkenning dat hij Christus kende, hetgeen kan betekenen dat mensen die we vertrouwen dit soms beschamen.

Fluisteren

Fluisteren duidt op onze innerlijke stem: de droom verwijst naar knagende twijfel over iets, of stimuleert ons te handelen volgens ons instinct.

Luchtalarm

Voor dromers die de Tweede Wereldoorlog hebben meegemaakt, kan het gehuil van een luchtalarm herinneringen oproepen aan een ander tijdperk of een nachtmerrie inluiden. Zelfs voor generaties die geen herinneringen hebben aan de oorlog, kan een luchtalarm, door films en tv-programma's, het gevoel oproepen van dood en verderf. De droom kan een waarschuwing zijn voor een naderende emotionele storm.

Babygehuil

Een huilende baby kan symbool staan voor een verwaarloosd deel van het zelf. Wellicht hebben we onze creatieve talenten opzijgezet voor een lucratiever beroep, of we hebben andere ambities losgelaten. Voor vrouwelijke dromers kan het geluid van een huilende baby een rechtstreekse uiting zijn van moederlijke gevoelens, hoewel er wellicht bepaalde vormen van schuld mee zijn vermengd.

Fluitende ketel

Het geluid van een fluitende ketel zegt ons dat het water kookt. In een droom kan dit geluid erop duiden dat gebeurtenissen 'het kookpunt' naderen en dat we moeten handelen.

Schreeuwen

Schreeuwen kan een waarschuwing zijn of een roep om te handelen, of het kan gewoon een manier zijn om ons te wijzen op iemands aanwezigheid, bijvoorbeeld als een vriend in een menigte naar ons roept. Er zit geen duidelijke symboliek in een dergelijke droom, maar misschien geef je iemand niet voldoende aandacht, of word je erop gewezen dat je moet stoppen met dingen waar je mee bezig bent.

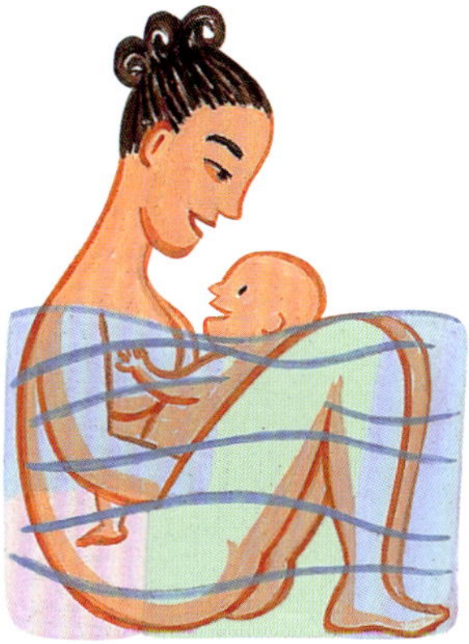

Geesten en duivels

De heksen, vampieren, weerwolven en spoken uit kinderdromen symboliseren vaak die aspecten van het zelf die het kind niet kan begrijpen of niet kan inpassen in zijn wereldbeeld.

Als de monsters uit onze kindertijd nog steeds opduiken in onze volwassen dromen, kan het zijn dat het begrip en de inpassing nog niet zijn voltooid. De dromer, bang voor krachten die buiten het bewuste liggen, probeert wellicht nog steeds de realiteit terug te brengen tot veilige en voorspelbare proporties.

Zoals met alle nachtmerries, is het doel van dergelijke dromen dat de dromer zich omdraait en de duistere machten in de ogen kijkt, en dat hij beseft dat deze machten alleen door zijn eigen angst veranderen in monsters. Door deze energieën uit onze psyche te herkennen en te accepteren komen we langzamerhand dichter bij ons onbewuste, waar de meeste mysteries van het leven huizen.

De Tibetanen vergelijken monsterlijke droombeelden vaak met razende demonen en beschermengelen – de krachten in het zelf, die, wanneer ze correct worden toegepast, onverschilligheid, illusie en valse motivatie kunnen opsporen en vernietigen. Een 19de-eeuwse tekst over droomduiding stelde zelfs dat dromen over geesten en spoken juist goed waren en goed nieuws brachten van verre horizonten. Een monster zien als positieve kracht kan soms helpen wanneer een voor de hand liggende duiding niet goed lukt.

Geesten en spoken

Het beeld van een onstoffelijke geest kan duiden op kennis die door het bewuste verder moet worden uitgespit en bekrachtigd. Dergelijke beelden kunnen ook wijzen op angst voor de dood of voor een hiernamaals zonder gevoel of emotie. Dromen over geesten die boven het slapende lichaam van de dromer zweven, worden geassocieerd met OBE's (Out of Body Experiences), waarbij de ziel van de dromer zijn fysieke vorm aflegt. Een droom waarin een overleden vriend of familielid als geest verschijnt, duidt erop dat we nog steeds rouwen: het kan even duren voor we ons verdriet hebben verwerkt. Geesten kunnen ook dimensies uit het leven symboliseren die voor ons een mysterie lijken.

Monster

Een monster duidt vaak op verborgen impulsen die onze wakende geest met afkeer vervullen. Door ze een vreemde en verschrikkelijke vorm te geven hoeven we er geen verantwoordelijkheid voor te nemen en kunnen we ze afscheiden van ons zelf.

De duivel

De duivel staat vaak voor het duistere onbewuste – onze verontrustende oerdriften. Dromen over de duivel hebben vaak een archetypische kwaliteit en zijn levendig en dramatisch. Soms zijn we verwikkeld in een wanhopige strijd tussen goed en kwaad, en hebben we geen tijd en kans om de wereld of onze dierbaren te redden uit de greep van duistere machten. Volgens Jung is de duivel meestal een manifestatie van het archetype de Schaduw. Het is belangrijk om deze aspecten van het zelf die we als 'slecht' beschouwen in te passen in ons leven en niet af te wijzen, omdat datgene wat we het hardst bevechten het hardnekkigst is.

Fee

In de traditionele folklore kunnen feeën zowel mannelijk als vrouwelijk zijn, hoewel ze in onze dromen bijna altijd vrouwelijk zijn. Voor mannelijke dromers kan een fee verwijzen naar de Anima, of onderdrukte homoseksuele gevoelens.

Vampier

Een vampier duidt erop dat iets of iemand onze energie opslokt. Wellicht hebben we het gevoel dat de eisen van onze baan al het leven uit ons wegzuigt, of we voelen ons gevangen in een relatie die ons emotioneel uitput. Freudianen zien de tanden die het vlees doorboren als symbool van geslachtsgemeenschap.

Demon

Duivels en kwade geesten kunnen duiden op onze 'innerlijke demonen', de duistere driften of conflicten uit het onbewuste die ons boos maken of tot verslavingen of depressies leiden. Ze kunnen ook verwijzen naar een innerlijke stem die de dromer ertoe aanzet sociale normen te overschrijden.

Zombie

Dromen waarin we wanhopig strijden tegen zombies of eraan proberen te ontkomen kunnen verwijzen naar situaties in ons wakende leven waaraan we willen ontsnappen of die we onder ogen moeten zien; dit kunnen de kleinste dingen zijn, omdat dromen meestal alles sterk uitvergroten.

Metamorfosen

We leven in een wereld waarin transformatie de norm is, hoewel die zich zo geleidelijk voltrekt dat we ons er weinig van bewust zijn. De eindeloze verandering van seizoenen, de cycli van de aarde en de zon, mensen die oud worden, het heden dat verleden wordt – het zijn essentiële zaken van het leven.

Onze perceptie van deze voortdurend veranderende wereld is net zo instabiel als de wereld zelf. Voorwerpen lijken telkens net iets anders, afhankelijk van ons gezichtspunt, ons humeur van dat moment, ons aandachtsniveau en de omstandigheden. Hetzelfde patroon van verandering beïnvloedt onze perceptie van onszelf en anderen, en vooral ons begrip van karakters van mensen en hun waarden.

In dit licht gezien is het nauwelijks verrassend dat transformaties ook in onze dromen een grote rol spelen. Vaak fungeren ze als een soort stenografie, een brug tussen het ene onderwerp en het andere, waarbij de beelden net als in een film in elkaar overvloeien. Maar transformaties kunnen ook hun eigen betekenis hebben, waarbij de aandacht wordt gevestigd op het verband tussen de verschillende aspecten in ons leven en tussen de diverse zaken die ons onbewust bezighouden. Soms vloeit een gehele scène over in een andere, als een visioen dat wordt opgewekt door een tovenaar. Het is ook vrij normaal dat de dromer zelf verandert, bijvoorbeeld van jong naar oud of van overwinnaar naar slachtoffer. Ook de omgeving kan instabiel zijn; een veilige plek kan opeens bedreigend zijn, of er kan een tornado woeden in de huiskamer.

Woorden veranderen in beelden

Freud duidde ooit een olifant in een droom van een cliënt als woordspeling op het woord *tromper*, Frans voor 'misleiden', dat een beetje klinkt als 'trompet', waarmee de slurf van een olifant ook wel wordt vergeleken. Met dit soort woordspelingen geeft de dromende geest vorm aan menselijke eigenschappen en bezigheden.

Een voorwerp verandert

Transformaties kunnen verwijzen naar een wens onszelf te veranderen en kunnen ons aanwijzingen geven over wat dat dan moet zijn. Een skateboard dat verandert in een huis kan bijvoorbeeld de wens weerspiegelen naar meer stabiliteit.

Dromer verandert in een plant

Veranderen in een plant (of een boom, zoals Daphne in de Griekse mythe) duidt meestal op koestering en aanpassing, hoewel voor sommige dromers het gebrek aan mobiliteit belangrijk kan zijn: de droom waarschuwt ons wellicht dat we te veel vastzitten aan onze ideeën of routines. Veranderen van een plant in een mobiel wezen kan duiden op een moment van ontwaken, wanneer we actief worden en gaan handelen.

Huis verandert in een auto

Zoals we eerder zagen is het huis het klassieke symbool van het zelf. Een huis dat verandert in iets anders zegt dus waarschijnlijk iets over de staat waarin de psyche van de dromer zich bevindt. Een huis dat verandert in een auto kan duiden op het belang van beweging en vooruitgang, maar kan ook waarschuwen tegen het verlies van vaste grond in ons leven. Een dergelijke droom kan er ook op duiden dat de dromer zijn gevoel van menselijkheid verliest en mechanisch, overheersend of meedogenloos wordt bij het navolgen van bepaalde doelstellingen.

Dier wordt mens

Een dier dat verandert in een mens kan duiden op het feit dat de dromer zijn primaire instincten heeft overwonnen; een mens die verandert in een dier kan staan voor afglijden naar een meer dierlijk niveau van de psyche, of naar de herontdekking van natuurlijke, spontane emoties. Een hybride – deels mens, deels dier – kan symbool staan voor het onvermogen om onze dierlijke instincten of primaire driften af te leggen. De droom kan ons ertoe aanzetten deze aspecten van het zelf niet langer te ontkennen, ze te accepteren en in te passen in het zelf.

Transformatiemedium

Een transformatiemedium, zoals een tovenaar of sjamaan, kan optreden als een droompersonage. Hij staat buiten de rationele, sociale wereld, maar heeft de macht deze te veranderen. Hij kan een manifestatie zijn van de Bedrieger (blz. 104), die vaak opduikt als het ego zich in een gevaarlijke situatie bevindt vanwege een foute beoordeling of een morele vergissing. Een tovenaar kan ook verwijzen naar middelen om een verandering tot stand te brengen, hoewel we niet te veel op anderen moeten steunen om dingen voor elkaar te krijgen; misschien moeten we zelf actie ondernemen.

Veranderende seizoenen

Een verandering door seizoenen (zoals we die soms zien in films) of van dag naar nacht of omgekeerd gaat vaak over onze relatie met tijd en mogelijkheden. De winter die overgaat in de lente duidt op nieuwe ideeën of nieuwe hoop, misschien na een moeilijke emotionele ervaring zoals een depressie of een traumatisch einde van een relatie. Wanneer de lente overgaat in de zomer kan onze droomgeest ons ertoe aanzetten te genieten van het moment. Het begin van de winter kan ernaar verwijzen dat het nu tijd is om de balans op te maken en onze energie te sparen.

Mythen

In het oude Griekenland betekende *mythos* (waarvan het woord 'mythe' is afgeleid) oorspronkelijk 'woord', 'gezegde' of 'verhaal', maar later veranderde de betekenis in 'fictie' of zelfs 'leugen', ver verwijderd van *logos*, of 'woord van de waarheid', de wet van historici. We geloven nu echter dat mythen hun eigen waarheid bevatten en dat veel van deze waarheden tijd en plaats overstijgen, waarbij de betekenis op een bepaald niveau in onze diepste psyche resoneert. Als dromen en mythen afstammen van dezelfde wortels in ons collectieve onbewuste, zoals Jung stelde, is het niet raar dat mythische elementen zelfs voorkomen in dromen van mensen wier laatste contact met een mythe uit verre schooljaren stamt.

Jung beval het gebruik van mythen als parallellen aan om de dromer te helpen de betekenis van de droom te ontdekken, het amplificatieproces (blz. 108). Met dromen van het derde niveau wordt amplificatie gemakkelijker gemaakt doordat de dromen vaak expliciete mythologische thema's bevatten: deze vertegenwoordigen de archetypische energieën van het collectieve onbewuste in gepersonifieerde vorm en kunnen verwijzen naar de relatie van dergelijke energieën met de levensomstandigheden van de dromer.

Personages in dromen van westerlingen roepen vaak vergelijkingen op met figuren uit de Griekse en Egyptische mythologie en het christendom, verhalen waarmee we bekend zijn. De Verrezene, de Held, de Verlosser, de Bedrieger, de Oude Wijze en het Jonge Meisje zijn telkens terugkerende thema's. Soms is de mythische inhoud verhuld: een prinses in een toren, bijvoorbeeld, is onmiskenbaar een personage uit een legende. Er zijn echter ook onduidelijke verwijzingen, zoals de Held die zich voordoet als filmheld of als iemand die te hulp schiet in een moderne context (misschien als reparateur van een kapotte auto of keukenapparaat).

Zeemeermin

De zeemeermin combineert de symboliek van de vis en de vrouw, en is een krachtig beeld van de mysterieuze andere helft die de mannelijke psyche achtervolgt en fascineert. In dromen is de zeemeermin de belichaming van de Anima, de boodschapper van geheime wijsheid en tegelijkertijd een verleidelijke vamp, die de open, actieve mannelijke energieën van het bewuste naar de onbekende diepten van het onbewuste lokt.

Zeus of Jupiter

Zeus (Jupiter voor de Romeinen), de 'vader der goden en der mensen', was de leider der goden in het Grieks-Romeinse godenrijk. Hij is wellicht de krachtige verbeelding van onze vader of hij weerspiegelt de angst die we voelen in de aanwezigheid van een belangrijk gezagsfiguur. Woedend en bliksemend kan hij het symbool zijn van onderdrukte gevoelens van boosheid of van de strengheid van onze ouders. Zeus is befaamd om zijn seksuele escapades, en zijn verschijning in een droom kan wijzen op een verlangen naar avontuurlijke seksuele activiteiten, misschien met een nieuwe partner.

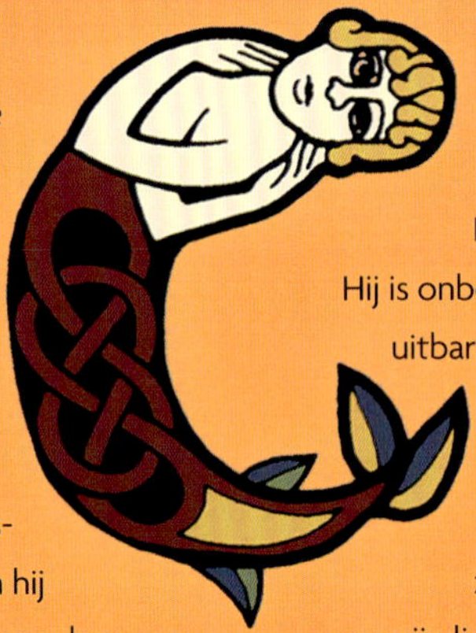

Odin

Net als Zeus is de Noorse god Odin de leider der goden, en hij kan in onze dromen verschijnen als vertegenwoordiger van ouderlijk gezag. Hij is een ambivalent mythisch personage: dichter, zwerver, god van oorlog en van de wilde jacht. Een beroemd verhaal over hem vertelt hoe hij zijn rechteroog opofferde om uit de bron der wijsheid te kunnen drinken – hij staat wellicht voor de prijs die de dromer moet betalen om zich spiritueel of intellectueel te kunnen ontwikkelen.

Achilles

Achilles is net als de arthuriaanse Lancelot een held met gebreken. Hij is onbeschaamd menselijk, met woedeuitbarstingen, jaloezie en wraakzucht, en toch is hij half god. Zijn persoonlijke gebreken hebben een psychische tegenhanger in de vorm van zijn kwetsbare hiel – het enige deel van zijn lichaam dat niet werd ondergedompeld in de rivier de Styx toen hij kind was. Door deze zwakte verloor onze held uiteindelijk zijn leven in de Trojaanse Oorlog. De achilleshiel kan ons wijzen op onze gebreken en een waarschuwing zijn tegen zorgeloosheid.

Dionysos

De Griekse god Dionysos, in de Romeinse mythe bekend als Bacchus, werd geassocieerd met natuur, wijn, vruchtbaarheid en goddelijke extase. Zijn volgelingen, een wilde groep vrouwen, bekend als de Maenaden of bacchanten, dansten wild extatisch, verscheurden wilde dieren en aten hun rauwe vlees. In dromen kan Dionysos staan voor een verhoogde staat van bewustzijn of erkenning van onze instinctieve primaire energieën. Dionysos weerspiegelt de noodzaak risico's te nemen als we onze mogelijkheden willen benutten. Pan, half mens, half bok, is vergelijkbaar: als symbool van instinctieve natuur herinnert hij ons aan natuurlijke schoonheid en aan de krachten van mannelijke potentie en groei.

Heracles

Heracles (of Hercules voor de Romeinen) was ook een Grieks-Romeinse held en staat voor de kracht en zwakte van bruut geweld; afhankelijk van de context van de droom kan hij erop wijzen dat we meer of minder agressief leven. Heracles is ook bekend vanwege de ogenschijnlijk onmogelijke taken die hij moest uitvoeren. De droom kan een uiting zijn van frustratie over problemen waar geen eind aan lijkt te komen.

Minotaurus

De minotaurus, half mens, half stier, was een monster dat in een doolhof op Kreta woonde totdat hij werd afgeslacht door de held Theseus. In onze dromen kan de minotaurus staan voor de duistere driften uit ons onbewuste.

Poseidon of Neptunus

Poseidon (of Neptunus) was de Grieks-Romeinse god van de zee. Zijn wilde verschijning met drietand kan duiden op onrust in de diepe wateren van het onbewuste. Bovendien kan zijn onstuimige karakter verwijzen naar stemmingswisselingen of plotselinge creatieve inspiratie inluiden.

Artemis of Diana

Artemis, de Grieks-Romeinse godin van de jacht, weerspiegelt trotse en zelfbewuste, zelfs wraakzuchtige vrouwelijkheid. Voor vrouwelijke dromers kan zij verwijzen naar de wens meer controle te hebben en de traditionele ideeën over vrouwelijkheid van zich af te gooien. Mannelijke dromers kunnen Artemis interpreteren als een droomsymbool van een overheersende moeder.

Medusa

Medusa was een van de drie gorgonenzusters en was uitgerust met slangen als haar en een uiterlijk zo afzichtelijk dat iedereen die naar haar keek erdoor in steen veranderde. Ze kan duiden op een negatief zelfbeeld of het gevaar destructieve neigingen te onthullen zonder te proberen er begrip voor te hebben.

Aphrodite of Venus

Aphrodite, of Venus, was de Grieks-Romeinse godin van liefde en schoonheid. Ze symboliseert passie en lust, en kan de vrouwelijke dromer aansporen gemakkelijker om te gaan met haar lichaam en seksualiteit. Mannelijke dromers vinden haar wellicht aantrekkelijk, maar ook bedreigend.

Eros of Cupido

Cupido was de zoon van Aphrodite en de god van seksueel verlangen. Hij duidt op speelse begeerte, maar ook, door zijn pijlen, op de pijn die liefde kan veroorzaken.

Jason en de Argonauten

Jasons zoektocht naar het Gulden Vlies leent zich voor een jungiaanse interpretatie. Jason is een archetypische held en moet de alerte draak van zijn onbewuste impulsen verslaan als hij spirituele voldoening en zuiverheid wil verkrijgen, weerspiegeld door het Gulden Vlies. Het lukt hem echter niet de draak te doden; hij brengt hem alleen maar in slaap met een magisch drankje – zijn opdracht is mislukt en zijn impulsen blijven sluimeren in het onbewuste. De mythe zegt ons dat spirituele voldoening totale toewijding vereist.

Narcissus

Volgens de Romeinse mythe was Narcissus een knappe jonge man die verliefd werd op zijn eigen spiegelbeeld en wegkwijnde tot aan zijn dood. Het verhaal waarschuwt ons tegen de gevaren van ijdelheid en kan de dromer erop wijzen niet te veel te hechten aan uiterlijkheden.

Koning Midas

Koning Midas mocht van Dionysos een wens doen en hij wenste dat alles wat hij aanraakte in goud veranderde. Het geschenk was echter een vloek toen dit ook voor voedsel bleek te gelden – hij verhongerde bijna. De verschijning van koning Midas in onze dromen kan een waarschuwing zijn tegen de gevaren van hebzucht en idealisering van materiële zaken.

Eenhoorn

De eenhoorn wordt geportretteerd als zuiver wit met een enkele hoorn op zijn voorhoofd, en men dacht dat alleen maagden dit dier konden temmen. In de middeleeuwen stond hij voor kuisheid en huwelijkse trouw. De eenhoorn is ook een christelijk symbool van de Maagd Maria, bevrucht door de Heilige Geest, en een bekend onderwerp in religieuze kunst.

Draak

Draken zijn een archetypisch symbool van macht, dominantie en creativiteit. In het Oosten zijn het reusachtige maar goedaardige wezens, een weerspiegeling van de keizer en hemelse machten, evenals van primaire energie en geluk.

Graal

De Heilige Graal is de kom waaruit Jezus dronk tijdens het Laatste Avondmaal; later werd hij gebruikt om zijn bloed in op te vangen tijdens de kruisiging. Vaak verwijst de Graal naar de zoektocht van de dromer naar spirituele perfectie, maar hij kan ook duiden op het enorme belang dat we vaak hechten aan onze eigen zoektochten. De Graal heeft ook een freudiaanse betekenis als symbool van vrouwelijke seksualiteit.

Excalibur

Arthurs mythische zwaard kon alleen uit de steen worden getrokken door de toekomstige koning van de Britten – die nog niet bekend was gemaakt. Als droomsymbool kan het zwaard de wereld tonen dat we het waard zijn toegejuicht te worden en dat we grote verantwoordelijkheden kunnen dragen.

Superman

Superman is een archetypische held en het alter ego van journalist Clark Kent. Hij heeft als doel de wereld te verlossen van het kwaad. Hij blijft echter netjes en houdt de avances van Lois Lane op afstand, ondanks het feit dat hij verliefd op haar is. Wellicht associëren we Clark Kent (er zijn parallellen met de arthuriaanse sir Lancelot) met een schuldgevoel over het feit dat wereldse zaken ons afhouden van onze zoektocht naar spirituele voldoening. De twee kanten van Superman kunnen ook duiden op een dualiteit in ons eigen leven – ons gedrag tegenover vrienden of collega's kan indruisen tegen ons zelfbeeld.

Jonkvrouw in nood

Een bekend gegeven in mythen en volksverhalen is de redding van een jonkvrouw door een dappere held. De held is meestal een prins of een krijger en kan duiden op de edele, ongecompromitteerde kant van het onbewuste – het deel dat niet vastzit aan conventionele wijsheid en de waarheid durft te zoeken. De jonkvrouw zelf is vaak opgesloten in een kasteel door een strenge vader of afgewezen minnaar; haar gevangenschap verwijst naar de onderdrukking van onbewuste wijsheid door de starheid van de rationele geest.

Cerberus

Cerberus, de driekoppige hond uit de Grieks-Romeinse mythe, bewaakte de poorten van de Hades, de onderwereld. In onze dromen kan hij duiden op de verontrustende instincten die sluimeren in ons onbewuste en ons ervan weerhouden de onbekende aspecten van het zelf te ontdekken.

Chimera

De Chimera, zus van Cerberus, was een monsterlijk beest dat bestond uit meerdere dieren. Haar drie koppen, die van een leeuw, een geit en een slang, kunnen staan voor minder prettige karaktereigenschappen zoals trots, wellust en sluwheid die de dromer bij zichzelf bespeurt.

Leprechaun

Deze plagerige Ierse kabouter met rode baard kan een verbeelding zijn van het jungiaanse archetype de Bedrieger. Pogingen om een leprechaun te vangen of zijn pot met geld te stelen lukken maar zelden: de droom kan ons eraan herinneren dat we niet moeten proberen om de kortste route te nemen bij het ontwikkelen van het zelf.

Sterren en planeten

Door de hele geschiedenis heen en in alle culturen proberen mannen en vrouwen hun toekomst te lezen in de sterren. Gefascineerd door de bewegingen van de hemellichamen heeft elke grote beschaving een eigen manier ontwikkeld om deze te interpreteren volgens de mystieke krachten die ons lot bepalen.

Dromen van het derde niveau over het uitspansel brengen vaak een gevoel teweeg van een realiteit die nooit verandert. We voelen ons wellicht één met de sterren, waarbij onze identiteit wordt opgenomen in het oneindige universum.

Het gebeurt maar zelden dat sterren en planeten een negatieve betekenis hebben, zelfs niet in dromen van het eerste en tweede niveau, hoewel sommige dromers denken dat ze de onbeduidendheid van de mensheid benadrukken in het licht van de enorme krachten van het universum.

Gewoonlijk verschijnen hemellichamen op zichzelf, maar als je er meer dan één ziet, kan het duiden op hun samenspel: de zon en de maan kunnen symbool staan voor de relatie tussen het onbewuste en het bewuste, terwijl Saturnus en Venus de relatie tussen man en vrouw symboliseren.

Dromen zitten vol paradoxen en ernaar zoeken betekent naar binnen kijken. Naar de nachtelijke hemel staren kan daarom een symbool zijn voor het onderzoeken van het onbewuste, waar de oneindige mogelijkheden van de verbeelding de zorgen van alledag klein en onbelangrijk doen lijken.

Sterren

De sterren kunnen symbool staan zowel voor vertrouwen en de hemelse krachten als voor de hogere status van het bewuste van de dromer. Een enkele ster die helderder schijnt dan de rest kan duiden op behaald succes, maar kan de dromer ook wijzen op zijn verantwoordelijkheden ten opzichte van mensen die minder goed af zijn. De helderste ster kan ook de ster zijn die het dichtst bij vernietiging staat. De poolster, altijd zichtbaar op het noordelijk halfrond, wijst de weg en kan fungeren als een symbolische gids bij het ontdekken van persoonlijke of algemene diepten.

Maan

De maan staat vaak voor het vrouwelijke aspect, als de koningin van de nacht en het mysterie van verborgen, geheime dingen. Zij wordt ook geassocieerd met water (omdat ze de getijden beheerst), met de verbeelding en met het verstrijken van tijd. Er kan een bijbetekenis zijn van natuurlijke evolutie. Een volle maan kan verwijzen naar sereniteit en stilte, naar de mogelijkheid van de dromer om bij dingen stil te staan, of ze kan een symbool zijn van emotionele en spirituele volkomenheid. Een nieuwe maan is een duidelijk symbool van een nieuw begin.

Zon

De zon is een sterk symbool van mannelijkheid, de wereld van duidelijke zaken, het bewuste, het intellect en de vader. In dromen kan een hete, brandende zon erop duiden dat het intellect het emotionele leven kan verzengen. De zon die zich verschuilt achter de wolken kan daarentegen verwijzen naar de emoties die door rationaliteit wordt overheerst. Een eclips kan duiden op verontrustende gebeurtenissen of emoties die de creatieve of spirituele ontwikkeling remmen.

Aarde

Dromen dat we de aarde verlaten kunnen duiden op angst voor de dood of vervreemding van onze vrienden of familie. De aarde gezien vanuit de ruimte kan verwijzen naar gevoelens van eenzaamheid en isolement.

Mars

De rode gloed van de planeet Mars, geassocieerd met de Romeinse oorlogsgod, duidt op boosheid, passie en agressie. Maar ook, als de planeet die het dichtst bij de aarde staat en waarvan velen hopen dat er leven is, op een verlangen naar of behoefte aan gezelschap.

Venus

De planeet Venus heeft net als haar naamgenoot, de Romeinse godin van de liefde, een erotische betekenis. Algemener gesteld wordt haar helderheid als de avond- of morgenster bij schemering of ochtendgloren gezien als goedgunstig. Ze kan duiden op onze hoogste aspiraties of eerbaarste ambities – hoewel niet wordt aangegeven of deze gegrond zijn.

Komeet

Hoewel kometen ooit werden gezien als voorboden van rampen, ziet de dromer ze nu wellicht als een waarschuwing voor overweldigend maar tijdelijk succes, gevolgd door een snelle terugval en eventueel vernietiging. Een komeet kan ook duiden op ideeën en inzichten die ontspringen vanuit het onbewuste, of een gevoel dat ons leven een dramatische wending kan nemen.

Verder lezen

Ball, P. (2006) *The Power of Creative Dreaming.* Londen: Quantum; en New York: Foulsham.

Boss, M. (1997) *A New Approach to the Revelations of Dreaming and its Uses in Psychotherapy.* New York: Gardener.

Campbell, J. (1990) *De held met de duizend gezichten.* Amsterdam: Contact.

Castaneda, C. (1979) *Kennis en macht.* Amsterdam: De Bezige Bij.

Castaneda, C. (2009) *De kunst van het dromen.* Amsterdam: Muntinga Pockets.

Faraday, A. (1974) *De positieve kracht van het dromen: het herinneren, verklaren en gebruiken van dromen in het dagelijks leven.* Baarn: Nelissen.

Fenwick, P. *en* **Fenwick, E.** (1997) *The Hidden Door: Understanding and Controlling Dreams.* Londen: Hodder Headline.

Fontana, D. (2010) *Leer te mediteren.* Kerkdriel: Librero.

Fontana, D. (2009) *Visualisatie en creatieve meditatie.* Oosterhout: Deltas.

Fontana, D. (2010) *De geheime taal van symbolen: een geïllustreerde gids met verborgen betekenissen.* Baarn: Tirion Art.

Freud, S. (2009) *De droomduiding.* Amsterdam: Boom Uitgevers.

Garfield, P. (1992) *Creatief dromen.* Utrecht: Kosmos.

Garfield, P. (1991) *The Healing Power of Dreams.* Londen en New York: Simon & Schuster.

Goodwin, R. (2004) *Dreamlife: How Dreams Happen.* Great Barrington MA: Lindisfarne Books.

Halifax, J. (1979) *Shamanic Voices.* New York: E.P. Dutton.

Hall, C.S. en **Nordby, V.J.** (1972) *The Individual and His Dreams.* New York: New American Library.

Hearne, K. (1989) *Visions of the Future.* Wellingborough: Aquarian Press.

Hearne, K. (1990) *The Dream Machine.* Wellingborough: Aquarian Press.

Hillman, J. (1989) *The Essential James Hillman.* Londen en New York: Routledge.

Holbeche, S. (1991) *The Power of Your Dreams.* Londen: Piatkus.

Inglis, B. (1988) *The Power of Dreams.* Londen: Paladin.

Jones, R.M. (1978) *The New Psychology of Dreaming.* Harmondsworth en New York: Penguin.

Jung, C.G. (1978) *Herinneringen, dromen en gedachten.* Rotterdam: Lemniscaat.

Jung, C.G. (1978) *Analytische psychologie: theorie en praktijk.* Rotterdam: Lemniscaat.

Jung, C.G. (1972) *Four Archetypes.* Londen en New York: Routledge.

Jung, C.G. (1989) *Dromen.* Rotterdam: Lemniscaat.

Jung, C.G. (1983) *Selected Writings.* Londen: Fontana Books (Harper Collins).

Jung, C.G. (1991) *Droomanalyse.* Rotterdam: Lemniscaat.

Kleitman, N. (1939) *Sleep and Wakefulness.* Chicago: University of Chicago Press.

Lenard, L. (2002) *Guide to Dreams.* Londen en New York: Dorling Kindersley.

Linn, D. (2009) *The Hidden Power of Dreams: The Mysterious World of Dreams Revealed.* New York: Hay House.

Mattoon, M.A. (1978) *Applied Dream Analysis: A Jungian Approach.* Londen en New York: John Wiley & Sons.

Mavromatis, A. (1987) *Hypnagogia: The Unique State of Consciousness Between Wakefulness and Sleep.* Londen en New York: Routledge.

Mindell, A. (2000) *Dreaming While Awake: Techniques for 24-Hour Lucid Dreaming.* Charlottesville, VA: Hampton Roads.

Reading, M. (2007) *The Watkins Dictionary of Dreams.* Londen: Watkins.

Ullman, M. en **Limmer, C.** (red.) (1987) *The Variety of Dream Experience.* Londen: Crucible; en New York: Continuum.

Ullman, M. en **Zimmerman, N.** (1987) *Working With Dreams.* Londen: Aquarian Press; en New York: Eleanor Friede Books.

Van de Castle, R. (1971) *The Psychology of Dreaming.* Morristown, NJ: General Learning Press.

Whitmont, E.C. en **Perera, S.B.** (1989) *Dreams, a Portal to the Source.* Londen en New York: Routledge.

Droomregister

Het droomregister, dat verwijst naar symbolen, beelden, activiteiten en dergelijke, is bedoeld om je te helpen dromen te interpreteren. De **vette** paginanummers verwijzen naar koppen in het gedeelte 'Uitleg van droomsymbolen'.

A

aanklager 338
aap 392
aardappelpuree 262
aardbeving 388
Aarde 446
aarde, braakliggend terrein 383
Achilles 440
acht 420
achtervolgd worden 173
achterwerk 214
acrobaat 375
acteur 272
adelaar 201, 204
admiraal 237
advocaat 337
afgelegen plekken 290
afscheid 197
afval 286
afwijzing 177
akkers 408
angst 161, **171–173**, 177
Annunciatie 204
ansichtkaart 325
Aphrodite 442
apotheek 329
apparatuur **244–245**
appel 263
archiefkast 293
architectuur **350–363**
argument 184, 335
armen (ledematen) 212
arrestatie (gearresteerd worden) 268
Artemis 442
artillerie 254
as 197, 198
auto 274
  huis verandert in 437
  repareren 357
avatar 201

B

baan
  sollicitatiegesprek 319
  solliciteren 234
  verliezen 233, 293
baas 233, 289
babygehuil 431
bacchanten 441
Bacchus 441
backgammon 252
bacon 258
badkamer 356
bakken 285
baljurk 306
balkon 352
ballon
  hetelucht 282
  leeglopen 186
banaan 263
bar 358
bar mitswa 298
bazaar 332
bed 191
bedelaar 228
bedrijf 232–233
beeldhouwen 304–305
beer 394
begraafplaats 241
begrafenis 239, 240
beker 188
  gebroken 347
beklaagdenbankje 319
benen 213
berg 404
bergbeklimmen 270
beroepen **234–237**
besnijdenis 298
bestek 346
beurskrach 333
bevelen, geven 177
bever 397
bevrijden, van mensen 266
beweging **272–278**
bezem 248
bibliotheek 351
bijen 176
bijkeuken 355
bijl 254
blaasinstrument 303
bladeren, vallende 389
blauw 174–175, 427
bliksem 386
bloed 208, 210
bloemen 413, 414–415
  boeket 322
  plastic 256–257
bloesem 413
bodhisattva 201
Boeddha 202
boeken 246, 351
  school/schriften 367–368
boenwas, meubilair 348
boerderij 356
boksen 311
bokszak 317
bol 422
bom 188
bomen 412–413
  omgevallen 166
bont 224
boog en pijl 254
boomgaard 405
boosheid 194
borsten 213
bos 404
  groenblijvend 412
boter 263
botten 208, 353
bouten en moeren 243
bouwvakker 235

bovennatuurlijke
  wezens **432–435**
Brahma 202
brand 184, 194, 246, 383
brieven **323–327**
  anoniem 325
  onleesbaar 324–325
broer 231
bron 410
brood 260
brug 166
bruiloft 297
  taart 262
bruin 426
buik 213
buizen 237
bureaucratie 234–235
bus 276

C

cabaretier 372
cadeaus **320–322**
  ongepast 322
  inpakken 322
café 358
camera 245
cd-speler 302
centaur 395
Cerberus 444
ceremonieën **294–298**
certificaat 325–326
champagne 191
Chimera 444
chocolade 259
  doos bonbons 322
chrysanten 414
cijfers **417–422**
circus **374–377**
cirkel 422
clown 374
communicatie **334–335**
  falende 170
communie 298
computer 244
conflict **315–317**
contract 327
controle/leiding
  verliezen 162
  nemen 179
cornflakes 261
cricket 311

D

daglicht 387
dagvaarding 338
dambreuk 195
dansen 301
  slecht 171
demon 435
dertien 421
deserteur 340–341
desoriëntatie 161, 162
deur 353
  gesloten 186, 198, 351, 353
  kloppen zonder antwoord 169
  openbreken 339
diamant 255, 256
Diana 442
dief 339
dieren **390–401**
  optreden 376
  veranderen in mensen 437
  wilde 391
dierentuin 401
dingen repareren 183
Dionysus 441
diploma-uitreiking 369
dirigent 236
Diwali 298
dobbelsteen 251, 424
document, belangrijk 325–326
doden 317
dokter 236
dolk 253
dominantie 189, 266
donder 386
dood **238–241**
  symbolen van 240
doodskist 240
doolhof 162
dorp 379
draaitol 250
draak 443
drank, morsen 171
drie 418
Drie-eenheid 424
driehoek 422
drijven
  in de lucht 283
  op het water 384
drinken 287
drinkglas 248
drogist 236
drogisterij 329
dronken zijn 287, 358
druif 259
drums 303, 429
duif 183, 391
duisternis 389
Duivel, de 434
duizend 422

E

e-mail 326–327
  overvolle e-mailbox 244
edelsteen 255
een 418
eenhoorn 443
ei 217
Eiffeltoren 360
eikel 413
eikenboom 413
eiland 406
  woestijn 291
ekster 183
elementen **383–389**
elf 421
engel 204, 429
envelop 325
eten en drinken
  258–263, **284–288**
  bedorven/onsmakelijk 284
examens **318–319**
  examenopgave 171–172
Excalibur 443
executie 241, 265
explosie 188

F

fabriek 358
familie 230, 429
  familieleden 230–232
fan 257
fanfare, marcheren 429
fee 435

fietsen 186
film 373
fluisteren 431
fluit 303, 429
fluiten 306
fluweel 187
fontein 357
foto, onherkenbaar 195
fruit 259, 263, 287
rottend 405
frustratie 194

G

Gabriël, aartsengel 204
garage 357
gas 358
gebedshuis 361
geboorte **216–217**
gebouwen **350–363**
onafgebouwde 363
verdiepingen van 351
geel 425
geesten **432–435**, 444
geit 398
geld **328–333**
gebrek aan 169
ontvangen 330
geloof **200–204**
geluiden **428–431**
gelukssymbolen 174
gerecht 345
gereedschap **243**
gesloten 163
getuige, stille 229
gevangenis
ontsnappen 266–267
verlaten 267–268
gevangenschap **265–268**
gevoelens **192–195**
onderdrukte 194
tegenstrijdige 199
geweerschoten 430
geweld 185, 315
tegenover anderen 316
tegenover jezelf 315
gezag **177–179**
gezicht 208
gier 400
gif 194, 341
gladiolen 415
goochelaar 376
gordijn 354
goud (kleuren) 425
goudstof 184
graf 240
grammofoon 302
greppel 408
groen 426
groenten 259, 261, 262, 287
groeve 408
grootouders 232
grot 410

H

haai 397
haar 210
wassen 215
haarspeld 249
haas 396
hagel 386
Halloween 298
ham 258
hamer 243
handdoek, wrijven met 215
handelen 30
handen 212
handschoenen 188
hanengekraai 430
hangen 241
harp 306
hart 208
haven 276
havermout 259
heg 411
heilige 204
Heilige Graal 443
hek 356
heks 228
helling, gladde 271
helpen/geholpen worden 184
hemel 204
hemellichamen **445–447**
Heracles (Hercules) 441
herfst 383
hert 396
heuvel 404
hobo 302
hoed 178, 188, 223
hoefijzer 257
Hof van Eden 176
hond 398
honing 176
honkbal 311
hoofd 209
hoogtevrees 270
hoorn 306
hoorn des overvloeds 188
horde 169, 312
horloge 244
hotel 183
hout
hakken 186
verbrand 388
huid 212
huis 331, 350
brandend 363, 373
ingestort 166, 363
omver geblazen 385
ongemeubileerd 354
verandert in auto 437
zonder verlichting 198
huisbaas/huisbazin 233
huiselijk leven **343–348**
hunebed 410
huur 331
hybride wezens 395, 437, 444

I

identiteit, verlies van **161–163**
identiteitspapieren 161
ijs 385
ijsje 263
inbreker 339
incompetentie 173
ingenieur 235
ingewanden 286
inkt 366
vlek 327
inrichten, opnieuw 164
insecten 391, 392
iris (bloem) 415

J

jaarafsluiting 366
jade 256
jaloezie 194
jam 260
Jason en de Argonauten 442
Jezus Christus 204
jongleur 374
jonkvrouw in nood 444
jungle 406
Jupiter (god) 440
jurk 225
jury 337

K

kaars 187
kaart 161
kam 181
kamers 351
kano 276
kanon 254
kapotte voorwerpen 347
kas 357
kast (opslag) 352
kasteel 361
kat 398
kelder 353
kerk 189–190, 201, 361
kerkhof 241
kerktoren 189, 361
ketel 345, 431
keuken 355
kikker 394
kimono 222–223
kind 229
klarinet 302
klaslokaal 366–367
klaver 414
kleding **218–225**, 354
  ongepaste 172, 173
  te wijd/strak 222
  verwisselen 164
  wassen 347
kledingkast 354
kleuren 174–175, 304, **425–427**
klif 409
klimmen **269–271**
klok 244, 360
  wekker 429
kluis 331
kneuzing 317
koe 396
koekoek 183
koektrommel 348
koets/wagen, door paard getrokken 276
koffie 262
koken **284–288**, 345
komeet 447
komkommer 259
konijn 396
koningschap 178–179
koorddanser 377
kopen van nieuwe spullen 164
korenbloem 415
korte broek 225
kranten verkopen 234
krokodil 401
kroning 297
krottenwijken 381
kruiden 288
kruin 178
kruis 423
kruising 277
kruisverhoor 338
kruiwagen 249
kubus 424
kunst **299–306**
kunstenaar 304
kus 191
kussen 249

L

laarzen 224
Laatste Oordeel 204
lachen 429
ladder 187, 269
landschap **402–411**
leeftijd 217
leeuw 394
leeuwentemmer 375
lente 383, 426
leraar 364, 365
lichaam, menselijk **207–215**
lichaamsfuncties 214
licht 176
lichtwezen 203
lift 270
lila 425
links en rechts 208
litteken 212
loodgieter 237
loopgraven 408
lopen 273
loterij 310
lotus 414
lucht 384, 385
lucifers 246
luipaard 401

M

Maagd Maria 203
maaltijden
  picknicken 285
  in een restaurant 285
  etentjes 285
  zondagmaal 287
  vergeefs wachten 284
maan 446
madeliefje 415
maenaden 441
mand 248
mantel 222
maretak 414
marionet 250
markt 333
Mars (planeet) 446
masker 162
masturbatie 215
Medusa 442
meer 410
melk 263
menigte 278
  iemand zoeken 197
  iemand kwijtraken 198
mensen **227–233**
menstruatie 214
menu 285
mes 253
metamorfosen 167, **436–438**
  zie ook verandering
meubilair 354
Michaël, aartsengel 204
Midas, koning 443
mijnbouw 236
Minotaurus 441
misdaad 339

mislukking **168–170**
mist 161, 388
modder, lopen door 171, 173
moeder 230–231
mond 209
monster 434
monteur 236
mos 187
mot 392
motorfiets 276–277
mp3-speler 302
mug 392
muis 399
muren 353
museum 304
muziek **299–303**, **306**, 428
  bekende 301
  melodie 430
  mooie 301
  onzuivere 301
mythen **439–444**

N

naaien 248
naaktheid 172, **218–221**
  accepteren 220, 221
  afkeer van 221
  bij kinderen 220
  mannelijke 221
  vrouwelijke 220
naaldboom 412
nagels 243
namen, vergeten 171, 173
Narcissus 443
nauwe ruimten 173
negen 421
Neptunus (god) 442
neus 210
noten 413
nul 421

O

Odin 440
oester 258
oever 406
offer 296
ogen 208
olifant 401
olijfgaard 405
onbekende omgeving 167
ondergoed 224–225
onenigheid 184, 335
onthoofding 241
  van een geliefde 194–195
ontspanning **289–292**
  zie ook sport
oom 231
oorlog 316
oorwurm 392
openbaar vervoer 272, 276
opticien 234
optimisme **174–176**
optocht 303
oranje 426
orchidee 414
oren 210
orgaan 306
ornamenten **255–257**
os 395
oude man 228
ouders
  begraven in het zand 291
  slapen in bed 355
oven 355
overgang / oversteek 164–165, 166
  rivier 276, 387
overlijdensbericht 241
overstaphekje 408
overstroming 195, 387
overval 339

P

paard 395
  hobbelpaard 312
  races 312
  rijden 186
paars 427
pad 278, 394
pakket 326
pakketten **323–327**
paleis 361
paling 258
palmboom 413
Pan 441
panda 400
pandjeshuis 333
pap 259
papegaai 399
papier, stapel 178
parachute 282–283
paraplu 244
parel 255
partner, ongeschikte 184
pentagram 424
perzik 259
pesten 365
piano 303
picknick 285
piramide 424
plafond 353
planeten **445–447**
planten **412–415**
plataan 413
platteland 402
podium 372
poort 408
pop 250, 289
portemonnee 188
  leeg 197
portret 305
Poseidon 442
postbode 324
postzegel 324
potten en pannen 345
prairie 408
president 178–179
priester 203–204
prijs, ontvangen 297
prijzen 170
privacy, gebrek aan 215
proefwerken en examens **318–319**
profeet 204
publiek 232
  luidruchtig 334

R

raam 352
  etalage 329
  lappen 347
race
  eindigen als tweede 170
  winnen 170
radio 245

rat 356, 399
rechter 179
rechthoek 423
rechts en links 208
rechtsgeding 337
rechtszaal 179, 337–338, 359
regatta 311
regels **336–341**
overtreden 337
regen 385
regenboog 174, 385
regering, zetels 179
reizen **272–278**
naar het werk 289
over zee 275
per trein 274–275
vertrek 273
rekening 285, 330
relaties **180–184**
religieus leiders/figuren 201, 203–204
rennen 278
proberen te 173
repareren 183
restaurant, eten in een 285
restjes 345
reus 182, 228
riem 223
ring 225
rituelen **294–298**
opoffering 297
vruchtbaarheid 296
rivier 387
robijn 255
roeiboot 276
roem 170
rok 225
roltrap 351
rood 175, 425
rook 388
verstikken 171
roos, rode 191
roze 427
rug 209
ruilen van artikelen 164
ruzie 184, 335

S

saffier 255
salarisverhoging, vragen om 233
scepter 254
schaamtegevoel 173
schaatsen 313
schaken 310
scheiden **196–199**
schelp 255
schemering 389
schermen 312
schilderen 304
schildpad 397
schip 275
schoenen 188
schommel 251
school **364–369**
straf op 365
vervallen gebouw 365
schoolbel 369
schoolbord 369
schoonmaken 347
schoorsteen 353
schransen 286
schreeuwen 431
schuldeiser 339
schuur 356
secretaresse 293
seizoenen **383**
wisselen 167, 438
seks **185–191**
masturbatie 215
met koning/koningin 178–179
sadomasochisme 189
veranderen van geslacht 167
vrijen 190–191
Shiva 202–203
sirene, luchtalarm 431
sjamaan 438
skiën 313
slaapkamer 355
slang 401
slangenbezweerder 377
slot en sleutel 268
slowmotion, 171, 173
sluier 163
smaragd 255
smokkelen 341
snaarinstrumenten 302
Snakes & Ladders 252
sneeuw 385
sollicitatieformulier 319
spaghetti 258
speelgoed **250–252**
speeltuin 369
spelden en naalden 248
spelen **308–313**
zie ook speelgoed
spellen **250–252**
bord- 251–252
spiegel 163, 248
spin 182, 356
spinnenweb 182
spiraal 423
spiritualiteit **200–204**
spitsuur 278
sport **308–313**
spreekstalmeester 377
spreeuw 399
stadion 310
staking, werknemers in 358
station 274
steden **378–381**
futuristische 379
ommuurd 379
op een heuvel 381
ruïnestad 379
stemmen 429
keuvelende 428
slecht hoorbaar 428
spreken je naam uit 428
ster (vorm) 424
sterfelijkheid **238–241**
sterren 446
stierengevecht 395
stoel 249
stof 197, 198
stofzuigen 347
storm 385
straatventer 330
strand 291
strijd 316
struikelen 270–271
struikrover 339
stuntman/-vrouw 373
stuurloosheid 163
succes **168–170**
Superman 444

T

taak, zware 195
tafeltje 293, 346
  school 368
tandarts 235
tanden 209
  kiespijn 235
tank (gepantserd voertuig) 253
tante 231
tapijt 345
tas 249
  school- 365
taxi 274
taxusboom 412
tekening, architectuur 363
telefoon 244
  gesprek 170, 181
  verkeerd nummer 184
televisie 245
  spelshow 373
  talkshow 372
tentoonstelling, kunst- 304
theater **370–373**
thee 262
theepot 346
tien 421
tijger 400
toast 260
toespraak houden 335
toilet 214, 215
toneelstuk 372
toren 359
  klok 360
torpedo 254
tovenaar 438
transformatie 167, **436–438**
  zie ook verandering
trap 187, 271, 351
trein 274–275
  speelgoed- 250
trompet 303
trui, rafelende 223
tuin 405
tuinschuurtje 357
tulband 223
tunnel, kruipen door 171
turkoois 255
twaalf 421
twee 418
tweeling 231

U

uil 400
uitwerpselen 214
universiteit 369

V

vaas 257
  gebroken 347
vader 231
vakantie 289–292
  eenzaamheid op 292
  inpakken 291
  problemen op 290
val 268
vallei 409
vallen 172, **269–271**
  uit kantoorraam 293
vampier 435
vandaal 229
varken 398
vastbinden, worden vastgebonden 266
vasten 286
veerboot 275
vegen 248
veiling, kunst- 305
venter 330
Venus (godin) 442
Venus (planeet) 447
verandering **164–167**
  zie ook metamorfose
verantwoordelijkheid **177–179**
verboden terrein 339–340
verdrinken 173
verdwalen 162
veren 183, 187
vergadering, zakelijk 293
verkeersopstopping 278
verkleedpartij 313
verkopen 331
verlies **196–199**
verliezen
  bezittingen 199
  wedstrijd/ruzie 169
vermomming 162
vernietiging, hulpeloos toezien 171
verpleegster 237
verstoppertje 313
vervalser 341
vervalsing 163
vier 418–419
vierkant 422
vijand 317
vijf 419
vijg 259
vingernagels 212
viool 302
vis 286, 391
Vishnu 202
vlakte 408
vleermuis 391
vlees 258, 286, 287
vleugels 282
vlieg 392
vliegen **280–283**
  in een vreemd voertuig 282
vlieger oplaten 281
vliegtuig 281
  -crash 189
vliegveld, haasten naar het 292
vlinder 391
vloeken 430
vlot 163
voetbal 312
vogels 183, 391, 399–400
vonnis 338
voorspelling 310
voorwerpen komen tot leven 166
vormen **417**, **422–424**
vreemdelingen 233
vrienden 232, 429
vrijheid **265–268**
vuilnisbak 246
vuistgevecht 317, 358
vuurspuwer 376
vuurtoren 360–361
vuurwerk 188

W

walvis 397
wapens 224, **253–254**

ineffectieve 253
wasmachine 347
wassen 214–215
borden 346
water 384
door de vingers
sijpelend 184
stromend 191
waterkraan 191
waterput 410
waterval 411
waterwerken 356
weddenschap 310
wederopstanding
216–217
weduwe 229
weersomstandigheden
385–388
weerwolf 167
weg 278
werk **289**, **293**
werkplek 234
wiel 277
wijn 259, 353, 425
champagne 191
wijngaard 405
wind 385
windmolen 361
winkel 329
van Sinkel 332
winkelen 164, **328–333**
winter 383
wit 427
witte muurverf 343
woestijn 272, 406
wolf 391
wolk 388
wond 212
woonkamer 355
woordspel 437
worm 392
worstelen 316–317
wortel 261

Z

zaad 217
zaklamp 245
zand 389
ouders begraven in 291
zandkasteel 291, 389
zee 387
zeef 348
zeeman 236
zeemeermin 440
zeep 248
zes 419–420
Zeus 440
zeven 420
zilver (kleur) 425
zingen 302
zolder 352
zombie 435
zomer 383, 388
zon 446
zonnebloem 414
zonsopgang 387
zonsverduistering 446
zout 261
zus 231
zwaan 401
zwart 427
zweep 187
zwembad 292
zwemmen 278, 384
naar een eiland 406
zweven 283

Vetgedrukte paginanummers verwijzen naar hoofdingangen, ***cursieve*** paginanummers verwijzen naar praktische oefeningen in de kaders.

A

Aberfan, mijnramp 78
Aeneas 177–178
alchemie 20, 23–24
alcohol 49, 137
American Central Premonitions Registry 78
amplificatie (van droomsymbolen) 23, 70, 108–109, 115, 123, 151, 439
angst 63
Anima 15, **103**, 107
Animus 15, **103**, 107
Aphrodite 140, 304, 399
Apollo 103, 140, 299
Aquino, Thomas 17
archetypen 19, 20–21, **96–109**, 151
  Anima **103**
  Animus **103**
  Bedrieger **104**
  en complexen 24
  Geest 102
  Goddelijk Kind **106**
  Grote Moeder **106**
  Held **107**
  Oude Wijze Man **103–104**
  Persona **103**
  reizen 99–102
  Schaduw 104, **105**
  vormen als 417
Aristoteles 14
Artemidorus van Daldis 14–15, 17, 207
Aserinsky, Eugene 40
Assepoester 123
Asurna, koning van Babylon 14
Atharva Veda 16
Athena 103
Augustinus, 17
autosuggestie 62

B

Baba Yaga 181
Bedrieger **104**
Bellerophon 169
Bessent, Malcolm 76
bewuste 15–16, 23, 33, 48–49, 53
  niveaus van het 28, 30–31, 65–70
Bismarck, Otto von 168–169
Blake, William 17–18
Boeddha, de 201
boeddhisme
  meditatie in het 46, 53, 57
  Tibetaans 57
Bohr, Niels 153
Booth, David 73
Boss, Medard **38–39**
Breuer, Josef 27
British Premonitions Bureau 78
Brücke, Ernst 26–27

C

Caesar, Julius 14
cafeïne 49, 137
Campbell, Joseph 87
censor 30, 31, 46–47
Charcot, J.M. 27
China, Oude 15
Cicero, Marcus Tullius 92
collectieve onbewuste 18–19, 20, 24, 38, 44, 65, 69, 110–111, 350
complexen 24
condensatie (van droombeelden) 31
creatieve visualisatie 62, 63, 133, 139–140
  zie ook visualisatie

D

Dalí, Salvador 53
Daniël 12
de Chirico, Giorgio 112
Delvaux, Paul 112
Descartes, René 51–52
directe associatie 22, 149–151
dromen
  als theaterbezoek 143
  classificeren van eigen *65*
  decors van **110–115**
  delen **144–145**
  doel van 43–44, 131
  geslachtsverschillen tussen soorten 49, 116
  goddelijke inspiratie 17
  herinneren **126–133**
  houding tegenover 133
  'psychisch afval'-theorie van 44–45
  tijdspanne van 64
  vergeten 46, 131
  zie ook kinderdromen*;* droomniveaus*;* schijnwakker zijn*;* hypnagogia*;* hypnopompia*;* stimuleren van dromen*;* logica in dromen*;* lucide dromen*;* problemen oplossen, dromen voor*;* voorspellende dromen *en* wensdromen
droomamnesie (vergeten van dromen) 46–48, 129
  tegengaan 133
droomboek, bijhouden 70, 123, 126–127, 131, **134–136**, 148–149
droomduiding, De (Freud) 18, 26
droomhelpers 122, 157

droom(interpretatie) **148–151**
Chinese traditie 15
christelijke traditie 17
Egyptische traditie 13
existentiële benadering 38–39
Griekse traditie 13–15
hindoetraditie 15–16
islamitische traditie 16–17
joodse traditie 12
Mesopotamische traditie 12
persoonlijke omstandigheden, belang van 15, 82–86, 114–115, 148
zie ook amplificatie; directe associatie; vrije associatie; psychoanalyse; rollenspel; secundaire bewerking; symbolen *en* woordspel
droomniveaus 34, **65–70**
eerste niveau 66–68, 149–150
tweede niveau 69, 151
derde niveau ('grand'-) 69–70, 151, 200–201
droomontmoetingen **146–147**
regelen *147*
droomschetsboek, bijhouden van *136*
Droomtijd (Aboriginals) 13, 122
droomwoordenboeken 17, 148
droomworkshops 19, 46
Dunne, John William 74–76

E
Echo 197
ego 30, 33, 53, 67, 69, 104, 106
Egypte, Oude 13
electracomplex 34–35, 106
esculaap 14
Eurydice 109, 181
Eurystheus, koning van Tiryns 109
Excalibur 115
existentialisme 38–39
Experiment with Time, An (Dunne) 76

F
Fechner, Theodor 92
Fichte, Johann Gottlieb 18
Fox, Oliver 146
Freud, Sigmund 18, **26–35**, 44
en de droom over de Wolvenman 31
en de droom over Irma 29
en Jung 20, 21–23, 86–87
kritiek op 30–31, 32
over het bewuste, niveaus van 28
over kinderdromen 119–120
over lichaamsfuncties 207, 328
over logica in dromen 90–94
over ouders in dromen 106
over seks 186–187
over symboliek 86–87
zie ook condensatie; verplaatsing; droomamnesie; ego; vrije associatie; id; secundaire bewerking *en* superego

G
Garuda 102
Geest (archetype) 102, 200
geheugen 128
training *130*
gestalttherapie 22, 36
Gilgemesj-epos 12
Gillespie, George 52
Goddelijk Kind **106**
Godley, John, derde baron Kilbracken 74
Goethe, Johann Wolfgang von 17–18
Graves, Robert 299
Green, Celia 56
Griekenland, Oude 13–15
mythologie van 108–109, 140
Griekse mythen, De (Graves) 109
Grote Moeder **106**, 181–182

H
Halifax, Joan 122
Hall, Calvin 95
hallucinaties 52
Hannibal 14
Hans en Grietje 162
Heilige Graal 23, 108, 188
Held (archetype) **107**
Helena van Troje 103
Heracles (Hercules) 103, 109, 165
Herbart, Johann Friedrich 18
Hermes 103
Hermes Trismegistus 207
hiernamaals 57
Hieronymus, 17
Hillman, James 96
Hilprecht, H.V. 153–154
hindoeïsme 15–16, 58
architectuur van het 186
meditatie in het 46, 53, 57
Veda's 67
Horwood, Harold 74, 79
hypnagogia 50–51, 53, 157
hypnagogische dromen stimuleren *50, 54*
hypnopompia 50, 51–53, 131
Hypnos 13

I
Icarus 282
id 18, 29–30, 33–34, 67, 69
India, Oude 15–16
individuatie 23–24, 96, 106
Irma (Freuds droom) 29
Isis 181

J

Jacob 269, 317
Jason 109
Johannes Chrysostomus, 17
Jonas 100–102, 165
Jones, Ernest 21
Jozef 12
Julius Caesar (Shakespeare) 14
Jung, Carl Gustav 18–19, **20–24**, 44
  en alchemie 23–24
  over complexen 24
  en Freud 20, 21–23, 86–87
  en het huis, droom over 350
  en 'Philemon' (mana-persoonlijkheid) 104
  over psychoanalyse 22, 24
  over droomdecors 110–111
  over seks 186–187
  over spiritualiteit 200
  over symbolisme 86–87
  zie ook amplificatie*;* archetypen*;* collectieve onbewuste*;* directe associatie*; en* individuatie

K

Kegan, Robert 117–119
Kekulé, Friedrich 152
Kilbracken, lord *zie* Godley, John
kinderdromen **116–123**
  gewelddadige gebeurtenissen in 117
  dieren in 116–117
  ouders in 119
  praten met kinderen over *122*, 123
Kleitman, Nathaniel 40
Koran 17
Kramer, Donna 116
Krippner, Stanley 76

L

'La Belle Dame Sans Merci' (Keats) 142
Lilith 106
Lincoln, Abraham 78
logica in dromen **90–95**
  interne consistentie 95
  droombeelden 94
lucide dromen 45, **55–64**
  stimuleren 62–64, *63*, 133
  voor zelfonderzoek 60
Luther, Martin 17

M

Magritte, René 53
Maimonides Dream Laboratory, Brooklyn 72, 74, 76–78
mana-persoonlijkheden 103–104
mandala's 139, 417
mantra's 139
Mavromatis, Andreas 53
Medea 109
meditatie 46, 53, 131, 138–139
  voor 'grand'-dromen 70
  voor lucide dromen 62, 63, 138
  Tibetaanse 54
Medusa 106
Mendeleev, Dimitri 152–153
Mercurius 104
metaforen 84
Mohamed 17
Morpheus 13
Moss, Thelma 74
muzen 299
Myers, Frederick 50
mythe 19, 20, 69–70, 108–109
  mythische wezens 102

N

Nachman uit Bratislava, rabbijn 163
nachtmerries 55, **156–157**, 432
  kinderen helpen bij omgaan met *122*
  visualisatie bij *157*
Napoleon 168
neurosen 33
Noone, Richard 120
Nordby, Vernon 95

O

O'Brien, Dominic 130
Odin 201
Odysseus 109
Oedipus 34, 35
  -complex 34, 106
onbewuste, contact met het **140–143**
  zie ook collectieve onbewuste *en* persoonlijke onbewuste
onderdrukking (psychologische) 129
Oneirokritika (Artemidorus) 14–15
orakels 13–14
  droomorakel *155*
Orpheus 109, 181
Osiris 181
Oude Wijze Man **103–104**, 107, 200
Ouspensky, P.D. 51
out-of-body-experience (OBE) 57, 432

P

Pan 300
Pankeyev, Sergei 31
Paracelsus 67
Parsifal 108
Pearl Harbor 72
Pegasus 169
Pelée, Mount, uitbarsting van 75–76
Perera, Sylvia 99
Perls, Fritz **36–38**
Perseus 157
Persona **103**, 104
persoonlijk onbewuste 65, 68–69
Plato 14
problemen oplossen, dromen voor het **152–155**
  droomorakel *155*
'psychisch afval'-theorie 44–45
psychoanalyse 19, 22, 24, 34
  en 'grand'-dromen 70

psychopompi (zielengidsen) ***103***
Pygmalion 304

R
Ragardie, Israel 58
religie
dromen in religieuze tradities 12, 16, 17
religieuze functie bij individuen 24
REM (Rapid Eye Movement)-slaap 19, 40–43, 116
republiek, De (Plato) 14
Richard III, koning van Engeland 168
rollenspel 36–38
Romantiek 17–18
rsis (profeten) 15–16

S
samadhi (gezegende toestand) 16
Samson en Delilah 210
Sarasvati 299
Schaduw 104, **105**, 227
schijnwakker zijn 59
secundaire bewerking (van dromen) 32, 145
seksualiteit 15, 21, 28, 34–35
Sisyphus 194
Sjaak en de bonenstaak 123
sjamanisme 62, 63, 122, 390
sjamaanse droomoefening ***142***
slaap 18, 30
van baby's 116
omgeving 46, 63, 131, 133, 137
verbeteren ***49***
niveaus/fasen van 43
doel van 43
REM-slaap 19, 40–43, 116
Stanley, Henry 78
steen der wijzen 23
Stewart, Kilton 120
stimuleren van dromen **137–143**
voor creatieve doelen 141
middels creatieve visualisatie 139–140
middels meditatie 138–139
middels sjamanistische rituelen ***142***
middels visualisatie 137–138, ***143***
superego 67
surrealisme 53
surrealistische wereld betreden ***90***
symbolen 36, **48–49**, **82–89**, 95
analyseren 88, 89
herkennen 84
in taal 84
in films 84
persoonlijke 69, 82–86, 88, 148
en tekens, het verschil 86–88
universele 16, 19, 48, 69–70, 86

T
Tartini, Giuseppe 300
Temiarstam, Indonesië 120
Tempel van Hypnos 19
je eigen tempel maken ***19***
Titanic 72, 73, 78
Tryon, Thomas 207

U
Ullman, Montague 74, 76, 148

V
Van de Castle, Robert 116–117
Van Eeden, Frederik 57
Vedas 67
Venus (godin) 103
verplaatsing (droomproces) 32
Vishnu 280
visualisatie 137–138
mentale muur slechten ***143***
omgaan met nachtmerries ***157***
zie ook creatieve visualisatie
voorbewuste geest 65, 66
voorspellende dromen **72–79**
over de dood 78
over rampen 72, 73, 74, 75–76, 77
over winnen van paardenraces 72–74
toepassen bij voorspellen van sportuitslagen ***79***
vrije associatie 22, 27–28, 151
toepassen ***27***

W
waken 46, 51–53, 131
wensdromen 18, 30, 34
wetenschappelijk rationalisme 14, 74
Whitmont, Edward 99
wolvenman, droom 31
woordspel 150

X
Xerxes 168

Dankbetuiging en fotoverantwoording

De uitgever dankt de onderstaande personen, musea en fotobibliotheken voor hun toestemming hun materiaal te reproduceren. We hebben er alles aan gedaan om de rechthebbenden te achterhalen. Mochten we iemand hebben overgeslagen, dan verontschuldigen wij ons hiervoor en zullen we dit in volgende edities rechtzetten.

Verantwoording
l = links, r = rechts, b = boven, o = onder

Jamie Bennett: 90, 98, 110, 116, 117, 120, 125(inzet), 131, 213, 431.
Nick Dewar: 16, 39, 50, 58, 66, 97, 128, 187, 212, 235, 242(inzet), 243, 245, 249, 298, 302, 306, 360, 368, 434.
Hugh Dixon: 48, 74, 137 232, 271, 277, 294, 324, 333, 348, 350, 351(b), 354, 356, 378.
Grizelda Holderness: 1, 11, 30, 33, 37, 38, 46, 59, 68, 78, 86-87, 93, 100, 141, 146, 148, 172, 176, 182, 185, 189, 195, 206(inzet), 209, 214, 219, 221, 229, 241, 270, 284, 292, 315, 316, 338, 339, 340, 343, 359, 373, 379, 382(inzet), 386, 389, 398, 436, 438.
Alison Jay: 2-3, 25, 32, 47, 55, 60–61, 64, 81(inzet), 82, 104, 126, 127, 134, 135, 144, 149, 152, 156, 159(inzet), 160(inzet), 161, 162–163, 165, 168, 193, 196, 226, 237, 146(r), 247, 253, 268, 279, 280, 282, 299, 301, 304(b), 342(inzet), 369, 380-381, 388, 412.
Marie LaFrance: 5, 77, 423, 445.
Gabriella Le Grazie: 112.
Peter Malone: 10, 40, 42, 70–71, 75, 80, 91, 124, 151, 158, 164, 166–167, 177, 179, 198–199, 223, 225(o), 238–239, 272–273, 309, 318, 321, 335, 345, 352, 366–367, 370–371, 372, 429, 441.
Fabian Negrin: 6–7, 51, 69, 107, 111, 119, 121, 143, 153, 295, 308, 417, 448–449.
Jules Selmes: 62, 72, 95, 105, 170, 178, 186–187, 188, 215, 224(b), 234, 251, 252, 256, 257, 260–261, 265, 274, 281, 291, 311, 323, 326–327, 328, 330, 331, 341, 351(o), 363, 364, 428, 430.
Sandie Turchyn: 35, 76, 173, 174, 182, 264(inzet), 329, 332, 355, 394, 419.
Leigh Wells: 44, 65, 102, 122, 139, 296.
Heidi Younger: 56, 85, 145, 162, 180, 184, 190, 192, 207, 210, 211, 230, 233, 267, 286, 288, 314(inzet), 319, 322, 336, 424, 426, 433.
Eyewire Images: 115, 125, 382, 416.
Photos.com: 112, 159, 191, 242, 314, 342, 411.
Image Dictionary: 11, 81, 160, 206, 216, 283, 290, 404, 407.
iStock: 14 (Rzymu), 83 (Martin McCarthy), 205 (Quidnunc), 262 (Michelle Preast), 357 (Aimin Tang), 384 (Pawel Aniszewski), 402–403 (AVTG), 409 (Olmarmar).
Shutterstock: 96 (BasPhoto).
Mary Evans Picture Library: 21, 26 (Sigmund Freud Copyrights).
© BNN, Inc. "20's Kimono": 52, 53, 183, 222, 246(l), 307, 325, 376, 396, 397, 399, 414–415.